नीड़ का निर्माण फिर

चार खंडों में प्रकाशित कवि बच्चन की यह आत्मकथा हिन्दी साहित्य की कालजयी रचनाओं में गिनी जाती है। उसका यह दूसरा भाग युवाकाल के आरम्भिक कठोर संघर्ष के बाद जीवन तथा साहित्य में स्वयं को पुनःस्थापित करने के प्रयत्नों की रोमांचक कहानी है। साथ ही कवि और उसके काव्य-संसार की जीवनयात्रा भी। आत्मकथा के गद्य ने भी हिन्दी गद्य-लेखन में नये मानक स्थापित किये।

'नीड़ का निर्माण फिर' सहित आत्मकथा के चारों खंडों को तीन लाख रुपए के 'सरस्वती सम्मान' से सम्मानित किया जा चुका है।

बच्चन की आत्मकथा

चार खंडों में संपूर्ण

स्थापित 1912
100 वर्षों की श्रेष्ठ प्रकाशन परम्परा
राजपाल

₹ 550
ISBN : 9788170281184

NEERH KA NIRMAN PHIR (Autobiography)
by Harivanshrai Bachchan
मुद्रक : जी. एस. ऑफसेट, दिल्ली

राजपाल एण्ड सन्ज़
1590, मदरसा रोड, कश्मीरी गेट, दिल्ली-110006
फोन : 011-23869812, 23865483, 23867791
website : www.rajpalpublishing.com
e-mail : sales@rajpalpublishing.com
www.facebook.com/rajpalandsons

नीड़ का निर्माण फिर

(आत्मकथा : भाग-2)

हरिवंशराय बच्चन

राजपाल

ब्रजमोहन गुप्त

और

आदित्यप्रकाश जौहरी को

अपने पाठकों से

पहले संस्करण की भूमिका

आज आपके हाथों में अपने आत्म-चित्रण का दूसरा खंड 'नीड़ का निर्माण फिर' रखते हुए कुछ सन्तोष का अनुभव कर रहा हूँ।

एक वादा किया था आपसे; पूरा कर सका हूँ; सन्तोष का अवसर है ही मेरे लिए, जब मेरी अवस्था और तन्दुरुस्ती ऐसी है कि किसी वक़्त वे मुझे दग़ा दे सकती हैं।

यह आत्म-चित्रण मैं क्यों कर रहा हूँ, इस सम्बन्ध में मैं 'क्या भूलूँ क्या याद करूँ' की भूमिका में बता चुका हूँ। मैं यह मानकर चलता हूँ कि इस पुस्तक को हाथ में लेने के पूर्व आपने 'क्या भूलूँ क्या याद करूँ' पढ़ लिया होगा। उसको पढ़े बग़ैर यदि इसे आप पढ़ रहे हैं, या पढ़ना चाहते हैं—ऐसा आप किसी विवशता से, अथवा संयोगवश भी कर सकते हैं—तो मैं आपको रोक भी कैसे सकता हूँ। ज़रूरी नहीं कि 'क्या भूलूँ क्या याद करूँ' पहले से न पढ़ रखने के कारण 'नीड़ का निर्माण फिर' आपको बिल्कुल असम्बद्ध, संदर्भ-रहित अथवा पहेलीवत् लगे। जीवन एक बहती हुई नदी है। प्रयाग में गंगा-स्नान का आनन्द लेने के लिए यह आवश्यक नहीं कि पहले गंगोत्री या हरिद्वार में डुबकी लगा ली जाए। कहीं-कहीं आपको पूर्वापर सम्बन्ध का अभाव खटक सकता है; पर इस कमी को आप अपनी थोड़ी-सी कल्पना से पूरा कर सकते हैं। मैं प्रत्येक खंड को अपने-आप में पूर्ण समझता हूँ। अलबत्ता मैं जो पहले खंड की भूमिका में कह आया हूँ उसे यहाँ न दुहराना चाहूँगा।

पहला खंड 1936 तक की घटनाओं-रचनाओं पर समाप्त हुआ था—रचनाएँ भी मेरी जीवन-कहानी की अविभाज्य अंग हैं; शायद उन्हीं के कारण तो आप मेरे जीवन की कहानी में रुचि लेते हैं, वर्ना मेरे जैसे साधारण आदमी के जीवन में ऐसा असाधारण हो भी क्या सकता है कि आप उसकी ओर आकर्षित हों।

इस खंड को मैं 1954 तक लाना चाहता था। पर जैसी स्वाभाविकता के साथ मैं लिखना चाहता हूँ, लिख भी रहा हूँ, उसमें सब कुछ पूर्व आयोजित रूप में पूर्ण कर देना असम्भव है—सम्भव कर भी दिया जाए तो कृत्रिमता आ जाने का भारी ख़तरा है। 1951 तक की घटनाएँ-रचनाएँ ही उस आकार तक फैल गईं जिस तक, पृष्ठ संख्या की दृष्टि से, इस खंड को सीमित रखना था।

अप्रैल 1952 से जुलाई 1954 तक का समय मेरे जीवन में विशेष महत्व का

है। इसमें मैंने अपने देश-घर-परिवार से दूर, सर्वथा एकाकी-आत्मनिर्भर, बिलकुल अपरिचितों-अजनबियों के बीच, इंग्लैंड और आयरलैंड में प्रवास किया, आइरिश महाकवि विलियम बटलर ईट्स पर शोध करके केम्ब्रिज युनिवर्सिटी से डाक्टरेट की उपाधि ली, सौ से ऊपर कविताएँ लिखीं—जिनके लिए प्रेरणाएँ लाया उनकी गिनती यहाँ नहीं—और बहुत कुछ नया देखा, सुना, सोचा, अनुभव किया। इस सबको आपके सामने प्रस्तुत करना चाहूँ तो इसे एक खंड अलग देना पड़ेगा। वह खंड सम्भव हुआ तो अगले वर्ष आपके हाथों में रखूँगा। नाम उसका सोचा है रखने को—'हंस का पश्चिम प्रवास'।

'जीवन की आपाधापी में' उसके बाद का और अन्तिम खंड होगा, यदि समय ने मुझसे लिखा लिया।

मेरे बहुत-से मित्रों ने 'क्या भूलूँ क्या याद करूँ' की प्रशंसा अतिशयोक्तियों में की है। उनके प्रति आभार प्रकट करता हूँ। साथ ही मैं यह भी जानता हूँ कि जो कलाकार मित्रों की प्रशंसा का विश्वास करता है वह विनाश के पथ पर है। इसीलिए बाबा तुलसीदास ने उत्तम कृति का मापदण्ड यह रखा है कि 'सहज बयर बिसराइ रिपु जो सुनि करहिं बखान'। पर यह तो उस ज़माने में लिखा गया था जब लोग दुश्मन और दुश्मन के सृजन में अन्तर कर सकते थे। दृष्टि-संकीर्णता के इस युग में उनके अविरोध अथवा मौन को उनका 'बखान' मान लेना होगा। शायद कुछ ग़लती कर रहा हूँ। विरोध का स्वर अभी मैंने नहीं सुना तो क्या; मौन अवज्ञा का भी हो सकता है। उपेक्षा से बढ़कर अपमान भी कोई होता है ? ख़ैर।

अपमान-बखान से निःस्पृह रह जिस मनोवृत्ति से यह आत्म-चित्रण किया जा रहा है उसकी याद मैं मानतेन के शब्दों में अपने पाठकों को एक बार फिर दिलाना चाहूँगा। उन्हें आप इस कृति के प्रथम पृष्ठ के पूर्व पाएँगे।

मैं जो कुछ लिखता हूँ उस पर अपने पाठकों की प्रतिक्रिया जानना चाहता हूँ; उचित समझें तो यथासुविधा, यथासमय 'नीड़ का निर्माण फिर' पर अपनी प्रतिक्रिया दें; आभारी हूँगा।

श्री अजीत कुमार ने पूरी टंकित पांडुलिपि पढ़कर उसे संशोधित करने का कष्ट किया। डॉ. जीवन प्रकाश जोशी ने संशोधित पांडुलिपि की अतिरिक्त प्रति तैयार की। इन दोनों के प्रति मैं अपनी कृतज्ञता व्यक्त करना चाहूँगा।

मैं विशेष आभारी हूँ श्री सत्येन्द्र शरत् का जिन्होंने प्रारम्भ से ही इस आत्म-चित्रण में रुचि ली और इसे अन्तिम रूप देने में, हर दर्जे पर, मुझे सहयोग-सहायता दी, प्रूफ़ देखने में भी।

नवम्बर, 1970 —बच्चन

13 विलिंगडन क्रिसेंट, नई दिल्ली-11

दूसरे संस्करण के अवसर पर

'नीड़ का निर्माण फिर' प्रकाशित हुए अभी केवल तीन महीने बीते हैं और मेरे प्रकाशक मुझसे नए संस्करण के लिए प्रेस-कापी माँग रहे हैं।

मैं अपने पाठकों के प्रति आभारी हूँ जिन्होंने इसे पढ़कर अपने इष्ट-मित्रों को पढ़ने-ख़रीदने के लिए प्रेरित किया है और इसकी माँग बढ़ाई है। मेरी हमेशा से यह राय रही है और इधर इसकी विशेष पुष्टि हुई है कि किसी भी पुस्तक के प्रचार में समालोचना अथवा विज्ञापन से अधिक उसके पाठक सहायक होते हैं। मुझे प्रसन्नता है कि मेरी यह कृति मेरे पाठकों को रुचिकर प्रतीत हुई।

मेरे जिन मित्रों और पाठकों ने 'नीड़ का निर्माण फिर' पर अपनी प्रतिक्रिया भेजी है, उनके प्रति मैं कृतज्ञ हूँ। बहुतों के लिए आत्मकथा के पहले भाग, 'क्या भूलूँ क्या याद करूँ', से इस भाग की तुलना करना स्वाभाविक था। किन्हीं को दूसरा भाग पहले से ज्यादा अच्छा, किन्हीं को पहले ही जैसा और किन्हीं को पहले से कम अच्छा लगा है। मैं एक पुरानी कहावत दुहराऊँ ?—पाँचों उँगलियां बराबर नहीं होतीं। सन्तुलित निर्णय उँगलियों पर नहीं पंजे पर होता है। अभी दो भाग और आने को हैं। प्रसंगवश एक बात बता दूँ कि तीसरे भाग का नाम अब मैं 'हंस का पश्चिम प्रवास' न रखकर 'बसेरे से दूर' रख रहा हूँ।

मैं अपने पाठकों को विश्वास दिलाना चाहता हूँ कि मैं प्रत्येक की सम्मति का समादर करता हूँ और उन्हें आमन्त्रित करता हूँ कि वे अपनी प्रतिक्रिया मुझे निःसंकोच लिखें। उससे निश्चय मैं लाभान्वित हूँगा।

मई, 1971 —**बच्चन**

13, विलिंगडन क्रिसेंट, नई दिल्ली-11

तीसरे संस्करण के अवसर पर

मुझे बड़ी प्रसन्नता है कि 'नीड़ का निर्माण फिर' का तीसरा संस्करण प्रकाशित होने जा रहा है।

मैं अपने सभी इष्ट मित्रों, पाठकों, आलोचकों के प्रति आभारी हूँ जिन्होंने इस कृति को बहुचर्चित कर लोगों में इसके प्रति रुचि जगाई है।

प्रूफ़ की गलतियों को संशोधित करने के अतिरिक्त इसके मूल पाठ में कोई परिवर्तन नहीं किया गया। एक परिशिष्ट अवश्य जोड़ा गया है।

नए पाठकों की प्रतिक्रिया का स्वागत है।

26.5.73 —**बच्चन**

20, प्रेसीडेन्सी सोसाइटी
नार्थ-साउथ रोड-7
जुहू पारले स्कीम, बम्बई-56

चौथे संस्करण के अवसर पर

'नीड़ का निर्माण फिर' का चौथा संस्करण प्रकाशित होने जा रहा है।

इसमें मूल पाठ में कोई परिवर्तन नहीं किया गया।

तीन परिशिष्ट अवश्य जोड़े गए हैं। जीवन से सम्बद्ध कुछ कविताओं का हवाला देते हुए मैंने पुस्तक में केवल संग्रह का नाम और कविता संख्या का संकेत कर दिया था। बहुत से पाठकों ने शिकायत की थी कि पुस्तक पढ़ते समय संग्रह समीप न होने से उन्हें प्रसंगों को पूरी तरह समझने में कठिनाई होती है। शिकायत वाजिब थी। इस संस्करण में संबद्ध कविताएँ परिशिष्ट में दे दी गई है।

आशा है, नए पाठक इस सुविधा का स्वागत करेंगे।

–बच्चन

सितम्बर 1976
13, विलिंगडन क्रिसेंट, नई दिल्ली-11
'प्रतीक्षा'
14, उत्तर-दक्षिण रास्ता नं. 10, बम्बई-56

पाँचवें संस्करण के अवसर पर

यह संस्करण मात्र चौथे संस्करण का मुद्रण है। अब इसके बाद का आत्म-कथा का तीसरा खंड भी उपलब्ध है–'बसेरे से दूर'; 'नीड़ का निर्माण फिर' के पहले और बाद के खंड को पढ़कर निश्चय ही वे इसके सम्बन्ध में अधिक सन्तुलित निर्णय ले सकेंगे।

पाठकों की प्रतिक्रिया का स्वागत है।

–बच्चन

मई, 80
'प्रतीक्षा'
14, उत्तर-दक्षिण रास्ता दसवाँ
जुहू, पारले स्कीम, बम्बई-56

"पाठको, यह किताब ईमानदारी के साथ लिखी गई है। मैं आपको पहले से ही आगाह कर दूँ कि इसके लिखने में मेरा एकमात्र लक्ष्य घरेलू अथवा निजी रहा है। इसके द्वारा पर-सेवा अथवा आत्मश्लाघा का कोई विचार मेरे मन में नहीं है ! ऐसा ध्येय मेरी क्षमता से परे है। इसे मैंने अपने सम्बन्धियों तथा मित्रों के व्यक्तिगत उपयोग के लिए तैयार किया है कि जब मैं न रहूं (और ऐसी घड़ी दूर नहीं है) तब वे इन पृष्ठों से मेरे गुण-स्वभाव के कुछ चिह्न संचित कर सकें और इस प्रकार जिस रूप में उन्होंने मुझे जीवन में जाना है उससे अधिक सच्चे और सजीव रूप में वे अपनी स्मृति में रख सकें। अगर मैं दुनिया से किसी पुरस्कार का तलबगार होता तो मैं अपने-आपको और अच्छी तरह सजाता-बजाता, और अधिक ध्यान से रंग-चुंगकर उसके सामने पेश करता, मैं चाहता हूँ कि लोग मुझे मेरे सरल, स्वाभाविक और साधारण स्वरूप में देख सकें—सहज निष्प्रयास प्रस्तुत, क्योंकि मुझे अपना ही तो चित्रण करना है। मैं अपने गुण-दोष जग-जीवन के सम्मुख रखने जा रहा हूँ, पर ऐसी स्वाभाविक शैली में जो लोक-शील से मर्यादित हो। यदि मेरा जन्म उन जातियों में हुआ होता जो आज भी प्राकृतिक नियमों की मूलभूत स्वच्छंदता का सुखद उपभोग करती हैं तो मैं आपको विश्वास दिलाता हूँ कि मैं बड़े आनन्द से अपने-आपको आपाद-मस्तक एकदम नग्न उपस्थित कर देता। इस प्रकार, पाठको, मैं स्वयं अपनी पुस्तक का विषय हूँ; और मैं कोई वजह नहीं देखता कि आप अपनी फ़ुरसत की घड़ियाँ ऐसे नगण्य और निरर्थक विषय पर सर्फ़ करें ! इसलिए मानतेन की विदा स्वीकार कीजिए—1 मार्च, 1980।"

नीड़ का निर्माण फिर

``Lord, art thou not displeased with thy servant? I have done so little, I could do no more...I have struggled, I have suffered, I have erred, I have created."

—*Romain Rolland* (Jean Christophe)

"प्रभु, क्या तू अपने सेवक से असन्तुष्ट है ?
मैं कितना कम कर पाया हूँ,
ज़्यादा कर सकना मेरे बस के बाहर था...
मैं जीवन-संघर्ष में धँसा,
मैंने मुसीबतें झेली हैं,
मैंने भूलें की हैं,
मैंने सृजन किया है।"

—रोमें रोलां (जां क्रिसतोफ़)

नवम्बर, 1936

सोलह की रात को मैंने एक सपना देखा जो आज तीस वर्षों के बाद भी मेरी आँखों के आगे वैसा ही स्पष्ट है जैसे उसे मैंने कल रात ही देखा हो। मैंने देखा कि जैसे मेरा विवाह हो रहा है, मुझे बसन्ती रंग का जामा-जोड़ा पहनाया गया है, सिर पर मौर बाँधा गया है, चेहरे पर सेहरा लटक रहा है—बेले की कलियों की लड़ियों का। मेरी बारात में चलने को मेरे बहुत-से नाते-रिश्तेदार आए हैं, पड़ोसी, मित्र—जीवित-मृत; और उनमें कोई भेद नहीं है। मैं अपने सेहरे की आड़ से भी उनमें से बहुतों को पहचान रहा हूँ—मेरे छोटे भाई शालिग्राम हैं; मेरे चचेरे भाई शिव प्रसाद, ठाकुर प्रसाद हैं; मोहन-गंसी चाचा हैं; मेरे मामा जी हैं; फफूँद वाले फूफा जी हैं; विश्राम तिवारी हैं; 'शातिर' साहब हैं, श्रीमोहन हैं, 'मुक्त' हैं, महेश हैं, राजनाथ हैं, श्रीकृष्ण हैं, कर्कल भी हैं, उनके पिता मंगल पंडित भी। सबों ने गले में फूल-मालाएँ पहन रखी हैं। इत्र और गुलाब की सुगन्ध से सारा वातावरण गमक रहा है। बाजे बज रहे हैं। एक ओर बहुत-सी स्त्रियाँ बैठी गा रही हैं। उनमें मेरी माँ और चम्मा हैं—सटी बैठीं, बिना छूत-छात का ख्याल किए; चाचियाँ हैं; ताइयाँ हैं; राधा, महारानी, बुद्धी हैं; कमला खिल्लो, पगली नब्बन हैं; रानी हैं; चम्पा है—अपने दोनों रूपों में, गौने पर जैसी आई, बदरीनाथ की तीर्थयात्रा से जैसी लौटी; सुन्दर बुआ हैं। फिर मैंने देखा कि मेरी भाँवर पड़ रही है, मंगल पंडित मन्त्र पढ़ रहे हैं और मैं एड़ी से चोटी तक लाल कपड़ों में लज्जा-लिपटी एक नव-वधू के साथ अग्नि-कुंड के चारों ओर फेरे दे रहा हूँ। फिर देखता

हूँ कि अग्नि-कुंड की एक लपट ने नव-वधू के आँचल को पकड़ लिया है; वह सिर से पाँव तक लपटों से घिर गई है; फिर भी वह अग्नि-कुंड की परिक्रमा किए जाती है और मैं उसके पीछे-पीछे चला जा रहा हूँ। न मैं, न और कोई उसे बुझाने का प्रयत्न करता है, न कोई घबराता है; जैसे यह सब स्वाभाविक-सा हो रहा है। मैं ही आँच की झाँस न बर्दाश्त कर सकने के कारण खड़ा हो गया हूँ; और तब क्या देखता हूँ कि उस चलती-फिरती ज्वाल-माला से एक हाथ निकलता है। और मेरा हाथ पकड़ लेता है, मुझे अपने पीछे खींचने के लिए...और इतने में मेरी आँख खुल जाती है !

श्यामा ने अपने बिस्तर से हाथ बढ़ाकर मेरा हाथ पकड़ लिया था—हमारी खाटें मिली-मिली रहती ही थीं--और उसके दुर्बल-शीतल स्पर्श से मैं जाग गया था। मुझे जगाने का उसका यही तरीका था। सुबह हो गई थी।

शोर-गुल, गीत-नार, भीड़-भाड़ और बाजे-गाजे के संसार से सहसा मैं शान्ति की एक छोटी-सी दुनिया में आ गया था जहाँ बस एक लाचार बीमार और तीमारदार की दो चारपाइयाँ पड़ी थीं और एक खूँटी से टंकी हरीकेन लालटेन की मन्द-मन्द जलती लौ प्रभात के बढ़ते प्रकाश में पल-पल निष्प्रभ हो रही थी। सपना कुछ देर मेरी खुली आँखों के सामने भी नाचकर अपना अर्थ माँगने लगा था। क्या मतलब हो सकता है इसका ?

ऐसे रोमांचक, विचित्र और भयंकर सपने मैं लड़कपन से देखता था; अब भी कभी-कभी देखता हूँ। सपनों में देखे बहुत-से बिम्बों, रूपों और प्रतीकों का मैंने अपनी कविता में उपयोग भी किया है। सपनों का अर्थ समझने का अतीत में, पूर्व में, और आधुनिक समय में पश्चिम में कुछ प्रयत्न हुआ है। कुछ साहित्य भी उसपर उपलब्ध है जिसे मैंने कभी देखा था। सपनों से कोई निश्चित परिणाम निकालने में मैं सफल नहीं हुआ—शायद ही कोई होता हो। अब मैं ऐसा समझता हूँ कि लड़कपन में कुछ ऐसा साहित्य पढ़ने और कुछ ऐसे अनुभवों से गुजरने के कारण, जिनको मेरा अपरिपक्व चेतन मस्तिष्क सहज ग्रहण नहीं कर पाता होगा, मेरा अवचेतन मस्तिष्क सुप्तावस्था में उद्बुद्ध और उद्विग्न हो उठता होगा, और अपनी रीति से उनसे जूझता और निपटता होगा। तब तो निद्रा-भंग होने पर कभी-कभी तो दुःस्वप्नों के कारण ही—देर तक मेरा दिल घबराया करता था, और मेरी माँ ने उससे त्राण पाने का मुझे एक उपाय बताया था—ऐसे सपने आने पर यह दोहा पढ़ लिया करो—

सपने होइ भिखारि नृप, रंक नाकपति होय;
जागे हानि न लाभ कछु, तिमि प्रपंच जिय जोय।

अब तो संदर्भ-सहित मैं इस दोहे का अर्थ समझता हूँ। इसमें दुःस्वप्नों से उत्पन्न मनःस्थिति को शान्त करने के लिए कुछ नहीं है, पर संस्कार के साथ तर्कों की नहीं चलती। अब भी दुःस्वप्न देखने पर यह दोहा मेरी ज़बान पर आ जाता है। उस दिन भी आ गया था, पर उस दिन मन शान्त नहीं हुआ था। सपना अपना अर्थ माँगे ही जा रहा था, और अर्थ न बूझ पाने की हालत में किसी अनर्थ की आशंका मन में बैठने लगी थी।

प्रायः देखा जाता है कि जिन समस्याओं पर ज्ञान-विज्ञान असमंजस में पड़े रहते हैं उनका लोक-बुद्धि कोई कल्पित समाधान खोज लेती है। सपनों के विषय में उसका

समाधान यह है कि सपने आने वाली घटनाओं की उलटवांसी आगाहियाँ हैं—मृत्यु की सूचना विवाह से दी जाती है, घर आनेवाली डोली की सूचना घर से जानेवाली अर्थी से। धीरे-धीरे मुझपर लोक-बुद्धि हावी होने लगी थी, गो कहीं मेरा अन्तर्मन उसका विरोध भी कर रहा था।

पिछले कुछ दिनों से श्यामा के स्वास्थ्य में सुधार दिखाई पड़ने लगा था। आज तो उसके चेहरे पर ताज़गी की एक लालिमा भी थी। कभी मैं सोचता, यह महज़ धोखा है। बुझने के पहले चिराग़ की लौ में एक अद्भुत ज्योति प्रस्फुटित होती है। रात का अन्धकार टूट पड़ने के पूर्व संध्या एक बार खुलकर चमक उठती है। सपना यही सूचित करने को आया है। कभी सोचता, अन्धविश्वासों में क्या रखा है; 'मुक्त' की और मेरी सेवा, डाक्टरों का इलाज, बाबू रामकिशोर का धन-व्यय, मेरे पिता और भाई की दौड़-धूप, मेरी माँ की प्रार्थनाएँ, मेरे मित्रों की सद्भावनाएँ व्यर्थ नहीं गईं; श्यामा की जिजीविषा अंत में विजयिनी हुई है। और श्यामा के मुख पर छाई नई लाली मेरे उस अनुमान को हल्की-सी थपकी लगा जाती।

दिन-भर मैं इसी भ्रम को बनाए रहा, इसी आशा के प्रकाश में एक उज्ज्वल भविष्य की कल्पनाएँ संजोए रहा। शायद इसी कारण मौत की जो छाया 17 नवम्बर की शाम को श्यामा पर झपटी वह मुझे अधिक कालिमामयी और भयंकर प्रतीत हुई। वह संध्या साधारण दिन की संध्या नहीं थी। वह श्यामा के जीवन-दिवस की संध्या थी जो मृत्यु की अखंड रात में बदल जाने वाली थी। श्यामा अपने नाम के अनुरूप रूप में या अरूप में विलीन होने लगी थी। शाम को श्यामा को अचानक बेहोशी का एक दौरा आया, उसके दाँत बैठ गए, आँखें डूब गईं, और तब से मध्य-रात्रि तक वह केवल सांसों के ऋण की अन्तिम क़िस्त चुकाती रही।

दौरा आने पर डॉ. घोष को बुलाया गया। वे होमियोपैथी का इलाज करते थे। पटना मेडिकल कालेज में श्यामा के पेट के आपरेशन के असफल होने के बाद जब से हम उसे इलाहाबाद लाए थे तब से इन्हीं डॉ. घोष का इलाज हो रहा था। पटना से चलते समय तो हमें यह भी आशा नहीं थी कि श्यामा जीवित इलाहाबाद तक पहुँच भी सकेगी, पर डॉ. घोष का होमियोपैथी में अदम्य विश्वास था। उन्होंने अपने उपचार से श्यामा को तीन महीने जिलाए ही नहीं रखा, रोग का बहुत कुछ निराकरण भी कर दिया, पर मौत का इलाज तो नहीं बना।

उस संध्या को आकर उन्होंने श्यामा की नाड़ी देखी और बिना कुछ कहे वापस जाने लगे। मैंने दरवाज़े तक उनके पीछे-पीछे जाकर कहा, "डाक्टर साहब, कोई...?" वे धीमे से बोले, "अब मरीज़ को शान्त पड़ा रहने दो और तुम भी अपने मन को शान्त रखो।" पिताजी ने फ़ीस के रुपए उनकी ओर बढ़ाए तो उन्होंने स्वीकार न किए। जो होनेवाला था उसमें अब किसी को सन्देह न रह गया था। घर पर मौत की छाया मँडराने लगी थी, और हमारा छोटा-सा परिवार श्यामा की चारपाई को घेरकर बैठ गया था—सिर लटकाए, सर्वथा असमर्थ, पूर्णतया पराजित। मृत्यु की प्रतीक्षा मृत्यु से अधिक डरावनी होती है।

बाई के बाग ख़बर पहुँचा दी गई। सुनते ही श्यामा के पिता अपने बड़े भाई

को लेकर आ गए। उनके बड़े भाई बाबू रामचन्द्र बड़े ही सीधे, भोले और भावुक आदमी थे, और बढ़ती उम्र के साथ अधिकाधिक कोमल-हृदय और सहज-विश्वासी होते गए थे। वे आते ही श्यामा की मृत्यु-शय्या के पास बैठ गए, आँखें मून्द लीं, और थोड़ी देर बाद बड़ी ही मासूमियत से भाव-विगलित स्वर में बोले, "भगवान चाहे तो अब भी बचा ले !" उनके मुँह से इतना निकलना था कि मैं ज़ोर से हंस पड़ा। उस हंसी से वातावरण में इतनी संजीदगी छा गई कि सब लोग साथ आह भर उठते तो भी इतनी न छाती। नियति, जीने के लिए श्यामा के इच्छा-बल के सारे संघर्ष और उसे बचाने के लिए तन-मन-धन से किए गए हमारे सारे प्रयत्नों पर व्यंग्य से हँस ही तो रही थी, और मेरी हँसी शायद उसी की प्रतिध्वनि थी। उस हँसी के साथ मेरी आस्था, श्रद्धा, विश्वास के सारे आधार न जाने कहाँ विलुप्त हो गए, और मुझे यह स्पष्ट हो गया कि अब अगर पहाड़ भी मुझपर टूटना है तो मुझे निःसंग, निःसहाय, निराश्रय और एकाकी रहकर उसको झेलना है। अब कभी-कभी सोचता हूँ कि उस समय आस्था का अर्थ मैंने ग़लत समझा था; और सही अर्थों में आस्था ने मुझे उस समय भी नहीं छोड़ा था। ख़ैर ! तब तो मुझे वैसा ही लगा था और वही मेरी अनुभूति की सच्चाई थी।

बाबू रामकिशोर अधिक न बैठ सके और अन्तिम परिणति स्वीकार कर अपने भाई को साथ लेकर चले गए। हम कहाँ जाते ! हमें तो श्यामा का सांस-सांस संघर्ष उसकी आख़िरी सांस तक आँख फाड़कर देखना ही था।

बीच-बीच में उसे होश आता, और वह अपनी स्वर-हीन सांसों से कुछ कहने का प्रयत्न करती; कभी-कभी वह अपना दाहिना या बायाँ हाथ उठाकर हिलाती—किसी को कुछ मना-सा करने की मुद्रा में—किसे ? किस बात के लिए ? कौन बताए ? कभी होंठों की हरकत से ऐसा लगता कि 'मुक्त' कह रही है, कभी लगता कि मुझे बुला रही है, 'सफ़रिंग', 'सफ़रिंग'। केवल दो बातें स्पष्ट हो सकीं—"मेरे सन्दूक में गत्ते का एक बक्स है...उसे मुक्त को पहुँचा देना...मेरे काग़ज़-पत्तर...मेरी सब चीज़ें...मेरे साथ जला देना।"

श्यामा की ऊर्ध्व श्वास आधी रात तक चलती रही। उस अन्धकार में डूबे, (तब उधर बिजली की लाइन नहीं आई थी), सुप्त-मौन मुहल्ले के एक घर के एक कमरे की एक चारपाई से उठता हुआ वह सांसों का स्वर कितना तीव्र लगता था ! लगता था, जैसे कोई आरे से मुझे चीर रहा है।

कभी सोचता हूँ कि जो भी जीवन में करुण है, कातर है, रहस्यपूर्ण है, रोमांचकारी है वह प्रायः आधी रात को ही क्यों घटित होता है। साहित्य में तो इसके सैकड़ों साक्ष्य हैं। हैमलेट अपने मृत पिता की प्रेतात्मा को आधी रात को देखता है। मैकबेथ राजा डंकन की हत्या आधी रात को करता है। रोमियो आधी रात को जूलियट के शयन-कक्ष में पहुँचता है। फ़ाउस्ट के आगे मेफ़िसटो-फ़ेलीज़ (शैतान) उसके स्वाध्याय-कक्ष में आधी रात को प्रकट होता है, जिसके हाथ वह अपनी आत्मा को विक्रय करता है। कुमार सिद्धार्थ आधी रात को गृह-त्याग करते हैं। राम आधी रात

को लक्ष्मण के मूर्च्छित शरीर को हृदय से लगाकर विलाप करते हैं,

अर्ध राति गइ कपि नहिं आयउ।
राम उठाइ अनुज उर लायउ॥

दशरथ राम के वियोग में आधी रात को दृष्टि-शून्य होते हैं,

अर्धरात्रे दशरथः कौसल्यामिदमब्रवीत्।
न त्वां पश्यामि कौसल्ये साधु मां पाणिना स्पृश॥

आधी रात को ही उन्हें श्रवणकुमार को अनजाने शर-बिद्ध करने की बात याद आती है।

अर्धरात्रे दशरथः सोऽस्मरद् दुष्कृतं कृतम्।

आधी रात को ही वे अपने प्राण त्यागते हैं :

गतेऽर्धरात्रे भृश दुःखपीडितः
तदा जपौ प्राणमुदारदर्शनः।

कवि और साहित्यकार प्रायः वातावरण की अनुकूलता की दृष्टि से ऐसे क्षणों को चुनते हैं; पर प्रकृति, सम्भवतः अपने सहज संवरणीय स्वभाव से--प्रकृति में अपने को गुह्य रखने की प्रवृत्ति निश्चय है--वह वस्तुतः गुह्यश्वरी है--कितना कुछ विचित्र वह मानवों की आँख बचाकर करती रहती है; और जब हम उसे देखते हैं अपनी आँखें फाड़ देते हैं। वह एक ऐसी जादूगरनी है जो हमें आश्चर्यचकित भी करती है, आघात-विमूर्च्छित भी। मनोवैज्ञानिक दृष्टि से यह भी कहा जा सकता है कि ऐसा जो कुछ घटित होता है वह करणीय और अकरणीय, होनी और अनहोनी, होना और न होना (टु बी ऑर नॉट टु बी) के तनाव पर रहता है, और दोनों के बीच की एक स्थिति, मध्य का एक बिन्दु ऐसा आता है जहाँ दोनों ओर का खिंचाव शून्य हो जाता है, और तब, क्षण-भर में, किसी ओर को अणु मात्र का भी झुकाव होने से, दो में से एक ही रहता है। आधी रात शायद प्रतीक मात्र है दो तनावों के बीच की स्थिति का। जिन तनावों को मनुष्य झेलता है, उन्हें नियति-प्रकृति भी झेलती हो तो क्या आश्चर्य !

कुछ अस्फुट कहते, कुछ कहने का प्रयास करते ही करते श्यामा की सांस की डोर अचानक टूट गई, और जीवन और मृत्यु के बीच वह पर्दा गिर गया जो सदा से अभेद्य रहा है। मरण और जीवन के बीच कोई आदान-प्रदान नहीं। इस पार को उस पार से जोड़ने वाला कोई सेतु नहीं। मृत्यु अपने विषय में पूछे गए सारे प्रश्नों को केवल उनकी प्रतिध्वनि बनाकर लौटा देती है,

कर्म का चक्र, मनुज की मृत्यु
रही अनबूझ पहेली एक।

इस पार की शब्दावली में श्यामा अनन्त निद्रा में सो गई थी; ऐसे सपनों में खो गई थी जो कभी टूटने वाले नहीं थे, और उसके प्रति निवेदित किसी बात का कोई अर्थ हो सकता था तो मेरे लिए, उसके लिए कुछ भी नहीं, कभी नहीं,

साथी, सो न, कर कुछ बात,
बात करते सो गया तू,

स्वप्न में फिर खो गया तू,
रह गया मैं और आधी बात, आधी रात

'भगवान की कल्पित चाह' और 'नियति की प्रबल इच्छा' के तनाव में आधी रात की शून्य स्थिति में 'भगवान की चाह' शायद निमिष मात्र को चूकी कि 'नियति की इच्छा' पूर्ण हो गई !

आधी रात को, नहीं, आधी रात की स्थिति में–प्रतीकात्मक स्थिति में–बहुत सतर्क रहने की आवश्यकता है। उस समय कुछ विशिष्ट होने-होने को होता है। पर सतर्कता शायद केवल मानव का अहं है। होता वही है जो होने को होता है। आधी रातों को–भौतिक आधी रातों को भी–मेरे जीवन में बहुत कुछ हुआ है–अच्छा भी, बुरा भी; पर मैं चाहूँगा कि अच्छे के लिए न कोई मुझे श्रेय दे, न बुरे के लिए कोई मुझे दोषी ठहराए। अपनी स्वाभाविक भाव-प्रवणता के बावजूद सतर्कता मैंने कम नहीं बरती, पर ऐन वक़्त पर, पूरे सन्तुलन की स्थिति में, सहसा कोई काँटा कंपा है और तराज़ू का पलड़ा एक ओर को झुक गया है।

कभी मैंने सोचा है कि क्या जीवन घटनाओं का एक क्रम मात्र है या उसके पीछे कोई शृंखला-बद्ध योजना है। और मैं अपने हृदय को ठीक-ठीक टटोलूं तो मुझे कहना चाहिए कि मैं एक अथवा दूसरी बात को पूरी तरह नहीं मान सका। बार-बार घटनाओं का शिकार होते हुए भी अपने अतीत को देखकर मैं अपने जीवन को, और कुछ कहूँ विशृंखल तो नहीं कह सकता। विशृंखलता को साधारण मानव-मस्तिष्क स्वीकार भी नहीं करता, जैसे वह घटनाओं के आक्रमण से अपने को बचा भी नहीं सकता। शायद साधारण मानव-जीवन की यत्किंचित् सफलता इसी में है कि वह अनिवार्य घटनाओं के बीच भी अपने जीवन को विशृंखल होने से बचा ले जाए। यह प्रवृत्ति पहले तो अचेत और बाद को सचेत रूप में मुझमें काम न करती होती तो श्यामा की मृत्यु के पूर्व जो मेरे जीवन में घट चुका था वह मुझे तोड़कर धर देता; श्यामा की मृत्यु तो निश्चय ही मुझे टुकड़े-टुकड़े कर बिखेर देती। उससे बड़ा आघात मैंने अपने जीवन में नहीं जाना था।

श्यामा का दम टूटते ही मेरी माँ, मेरी छोटी बहन, जो अपनी भाभी की गम्भीर बीमारी का समाचार पाकर अपनी ससुराल से आ गई थी, शालिग्राम और उनकी पत्नी–सब साथ रो पड़े। केवल मैं पथराई-पथराई आँखों से श्यामा के शव को देखता बैठा रहा. न मेरे मुँह से आह निकली, न मेरी आँखों से आँसू गिरे–मुझे अक्षर-अक्षर में रोना जो था। शान्त पिताजी भी थे, पर उनकी और मेरी मनःस्थिति में कितना अन्तर था ! वे अपने स्वाध्याय से, चिन्तन-मनन से समत्व की उस अवस्था को पहुँच चुके थे जहाँ हर्ष और शोक में अन्तर नहीं रह जाता। मुझे तो काठ-सा मार गया था। उन्होंने मेरे कन्धों पर हाथ धरकर धीमे से मुझसे कहा, "बेटा, उठो, बहूरानी को अब धरती दो।"

सुजाना, घर की महरी, अपने लम्बे हाथ मार जल्दी-जल्दी आँगन लीपने लगी

थी; और जब वह अपना काम समाप्त करके एक कोने में खड़ी हो गई तो मुझे ऐसा लगा जैसे वह नियति की प्रतिरूप हो और उसने मेरे सारे अतीत पर चौका लगा दिया हो। काश, आदमी अपने अतीत से इतनी आसानी से छुटकारा पा सकता ! श्यामा को बिस्तर से उठाकर ज़मीन पर डाल देने की बात मेरे मन को नहीं रुचि। मैंने कहा, "पिताजी श्यामा शान्त सोई है, हम उसकी शान्ति में ब्याघात न पहुंचाएं।" पिताजी ने मेरी भावना समझी, और श्यामा को बिस्तर पर ही रहने दिया गया। उन्होंने सबको चुप कराया, गीता की पोथी उठा लाए और श्यामा के सिरहाने जलती लालटेन की रोशनी में बैठकर मन्द स्वर में पाठ करने लगे। मेरे कानों में शायद ही गीता का एक भी अक्षर पड़ा हो। उस रात का उत्तरार्ध कितना लम्बा हो गया ! श्यामा से प्रथम मिलन से उससे अन्तिम विदा के दिन-दिन को जैसे एक बार मैंने फिर जिया। पिछले नौ वर्षों के जीवन की कितनी बातें, कितनी घटनाएँ, कितनी स्थितियाँ-परिस्थितियाँ याद आईं और अपने पूरे ब्योरे में आँखों के आगे साकार हो-होकर शून्य में विलीन हुईं! लगा, जो बीत गया वह सब सपना ही तो था; पर सपना भी था तो वह कितना सप्राण था, जो तब तक ही नहीं, आज तीन दशकों के बाद भी किसी-न-किसी रूप में मेरे अन्तर में धड़क रहा है। कभी सोचता हूँ, अच्छी स्मृति कितना बड़ा अभिशाप है; 'प्रसाद' ने कहीं कहा है, "स्मृति बड़ी निष्ठुर है।"

सुधियों के बन्धन से कैसे अपने को आज़ाद करूँ मैं।

वस्तु-सत्य बड़ा क्रूर, कठोर और निर्मम होता है; और एक तरह से उसका ऐसा होना ठीक ही है। वह हमारे सामने एक स्थूल स्थिति प्रस्तुत करता है और कहता है कि इसका सामना करो। हम न करना चाहें, हिचकें-झिझकें, टाल-मटूल करें तो वह हमें विवश कर देना भी जानता है। उसमें यह शक्ति न होती तो हम में से बहुत-से स्वप्न और कल्पना की अफ़ीम खाए पड़े रहते। श्यामा को शरीर छोड़े आठ घंटे हो गए थे और अब उसकी लाश से दुर्गंध उठने लगी थी। जिसे चारपाई से उतारकर धरती पर डाल देने के विचार से मेरा हृदय काँप उठा था, अब उसे अग्नि-समर्पित करने के लिए घर से उठाकर ले जाना था। पिताजी ने एक और कटुतर स्थिति के प्रति मुझे सचेत किया, "हम अपने सम्बन्धियों द्वारा बहिष्कृत लोग हैं, जो हमारे न्यौता देने पर हमारे यहाँ खाना खाने नहीं आए, क्या हम उन्हीं को बुलाएँगे कि आकर हमारी बहू की लाश को काँधा दें; हो सकता है कि वे हमारे बुलाने से भी न आएँ—हिन्दू समाज बड़ा ही निर्दय हो सकता है—मैंने अपनी ज़िन्दा बहू का अपमान तो सह लिया था, पर अपनी मुर्दा बहू का अपमान मैं न होने दूँगा। हम किसी के यहाँ 'कहाउत' न कहलाएंगे—लाश को उठाने के लिए जो बोलौआ भेजा जाता है उसे 'कहाउत' कहते हैं हमारी तरफ़—तीन मर्द हम घर के हैं, तुम्हारे मामाजी को बुला लेंगे और बस घर के लोग लाश को मसान तक पहुँचा देंगे।"—और ऐसा ही किया गया। मामाजी आ गए, पड़ोस के मेरे दो मित्र साथ हो गए। और यह छोटी-सी टोली अर्थी को उठाकर घर से बाहर लाई।

न मैंने श्यामा के शव से पहने कपड़े उतारने की अनुमति दी—प्रतिदिन की तरह उसके तन पर आज भी मेरे हाथ के धुले कपड़े थे और मैंने चाहा कि वह अपनी

अन्तिम यात्रा पर इन्हीं में जाए—न उसे बांस की टिकटी में बाँधने दिया। उस सारी प्रक्रिया की परिकल्पना मुझे इतनी अशोभन, अपरूप, अभद्र और अकरुण लगी कि केवल कफ़न मैंने ऊपर से ओढ़ा दिया और जैसे वह लेटी थी वैसे ही चारपाई समेत उसे उठाकर हम घर से निकले। मेरे मामाजी ने बड़े उदात्त स्वर में ईशोपनिषद् के अठारह श्लोक पढ़े। ईशोपनिषद् किसी टीका से मैंने पढ़ रखा था। एक बार नगर के आर्य समाज मन्दिर में उस पर श्री नारायण स्वामी के व्याख्यान भी सुने थे और उसमें सन्निहित सूक्ष्म विचारों से अभिभूत हुआ था। इस समय शायद ही उस उपनिषद् की ओर मेरा ध्यान जाता। श्यामा के चारों ओर मैं चाहता था केवल मौन-मौन-मौन। पर मामाजी ने पढ़ना आरम्भ कर दिया तो मैं खड़ा चुपचाप सुनता रहा। मूल श्लोकों से अर्थ का कुछ आभास-भर ही उस समय मुझे मिल रहा था, फिर भी उन मंत्रों की ध्वनियों में न जाने क्या शक्ति थी कि मुझे लगा कि मैं कुछ देर के लिए भौतिक परिस्थितियों से ऊपर उठ गया हूँ। गली में हम निकले तो पिताजी ने 'राम नाम सत्य है' का नारा उठाया, पर वह मुझे अच्छा नहीं लगा; मैंने उन्हें संकेत से मना किया कि वे हमें श्यामा के शव को लेकर बिलकुल चुपचाप चलने दें। वे मेरी बात मान गए और रास्ते-भर उपनिषद् का एक श्लोक ही मेरे कानों में गूँजता रहा,

वायुरनिलम् अमृतमथेदं भस्मान्तंशरीरम्।
ओ३म् क्रतो स्मर क्लिबे स्मर कृतं स्मर।।

और न जाने क्यों उससे एक अद्भुत् शान्ति बराबर मन में भिनती रही।

अब हम उस मार्ग पर आ गए थे जिसपर से उसे विदा कराके एक दिन मैं अपने घर लाया था, और आज उसी मार्ग से हम उसे उसकी चिता की ओर ले जा रहे थे। उस दिन कितने लोग मेरे साथ थे; और आज केवल चार-छह इने-गिने लोग—सब घर के ही—समाज से काट दिए जाने के दंड को अपने दुख की घड़ी में स्वाभिमान से सहते, चुपचाप चले जाते हुए।

जाति-व्यवस्था से गठित—ग्रसित भी कहना अनुपयुक्त न होगा—समाज में व्यष्टि और समष्टि के सम्बन्धों पर जब-जब मैंने सोचा है, क्षोभ से भर उठा हूँ। व्यक्ति को समाज के सहयोग की आवश्यकता होती है, अपने साधारण जीवन में भी, अपने सुख, अपने दुख में भी। पर व्यक्ति को समाज से यह सहयोग लेने के लिए बड़ा महंगा मूल्य चुकाना पड़ता है। उसे अपनी स्वतन्त्रता समाज के हाथों में गिरवी रखनी पड़ती है। समाज से कोई स्वतन्त्र हुआ नहीं, उसके विपरीत, उससे अलग उसने कुछ किया नहीं कि समाज उस पर अपना आक्रोश प्रकट करना शुरू कर देता है। आक्रोश तो प्रायः दुर्बल प्रकट करते हैं। समाज अपनी शक्ति समझता है—संघे शक्तिः—वह व्यक्ति के विरुद्ध अनुशासनिक कार्रवाई करता है, उसपर प्रतिबन्ध लगता है, उसे दंड देता है। इस सम्बन्ध में समाज कितना क्रूर हो सकता है—विशेषकर हिन्दू समाज—इसकी कोई सीमा नहीं। शंकराचार्य कोई बात समाज के विपरीत कर देते हैं। शंकराचार्य परम आचार्य हैं, बहुत बड़े विद्वान हैं, ज्ञानी हैं, दार्शनिक हैं, आप्त पुरुष हैं। हुआ करें। समाज की रूढ़ि से अलग जाने पर समाज उन्हें भी दंडित करने में नहीं झिझकता। शंकराचार्य की माता का देहावसान हो जाता है। समाज कहता है—जाओ, तुमने हमारे

नियम को भंग किया है तो हम भी तुम्हें अपंग कर देंगे, तुमसे बदला लेंगे। हम तुम्हारी माँ की अर्थी उठाने नहीं आएँगे। तुम अकेले अपनी माँ की अर्थी उठा सकोगे ? अब तुम्हें अकेले की असमर्थता और समाज के सामर्थ्य का पता चल जाएगा। यही साधारण मनुष्य के पराजय स्वीकार करने की घड़ी है। वह हाथ बाँधकर समाज के सामने हाज़िर होता है, अपनी ग़लती मानता है, क्षमा माँगता है और भविष्य में सदा समाज के अनुकूल चलने की प्रतिज्ञा करता है। पर असाधारण मनुष्य समाज की इस चुनौती को स्वीकार करता है। शंकर साधारण मनुष्य नहीं थे। वे अपनी माँ का दाह-संस्कार ठीक अपने घर के सामने कर देते हैं, और एक प्रथा चल पड़ती है—आज भी नम्बूदरी ब्राह्मण अपने शव अपने घर के सामने जलाते हैं—और समाज अपना-सा मुँह लेकर रह जाता है। मैं समाज का मूल्य समझता हूँ। पर मैं चाहता हूँ कि व्यक्ति की स्वतन्त्रता को भी बहुत सस्ता न समझ लिया जाए। असाधारण व्यक्ति ही नहीं, साधारण व्यक्ति भी, यदि उसकी स्वतन्त्रता को, सत्ता को, चुनौती दी जाए तो सम्मानपूर्वक खड़ा हो सके। उस दिन जो पिताजी ने किया था वह साधारण व्यक्ति का ही साहस था। उससे हमें समाज से कट जाने की पीड़ा पहुँची हो, पर उससे निश्चय हमारे स्वाभिमान की रक्षा हुई थी। संगठित से संगठित समाज को अपने अपवादों को समझना होगा। अपवाद अकारण नहीं होते। आदर्श स्थिति से व्यक्ति जितना ही स्वतन्त्र होगा समाज उतना ही सुगठित होगा।

गंगा किनारे श्मशान घाट पर पहुँचने पर पिताजी ने इच्छा व्यक्त की कि यही उचित होगा कि श्यामा का दाह-कर्म मैं करूँ। मैंने कहा कि दाह तो मैं कर दूँगा, पर 'कर्म' नहीं, यानी दाह से सम्बद्ध शेष कर्म-कांड नहीं। मुझसे यह नहीं होगा कि मैं एक-वस्त्र हो, छूरी-लोटा ले, तख़्त पर चटाई डालकर बैठूँ, पीपल के पेड़ में घंट बांधूं, सुबह उठकर प्रेतात्मा के पीने के लिए उसमें पानी डालूं, रात को पीपल के नीचे जाकर दिया जलाऊँ और वह सब खटराग करूँ जो नाई, ब्राह्मण, महाब्राह्मण मुझसे कराएँ। इन सब बातों में मेरा बिलकुल विश्वास नहीं। श्यामा के लिए जो कुछ किया जा सकता था, वह मैं कर चुका; अब उसकी आत्मा के लिए—अगर वह है भी तो—न मैं कुछ कर सकता हूँ न और कोई। मैं लीक पीटना नहीं चाहता; मुझे तो यह सब पाखंड लगता है। अपनी शान्ति के लिए मुझे जो करना है वह मैं अपने तरीके से करना चाहूँगा। फिर श्यामा की महीनों की बीमारी और उसकी तीमारदारी से मैं मानसिक और शारीरिक रूप से इतना थका-टूटा हूँ कि यही चाहता हूँ कि किसी तरह यहाँ से भागकर बिस्तर में लेट जाऊँ और कभी न उठूँ...शायद उठूँगा भी नहीं...!—कल रात के अंतिम प्रहर में देखा हुआ सपना मेरी आँखों के सामने एक बार फिर झलक गया था। भाँवर देते हुए मेरी नव-वधू ने ज्वाल-माला से हाथ निकालकर मेरा हाथ पकड़ लिया था, अपने पीछे-पीछे खींचने के लिए। क्या वह नव-वधू श्यामा ही नहीं थी, वह ज्वाल-माला उसकी चिता की ही लपट नहीं थी, वह निश्चय मुझे अपने पीछे ले जाएगी; वह मुझे इस निर्मम संसार में दुख उठाते रहने के लिए अकेला नहीं छोड़ेगी।

मुझे जो कुछ कहना था वह मैं एक सांस में कहकर चुप हो गया था और पिताजी

आँख गड़ाकर मुझे देख रहे थे। वे बड़े सूक्ष्मदर्शी थे। सत्य उतना ही न था जो मैंने शब्दों से कहा था। शायद उन्होंने ठीक ही समझा था कि श्यामा के शरीर पर अग्नि रखने से मेरा मन कतरा रहा है। जिस शरीर की मैंने इतने दिनों तक, इतनी आशा संजोकर सेवा की थी उसी में आग लगा देने का क्रूर, कृत्य मेरे हाथ करने को तैयार नहीं थे। मुझसे दाह-कर्म कराया ही गया तो इसका प्रभाव मेरे मन पर अच्छा नहीं होगा, अनिष्टकर भी हो सकता है। एक क्षण में उन्होंने निर्णय लिया कि दाह-कर्म वे स्वयं करेंगे। और इससे जैसे मेरे दिमाग़ का तनाव कुछ ढीला हो गया। बस यही जी चाहता था कि यहाँ जो कुछ किया जाना है वह जल्दी-से-जल्दी खत्म हो और मैं यहाँ से भागूं। तीस वर्षों के बाद मैं अपने पिता की उस दिन की मुख-मुद्रा का स्मरण करता हूँ जैसी कर्तव्य-भावना से वे प्रतिदिन श्यामा की दवाएँ लेने जाते थे उसी कर्तव्य-भावना से, उसी निर्लिप्त भाव से, उन्होंने हाथ में लूका उठाया, मैंने अपना मुँह फेर लिया और उन्होंने चिता में आग लगा दी।

तुलसी या धरा को प्रमान यही,
जो फरा सो झरा, जो बरा सो बुताना।

और थोड़ी देर बाद वह भी क्षण आ गया जब राख-ही-राख चिता पर रह गई; फिर राख भी गंगा में बहा दी गई और सारा वस्तु-सत्य लुप्त हो गया—उसकी स्मृति को जब तक चाहो जगा रखो। अब जानता हूँ, स्मृतियाँ भी क्षीण होती हैं, विलुप्त भी हो जाती हैं।

जिसकी कंचन की काया थी,
जिसमें सब सुख की छाया थी,
उसे मिला देना पड़ता है पल-भर में मिट्टी के कण में !
निर्ममता भी है जीवन में !

'सुख' से शायद अनजाने ही मैं 'ज्वाय' का संकेत कर रहा हूँ।

राख भी मैं रख न पाया।
आज अन्तिम भेंट लाया,
अश्रु की गंगा इसे दो बीच अपने स्थान !
स्वर्ग के अवसान का अवसान।

पिताजी ने नियम-निष्ठापूर्वक, जैसी प्रथा थी, दस दिन का कर्म-कांड निभाया और यथासम्भव मुझे सब कृत्यों से दूर रखा। मैंने अपनी खाट उसी जगह पर डलवा ली जहाँ से श्यामा की खाट उठ गई थी। दिन-रात मैं उसी पर आँख मूँदे चित पड़ा रहता--एक मोहाविष्ट-सा सन्तोष अनुभव करते कि मेरा शरीर अब उसी आकाश में अवस्थित है जिसमें कभी श्यामा का शरीर था। चौबीस घंटे में केवल एक बार नहाने-खाने के लिए उठता—सूदक के दिनों में—शायद यह 'शुद्धक' का बिगड़ा रूप है—एक वक़्त ही चूल्हा जलता। उन दस दिनों में जितनी बातें, जितनी यादें, जितने भाव-विचार, जितनी कल्पनाएँ-आशंकाएँ मेरे दिमाग़ में उठीं, उमड़ीं-घुमड़ीं, उनको बता सकना असम्भव है। जाड़े थे, दिन छोटे होते, रातें लम्बी; एक बात याद है, उन

काली-सुनसान रातों में एक बिल्ली छप्पर पर बैठकर रोती—अत्यन्त आर्त स्वर में—जैसे वह सारे घर की वेदना अपनी छाती निचोड़-निचोड़कर व्यक्त करती हो।

27 नवम्बर को, जिस दिन श्यामा का दसवां था, मेरी 29वीं वर्षगाँठ थी, और कई लोगों ने 'यह शुभ दिन बार-बार आए' का बधाई का तार भेज दिया था। समय के इस व्यंग्य पर मुसकराने के अतिरिक्त और किया ही क्या जा सकता था ! श्यामा की मृत्यु कहीं विज्ञापित नहीं की गई थी।

तार केवल 'मुक्त' जी को दिया गया था। मेरा अनुमान था कि श्यामा की मृत्यु से मुझसे अधिक टूटे तो वे होंगे। शायद वे थे भी, पर जब आकर उन्होंने मेरी दशा देखी तो उन्होंने अपने पर संयम रखा और एकाध रोज़ मेरे पास रहकर पटना वापस चले गए। हम दोनों के बीच शायद ही किसी शब्द का आदान-प्रदान हुआ हो। हम दोनों ने एक-दूसरे से कुछ अलगाव का भी अनुभव किया हो तो कोई आश्चर्य नहीं, क्योंकि हमारे बीच की सबसे मज़बूत कड़ी टूट चुकी थी।

मैं यह नहीं कहूँगा कि मुझे आशंका थी या भय था, या मुझे आभासित होता था; नहीं; उस समय मुझे निश्चय था, ध्रुव निश्चय, कि श्यामा के दिवंगत होने के बाद मैं अधिक दिन नहीं जी सकूँगा। 'दिन' से कभी-कभी बरसों का बोध कराया जाता है। नहीं, दिन से मेरा तात्पर्य था दो-चार दिन, दस-पन्द्रह दिन—महीने से अधिक किसी हालत में नहीं। इस शोक से बड़ा घातक क्या हो सकता है ! एक दिन मैं सो जाऊँगा और मर जाऊँगा। एक रात मैं सोऊँगा और फिर उठकर सवेरा नहीं देखूँगा—'मरत दुसह दुख होई' को शायद जानूंगा भी नहीं। एक रात मेरी छाती को सर्दी लगेगी, सवेरे मुझे बुखार चढ़ेगा और शाम तक मैं दम तोड़ दूँगा। कर्कल तो ऐसे ही मरे थे न । जुड़ओं की बीमारी-मौत एक तरह होती है। चम्पा ने हम दोनों को जुड़आँ कहा ही था। या एक दिन मेरा रक्तचाप बढ़ेगा, दूसरे दिन मुझे दिल का दौरा आएगा और तीसरे दिन अचानक मेरी छाती की धड़कन बन्द हो जाएगी। ऐसा कुछ नहीं हुआ तो मुझपर क्षय का आक्रमण फिर होगा; दुर्बलता में ही यह रोग दबाता है; और मैं तन-मन से इतना दुर्बल और कब हुआ हूँ ?—इस बार गैलपिंग थाइसिस होगा और बस दस-पन्द्रह दिन में चल बसूँगा। या मुझे भी अंत्र-क्षय हो जाएगा। श्यामा की खाट-से-खाट मिलाकर मैं 216 दिन सोया हूँ, उसका मल-मूत्र उठाया है, उसकी कै-थूक की चिलमची साफ़ की है, उसे नहलाया-धुलाया है, उसके चद्दर-कपड़े फींचे-पछारे हैं, उसकी नाक-मुँह से निकली साँसों में मैंने सांस ली है। उसके रोग की छूत मुझे निश्चय लगेगी। अच्छा है लगे; मौत को भी कोई बहाना तो ढूँढ़ना ही होगा। यह तो मेरे प्रति श्यामा की सदिच्छा की अभिव्यक्ति मात्र थी जो उसने कहा था कि उसका संक्रामक रोग मुझे नहीं लगेगा। बस, किसी दिन मुझे उल्टी आएगी और आती ही चली जाएगी, पानी भी नहीं पचेगा, जैसे उसे हुआ था। उसने तो मेरे वास्ते जीने के लिए इतने दिन संघर्ष किया था, मुझे किसके लिए करना है। मैं जल्दी चला जाऊँगा। श्यामा के मृत्यु-पूर्व प्रभात वाले सपने में उसने ही तो अपनी चिता से हाथ निकालकर मुझे खींचा था। फिर रात-रात-भर बिल्ली रोती है। बिल्ली नहीं, यह मौत की दूती है जो 'आउ-आउ' कर मुझे बुलाती है। अब मुझी को मरना है। मरने के अतिरिक्त अब मैं और क्या

करने योग्य हूँ ?...

और हर दिन मैं सोकर जाग जाता, हर रात नींद के टूटने पर मैं विहान देखता। और मेरी प्रत्याशा और आकांक्षा के विपरीत, न मेरे सिर में दर्द उठता, न मुझे बुख़ार आता, न मेरी छाती में दर्द होता—रात को अपनी छाती उघाड़ी रखकर सोने पर भी—न मुझे उल्टी होती; मेरा जी भी न मिचलाता। और मैं अपने से कहता, ओ, तू मरेगा कैसे, तुझे तो जुकाम भी नहीं होता। और मैं अपने को कोसता, 'अभागे, रोग और मौत को भी तुझसे घृणा हो गई है। तेरी ज़िन्दगी बड़ी बेहया है।'

सुनते हैं, मन का प्रभाव तन पर पड़ता है। मैंने अपने तन और मन में इतना विरोधाभास कभी नहीं देखा। मेरा मन रुग्ण था, मेरा तन स्वस्थ होता जा रहा था। कहीं पढ़ा था, जिन्हें फाँसी की सज़ा दी जाती है उनका वज़न बढ़ जाता है। मेरा वज़न भी बढ़ गया हो तो कोई आश्चर्य नहीं। मैं कुछ उसी व्यक्ति की-सी मनःस्थिति में था जिसे फाँसी की सज़ा सुना दी गई हो, पर फाँसी की तारीख़ अनिश्चित हो।

बहुत वर्षों के बाद सार्त्र का संस्मरण पढ़ रहा था, 'वर्ड्स' नाम से प्रकाशित। उसमें एक वाक्य पढ़कर रुक गया—Dying is not easy—मरना सरल नहीं है। शायद वैसी ही कुछ अनुभूति मुझे भी उस समय हुई होगी। और एक दिन मरने से निराश, भारी मन से तुलसीदास की यह चौपाई पढ़कर चारपाई से मैं उठ खड़ा हुआ,

जौ प्रिय-विरह प्रान प्रिय लागे,
देखब-सुनब बहुत अब आगे।

अगर मेरी और मेरे परिवार की आर्थिक स्थिति सन्तोषजनक होती तो शायद मैं बहुत दिन तक पड़ा अपने विषाद को सेता रहता। चार महीने से मैं अपनी स्कूली नौकरी से बग़ैर तनख़्वाह के छुट्टी पर था। ट्यूशनें अपनी बीमारी के समय से ही छूट गई थीं। शालिग्राम किसी तरह घर का ख़र्च चलाते थे। श्यामा की दवा-दारू के व्यय का भार अधिकतर बाबू रामकिशोर ने उठाया था, पर बहुत कुछ खर्च हमें भी करना पड़ता था। 'सुषमा-निकुंज' के प्रकाशनों की बिक्री से कुछ मदद मिलती थी, पर कुल चार किताबें ही तो थीं; कामधेनु तो नहीं। मैंने स्कूल जाना आरम्भ कर दिया। अपनी उस मनःस्थिति में मैं क्या पढ़ाता हूँगा, कैसे पढ़ाता हूँगा, मुझे अब उसकी कोई स्मृति नहीं है। उन दिनों की एक दुर्घटना अवश्य याद है। एक दिन स्कूल से लौटते हुए मैं अज्ञात संज्ञाशून्य हो गए और साइकिल पर से गिर पड़ा। पाँव में चोट आई। अच्छी हुई तो मैंने पैदल स्कूल आने-जाने का निर्णय किया। अब मेरे पास समय ही समय था। कुछ पढ़ते हुए घर से धीरे-धीरे चलकर स्कूल पहुँचता, स्कूल से धीरे-धीरे चलकर घर आता। किसके लिए जल्दी करता ?—'मुझसे मिलने को कौन विकल ?' वर्षों का अत्यन्त सक्रिय जीवन एकाएक निष्क्रय हो गया था और उन ख़ाली-ख़ाली-से दिनों में अतीत की अगणित स्मृतियाँ—'अगणित उन्मादों के क्षण हैं, अगणित अवसादों के क्षण हैं'—एक-दूसरे पर इस तेजी के साथ टूटतीं कि कुछ भी स्पष्ट न रह जाता, सब गड्डमड्ड हो, एक काला, ठस अन्धकार बन दिमाग़ पर बैठ जाता। कभी-कभी तो मेरी आँखों के सामने भी अँधेरा छा जाता और मुझे कुछ पता न चलता कि मैं कितनी देर उस अँधेरे में पड़ा रहता।

हाँ, जब मेरा दिमाग़ कुछ ठीक रहता तो मैं एक काम करता। श्यामा ने कहा था कि मेरे साथ मेरे सारे कागद-पत्तर जला देना। मैं अपने और श्यामा के ऊपर वाले कमरे में चला जाता। महीनों से उसमें किसी ने पाँव न रखा था। चीज़ें जो जहाँ पड़ी थीं, पड़ी थीं—किताबें, कापियाँ, कविताओं की प्रथम पांडुलिपियाँ, पत्र-पत्रिकाओं में छपी मेरी कविताओं अथवा मेरी पुस्तकों की आलोचनाओं की कतरनें, चिट्ठियाँ वग़ैरह-वग़ैरह। मैं एक मोमबत्ती जलाकर बैठ जाता और एक-एक कागज उठाकर उसकी लौ में लगाता जाता। कभी जलाने के पहले काग़ज़ों को पढ़ता भी, विशेषकर चिट्ठियों को, कभी किसी पुराने, विस्मृत प्रसंग पर मेरी आंखों से आंसू बह चलते, नीचे मोमबत्ती के आंसू ढुलकते—मेरे उन क्षणों की एक मात्र संगिनी। बहुत दिनों बाद जब 'निशा निमंत्रण' निकला तो उसके कवर डिजाइन के लिए उन्हीं घड़ियों की स्मृति में मैंने एक आइडिया दिया। ऊपर से कवि के आँसू गिर रहे हैं, नीचे तीन दीपक जल रहे हैं। 'निशा निमन्त्रण' के हर गीत में तीन-तीन पद हैं।

पहले मैंने श्यामा के ही कागद-पत्तर जलाए—उनमें ज़्यादातर चिट्ठियाँ मेरी थीं, कुछ उसकी बहनों की कुछ 'मुक्त' जी की—'मुक्त' जी का उससे एक छायावादी प्रेम-सम्बन्ध था जिससे मैं अनजान नहीं था और जिसे मैंने पूरी समझदारी दी थी। तभी लाल कवर में श्यामा की एक कापी मिली जो उसने मुझे पहले कभी न दिखाई थी। किसी समय मैंने उसे डी. एच. लारेंस की कविताओं का एक संग्रह पढ़ने को दिया था। शायद उसका नाम या उसकी कुछ कविताओं का शीर्षक—ठीक से अब याद नहीं—'शिप आफ़ डेथ' था। 'शिप आफ़ डेथ' शीर्षक की कई कविताएँ उसने अपनी कापी में उतार रखी थीं। एक पंक्ति शायद यह थी—'ओ बिल्ड योर शिप आफ़ डेथ फ़ार यू विल नीड इट'—मृत्यु की नौका बना लो क्योंकि तुम्हें इसकी ज़रूरत होगी। उसकी मृत्यु निकट है, इसका आभास निःसन्देह उसे पहले से हो गया था। उसी कापी में बहुत-से हिन्दी वाक्य सूक्तियों के रूप में लिखे थे। शायद उसके अपने नहीं थे। विभिन्न पुस्तकों से पढ़ते समय उसने उतारे होंगे। एक वाक्य मुझे अब तक याद है—'जीवन में प्रमोद ही प्रमोद नहीं, यथेष्ट रोदन भी है, अपने हाथों के सिवाय और कोई मनुष्य अपने आँसू नहीं पोंछ सकता'।—सबके अंत में कविता की चार पंक्तियाँ थीं। पता नहीं किसकी हैं। पर श्यामा ने उनमें कुछ अपना पाया होगा, तभी तो उन्हें उतार लिया होगा,

पराये से कहने की आदत नहीं है,
मेरी मूकता एक करुणा-कथा है;
मेरे दोस्तो, तुम मुझे भूल जाओ,
तुम्हारी मुहब्बत बढ़ाती व्यथा है।

कितना बड़ा व्यंग्य है कि जो मेरे लिए 'ज्वाय' थी वह अपने में एक 'करुणा-कथा' थी। उसकी कुछ 'करुणा-कथा' से मैं अनजान नहीं था। पर क्या कुछ ऐसी भी 'करुणा-कथा' थी जिसे वह अपनी 'मूकता' में छिपाए ही चली गई। किससे पूछें ? कौन बताए ? हर नारी एक रहस्य है !

श्यामा की वह कापी मैंने नष्ट न की। मेरे काग़ज़ों के किसी बक्स में पड़ी होगी।

फिर मैंने अपने भी बहुत-से कागद-पत्रों को जलाया। किन्हीं को शायद आज मैं महत्वपूर्ण कहता, पर वे उस समय कुछ भी ऐसे नहीं लगे; सब थे तुच्छ, नगण्य, भस्मांतथ्रं। फिर मैंने एक-एक करके श्यामा के कपड़े जलाने शुरू किए—अधिक थे भी नहीं। घर में रहते तो अपनी ग़रीबी के दिनों में विवश कोई उन्हें पहनता ही, और यह मुझे सह्य न होता। काग़जों और कपड़ों से उठती लपट मुझे अच्छी लगती; शायद उससे श्यामा की चिता की याद ताज़ी होती; वैसे भी ऊपर उठती आग हमेशा से मुझे अच्छी लगती थी। मेरी माँ या बहन रोज़ जले हुए काग़ज़ों और कपड़ों की राख मेरे कमरे या छत से बुहारतीं। दबी ज़बान से वे मुझे कपड़ों को जलाने से मना भी करतीं, पर मैं सुन सबकी लेता, करता अपने मन की। मेरे ज़िद्दी, हठी स्वभाव से सब परिचित थे। इस समय तो मैं विषाद-विमूढ़ भी था।

जब मुझे लगा कि अब जलाने योग्य कुछ और नहीं रह गया तो स्कूल से लौटने के बाद कभी तो मैं मिशन कंपाउंड पार कर जमुना के किनारे जा बैठता और कभी जमुना रोड से चलकर पुल पर पहुँच जाता और वहाँ से जमुना और जमुना के दोनों तटों पर धीरे-धीरे संध्या का उतरना देखता—अस्त होते हुए सूर्य की सुनहरी किरणों में सारा दृश्य एक बार आलोकित होकर धुँधला, और धुँधला होता जाता और फिर रात की कालिमा में डूब जाता, तटों पर कहीं-कहीं दिए की रोशनी दिखाई पड़ती, किनारे के मन्दिरों से कभी-कभी घंटियों की आवाज़ सुनाई देती, कभी पुल के नीचे से जाती किसी नाव का 'छप-छप' शब्द सुनाई पड़ता, और फिर आसमान में एक-एक कर तारे निकलते, फिर जैसे सब साथ निकल पड़ते, और उनकी छाया नीचे जल में पड़ने लगती।

ऊपर अनन्त, नीचे अनन्त,
मैं दो अनन्त के बीच मुग्ध;
अम्बर निज गुरुता में प्रशान्त,
मैं अपनी लघुता पर विक्षुब्ध।

'विक्षुब्ध' तो शायद 'मुग्ध' के तुक से खिंचकर आ गया है। सच्चाई यह है कि मैं इस दृश्य में खो जाता—जब आत्म-चेतना ही न रह जाती तो विक्षुब्ध कौन होता। लगता, जैसे यह सब है, या हो रहा है और मैं साक्षी भाव से सब कुछ देख रहा हूँ, और किसी प्रकार की भावना मेरे अन्दर नहीं उठ रही है। किसी अर्थ में इसे मैं समाधि की-सी स्थिति कह सकता हूँ। और यह तब टूटती जब 'घड़-घड़-घड़-घड़' करके ऊपर वाले पुल से कोई रेल गुज़रती और सारा पुल हिलने लगता ! कभी-कभी अपनी उस खोए-खोए-से की स्थिति में मुझे यह भी पता न चलता कि क्या बज गया है,—कितनी रात हो गई है। एक रात तो इतनी देर हो गई थी कि मेरे पिताजी और छोटे भाई मुझे ढूँढने को निकल पड़े थे। मैं पुल की रेलिंग से उतर लंगड़ी कोठी पर बुत-सा बैठा हुआ था।

जमुना की लहरियों ने विगत स्मृतियों से क्षत-विक्षत मेरे मन पर कितना मरहम लगाया होगा इसे बताना मेरे लिए सम्भव नहीं। जमुना के किनारे थोड़ी देर बैठने के बाद मुझे ऐसा लगता जैसे उसकी लहरें मेरी पलकों, मेरी भौंहों, मेरे माथे, मेरे सिर

पर से होती निकली जा रही हैं और मस्तिष्क उनका शीतल-तरल-कोमल स्पर्श अनुभव कर रहा है। पुल की किसी कोठी पर बैठकर जल की ओर दृष्टि स्थिर करता तो थोड़ी देर बाद ऐसा लगता कि जमुना का जल थम गया है और कोठी ही जमुना की धारा में आगे, और आगे धँसती चली जा रही है और जैसे इस यात्रा से मैं अपने अतीत की स्मृतियों से दूर, बहुत दूर चला जा रहा हूँ।

लेकिन मुझे प्रकृतिस्थ होने में सबसे अधिक योग शायद मेरी कविता ने दिया। मेरे काव्य-पाठ, उसके प्रभाव, उसकी लोकप्रियता की चर्चा सारे हिन्दी-संसार में फैल चुकी थी। प्रतिदिन कहीं-न-कहीं से मेरे पास निमन्त्रण आते, तार आते, लोग खुद बुलाने के लिए घर पहुँचते। कुछ दिन मैं उनकी उपेक्षा करता रहा। पर किसी दिन उपेक्षा करना असम्भव हो गया। मैं समझता हूँ कि कवि-सम्मेलनों में भाग लेने का मेरा निर्णय सौभाग्यपूर्ण था। हिन्दी-संसार के लिए नहीं, श्रोताओं के लिए नहीं, मेरे लिए। मेरी मानसिक आवश्यकता थी कि अपने शब्दों से मैं अपनी वेदना मुखरित करूँ।

और सुनाने को मेरे पास थीं, 'ख़ैयाम की मधुशाला', 'मधुशाला', 'मधुबाला', और वे स्फुट कविताएँ जो मैंने अपनी और श्यामा की बीमारी के दौरान लिखी थीं और जो बाद को 'मधुकलश' में संगृहीत हुईं। और इन सब में 'रुबाइयात उमर ख़ैयाम' के अनुवाद में भी—वे सारी आत्म-भोगी स्थितियाँ और इन स्थितियों से प्रेरित कल्पनाएँ थीं जो आश्चर्यजनक रीति से सच होकर सपने में बदल अब हर समय मेरे दिमाग़ में उमड़-घुमड़ मुझे परेशान किया करती थीं। लेकिन जब कविता के रूप में, कला के रूप में, मैं उन्हें दुहराता, उन्हें स्मरण करता तो वह अनुभव मुझे कोई सूत्र-बद्ध मनकों की माला जपने जैसा लगता। शायद उसी तरह की शान्ति मुझे देता। उस शान्ति को समझने के लिए किसी आस्तिक के पास जाना पड़ेगा। आस्तिक को खोजने आप कहाँ जाएँगे। मैं ही कुछ आधुनिक मुहावरे में बताने का प्रयत्न करूँ।

कला अनुभूतियों का किसी इंद्रिय-ग्राह्य माध्यम में रूपान्तरण है। यह रूपान्तरण ही वह जादू है जो अनुभूतियों को मस्तिष्क के उस स्तर से उठाकर, जहाँ वे भोगी-झेली जाती हैं, उस स्तर पर ले जाता है जहाँ उनका आस्वादन किया जाता है। यह आस्वादन की प्रक्रिया कहीं पहुँचकर आनन्द-सन्तोषप्रद और कहीं पहुँचकर शान्तिदायिनी हो जाती है। भोगने-झेलने की अस्थिरता-कटुता—एक शब्द में हर मानवीय अनुभव की अपूर्णता—कला के माध्यम से वह पूर्णता प्राप्त करती है जो मनुष्य को अधिक-से-अधिक सन्तोष देती है। शोक की अनुभूति से शोक-गीत रचना, और शोक-गीत से आनन्द-सन्तोष और शान्ति की उपलब्धि कर लेना विष को मधुरस बना देना है, और यह कला का सबसे बड़ा चमत्कार है। जीवन है तो मनुष्य अपने को कटु-मधु अनुभूतियों के भार से विमुक्त नहीं कर सकता। पर इस भार को वहनीय और सुखद भी बना देने में सबसे अधिक योगदान, मैं समझता हूँ, कला ने दिया है। धर्म और दर्शन ने प्रायः उनसे ऊपर उठ जाने की शिक्षा दी है; कला ने उन्हें साथ लेकर चलने की। धर्म और दर्शन की बहुत दुहाई देकर भी विशिष्ट और बिरले ही सुख-दुख के

ऊपर उठ सके हैं। सामान्य मानव को कला ने ही संभाला है; कला ही उसकी जीवन-यात्रा की संगिनी रही है, संबल बनी है।

मैं कवि-सम्मेलन में बैठा हूँ, पुस्तकें हाथ में लेकर नहीं, और जो मेरे मन में उठ रहा है सुना रहा हूँ,

अरे, वे सुन्दरतम, वे श्रेष्ठ
जिन्हें हम करते इतना प्यार,
क्रूर कटु काल-कर्म के, हाय,
हो गए कितने शीघ्र शिकार !
न पी पाए थे प्याले चार,
गया उनका जीवन मधु सूख,
चले करने विश्राम अनन्त
लिए निज अरमानों की भूख।

एक लाश मेरी आँखों के सामने से चली जा रही है। किसकी है ?

मुझे जो पथ करना था पार,
बिठाए उसपर प्रेत-पिशाच,
बनाए उसपर गहरे, गर्त;
और, आया अब करने जांच!
पूर्व ध्रुव निश्चय के अनुसार
चला मैं करता व्यर्थ प्रलाप;
देखते तुझे न आती लाज,
पतन में मेरे मेरा पाप !

दो अँगारों-सी आँखें मेरे पतन में मेरा पाप देख रही हैं। किसकी हैं ?

चली जाती मधुऋतु जिस काल
सूख जाते पाटल के प्राण,
अचानक होता, हाय, समाप्त
सरस यौवन का मधुराख्यान !
आज बुलबुल, किसको मालूम,
बिलखती-रोती उड़ किस ओर
गई, जो कल फूलों को गीत
सुनाती आई थी इस ओर !

मुझे मालूम है, कीट्स की बुलबुल--ड्राइएड आफ़ दी वुड्स--बदरिकाश्रम की ओर उड़ गई थी। और वहाँ उसने अपने एक-एक बाल-ओ-पर नोच डाले थे। पाटल के सूखे प्राणों को कोई मदिरा से सींचने लगा था।

लाल सुरा की धार लपट-सी,
कह न इसे देना ज्वाला;

फेनिल मदिरा है मत इसको,
कह देना उर का छाला;
दर्द नशा है इस मदिरा का
विगतस्मृतियाँ साक़ी हैं:
पीड़ा में आनन्द जिसे हो
आए मेरी मधुशाला।

यह लाल रंग की सुरा प्रतीक रूप में मेरी वासना है जो हर दर पर अतृप्त-कुपित एक ऐसी ज्वाला में परिवर्तित हो गई है जिसने मेरे हृदय को विदग्ध कर उससे कविता की मदिरा खींच ली है। और साक़ियों की कतार में मैं एक-एक विगतस्मृति को पहचान रहा हूं, और एक-के-बाद एक आने वाली रुबाई में, जैसे एक-के-बाद एक आने वाले प्याले में, मैं अपने जीवन की अनुभूतियों, आकांक्षाओं, कल्पनाओं को बिम्बित-प्रतिबिम्बित देख रहा हूँ।

यह न समझना, पिया हलाहल
मैंने जब न मिली हाला,
तब मैंने खप्पर अपनाया
ले सकता था जब प्याला;
जले हृदय को और जलाना
सूझा, मैंने मरघट को
अपनाया, जब इन चरणों में
लोट रही थी मधुशाला।

एक तीखी याद दिमाग़ में कौंध जाती है कि एक दिन मैंने एक झटके से मदिरा के प्याले की ओर से मुँह फेर लिया था। 'हलाहल' और 'मरघट' की ओर उन्मुख हो गया था। और 'उस पार' की कल्पना मुझे बेचैन करने लगी थी।

दृग देख जहाँ तक पाते हैं
तम का सागर लहराता है,
फिर भी उस पार खड़ा कोई
हम सब को खींच बुलाता है;
मैं आज चला, तुम आओगी
कल, परसों सब संगी-साथी;
दुनिया रोती-धोती रहती,
जिसको जाना है जाता है।
मेरा तो होता मन डगमग
तट पर के ही हलकोरों से
जब मैं एकाकी पहुँचूँगा
मँझधार, न जाने क्या होगा।
इस पार, प्रिये, मधु है, तुम हो,
उस पार न जाने क्या होगा।

और अंतरिक्ष से एक व्यंग्यपूर्ण हंसी सुन पड़ती है, एक आवाज़ आती है...मेरी एक पंक्ति की प्रतिध्वनि-सी—थोड़ी बदली हुई,

मैं आज चली, तुम आओगे
कल...

और मैं इस ख़्याल में डूब जाता हूं कि वह कल कब आएगा ?

और जब कवि-सम्मेलन समाप्त होता है--वे प्रायः मेरी ही कविता के साथ समाप्त होते थे—तो पाता हूँ कि मेरा मन कुछ शान्त हो गया है। जो दुखद था वह किसी अंश में सौन्दर्य-कल्पना में बदल गया है—मेरे ही लिए नहीं, हज़ारों औरों के लिए भी, और इस तरह किसी रूप में उसकी सार्थकता भी सिद्ध हुई है। पर एक दिन कविता ने भी मुझे धोखा दिया।

मुझे याद है, श्यामा के देहावसान के बाद जिस पहले कवि-सम्मेलन में मैंने कविता-पाठ किया था वह फ़तेहपुर में हुआ था—वहाँ के गवर्नमेंट हाईस्कूल में। उन दिनों वहाँ गवर्नमेंट इंटर कालेज, इलाहाबाद, के मेरे पुराने सहपाठी श्री रामगोपाल संड हेडमास्टर थे। इलाहाबाद के निवासी थे, लोकनाथ की गली में उनका मकान था। पत्र से उनके निमन्त्रण की जब मैंने उपेक्षा की तो वे स्वयं आए। शायद उनके आने का भी मुझपर कोई विशेष प्रभाव न पड़ता। वे क्लास में मेरे साथ बैठते भर थे; उनसे किसी प्रकार की निकटता का अनुभव मैंने नहीं किया था। पर दैववशात् उन्हीं दिनों उनकी पत्नी का भी देहावसान हो गया था। और न जाने क्यों उनको देखकर उनके प्रति मेरी इतनी सहानुभूति जागी और वे भी मेरे लिए इतने द्रवित हुए कि उनका आग्रह मैं न टाल सका। मैं आभारी हूँ कि उन्होंने बहुत दिनों से रुद्ध मेरे कंठ को खुलने का अवसर दिया। मेरी राहत का कुछ अनुमान वे ही लगा सकेंगे जिनका बढ़ता फोड़ा सहसा फूटकर बहने लगा हो।

यदि मैं यह कहूँ कि उस कवि-सम्मेलन की रात में मुझे श्रोतागण दिखाई ही न दिए थे तो यह शायद अतिशयोक्ति समझी जाएगी। फिर भी सत्य यही था। मैंने श्रोताओं की ओर कुछ भी ध्यान न दिया था। जो जी में आया, सुनाता चला गया था और जनता बड़ी रात तक मुझे सुनती बैठी रही थी। दूसरे दिन रामगोपाल ने मुझे बताया था कि बीच-बीच में दो-दो, चार-चार मिनट को मैं चुप हो जाया करता था और लोग मेरे मौन-भंग की प्रतीक्षा में मंत्र-मुग्ध बैठे रहते थे। बहुत दिनों के बाद श्री विद्यानिवास मिश्र द्वारा संपादित 'माडर्न हिन्दी पोएट्री' नामक पुस्तक पढ़ रहा था जो उन्होंने अमरीका से प्रकाशित कराई थी। भूमिका में श्री सच्चिदानन्द हीरानन्द वात्स्यायन ने कविता की एक मनोरंजक परिभाषा दी थी कि कविता अर्थवान मूक क्षणों की वह शृंखला है जो शब्दों की कड़ियों से जोड़ दी गई हो। शायद उस कवि-सम्मेलन में जनता को कविता का कुछ ऐसा ही अनुभव हुआ होगा। वात्स्यायन जी वहाँ उपस्थित होते तो मेरी मूकता के क्षणों को ही वास्तव में मेरी कविता समझते। एक अर्थ में शायद वे सत्य से बहुत दूर न होते।

उन दिनों जब भी मैं किसी कवि-सम्मेलन में गया तो केवल अपने मन को राहत देने के उद्देश्य से। एक बात मैं स्पष्ट कर दूँ कि तब तक कवियों को पारिश्रमिक देने

की प्रथा चली ही नहीं थी। संयोजक केवल तीसरे दर्जे का मार्ग-व्यय देते थे। हिन्दी के प्रचार में योगदान देने अथवा साहित्य की सेवा करने का दंभ मुझे तब भी नहीं था, अब भी नहीं है। मैंने 'स्वान्तःसुखाय' कविताएँ लिखी थीं और अब उन्हें 'स्वान्तस्तमः शान्तये' सुना रहा था। तुलसी के 'स्वान्तःसुखाय' ने बहुत बार लोगों का ध्यान आकर्षित किया है और तरह-तरह से उसकी व्याख्या की गई है, कभी-कभी तो ऐसे संकुचित अर्थ में कि आज 'स्वान्तःसुखाय' लिखना जैसे कोई अपराध हो। फिर भी तुलसी 'स्वान्तःसुखाय' लिखकर 'बहुजन हिताय' लिख गए। यदि उनका तात्पर्य केवल यह होता कि उन्होंने जो लिखा वह अपनी आंतरिक प्रेरणा से—किसी के आदेश पर नहीं, किसी को प्रसन्न करने के लिए नहीं, धन-कीर्ति कमाने के ध्येय से नहीं—जैसा कि उन दिनों प्राकृतजन-गुण गानेवाले करते होंगे—केवल अपनी आत्मा की पुकार पर, केवल आत्माभिव्यक्ति की विवशता से, तो भी किसी भी युग में कवि-कर्म के लिए वे एक स्वाभिमानपूर्ण उदाहरण उपस्थित कर जाते। पर मानस को समाप्त करते समय अपने लेखन का उद्देश्य 'स्वान्तस्तमः शान्तये' बताकर तो उन्होंने मानो कविता और कला के आदर्श अथवा लक्ष्य को भी परिभाषित कर दिया है। 'तमः' यहाँ प्रतीक है उन सारे विकारों का—'विकार' मनोवैज्ञानिक अर्थ में--जो काव्य अथवा कला में रूपांतरित हो मन को शान्त करते हैं।

प्रश्न उठाया जा सकता है कि तुलसी ने यदि स्वान्तःतमः शान्त करने के लिए सृजन किया था तो उससे युग-तम कैसे शान्त हो सका। मेरा उत्तर यह है कि तुलसी इतने विशाल-हृदय थे कि उनके सारे युग का तम उनके अंतः का तम बन गया था। कौन कवि युग अथवा जीवन के कितने विकारों को स्वान्तः में ले जाकर शान्त कर देगा, यह उसके क़द पर निर्भर होगा। जिस बात पर मैं ज़ोर देना चाहता हूँ वह यह है कि यह प्रक्रिया कवि के अन्तर में ही होनी है, अपनी कला के माध्यम से ही होनी है, चाहे उसके विकार एकदम निजी हों, चाहे युग-जीवन-व्यापी।

एक धारा-विशेष के विचारक बड़ी जल्दी से यह कह देते हैं कि कवि को आत्मभोगी स्थितियों को वाणी न देकर समाजभोगी स्थितियों को वाणी देना चाहिए। इस प्रकार का स्वर उस समय के वातावरण में भी उठा था और उसे संगठित रूप से उठाने के लिए एक आंदोलन भी चलाया गया था। उसके विषय में बहुत कुछ जान-सुनकर भी, मैं स्वीकार करना चाहूँगा, मैं उससे प्रभावित होने की मनःस्थिति में नहीं था। आज मैं समझता हूँ कि किसी भी समाजभोगी स्थिति को अपनी बौद्धिक सहानुभूति देकर प्रचारात्मक लेखन सम्भव है, पर सृजनशील लेखन तब तक सम्भव नहीं हो सकता जब तक लेखक समाजभोगी स्थिति को आत्मभोगी न बना ले, या वह किसी तीव्र अनुभूति से खुद-ब-खुद ऐसी न बन जाए। मैं कोई सिद्धांत बनाकर अपने अन्दर नहीं बैठ गया था, और कोई सिद्धांत सुनाकर मुझे बाहर नहीं निकाला जा सकता था। मुझे यही कहना चाहिए, और इतना ही मुझे ज्ञात भी है, कि मैं केवल निजी प्रेरणा से निजी विकारों को शान्त करने का प्रयत्न कर रहा था। यदि उनसे किन्हीं औरों के विकार भी शान्त हो रहे थे तो शायद मेरा स्वान्तः इतना संकुचित और मेरे विकार इतने निजी नहीं थे जितना मैंने उन्हें मान लिया था या जितना औरों ने भी कभी-कभी

समझा है। लोग मेरी रचनाएँ पढ़ रहे थे; क्यों ?—वे पाठ्यक्रम में तो लगी नहीं थीं कि वे उन्हें पढ़ने को बाध्य होते। लोग दूर-सुदूर से मुझे बुलाकर सुन रहे थे; क्यों ? वे कौतूहलवश अथवा विनोदार्थ भी ऐसा कर सकते थे, पर उन दिनों मैं अपनी सत्ता की निरर्थकता से इतना अभिभूत था कि किसी के कौतूहल शान्त करने का साधन अथवा किसी के विनोद का माध्यम बनकर भी शायद मुझे अपने जिए जाने में किसी प्रकार के अभिप्राय का यत्किंचित् बोध होता। और इसलिए वे जब, जहाँ से मुझे आवाज़ देते थे, मैं उनके सामने हाज़िर हो जाता था।

उन दिनों मैंने जिन कवि-सम्मेलनों में भाग लिया उनमें से एक की विशेष चर्चा करना चाहूँगा क्योंकि उनके साथ एक ऐसी दर्दनाक घटना जुड़ गई जिसने मेरे पहले से ही शोकातुर मन को बहुत उद्विग्न किया, और मेरी कविता के विषय में एक ऐसा प्रश्न उठाया जिसका उत्तर सोचते-सोचते मैं ऐसे परिणाम पर पहुँचा जिसने मेरे जीवन को एक नया मोड़ लेने के लिए विवश कर दिया।

अपनी ही कविता के विषय में कवि की सम्मति को बहुत महत्त्व नहीं दिया जाना चाहिए। 'निज कबित्त केहि लाग न नीका' के कारण ही नहीं; उसे निज कवित्त 'फीका' या तीता लगे तो भी। शायद इसकी कल्पना किसी ने नहीं की। उस समय मैं जिन परिणामों पर पहुँचा वे ग़लत भी हो सकते हैं। जीवन का यही तो सबसे बड़ा चमत्कार है कि वह ग़लत रास्तों से भी सही दिशाओं में लगा सकता है। फिर उस समय मैं ऐसी शान्त-सामान्य मनःस्थिति में नहीं था जो साहित्य अथवा कविता के विषय में सही निर्णय लेने के लिए आवश्यक है। इसलिए वह प्रश्न आज भी मेरे भाव-प्रवण पाठकों के सामने उठाया जा सकता है। अपनी जिस प्रकार की कविता के विषय में मेरे मन में प्रश्न उठा था उससे मैं स्वयं तो बहुत दूर चला गया हूँ, पर आज भी मेरी यही कविताएँ सबसे अधिक पढ़ी जाती हैं। सम्भव है आप मेरे उस समय की सोचने की प्रक्रिया से सहमत हों; सम्भव है असहमत हों, जिसके लिए जागरूक और विवेकशील पाठक होने के नाते आपको पूरा अधिकार है। मैं स्वयं अपनी उस समय की राय से बहुत सहमत नहीं हूँ। ऐसे मामलों में सही-ग़लत परिणाम पर पहुँचने का उतना महत्त्व नहीं जितना चिन्तन का, जो प्रायः कुछ सही, कुछ ग़लत पर जाकर अटक जाता है। साहित्य के बहुत-से सत्य जैसे जीवन के—सदा विवादास्पद रहे हैं।

एक दिन बरेली कालेज, बरेली, से मुझे कवि-सम्मेलन का निमन्त्रण मिला। साथ में कालेज के अर्थ-विभाग के अध्यक्ष अथवा लेक्चरर श्री शंकर सहाय सक्सेना का एक निजी पत्र भी था। उनसे मेरा पूर्व परिचय नहीं था। पत्र से लगता था कि मेरी कविता से वे अपरिचित नहीं थे। बड़ा ही आग्रहपूर्ण पत्र उन्होंने लिखा था, और मेरी स्वीकृति से पूर्ण ही मनीआर्डर से अग्रिम मार्ग-व्यय भेज दिया था। मैंने वहाँ जाने का निश्चय कर लिया और गाड़ी आदि की सूचना उन्हें दे दी।

स्कूल से अधिक छुट्टी न मिल सकती थी; केवल दो दिनों में यह यात्रा पूर्ण करने का मैंने कार्यक्रम बनाया। जिस रात को बरेली में कवि-सम्मेलन था उसी सुबह को इलाहाबाद से चलकर परताबगढ़ पहुँचा; वहाँ से दस बजे पंजाब मेल मिलता था

जो संध्या तक बरेली पहुँचा देता था। जाड़े के दिन थे, मेल पहुँचा तो रात हो गई थी। स्टेशन पर कुछ विद्यार्थी मुझे लेने आए थे। एक नवयुवक—लम्बा, दुबला, गोरा, बिना टाई के खुले कालर के कोट और पतलून में—तेज़ी से मेरी ओर आया, बोला, "आप ही बच्चन जी हैं ?" और मेरे कहने पर कि मैं ही हूँ, उसने अपने दोनों हाथों से मेरा हाथ पकड़ लिया और कसकर दबाने लगा। साथ कहता जाता था, "बच्चन जी, आप आ गए ! आप नहीं जानते कि आज मेरे जीवन की कितनी बड़ी ख़्वाहिश पूरी हो गई है; आज तो मैं आपके मुँह से आपकी कविताएँ सुनना ही चाहता था। आज अगर आप न आते तो मैं ज़िन्दगी को कभी माफ़ न करता..."—और भी न जाने क्या-क्या; और मैं सोचता रहा कि क्या मेरी कविता के मारे ऐसे लोग भी हैं !

तांगे में वह मेरे ही साथ बैठा, बराबर मेरा हाथ पकड़े रहा और रास्ते-भर मेरे आने पर अपनी खुशी और मेरी कविता सुनने के लिए अपनी व्यग्रता व्यक्त करता रहा। उसे शायद मेरी सभी प्रकाशित कविताएँ याद थीं। बीच-बीच में वह मेरी पंक्तियाँ सुनाता, आग्रह करता, " 'मधुशाला' की फ़लां-फ़लां रुबाइयाँ, 'मधुबाला' की फ़लाँ कविता, अमुक पत्रिका में प्रकाशित अमुक गीत आप जरूर सुनाइएगा; वे मेरे लिए ही लिखे गए हैं। आज आप मेरी बात रख लें। जो मैं कहूँ वहीं सुना दें। मैं आपके इस एहसान को मरते दम तक नहीं भूलूँगा।"

मुझे बरेली केवल चार घंटे रुकना था। मेरा सामान कालेज के ही किसी कमरे में रख दिया गया। नहाने-धोने, तैयार होने, खाना खाने में मुझे घंटे से अधिक समय लग गया। जब मैं कालेज हाल में पहुँचा, कवि-सम्मेलन दो घंटे से ऊपर चल चुका था और मेरी प्रतीक्षा हो रही थी। मंच पर मुझे जनार्दन झा 'द्विज' को देखने की याद है। 'दिनकर' के उदय से पूर्व मोहनलाल महतो 'वियोगी' और 'द्विज' बिहार के सबसे बड़े कवि समझे जाते थे; कभी-कभी इनके साथ केदारनाथ मिश्र 'प्रभात' का नाम भी लिया जाता था। मैंने वहाँ दो घंटे तक कविता-पाठ किया। बरेली के किसी भी कवि-सम्मेलन में यह मेरा पहला कविता-पाठ था। प्रभाव मेरी कविता का वही हुआ जो सब जगह होता था। लोगों ने एक व्यक्तित्वपूर्ण स्वर सुना, हिन्दी कविता का एक नया अन्दाज़ देखा और भावों की एक नई उथल-पुथल अनुभव की जिसमें पीड़ा की उत्कटता भी थी, उल्लास की तीव्रता भी।

जो नवयुवक तांगे पर मेरे साथ आया था वह श्रोताओं के बीच से अपनी राह बनाता मंच के निकट आकर ठीक मेरे सामने बैठ गया था। वह अपनी भाव-मुद्रा से मुझे इतना आकर्षित कर रहा था कि थोड़ी देर बाद मुझे लगा जैसे मैं उसी को अपनी कविता सुना रहा हूँ और वही एकमात्र है जो मेरे शब्द-शब्द को पूरी तरह आत्मसात् कर रहा है। वह जिस-जिस कविता का संकेत करता गया मैं वही वही सुनाता गया। उस काव्य-पाठ की समाप्ति मैंने 'पाँच-पुकार' से की थी जिसका अन्तिम पद है,

दो दौर न चल पाए थे
इस तृष्णा के आँगन में,
डूबा मदिरालय सारा
मतवालों के क्रन्दन में;

यमदूत द्वार पर आया
ले चलने का परवाना,
गिर-गिर टूटे घट-प्याले,
बुझ दीप गए सब क्षण में,
सब चले किए सिर नीचे
ले अरमानों की झोली;
गूँजी मदिरालय भर में
लो, 'चलो, चलो' की बोली !

और उसी के साथ सारी जनता भारी मन से हाल से निकल गई थी—कुछ ऐसा मनोवैज्ञानिक प्रभाव पड़ा था उस पद का।

मुझे सहारनपुर ऐक्सप्रेस से लौटना था जो बरेली से बारह बजे रात को चलती थी और दूसरे दिन शाम को चार-पाँच बजे के करीब इलाहाबाद पहुँचती थी।

कवि-सम्मेलन से मैं सीधे स्टेशन आया। कुछ विद्यार्थी-अध्यापक मुझे पहुँचाने आए। साथ में वह नवयुवक भी था जिसका ज़िक्र मैं ऊपर कर चुका हूँ। पर उस समय उसकी वह संध्या वाली मुखरता न जाने कहाँ ग़ायब हो गई थी। वह जैसे अपने-आप में ही डूबा था, जैसे मैं,—कवि-सम्मेलन के बाद मुझे सदा ही एक विशेष एकाकीपन की भावना घेर लेती थी। जब गाड़ी आई और मैं डिब्बे में बैठने लगा तो वह नवयुवक फिर मेरे पास आया। कुछ तरल-सी अपनी बड़ी-बड़ी आँखों से मेरी ओर देखते हुए उसने मेरा हाथ बड़े ज़ोर से दबाया। उसके होंठ कुछ हिलकर रह गए, जैसे वह बहुत कुछ कहना चाहता हो और कुछ न कह पा रहा हो। अन्त में सिर्फ उसने इतना कहा, ''मैं भी इस गाड़ी से चल रहा हूँ। फ़लाँ जगह जाना है।''—किसी स्टेशन का उसने नाम लिया जो मुझे याद नहीं; और जाकर किसी आगे के डिब्बे में बैठ गया। उसके साथ मैंने कोई सामान नहीं देखा था।

मुझे सोने की जगह मिल गई थी—दिन-भर की यात्रा, रात के कविता-पाठ से शरीर-मन से विथकित मुझे नींद आ गई। लगभग चार बजे डिब्बे के और मुसाफ़िरों का शोर-गुल सुनकर मैं उठा। दूर पर दिखलाई देती बत्तियों से लगता कि गाड़ी किसी छोटे स्टेशन से कुछ दूर चलकर रुक गई थी। कोई आदमी गाड़ी से कट गया था और लोग अपने डिब्बों से उतर-उतर उसे देखने को जा रहे थे। कुछ लोग देखकर लौट रहे थे, बातें करते हुए—''जवान आदमी लगता है...कोई शहराती...जिसकी जैसी बदी ...मुंह-अंधेरे कहां लाइन पर आ गया...मौत जिसकी जहाँ लिखी होती है वहीं आदमी पहुँच जाता है...मरनेवाला मर गया, गार्ड-ड्राइवर रपट देते हैं।'' स्टेशन और गाड़ी के बीच रेलवे-अधिकारी हाथ में बत्तियाँ लिए आ-जा रहे थे। कुछ लाश को घेरे खड़े थे। कुछ-कुछ उजाला हो रहा था। न जाने क्यों मेरे जी में आया कि मैं भी उतरकर देख आऊं। और पास जाकर जो मैंने देखा, उससे स्तब्ध रह गया। यह तो वही नवयुवक था जो मुझे बरेली में मिला था। उसकी गर्दन और उसका एक हाथ कट गया था। चेहरा तो एकदम खून से लथपथ था, पर उसके कोट से मुझे उसे पहचानने में भूल नहीं हो सकती थी, जिसमें लिपटा उसका धड़ एक ओर को पड़ा था।

आत्महत्या !

क्यों ?

कुछ तो होगा कि जीना असह्य हो गया।

शाम से उसकी एक-एक बात को याद करता हूँ।

वह कुछ असाधारण मनःस्थिति में था।

फिर एक प्रश्न तमाचे-सा उठकर मेरे गाल पर लगा, क्या इसकी आत्महत्या के लिए तेरी कविता उत्तरदायी है ?

और वह तमाचा मुझे इतनी ज़ोर से लगा कि मेरी आँखों के सामने अँधेरा छा गया। और उस अँधेरे में मुझे ऐसा लगा जैसे उस नवयुवक की आँखें टकटकी बाँधकर मुझे देख रही हैं।

× × ×

इसे एक अद्‌भुत संयोग ही कहेंगे कि जिस रात को अपना संस्मरण लिखते हुए मैं यहाँ तक पहुँचा था, अचानक सारे बंगले की बिजली फ़ेल हो गई और अन्धकार में फिर मुझे उस नवयुवक की दो चमकीली-चमकीली आँखें दिखलाई पड़ीं। उस समय सत्येन्द्र शरत् मेरे घर पर मौजूद थे और मैंने अपना यह विषण्ण अनुभव उन्हें बताया भी।

× × ×

मेरे मुंह से एक शब्द भी नहीं निकल सका। उस अभागे दिवंगत के विषय में मैं इतना ही तो जानता था कि वह बरेली से गाड़ी में सवार हुआ था, और इतना बतलाने वाले उनके डिब्बे के ही कई लोग थे, कि उसने मेरी कुछ कविताओं में अपने ही अन्तर की चीत्कार की प्रतिध्वनि सुनी थी, इसका रेलवे और पुलिस के कर्मचारियों के लिए क्या महत्व हो सकता था। खून से लथपथ मानव-शरीर के तीन टुकड़ों के पीछे मौत अदृश्य का पर्दा डालकर बैठ गई थी। अजनबी मुसाफ़िरों में उसके लिए एक निरपेक्ष कौतूहल के अतिरिक्त हो भी क्या सकता था ! पुलिस और रेलवे अधिकारी दुर्घटना से सम्बद्ध रूटीन कार्रवाइयों की खानापूरी कर रहे थे।—यह मृत्यु, यह जीवन से विदा, अपरिचितों और अजनबियों के बीच कितनी दयनीय है ! कोई इसके शव पर दो आँसू गिरानेवाला भी नहीं—'और अगर मर जाइए तो नौहख्वाँ कोई न हो।' जिसने दुनिया की ओर से आँखें फेर लीं, वह किसी से किसी चीज़ की अपेक्षा नहीं रखता। पर दो आँसू तो उसको प्राप्तव्य हैं ही। मृत्यु-पथ के यात्री को जीवन इनके अतिरिक्त और क्या संबल प्रदान कर सकता है। क्या यह इतना अभागा है कि इनसे भी वंचित रहे !

यही सब सोचते-सोचते मेरी आँखें भर आईं और मैं अपने डिब्बे में आकर बैठ गया। रात बरेली के कवि-सम्मेलन में पढ़ी कविताएँ मंद स्वर में मेरे मुख से अनायास मुखरित होने लगीं। लगा, जैसे उस नवयुवक की आत्मा उन्हें सुन रही है। स्वर-शब्दों के अपने उस क्षणिक साथी को मेरी आँखों ने बार-बार द्रवित होकर आश्वस्त किया

कि तू इतना अंवाछित नहीं था जितना तूने अपने को समझ लिया था !

शेष यात्रा बड़ी बेचैनी से कटी। मन उस नवयुवक के जीवन की तरह-तरह की दुःखद और दुःसह परिस्थितियों की कल्पना करता रहा। पर सारी कल्पनाएँ इस वास्तविकता पर पहुँचकर मुझे सबसे अधिक बेधतीं कि मेरी कविताओं ने उसकी भावनाओं को इतना उभारा, इतना उबाल पर चढ़ाया, इतना उनमें उफान उठाया कि उसके पाँव जीवन से उखड़ गए और वह मौत के पहियों के नीचे आ गिरा। एक प्रकार की अपराध-भावना मेरी छाती को जकड़ने लगी। दिन में सैकड़ों बार इस प्रकार के प्रश्न मेरे मन में उठते—क्या उस नवयुवक की आत्महत्या के लिए मेरी कविता उत्तरदायी थी ? क्या मेरी कविता का प्रभाव यह होता है कि वह लोगों को जीवन से निराश कर देती है ? क्या मेरी कविता जीवन का कोई विकृत चित्र लोगों के सामने प्रस्तुत करती है ? एक शब्द में, क्या मेरी कविता 'मॉरबिड' है ? 'मॉरबिड' के अर्थ हैं, विकार-ग्रस्त, रोगाक्रांत, अस्वस्थ, अस्वाभाविक।

उन दिनों मैंने अपनी कविता की जितनी चीर-फाड़ की शायद कभी नहीं की। श्यामा की मृत्यु के पश्चात् मैंने एक पंक्ति भी नहीं लिखी थी। न लिखने का मैंने कोई इरादा नहीं कर लिया था, बस लिखने को जी ही नहीं करता था। लिखने का क्या अर्थ हो सकता था, जब जीने का ही अर्थ अस्पष्ट था। और अब उस अज्ञात नवयुवक की आत्महत्या से अपना पिछला लेखन भी मुझे अनर्थकारी प्रतीत होने लगा था। यह ठीक है कि लोग मेरी कविता ललक-ललककर सुनते हैं; बहुत बड़ी संख्या में लोग मेरी पुस्तकें खरीदते और पढ़ते हैं; पर अगर मेरी कविता का अस्वस्थ प्रभाव पड़ता है, जिसका आरोप यदा-कदा चर्चा अथवा लेखन में मुझपर लगाया जा चुका था, और जिसका अब प्रत्यक्ष प्रमाण मुझे मिल गया था—सम्भव है बहुत-से दुष्परिणामों सें मैं अनवगत हूँ—तो मुझे स्वयं अपनी कविता का निरीक्षण-परीक्षण करना चाहिए। सारा देश अहिंसात्मक असहयोग आन्दोलन में गांधी जी के साथ था। एक चौरीचौरी में हिंसा का विस्फोट हुआ; बस इसी पर गांधी जी ने आन्दोलन स्थगित कर दिया। मेरी कविता पर एक आदमी का आत्महत्या कर लेना भी मुझे आगाह करने के लिए पर्याप्त होना चाहिए कि मैं इस प्रकार की कविता लिखना बन्द कर दूँ और इसपर विचार करूँ कि मेरी कविता में वे कौन-से तत्व हैं जो ऐसे अनर्थकारी परिणामों के लिए उत्तरदायी हैं। कुछ ऐसी ही उस समय मेरे सोचने की प्रक्रिया थी।

कविता की 'मॉरबिडिटी' (विकृति) से मेरा परिचय पहले-पहल ए. ई. हाउसमन (1859-1936) की कविता से हुआ था। वे अपने समय में लैटिन के सबसे बड़े विद्वान समझे जाते थे। बहुत वर्षों तक केम्ब्रिज युनिवर्सिटी में लैटिन के प्रोफ़ेसर रहे थे, पर बाहर उनकी प्रसिद्धि अपनी अंग्रेज़ी की कविताओं के कारण थी जिसके दो संग्रह उनके जीवन-काल में प्रकाशित हुए थे; एक मरणोपरांत हुआ। उन्हें अपने यौवन में जीवन की कोई ऐसी कटु अनुभूति हुई थी कि दुनिया उन्हें किसी हृदय-हीन नृशंस की कृति प्रतीत होती थी—कृति, जो फिर भी सुन्दर और कामना मृग-मरीचिका सिद्ध होती थी

और उसे शरण केवल मरण में मिल सकती थी। पद्य-रचना उनकी निर्दोष थी, अपनी बात कहने में वे कम-से-कम शब्दों का उपयोग करते थे, उनके विचार सुस्पष्ट, सफाई से कटे हीरे जैसे लगते थे। ऐसा कहा जाता था कि जब उनका प्रथम संग्रह 'श्रापशायर लैड' प्रकाशित हुआ तब कई नवयुवकों ने आत्महत्या कर ली। 'श्रापशायर लैड' की कई कविताओं में उन्होंने आत्महत्या करने वालों की पीठ ठोंकी थी और उसे मर्दानगी का काम कहा था।

Shot? so quick, so clean an ending?
Oh, that was right, lad, that was brave:
Yours was not an ill for mending,
'Twas best to take it to the grave.

(तुमने अपने को गोली मार ली। इतनी शीघ्रता और इतनी सफ़ाई से तुमने यह काम कर डाला? युवक, यही ठीक था, यही बहादुरी थी। तुम्हारा मर्ज़ ला-इलाज हो गया था। यही उचित था कि उसे मृत्यु को समर्पित कर दिया जाए।)

एक और पद उनका मुझे याद हो आया है,

And if your hand or foot offend you,
Cut it off, lad, and be whole;
But play the man, stand up and end you,
When your sickness is your soul.

(युवक, अगर तुम्हारा हाथ या तुम्हारा पाँव तुम्हें पीड़ित करता हो तो उसे काटकर फेंक दो। तुम कटकर भी पूर्णता प्राप्त करोगे। लेकिन अगर तुम्हारे प्राण ही तुम्हारी पीड़ा बन गए हों तो मर्द बनो, उठो और अपने प्राणों का अंत कर दो।)

ऐसी पंक्तियों का युवकों के भाव-प्रवण मन पर जो प्रभाव पड़ा था उससे संभवतः सतर्क होकर अगले इक्कीस वर्षों तक उन्होंने अपना कोई संग्रह प्रकाशित न किया था।

मुझे हाउसमन की याद आई। क्या मुझे भी उनकी ही तरह नहीं करना चाहिए। यह ठीक है कि मैंने आत्महत्या की वकालत कहीं नहीं की, सिवा एकाध बार के, अपनी प्रारम्भिक रचनाओं में, पर उन्हें पढ़ता कौन है; मैंने अपनी बड़ी-बड़ी मुसीबत को झेला-सहा है, उसके सामने अपने को असमर्थ अनुभव किया है, उससे पराजित हुआ हूँ, पर जीवन की समस्याओं का हल मैंने मरण में नहीं खोजा। हाउसमन भी कह सकते थे, कविताएँ लिखकर भी उन्होंने तो आत्महत्या नहीं कर ली, वे स्वयं तीन कम अस्सी वर्ष जिए, और जीवन की कटुता झेलते-सहते रहे। पर उससे उनके झेलने-सहने की शक्ति साबित होती है, यह नहीं सिद्ध होता कि उनकी कविता अनिष्टकारी प्रभावों से मुक्त है।

मैंने 'मधुशाला' और 'मधुबाला' को तटस्थ दृष्टि से पढ़ने का प्रयत्न किया। 'ख़ैयाम की मधुशाला' में अगर 'मॉरबिडिटी' है तो उसके लिए मैं उत्तरदायी नहीं हूँ। उसका मैंने केवल सफल अनुवाद किया है। मुझे पलायनी, भाग्यवादी, विषयासक्त, इंद्रिय-सुख-लोलुप, मद्यपरायण आदि कहा गया था, पर किसी ने मुझे 'मॉरबिड' कहने का दुःसाहस नहीं किया था। अपने को यह कहने का साहस मैंने किया।

मैं स्वयं करता रहा हूँ
जिस तरह प्रतिरोध अपना
मानवों में कौन मेरा
उस तरह से कर सकेगा ?

यह मैंने माना कि मेरी कविता मेरे जीवन की अनुभूतियों से प्रेरित है, उनकी प्रतिध्वनि है, पर क्या मैं अपनी छाती पर हाथ रखकर कह सकता हूँ कि मैं अपने जीवन में सदा स्वस्थ और स्वाभाविक रहा हूँ। मेरे जीवन में सदा ऐसे व्यक्ति, ऐसी परिस्थितियाँ आती गईं जिन्होंने मुझे स्वस्थ-स्वाभाविक रहने नहीं दिया। कर्कल से लेकर श्यामा तक–पुरुष-स्त्री–जो मेरे निकट आए, जिनसे मैं घनिष्ठ हुआ,–किसी से मेरा सम्बन्ध सामान्य, स्वस्थ, स्वाभाविक, सहज-प्रफुल्ल नहीं रहा; नहीं तो मैं लिखता,

प्राण प्राणों से सकें मिल
किस तरह दीवार है तन।

यह लिखते हुए वही मेरे दिमाग़ में रही होगी। किसी का तन मेरे लिए दीवार था, किसी का मन मेरे लिए दीवार था। कहीं लोक-शील और लोक-मर्यादा ने मेरे जीवन की स्वाभाविक माँगों को अवरुद्ध, कुंठित, विकृत किया, तो कहीं लोक-भय और लोकाचार ने। सतह पर और, तल में और; बाहर और, भीतर और, तन में और, मन में और; शब्द में और, भाव में और–इतने दबाव, खिंचाव, तनाव, कसाव को सहते, जीते मुझे रोगाक्रान्त, उद्‌भ्रांत, 'मॉरबिड' हो ही जाना था। उसी 'मॉरबिडिटी' में मेरी कविता अनियन्त्रित, उद्दाम, उच्छृंखल हो उठी थी। जिसे शान्त, चिन्ता-विमुक्त घर नहीं नसीब हुआ था उसने मधुशाला बनाई थी, जिसे तन-मन की सहज संगिनी नहीं मिली थी उसने मधुबाला की कल्पना की थी, जिसे मनवांछित साथी नहीं सुलभ हुआ था उसने साक़ी का हाथ पकड़ लिया था और जो एक निर्मल-शीतल स्रोत से अपनी तृष्णा तृप्त नहीं कर पाया था वह हाला के प्याले-पर-प्याले चढ़ा रहा था। कल्पना, सुन्दरता, शृंगार, उल्लास, उन्माद, तीव्रानुभूतियों की ऊँचाइयों तक उठकर–जहाँ तक पहुँचाने में, दुर्भाग्य से, मेरे शब्द और स्वर दोनों समर्थ थे–जब कोई वास्तविकता की ऊबड़-खाबड़, सूखी चट्टानों पर गिरता होगा तब उसकी निराशा कितनी मार्मिक, कितनी मारक होती होगी ! उन अन्धा कर देने वाले क्षणों में कोई भावाकुल पानी में डूब मरे, आग में कूद पड़े, रेल से कट जाए तो क्या आश्चर्य ! शायद जो अपना अंत कर देते होंगे वे कुछ क्षणों की ही पीड़ा जानते होंगे, पर जो उस निराशा को लेकर जीते होंगे वे क्षण-क्षण मरण का दंश अनुभव करते होंगे। ऐसी हत्या और दंश के दायित्व से मैं अपनी कविता को मुक्त नहीं समझ सकता। मैंने निश्चय किया, मैं अब ऐसी कविता नहीं लिखूँगा। मैं अपनी 'मॉरबिडिटी' से अपना उद्धार करूँगा। मैं अपना पुनर्निर्माण करूँगा। मैं स्वस्थ-स्वाभाविक बनूँगा। इस पर अपराध-भावना से जलती हुई मेरी छाती ने कुछ ठंडेपन का अनुभव किया।

अब मैं ऐसा सोचता हूँ कि मेरा इस प्रकार सोचना मेरी उस समय की मॉरबिड मनःस्थिति में अप्रभावित नहीं था। पर उसका परिणाम मेरे सृजन और जीवन, मेरे स्रष्टा

और भोक्ता, दोनों के लिए हितकर हुआ। मैंने जीवन के बहुत-से हित को अहितकर दिशाओं, और बहुत-से अहित को हितकर दिशाओं से जाते देखा है।

कोई गाड़ी किसी दिशा में तेज़ी के साथ जा रही है। अगर आप उसे एकदम रिवर्स गियर में डालकर पीछे से ले जाना चाहें तो गाड़ी उलट जाएगी। अफ्रीका में एक जानवर पाया जाता है। बहुत तेज़ भागता है। नाम उसका मुझे नहीं मालूम। एक फिल्म में मैंने उसे देखा था। किसी ओर को भागा जा रहा है, पूरी तेज़ी से, कि सहसा उसके सामने कोई रुकावट आती है या उसका कोई शत्रु दिखाई पड़ता है और वह पलक मारते ही उतनी ही तेज़ी से विपरीत दिशा में भागने लगता है। कहते हैं उसके शरीर में कुछ ऐसे स्नायु होते हैं जो गत्यावरोध के धक्के को बड़ी आसानी से बर्दाश्त कर लेते हैं।

शायद मेरे मस्तिष्क में भी कुछ ऐसी शिराएँ हैं या मेरी इच्छा-शक्ति बहुत प्रबल है। इसका सबूत मुझे एक से अधिक बार मिला है। मैं एक ओर को बहा जा रहा हूँ और एक दिन मुझे अनुभव होता है कि इस तरह बहना ठीक नहीं; और मैं उसके विपरीत जाने का निर्णय करता हूँ। फिर अपनी सारी शक्ति लगाकर दूसरी ओर बहने लगता हूँ,

धार को भी अति प्रबल
विपरीत उसके मोड़ देता।

भाव-प्रवणता शायद मेरे स्वभाव में है जिसे अगर ढील दे दी जाए तो वह भावातिशयता का रूप ले लेती है। एक दिन यह भावातिशयता मुझे अनुचित और मेरे अयोग्य लगी थी और मैंने उसे साधने का प्रयत्न किया था और कह सकता हूँ कि असफल नहीं रहा था। चंपा-प्रसंग के बाद मैंने अपनी भावुकता को स्वाध्याय से, आर्यसमाज की तर्क-प्रखरता से, लॉजिक और दर्शन के पाठ्यक्रमों से और जर्मनी के बुद्धिवादी विचारकों के अध्ययन से अनुशासित किया था। मैं एक बार फिर भावातिशयता के गर्त में गिर गया था। शायद अपने स्वभाव के प्रतिकूल बहुत दिनों तक नहीं खड़ा हुआ जा सकता। पर मेरी इच्छा-शक्ति ने अपने में विश्वास नहीं खोया था। उसने फिर उसे नियन्त्रित करने, उसे दूसरी दिशा में मोड़ने का निश्चय किया। एक दिन विचार आया, मैंने अपना पुनर्निमाण करने का व्रत लिया है, पर वह किया कैसे जाएगा। नियति ने मुझे दायित्व-मुक्त कर दिया है। बहन की शादी हो चुकी है, भाई स्वावलम्बी हैं, माता-पिता को केवल भरण-पोषण चाहिए। जब तक भाई इलाहाबाद में हैं सम्मिलित परिवार को चला लेना उनके लिए कठिन नहीं है—अब तनख़्वाह भी अच्छी पाते हैं, श्यामा ने पीछे कोई बाल-बच्चे छोड़े नहीं—वह कभी माँ बनी ही नहीं। मैं फिर जैसे कुँवारा-सा हूँ। एम.ए. प्रीवियस करके मैंने युनिवर्सिटी छोड़ दी थी, क्यों न एक वर्ष के लिए विद्यार्थी बनकर अपना एम.ए. पूरा कर लूँ। अध्ययन में लग जाने से अतीत की विषादपूर्ण स्मृतियों से मुक्ति मिलेगी। एम.ए. की डिग्री मिल जाने से रोटी-रोज़ी कमाने का कोई नया क्षेत्र खुलेगा। जीवन के नए अनुभवों से सम्भव है सृजन की कोई नई दिशा ले। मेरी किताबों की मांग दिन पर दिन बढ़ती जा रही है। किताबों की बिक्री से मेरी पढ़ाई का ख़र्च ही नहीं चल सकेगा, उससे मैं अग्रवाल

विद्यालय की तनख्वाह से घर के ख़र्च में जितना योगदान देता हूँ उतना युनिवर्सिटी में पढ़ते हुए भी देता रह सकता हूँ।

बरेली कवि-सम्मेलन से सम्बद्ध दुर्घटना से मेरी जो विचार-प्रक्रिया आरम्भ हुई थी उससे यह तो न हुआ था कि मेरी विगत शोकाग्नि शान्त हो गई थी अथवा अपने अतीत की संतप्त स्मृतियों से मुझे छुटकारा मिल गया था; वे मेरे मस्तिष्क के भाजन में अब भी बलक रही थीं, पर अपने भविष्य के विषय में जो निर्णय मैंने लिया था उससे इतना जरूर हुआ था कि मेरे हाथों में एक मजबूत ढक्कन आ गया और मैंने उससे उस भोजन को बन्द कर दिया। न अब कविता सुनानी थी न कविता लिखनी थी। अब अपने सचेतन मस्तिष्क से अपने विद्यार्थी-जीवन की उस शृंखला को पकड़ना था जो आज से छह वर्ष पूर्व मुझसे छूट गई थी। अचेतन पर तो कोई अधिकार नहीं, वह जैसे चाहे गत-अनागत से जूझे। वह जूझता भी रहा था।

जब जो बात होने को होती है, ऐसी परिस्थितियाँ बन जाती हैं कि वही होकर रहे। मार्च-अप्रैल आ पहुँचा था। फिर से स्वच्छन्द विद्यार्थी-जीवन की कल्पना बड़ी सुखद थी, पर मन में तरह-तरह की आशंकाएं भी उठती थीं। पता नहीं पढ़ने में मन लगेगा भी कि नहीं; ठीक पढ़ाई न हो सकी और परीक्षा में असफलता मिली तो एक और बड़ी चोट मन पर लगेगी। छह वर्ष बाद एक नई पीढ़ी के विद्यार्थियों के साथ बैठना न जाने कैसा लगेगा। जुलाई, जब युनिवर्सिटी खुलती है, दूर है। तीन महीने में कुछ भी अप्रत्याशित हो सकता है जो मेरे मार्ग में बाधा बनकर खड़ा हो जाए। नियति मेरे अनुकूल नहीं है। तभी अग्रवाल विद्यालय में अध्यापकों का एक ऐसा आन्दोलन चला जिसमें एक विशेष रूप से भाग लेने के कारण करीब-करीब यह निश्चय-सा हो गया कि जुलाई में स्कूल के प्रबन्धक मुझे नौकरी से निकाल देंगे।

बात यह हुई कि स्कूल के अधिकारी हस्ताक्षर तो ज़्यादा वेतन पर कराते थे, पर देते थे कम। मुझ जैसे छोटा वेतन पाने वाले को भी यह कहा गया था कि मेरी तनख़्वाह काग़ज़ पर 35 रुपये से बढ़ाकर पचास कर दी जाएगी पर मुझे 10 रुपये लौटा देना होगा, 5 रुपये का लाभ फिर भी होगा वह शर्त मान लेने से। और मैंने अपनी तंगी के उन दिनों में इसे स्वीकार कर लिया था। ऊँची तनख्वाह पाने वालों को 50 रुपये या उससे अधिक लौटाने पड़ते थे। ऐसा मौखिक समझौता उनसे भी था। शायद अधिकारीगण स्कूल की नई इमारत बनवाना चाहते थे और इसलिए वेतन पर ज्यादा ख़र्च दिखाकर सरकार से अधिक सहायता लेना चाहते थे। इस प्रकार अतिरिक्त सहायता और वेतन से लौटाले रुपयों के बल पर स्कूल की नई इमारत खड़ी हो रही थी। अधिकारियों की कूटनीति इतनी सफल रही थी कि एक अध्यापक यह नहीं जानता था कि दूसरे को कितना मिलता है, कितना लौटालना पड़ता है। एक बात मैं कहूंगा कि बेईमानी का यह सारा काम निहायत ईमानदारी के साथ किया जाता था। हेडमास्टर साहब अपने कमरे में, जिसमें वे अकेले बैठते थे, एक-एक अध्यापक को बुलाते, उसके हाथ में उसकी पूरी तनख्वाह रख दी जाती। वह रसीदी टिकट लगे रजिस्टर पर पूरा वेतन पाने का हस्ताक्षर करता और तब हेडमास्टर साहब अपना हाथ

फैलाते और अध्यापक पूर्व निश्चित राशि लौटा देता जिसे उसी समय गाडरेज की दान-पेटी में डाल दिया जाता जो कमरे के एक कोने में रखी होती।

एक दिन अध्यापकों में कुछ खुस-फुस हुई कि इस लौटालने की नीति में भी कुछ पक्षपात बरता जाता है, किसी से कम लौटाया जाता है, किसी से ज्यादा और अन्त में यह तै हुआ कि सब लोग शपथ उठाकर अपने-अपने लौटाने की राशि बताएँ। जो सत्य सामने आए उनसे अध्यापकों में बड़ा असन्तोष फैला, और उन्होंने निश्चय किया कि वे स्कूल की इस नीति का भंडाफोड़ करेंगे। साथ ही अपने लौटाले रुपयों के लिए दावा करेंगे। एक बैठक अध्यापकों की मेरे घर पर हुई। मैंने कहा, अधिकारियों का पक्ष बहुत सबल है। पूरे वेतन देने की रसीद उनके पास है। और हस्ताक्षर से ही आप यह बात कहेंगे कि आपको पूरी तनख्वाह नहीं मिली। जो गया उसे जाने दें, आगे से आप रुपए न लौटाएँ। इस पर अधिकारी जो आपके विरुद्ध कार्रवाई करें उसका सामना करें। अध्यापक इतने भिन्नाए हुए थे कि मेरी बात सुनने को तैयार न हुए; वे तो झूठ की कलई खोलने पर उतारू थे। उन्होंने एक मेमोरैंडम तैयार किया और सरकार के पास भेजना चाहा। मैंने उस पर दस्तख़त करने से इन्कार कर दिया कि ऐसा करना अपने दस्तख़त के खिलाफ़ दस्तख़त करना होगा। हाँ, मैं यह वायदा करता हूँ कि आगे से मैं रुपए लौटाऊँगा नहीं। अधिकारी शायद मेमोरैंडम भेजने वालों से इतने रुष्ट नहीं हुए जितने मुझसे। हेडमास्टर से मेरी कुछ कहा-सुनी हो गई। और मैं समझ गया कि जुलाई में अग्रवाल विद्यालय में मेरे लिए स्थान नहीं रहेगा। इस घटना ने फिर मुझे प्रेरित किया कि जुलाई में मैं अपने को युनिवर्सिटी भेजने के लिए तैयार करूँ।

अग्रवाल विद्यालय के अध्यापकों ने मेमोरैंडम भेज दिया। अधिकारियों ने अध्यापकों के विरुद्ध मानहानि के मुक़दमे दायर कर दिए। स्कूल में हड़तालें हुईं। कई अध्यापक निकाल दिए गए। मुझे कहते हुए खेद होता है कि जीत अधिकारियों की ही हुई। कई अध्यापकों ने बड़ा कष्ट उठाया; और कई क्षमा-याचना करने पर फिर स्कूल में ले लिए गए। मैं उन दिनों युनिवर्सिटी का विद्यार्थी हो गया था।

बरेली की यात्रा एक और दृष्टि से भी मेरे जीवन के लिए महत्त्वपूर्ण थी। उससे परिचयों की एक ऐसी शृंखला बनी जिसकी अन्तिम कड़ी के रूप में तेजी से मेरी भेंट हुई। जब मैं बरेली गया था तब मैंने स्वप्न में भी नहीं सोचा था कि इसी बरेली में पाँच वर्ष बाद तेजी से मेरी सगाई होगी और मेरे नीड़ का निर्माण फिर होगा। अदृश्य कहीं से देख रहा था कि बरेली की उस यात्रा में ही मैं अपने नीड़ का पहला तिनका रख आया था।

कवि-सम्मेलन की समाप्ति पर शंकरसहाय सक्सेना ने एक औपचारिक-सा परिचय अपने सहयोगियों से कराया था। उनमें श्री ज्ञानप्रकाश जौहरी को एक बार देख लेने पर भुला देना सहज सम्भव न था। वे बरेली कालेज में अंग्रेजी के लेक्चरर थे—युवा, लगभग मेरी ही उम्र के—गो वे उस समय मुझसे बड़े लगे थे—एक समय, नहीं, नहीं, बहुत समय तक सब, मुझसे छोटे भी, मुझे मेरी उम्र से बड़े लगते थे—गौर,

सुन्दर, कोमल—जिसने जीवन में कभी संघर्ष जाना ही नहीं, जिसे सब कुछ वांछित सहज प्राप्त हो गया हो—हंसमुख, मृदुभाषी, शिष्ट; सुरुचिपूर्ण रंग-काट के सूट में फ़िट, परफ़ेक्ट जंटिलमैन पूर्णतया भद्र-संभ्रांत, अंग्रेजी के लेक्चरर होने पर भी अंग्रेजियत के दंभ-गंध से बिलकुल अछूते, और उस समय अपनी आँखों से ऐसा व्यक्त करते हुए जैसे उन्होंने मेरी हिन्दी कविता की मदिरा को छककर पिया हो और उसके लिए मेरे प्रति कृतज्ञ हों।

उस समय मैंने यह नहीं जाना था कि उनकी पत्नी प्रेमा जौहरी आजकल इलाहाबाद ट्रेनिंग कालेज की विद्यार्थी हैं और उनके छोटे भाई आदित्यप्रकाश जौहरी इलाहाबाद युनिवर्सिटी में बी.ए. के प्रथम वर्ष में हैं।

यह सब मुझे श्यामाचरण अग्रवाल ने बताया जो अग्रवाल विद्यालय में मेरे सहयोगी थे, बरेली के रहनेवाले थे, बरेली कालेज के पूर्व-छात्र रह चुके थे, ज्ञानप्रकाश जौहरी और प्रेमा जौहरी से परिचित थे और इलाहाबाद में रहते हुए यदा-कदा प्रेमा से मिलते रहते थे। जौहरी साहब मेरी कविता से इतने प्रभावित हुए थे कि उन्होंने प्रेमा जौहरी को लिखे अपने एक पत्र में मेरी प्रशंसा अतिशयोक्तियों में की थी, और कहा था कि वे मुझसे मिलने का प्रयत्न करें और मेरी कविताएँ सुनें। प्रकाश और प्रेमा का विवाह हुए अभी थोड़े ही दिन बीते थे; उनका प्रेम-विवाह हुआ था; प्रेमा खन्ना परिवार की खत्री थीं; प्रकाश सक्सेना परिवार के कायस्थ; दोनों साथ ही लखनऊ युनिवर्सिटी में पढ़े थे; स्वाभाविक था कि नव-दम्पती अपने रुचि-रस से एक-दूसरे को अवगत करते रहें। प्रकाश बच्चन की कविता के प्रेमी बन गए थे तो उन्होंने चाहा कि उनकी संगिनी भी बच्चन की कविता की प्रेमी बने। किसी दिन श्यामाचरण अग्रवाल प्रेमा से मिलने गए तो प्रेमा ने उनसे मेरे विषय में पूछताछ की, शायद इतना तो प्रकाश ने शंकरसहाय से पता लगाकर प्रेमा को सूचित कर ही दिया था कि मैं अग्रवाल विद्यालय में हिन्दी का अध्यापक हूँ। श्यामाचरण अग्रवाल प्रेमा को आश्वासन दे आए कि वे किसी दिन मुझे उनके यहाँ लाएँगे। और एक दिन अपरिचित होने पर भी पत्र लिखने के लिए क्षमा माँगते हुए प्रेमा ने मुझे अपने यहाँ चाय पर निमन्त्रित कर दिया, साथ में लिखा कि श्यामाचरण मुझे लिवा जाएँगे। ज्ञानप्रकाश की याद मुझे बनी थी, प्रेमा को भी देखने के कौतूहल से मैंने निमन्त्रण स्वीकार कर लिया।

प्रेमा—गौर वर्ण की, इकहरे बदन की, मझोले क़द की, शिक्षा और संस्कृति की सचेष्ट आभा से मंडित गोलाकार मुख वाली—अपने बड़े-बड़े निःसंकोच नेत्रों से आनन्द और आभार प्रकट करती मुझसे मिलीं। उनके यहाँ दो लड़के और बैठे थे—एक लम्बा, दुबला-पतला, नाजुक-सा, पर अपने में अत्यधिक आत्मविश्वास लिए, उसकी छोटी-छोटी अधखुली आँखों से स्नेह, शिष्टता, शरारत, तीनों एक साथ टपकतीं; दूसरा पहले से क़द में छोटा, साँवला, घुँघराले बालों का, सहज-संकोची अपनी बाहर निकलती-सी बड़ी-बड़ी आँखों से अधिक भावुक-सा लगता। पहला लड़का आदित्यप्रकाश जौहरी था, दूसरा उसका सहपाठी और मित्र ब्रजमोहन गुप्त, देहरादून का रहने वाला। उस दिन हमारी क्या-क्या बातें हुईं, उनकी मुझे याद नहीं, पर प्रेमा के आग्रह पर कि मैं उनको वही कविताएँ सुना दूँ जो मैंने बरेली में सुनाई थीं, सुना दीं; और जब मेरा कविता-पाठ

समाप्त हुआ तो मैं अकस्मात् उदास हो गया। निश्चय ही उन कविताओं से सम्बद्ध त्रासदी मेरी आँखों के सामने फिर से भयभीत हो गई थी। एक बार फिर एक युवक मेरी कविताएँ सुनकर रेल के पहियों के नीचे कट मरा था।

शायद विज़िट रिटर्न करने की औपचारिकता निभाने के लिए प्रेमा आदित्य को लेकर एक दिन मेरे घर आईं। आदित्य की साइकिल के पीछे बैठकर आई थीं और उनका इस तरह आना मेरी गली में चर्चा का विषय बन गया था। इस प्रकार लड़की को साइकिल के पीछे बिठाकर उस गली में शायद ही कोई पहले कभी निकला हो। एक बार प्रकाश किसी छुट्टी में प्रेमा से मिलने इलाहाबाद आए तो उन्होंने मुझे बुलाया और मेरे घर भी आए। इसी बार प्रकाश को, और उनके साथ प्रेमा को भी, अधिक निकट से देखने का अवसर मिला। प्रकाश ने मेरी कविता में ही नहीं, मेरे जीवन में भी रुचि ली। मेरी उस समय की मनःस्थिति में मुझे अपनी संवेदना दी और मुझे यह अनुभव करते देर न लगी कि वे मुझे अपने अधिक निकट लाना चाहते हैं। कुछ संकोच था तो मेरी ओर से ही। वे कालेज में अंग्रेज़ी के प्रोफ़ेसर थे, मैं स्कूल में हिन्दी का टीचर; वे अपने वैवाहिक जीवन में प्रसन्न, सुव्यवस्थित; मैं भग्न-नीड़ विरह-विधुर, सर्वथैव अव्यवस्थित, जीवन को फिर एक प्रयोग में डालने के लिए सोच-विचार में; उनके और मेरे आर्थिक स्तर में भी बड़ा अन्तर था, और बराबरी के दर्जे पर मैं उनसे नहीं मिल सकता था। परन्तु वे मेरी कविता को श्रेय देकर मुझे इतना ऊँचा उठा देते थे कि उनके समक्ष मेरी हीन भावना मुझे कुंठाप्रद न लगती थी। फिर भी उनके समीप आने में मुझे कुछ समय लगा। मुख्य कारण शायद यह था कि वे बरेली में थे, मैं इलाहाबाद में।

मेरे पास अधिक आने-आने लगे तो आदित्यप्रकाश जौहरी और ब्रजमोहन गुप्त। दोनों ने बी.ए. में एक विषय के रूप में हिन्दी ले रखी थी, दोनों काव्य प्रेमी थे, दोनों में सृजन के प्रति रुचि थी, जिसे प्रयाग के साहित्यिक वातावरण में प्रोत्साहन मिला था। आदित्यप्रकाश ने विद्यार्थी-जीवन में कुछ कहानियाँ लिखी थीं; एक समय उन्होंने कथाकार बनने का सपना देखा था। आजकल बिरला के किसी कंसर्न में ऊँचे पद पर हैं। ब्रजमोहन भी कहानियाँ लिखते थे। एक समय 'प्रेम-कीटाणु' शीर्षक उनकी कहानी की बड़ी चर्चा हुई थी और उसे प्रथम वैज्ञानिक कहानी माना गया था। बाद को उनकी कहानियों के एक या दो संग्रह प्रकाशित हुए, कविताओं के भी एक-दो संग्रह। ब्रजमोहन ने इलाहाबाद युनिवर्सिटी से हिन्दी में एम.ए. किया। भक्ति-काव्य पर डाक्टरेट ली, आजकल शिक्षा-विभाग में किसी अच्छी जगह पर काम करते हैं, शायद अब तो सरकारी सेवा से उनके निवृत्त होने का समय भी निकट आ गया होगा। कुछ वर्ष हुए, एक बार वे अपने युवा पुत्र को लेकर मुझसे मिलने दिल्ली आए थे। समय मनुष्य को कितना बदल देता है ! उनके सिर के घुँघराले बाल अब सीधे हो गए थे—जैसे मेरे भी अब हो गए हैं—और उनका काला-चमकदार रंग सफ़ेद हो गया था। पर उनकी आवाज़ बिलकुल पहले जैसी थी।

ब्रजमोहन की आवाज़ उसी क़िस्म की थी जिसे 'मेटैलिक' कहते हैं। यानी जब वे बोलते तो ऐसा लगता था जैसे धातु के एक टुकड़े से दूसरे टुकड़े पर चोट की जा

रही हो। आचार्य चतुरसेन की 'लौह-लेखनी' मशहूर थी; ब्रजमोहन को 'लौह-स्वर' कहा जाता तो कोई अत्युक्ति न होती। उन्हें सुनने के लिए कानों पर बड़ा जब्र करना पड़ता था। वे इतने ज़ोर से बोलते थे जैसे सारी दुनिया को बहरा समझते हों। ग़नीमत इतनी थी कि वे मितभाषी थे। देखने में वे भावुक प्रतीत होते थे, पर अपने स्वर से दृढ़ निश्चयी। अंग्रेजी में एक कहावत है कि 'ओपेन योर माउथ एण्ड आई विल टेल यू ह्वाट यू आर', अर्थात् तुम अपना मुँह भर खोलो और मैं बता दूँगा कि तुम क्या हो। ब्रजमोहन की बात सुनकर कोई भी यह कह सकता था कि जो इस व्यक्ति की जिह्वा पर है वही इसके मन में है, और जो यह कहता है वही इसका अभिप्राय है, उसी से इसका तात्पर्य है। आदित्य उपर्युक्त अंग्रेजी कहावत के अपवाद थे। उनके शब्दों से धोखे में आ जाना आसान था। दूसरों की इस दुर्बलता और अपनी इस शक्ति के प्रति वे सचेत थे। औरों को ग़लतफ़हमी में डाल देना उनका प्रिय विनोद था। उसका परिणाम दूसरों के लिए गम्भीर भी हो सकता था, पर उसके लिए शायद उनके मन में पश्चात्ताप होता। एक बार अपनी मंगेतर से मेरे विवाहित होने की सम्भावना की अफ़वाह उन्होंने खुद उड़ा दी थी जिस पर कई लोगों ने विश्वास कर लिया था और जगह-जगह मुझे उसका प्रतिकार करना पड़ा था !

युनिवर्सिटी बन्द होने वाली थी। गर्मी की छुट्टियों में घर जाने से पहले ब्रजमोहन मुझसे मिलने आए। उन्होंने आग्रह किया कि अपनी गर्मी की छुट्टियाँ मैं उनके साथ देहरादून में बिताऊँ। दो-तीन महीनों की भेंट-मुलाकातों में ही अपने प्रति उनकी सहानुभूति से मैं आश्वस्त हो गया था। उनकी रुचि मेरी कविता से आगे बढ़कर मुझमें हो चली थी। शायद मेरी बातचीत से उन्हें आभास हो गया था कि मेरे घर का कोना-कोना, मेरे पास-पड़ोस की जगह-जगह दंशनकारी स्मृतियों से जुड़ी है, और स्थान-परिवर्तन से मेरे मन को राहत मिलेगी। उनका निमन्त्रण औपचारिक मात्र न था। ऐसा हो भी किस कारण सकता था। उन्होंने देहरादून के जलवायु की प्रशंसा की, गर्मियों में भी वहाँ हल्की-सी ठंडक रहती है, लू कभी नहीं चलती, हरे-भरे जंगल नगर से दूर नहीं हैं, कभी मसूरी की सैर को भी जा सकते हैं, कुछ मील पर सहस्रधारा है जहाँ एक पहाड़ की चट्टान से निरन्तर पानी की झड़ी लगी रहती है, आदि-आदि।—प्राकृतिक दृश्यों की सुन्दरता के कारण उतना नहीं जितना ब्रजमोहन के आत्मीयतापूर्ण आग्रह के कारण मैंने कुछ दिनों के लिए देहरादून आने का वचन दे दिया।

कुछ दिनों बाद मेरा स्कूल भी बन्द हो गया। अन्तिम दिन स्कूल की इमारत को मैंने विदा लेने की मुद्रा से देखा। ये तीन वर्ष, जो मैंने अग्रवाल विद्यालय की सेवा में बिताए, मेरे लिए कितने मानसिक तनाव, शारीरिक श्रम-संघर्ष, आर्थिक संकटों और अप्रत्याशित, अवांछित और अप्रिय घटनाओं के वर्ष रहे हैं ! पर इन्हीं वर्षों में मैंने 'मधुबाला' और 'मधुकलश' के गीत लिखे। वे सारे-के-सारे कटु वस्तु-सत्य तो कालांधकार में विलुप्त हो गए पर उसके बीच से मेरी पंक्तियाँ अब भी कौंध मारती हैं; शायद वे और मेरी धुँधली पड़ती स्मृतियाँ ही उन दिनों की साक्षी रह गई हैं—

तुमने समझा मधुपान किया ?
मैंने निज रक्त प्रदान किया !
उर क्रन्दन करता था मेरा,
पर मुख से मैंने गान किया;
मैंने पीड़ा को रूप दिया,
जग समझा मैंने कविता की।
मैं एक सुराही मदिरा की।
× × ×

तप्त आँसू से झुलसे गाल
किए कोई मदिरा से लाल;
इसी का तो करती संकेत
खिल रही वन में पाटल-माल।
× × ×

चुभ रहा था जो हृदय में
एक तीखा शूल बनकर,
विश्व के कर में पड़ा वह
कल्पतरु का फूल बनकर;
सीखता संसार अब है
ज्ञान का प्रिय पाठ जिससे,
प्राप्त वह मुझको हुई थी
एक भीषण भूल बनकर;
था जगत का और मेरा
यदि कभी सम्बन्ध तो यह–
विश्व को वरदान थे जो
थे वही अभिशाप मेरे !
गीत कह इसको न दुनिया,
यह दुखों की माप मेरे !

उस दिन मैंने अग्रवाल विद्यालय से नहीं, अपने जीवन के ही एक फ़ेज़ से, एक पहलू से, विदा ली थी। चलते समय मैंने प्रिंसिपल महोदय से–हेडमास्टर से अब वे प्रिंसिपल हो गए थे, क्योंकि अब वहाँ कामर्स में इंटर के क्लास खुल गए थे–यह बतला दिया था कि अगले सत्र में मैं कालेज में काम करने न आऊँगा; अपना एम.ए. पूरा करने के लिए युनिवर्सिटी ज्वाइन करूँगा।–पिछले दिनों अध्यापकों और प्रबन्धकों के बीच जो अप्रिय प्रसंग उठ खड़ा हुआ था उसके संदर्भ में शायद उन्हें इस समाचार से कुछ राहत मिली होगी। फिर भी मुझे उन्होंने अपनी शुभकामनाएँ देकर विदा किया। मुझे सन्देह नहीं कि उनकी शुभकामनाएँ हार्दिक थीं। प्रिंसिपल साहब अभी मौजूद हैं। समय-समय पर मुझे अपनी सद्भावनाएँ भेजते रहते हैं। उपदेश देने का सबसे अच्छा तरीका स्वयं उदाहरण प्रस्तुत करना है। इसका उन्होंने अनुसरण किया है। वे सबको

सौ वर्ष जीने का उपदेश देते थे। उन्होंने खुद भी सौ वर्ष जीने का प्रण लिया है, और मुझे विश्वास है वह जीकर दिखा देंगे।

श्यामा ने मरते समय दो बातें कही थीं। उनमें से एक तो मैंने पूरी कर दी थी, अर्थात् उसके कागद-पत्रों को जला दिया था। दूसरी बात थी, एक गत्ते के बक्स को 'मुक्त' को पहुँचा देना। 'मुक्त' अब भी पटने में थे। मैंने यात्रा का कार्यक्रम बना लिया। 'मुक्त' को सूचित कर दिया। यही यात्रा साल-भर पहले ठीक इन्हीं दिनों, मैंने श्यामा के साथ की थी जब 'मुक्त' के आग्रह पर उनका इलाज कराने के लिए मैं उन्हें पटना मेडिकल कालेज ले गया था। गाड़ी जब पटना पहुँची 'मुक्त' स्टेशन पर मौजूद थे। हमने एक-दूसरे की आँखों में देखा। मुझे लगा जैसे मुझसे पूछ रहे हैं... और भाभी कहाँ हैं ? और मैं जैसे उनसे कह रहा हूँ...अरे, तुम स्ट्रेचर नहीं लाए ! सुधियां डंक मारकर ग़ायब हो गईं।

गत्ते का जो बक्स मैं साथ ले गया था वह मैंने 'मुक्त' को समर्पित कर दिया। उसमें मुक्त के लिए एक जोड़ी चप्पल थी। मैं उन्हीं के साथ ठहरा था, और मेरे आँसुओं का बाँध, जिसे मैंने पिछले पाँच महीनों से रोक रखा था, पहली बार उनके सान्निध्य में टूटा। मैं कई दिनों तक निरन्तर रोता रहा, पर मुझे बड़ा आघात लगा, यह देखकर कि 'मुक्त' की आँखें भी न गीली हुईं। क्या 'मुक्त' श्यामा की मृत्यु को इतनी जल्दी भूल गए ? या उन्होंने अपनी पीड़ा भीतर-ही-भीतर पी ली। पर मुझे तो यह हृदय-वेधी अनुभूति हुई ही, कि ओह, मेरे साथ कोई रोने वाला नहीं, रोने में भी मेरा कोई साथी नहीं। शायद इसी की तीखी वेदना ने 'निशा निमन्त्रण' के एक गीत में ऐसी कल्पना करने को मुझे विवश किया होगा,

आज घिरे हैं बादल, साथी !
भरा हृदय नभ विगलित होकर
आज बिखर जाएगा भू पर,
चार नयन भी साथ गगन के आज पड़ेंगे ढल-ढल, साथी !

दो ही नहीं, चार नयन, अपने ही नहीं, साथी के भी।

पटने में 'मुक्त' के यहाँ जो लोग मुझे सांत्वना-संवेदना देने को आए थे उनमें मुझे दिवाकर प्रसाद विद्यार्थी, मनोरंजन प्रसाद, बेनीपुरी जी और दिनकर की याद है। विद्यार्थी स्वर्गीय हो चुके हैं, बड़ी कम उम्र में चले गए, उन दिनों किसी कालेज में अंग्रेज़ी के लेक्चरार हो गए थे, साहित्य अकादमी की ओर से उन्होंने 'ओथेलो' का अनुवाद किया था।[1]

मनोरंजन जी से मेरा परिचय उस समय से था जब मैंने काशी हिन्दू विश्वविद्यालय में सर्वप्रथम 'मधुशाला' सुनाई थी। वे मेरी मधु-सम्बन्धी कविताओं की ओर एक विनोदपूर्ण आलोचनात्मक दृष्टि रखते थे, पर मेरी लोकप्रियता से अभिभूत भी थे, और शायद मेरी कविता से अधिक मुझे पसन्द करते थे। अपनी बीमारी, फिर श्यामा की बीमारी और अब उसकी मृत्यु से जो परेशानियाँ मुझे उठानी पड़ी थीं और

1. देखें 'परिशिष्ट-1

जो सदमा मेरी छाती पर आ बैठा था उसमें वे मेरे प्रति अधिक मोहगर हो गए थे—'विपति काल कर सतगुन नेहा'—और मुझे अपने छोटे भाई का स्नेह देते थे। मैं भी उन्हें मनोरंजन दादा कहने लगा था।

बेनीपुरी ने मेरी 'मधुशाला' को पहले-पहल सतही दृष्टि से देखकर—जैसे बहुतों ने किया था—उसका विरोध किया था। पर उनकी ग्रहणशीलता इतनी क्षिप्र और सूक्ष्म थी कि मेरी आँखों में एक बार देखकर ही उन्हें उस त्रासदी का बोध हो गया था जो 'मधुशाला' के पीछे थी। अपनी भूल को स्वीकार करने में उनकी-सी तत्परता दिखलाने वाले मुझे कम मिले हैं। बेनीपुरी का क्रांतिकारी, आन्दोलनकारी, विद्रोही, राजनैतिक योद्धा और अगिया बैताल वाला रूप प्रायः बहुत उभरकर लोगों के सामने आया है; पर उनके हृदय का कोई कोना अत्यन्त कोमल था और उसके छू जाने पर वे बिलकुल बेबस हो जाते थे। मेरी वेदना ने उनको कभी छू दिया था, इसका मुझे विश्वास है। मुझे उन्होंने समझाने-बुझाने का प्रयत्न नहीं किया। कुछ देर मेरे पास चुपचाप बैठे रहे, फिर जैसे अपनी बेबसी को छिपाने के लिए यह कहकर चले गए, तुम्हारा घाव समय ही भरेगा। जिन दिनों मैं इंग्लैंड में था वे किसी कान्फ्रेंस में भाग लेने के लिए लन्दन गए थे। और मैं उनसे मिला था। चलते समय मैंने उनसे कहा था कि भारत पहुँचिएगा तो मेरी पत्नी को पत्र लिख दीजिएगा कि आप मुझसे यहाँ मिले थे और मैं कुशल-मंगल से हूँ। वे भारत लौटने पर स्वयं इलाहाबाद गए, मेरे घर गए, और साथ एक टाफ़ी का डिब्बा लेते गए, मेरे बच्चों से उन्होंने कहा, तुम्हारे डैडी ने भेजा है; सिर्फ यह देखने के लिए कि दूर-देश से पिता के द्वारा भेजी गई मिठाई पाकर छोटे-छोटे बच्चों के मुख पर कैसी प्रसन्नता झलकती है। यह थी बेनीपुरी के हृदय की कोमलता ! मृत्यु से एक वर्ष पूर्व उनका इलाज कराने को उन्हें दिल्ली के मेडिकल इंस्टीट्यूट में लाया गया था। दिनकर के साथ मैं भी उन्हें देखने गया। उनके दिमाग़ पर फ़ालिज गिरा था। वे तो हृदय-ही-हृदय रह गए थे। बिना सजग-जागरूक मस्तिष्क के हृदय कितना निरीह, कितना दयनीय होता है ! स्वीकारात्मक 'जी, जी' के अतिरिक्त वे कुछ बोल ही न पाते थे; और ज़रा-ज़रा-सी बात पर उनकी आँखें डबडबा उठती थीं। तभी उनका जन्म-दिन पड़ा। शायद 19 दिसम्बर थी। मैं तेजी के साथ कुछ फल लेकर उनसे मिलने गया। हमने उन्हें बधाई दी तो उसका उत्तर वे केवल अपनी भीगी-भीगी आँखों से दे सके।

दिनकर ने निहायत् बेतकल्लुफ़ी के एक कौतुकपूर्ण झटके से मुझे मेरे दुख से ऊपर खींच लेना चाहा। वे नहीं जानते थे कि मैं कितने गहरे डूब चूका हूँ। मैं यह नहीं कहूँगा कि मेरे साथ उनकी सहानुभूति नहीं थी। बहुत सहलाने से भी घाव नहीं भरता। निश्चय ही वे मेरे हित में मेरे घावों को सहलाना नहीं चाहते थे। यह उनकी प्रकृति के अनुकूल था। मैंने उनको ग़लत नहीं समझा।

दिनकर से मेरा परिचय लगभग दो वर्ष पूर्व कलकत्ते के उस काव्य-समारोह में हुआ था जो जापानी कवि योन नोगूची के सम्मान में आयोजित किया गया था। उस समय तक मैं दिनकर की कुछ कविताओं से परिचित हो चुका था और उनका प्रशंसक था, गो मुझे यह नहीं मालूम था कि दिनकर मेरी कविताओं से परिचित हैं या नहीं;

और यदि हैं तो मेरी कविताओं के विषय में उनकी क्या प्रतिक्रिया है। कुछ पत्रों और साहित्यकारों द्वारा हम दोनों को एक-दूसरे के प्रतिद्वन्द्वी के रूप में खड़ा करने की साज़िश भी चल रही थी। पहलवानों का एक जोड़ा पहले से ही काव्य के अखाड़े में उतरा हुआ था—मेरा मतलब पंत और निराला से है—जो समय-समय पर एक-दूसरे के विरुद्ध ताल ठोंका करता था—यह और बात है कि कोई खुलेआम, कोई भीतर-ही-भीतर। यह प्रतिद्वन्द्विता लम्बी खिंची। और खेद तो इस बात का है कि निराला की मृत्यु के कई वर्ष बाद भी यह समाप्त नहीं हुई; इससे यह साबित होता है कि इसकी जड़ें कितनी गहरी थीं ! बात यह है कि निराला प्रतिभा-घाघ थे; आवेश में आने पर, कुश्ती के सारे नियमों-विनियमों की अवहेलना कर, जो भी दाँव लग सका, लगाकर वे जीवन-भर पंत पर चोट करते रहे; और जब जाने लगे तो यह काम डॉक्टर रामविलास शर्मा पर छोड़ गए। कुछ लोगों का कहना है कि भीतर से पंत भी स्वमहत्त्व-सचेत, ठकुरसुहाती-प्रिय, आलोचना-क्षुब्ध और कीणा-रखू व्यक्ति हैं; और अपनी इन प्रवृत्तियों पर उन्होंने मिष्टता, शिष्टता, सहिष्णुता और क्षमाशीलता का जो आवरण डाल रखा है वह बहुत झीना है। बदला लेने की भावना उसमें कम प्रबल नहीं है। जीवित निराला से तो उनका कर-बस नहीं चला; पर निराला की लाश को उन्होंने जी-भर पीटा है।—मैं भी सच कहूँ तो मुझे 'लोकायतन' के माधो गुरु बराबर निराला की याद दिलाते रहे। शर्मा जी अब भी दाँव लगने पर पंत पर दुलत्ती झाड़ने से नहीं चूकते; और न पंत ही मौक़ा मिलने पर उनका कान उमेठने से। किसी ने अभी उस दिन मुझसे कहा था कि पंत एक हाथ से देकर दूसरे हाथ से ले लेना भी जानते हैं। 'छायावाद : पुनर्मूल्यांकन' में उन्होंने निराला को जो दिया था उसे उन्होंने ज्ञानपीठ पुरस्कार पाने के अवसर पर अमृतराय को दिए 'धर्मयुग' में छपे अपने वक्तव्यों में छीन लिया है। शर्मा जी के कान खड़े हो गए हों तो कोई अजब नहीं।—हाँ, तो यारों ने सोचा होगा कि एक और जोड़ा उतार दें और अखाड़े में कुछ शुग़ल रहे। पर उनकी यह दुरभिसन्धि सफल नहीं हो सकी—'देखने हम भी गए थे, पे तमाशा न हुआ।'

दिनकर क़द में मुझसे लम्बे थे, काठी में मुझसे स्वस्थ-पुष्ट—मैं तो उन दिनों बीमार था—आँखें उनकी बड़ी-बड़ी, अपने चारों ओर सबको तोलती-मापती, भाँपती हुई ! मेरी, अपने में ही डूबी-डूबी। मैंने उन्हें उम्र में अपने से बड़ा और उन्होंने मुझे अपने से छोटा समझा हो तो कोई आश्चर्य नहीं। मिलते ही मैंने उन्हें बड़े का आदर दिया और उन्होंने मुझे छोटे का स्नेह; और इस भ्रम में हम दोनों बहुत दिन पड़े रहे। यह तो बाद को पता चला कि उम्र में बड़ा मैं ही हूँ—जब मैं जन्म ले चुका था तब हज़रत पेट में आए थे।

दिनकर ने जो ममत्व मुझे दिया था वह उनके पत्रों में देखा जा सकता है जो उन दिनों 'विशाल भारत' में छपे थे। शरीर और मन से ही नहीं, कविता से भी दिनकर मेरे प्रतिलोम थे। उनकी दृष्टि बाहर की ओर थी, मेरी भीतर की ओर। मनोविज्ञान की भाषा में यदि वे एक्सट्रोवर्ट थे तो मैं इंट्रोवर्ट। यही वैपरीत्य शायद हम दोनों का पारस्परिक आकर्षण था। उन दिनों तो मैंने ऐसा नहीं समझा, पर आज मेरी धारणा है कि छायावाद में जो विस्फोट आवश्यक और अनिवार्य था वह बाहर से दिनकर ला

रहे थे, भीतर से मैं। हम दोनों एक-दूसरे के प्रतिस्पर्धी न होकर एक-दूसरे के पूरक थे। बाह्य-दृष्टि होने के कारण दिनकर ने उस दिन मेरी अंतर्वेदना नहीं समझी थी, पर अपनी भूल को समझने में उन्हें देरी नहीं लगी।

पटना से मैं इलाहाबाद आया और दो-चार रोज़ बाद देहरादून के लिए रवाना हो गया।

ब्रजमोहन गुप्त का मकान झंडा मुहल्ले में था—झंडा मुहल्ला शायद इसलिए नाम पड़ गया था कि उस मुहल्ले में एक पुराना गुरुद्वारा था जिसमें बड़ा ऊँचा झंडा लगाया गया था। उनके मकान की कुर्सी ऊँची थी और कुछ सीढ़ियाँ चढ़कर मुख्य द्वार पर पहुँचा जाता था। सीढ़ियों के दोनों ओर एक-एक कमरा था। ये कमरे एक तरह से घर से अलग थे। घर में उनके माता-पिता और बड़े भाई थे। बाहर के दोनों कमरे दोनों भाइयों के थे, माता-पिता भीतर के कमरों में रहते थे। जिन दिनों मैं वहाँ था ब्रजमोहन के बड़े भाई अपनी पत्नी को लेकर कहीं बाहर चले गए थे। उनका कमरा मुझे दे दिया गया। विवाह ब्रजमोहन का भी हो चुका था पर उनकी पत्नी अपने मायके चूहड़पुर में थीं जो देहरा-चकरौता रोड पर देहरादून से पचीस मील दूर था।

ब्रजमोहन मुझे देखकर प्रसन्न हुए; उनके माता-पिता ने मेरा स्वागत किया। मेरा विस्तृत परिचय ब्रजमोहन ने उन्हें पहले से ही दे रखा था। ब्रजमोहन के पिता नाटे, साँवले, भरी देह के थे; बाल उनके सफेद हो चुके थे; बोली उनकी भी 'मेटैलिक' थी, पर अवस्था पाकर उनमें एक मुलायमियत आ गई थी; शायद सरकारी सेवा से अवकाश प्राप्त कर चुके थे; पेंशन पाते थे। माताजी उनकी किसी समय गोरी रही होंगी, मगर अब उनका रंग दब गया था, बहुत ही दुबली-पतली, पर हाथ-पाँवों में फुर्ती, ज़बान सरपट—ऐसी स्त्री को हमारी तरफ़ लपूझन्ना कहते—बाल खिचड़ी, उनकी आँखों में कुछ ख़राबी थी। भोजन वे ही बनाती थीं और जैसा उत्तर प्रदेश में रिवाज है, खाना हम लोग रसोई में बैठकर खाते थे। भोजन की थाली के साथ माँ एक थाल बातों का भी परोसतीं। माँ का सबसे अधिक स्नेह शायद बेटे को भोजन कराते समय व्यक्त होता है। इसका अनुभव मुझे दोनों वक्त होता। मुझे भी ये पुत्रवत् समझतीं। ब्रजमोहन को वे बिरजो कहती थीं। मैं भी उनको बिरजो कहने लगा। मैं घर के ही एक सदस्य की तरह रहता।

बिरजो जानते थे कि मुझे कमरे में अकेले ही पड़े रहना अच्छा लगता है; जब तक मैं उन्हें न बुलाता वे मेरे कमरे में न आते, सिवा इसके कि जब उन्हें मुझसे खाने-पीने या मेरी अन्य किसी सुविधा के विषय में पूछना होता। तीस बरस बाद मुझे याद नहीं कि मेरा दिन कैसे बीतता, शायद कुछ पढ़ते, शायद कुछ सोचते। कभी-कभी बिरजो के कुछ पड़ोसी-साथी मुझसे मिलने आ जाते थे। उनमें केवल दो के ही नाम मुझे याद हैं—एक थे लक्ष्मीनारायण सकलानी, जिनका घर बिरजो के घर से मिला था; दूसरे थे सूरज, जो कुछ दूर पर रहते थे। दोनों ही बिरजो के समवयस्क थे। सकलानी सम्पन्न परिवार के थे। विधिवत् उनकी शिक्षा-दीक्षा हुई। एक बार मुझे दिल्ली में मिले थे; दिल्ली प्रशासन में किसी ऊँचे पद पर काम करते थे। सूरज को कसरत-कुश्ती-मालिश का शौक था। वे सबेरे ही सबेरे आकर मेरे बदन की ऐसी मालिश करते कि नस-नस

का दर्द खींच लेते।

प्रायः हर संध्या को बिरजो मुझे परेड के मैदान में ले जाते; घर से एक-डेढ़ मील होगा। नगर के बहुत-से स्त्री-पुरुष वहाँ खुले में घूमने जाते—स्त्रियाँ कम पुरुष ज़्यादा। चाट, मिठाइयाँ, फल, गंडेरियाँ, शरबत-सोड़ा-लेमन, कुलफी, मलाई की बरफ बेचनेवाले वहाँ आवाज़ लगाते फिरते। अच्छा-ख़ासा मेला-सा लगता। मैदान में एक ओर फौआरा था जिसके चारों ओर पक्की, चौड़ी, कमर-भर ऊँची मुँडेर थी। याद आता है, मैं परेड मैदान में पहुँचकर फौआरे की मुँडेर पर चित लेट जाता, आँखें मूँद लेता, चारों ओर लोगों की बात-चीत हँसी-ठट्ठे होते, फेरीवाले आवाज़ लगाते,—ख़ास कर प्रसिद्ध गंडेरी-गायक तोता की स्वर-लहरी की गूँज अभी तक कानों में बसी है—और सब कुछ सुनते हुए कुछ न सुनता हुआ मैं चुपचाप लेटा रहता; हवा चलने पर फौआरे से उड़कर पानी की नन्हीं-नन्हीं बूँदें चेहरे पर, हाथ-पाँव पर पड़तीं तो बहुत सुखकर लगता। बीच-बीच में आँख़ें खुलतीं तो दूर पर मसूरी की रोशनियाँ दिखाई देतीं। जैसे कोई श्याम-सुन्दरी नीलम की सेज पर हीरों का हार पहने लेटी हो। मैं किन विचारों-भावों में, किस शून्य में खोया रहता, मुझे कुछ पता न चलता। कभी-कभी जब बिरजो वापस चलने के लिए मुझे हिलाते, बहुत रात हो गई होती, मैदान से सब लोग चले गए होते, और बन्द होती दूकानों के रास्ते से हम घर लौटते। माँ चूल्हे में दो कोयले जलाए बैठी रहतीं कि जब हम आएँ, वे हमें गरम-गरम सेंककर रोटियाँ खिला सकें। मैं बड़ा अपराधी-सा अनुभव करता। माँ से क्षमा-याचना करता, पर माँ कहतीं, गरमी में इतनी रात कोई ज्यादा देर नहीं, मैं तो तुम्हारे लिए चिंतित थी कि किधर निकल गए।—मैं कभी-कभी सोचता हूँ कि अपनी उस मनःस्थिति में बिरजो और उनके माता-पिता के लिए मैं कितनी असुविधाओं का कारण बना हूँगा। पर उन्होंने कभी मुझे अहसास न होने दिया कि मेरे कारण उनके कार्य में किसी प्रकार का व्यवधान उपस्थित हो रहा है। बिरजो तो, जहाँ भी मैं आता-जाता, छाया की तरह मेरे साथ रहते।

मेरे देहरादून-प्रवास की सबसे राहतप्रद घटना थी शमशेर बहादुर सिंह से अचानक मेरी भेंट। नरेन्द्र शर्मा, शमशेर बहादुर सिंह, केदारनाथ अग्रवाल, वीरेश्वर सिंह—सब एक ही ग्रुप के थे। 1930 में एम.ए. (प्रीवियस) करके मेरे युनिवर्सिटी छोड़ने के बाद ही ये लोग आए थे। साहित्य और सृजन में समान रुचि होने के कारण इन लोगों से मेरा परिचय हो गया था। पहले तीन नाम हिन्दी साहित्य के क्षेत्र में आज भी उजागर हैं। वीरेश्वर सिंह सुभद्रा कुमारी चौहान के निकट सम्बन्धी थे। शुरू-शुरू में कविता-कहानी-आलोचना जो भी लिखते थे उसमें मौलिकता होती थी। बाद को वे जैसे-जैसे अपने वकालत के पेशे से चिपकते गए वैसे-वैसे साहित्य से कटते गए। वकालत के पेशे को अपनाए हुई दुनिया के कई प्रसिद्ध नाटककार गाल्सवर्दी,—प्रेमचन्द ने उनके कतिपय नाटकों के अनुवाद किए थे जो हिन्दुस्तानी अकादमी से प्रकाशित हुए थे—महाकवि इक़बाल, चकबस्त और उपन्यासकार वृन्दावनलाल वर्मा आदि ने। स्वयं उनके पड़ोसी और हमपेशा केदारनाथ अग्रवाल अभी तक अपनी साहित्यिक रुचि जगाए हैं—इसी जुलाई में बांदा के साहित्यप्रेमी उनकी हीरक जयन्ती मना रहे हैं।

साहित्यिक अभिरुचि के पौधे को सूखते देर नहीं लगती; यह जिसमें हो उसे जतन से उसको सींचते रहना चाहिए।

उन दिनों के शमशेर की मुझे याद है—मझोला क़द, इकहरा शरीर, लमचर चेहरा, साँवला रंग, बड़ी-बड़ी कटीली आँखें, लम्बी-पतली नाक, बत्तीसी सम-स्वच्छ, जो हँसने पर खुलकर चमक उठती थी। प्रायः ढीले पाजामे पर शेरवानी पहनते थे—ऊपर के तीन-चार बटन खुले। बाल उनके काले, सीधे थे जिन्हें वे कायदे से काढ़ते थे—बहुत बड़े नहीं—जैसे कि उन दिनों कवि बनने के प्रायः हर प्रत्याशी के होते थे—मेरे भी थे। शमशेर ने विधिवत् शिक्षा तो उर्दू में ली थी, पर हिन्दी से अपरिचित न थे। उर्दू में कुछ शायरी भी करते थे, पर हिन्दी कविता के सौन्दर्य को परखने और उसका रस लेने की क्षमता भी उनमें थी। नरेन्द्र उन दिनों चमूने-चमूने-से थे और शमशेर नरेन्द्र के व्यक्तित्व और कवित्व दोनों के प्रेमी थे। कभी नरेन्द्र को लेकर शमशेर को, और कभी शमशेर को लेकर नरेन्द्र को छेड़ा भी जाता था, और इस व्यंग्य-विनोद में वे दोनों उतना ही हिस्सा लेते थे जितना और लोग। उन खुले दिनों और खुले दिलों की बातें याद आती हैं तब महसूस होता है कि आज हम कितनी बन्द और बनावटी दुनिया में साँस ले रहे हैं।

बी.ए. करने के बाद केदार और वीरेश्वर ने 'ला' लिया, और नरेन्द्र और शमशेर ने एम.ए. (प्रीवियस-अंग्रेजी) में नाम लिखाया। ये वही दिन थे जब मैं अपने दैहिक, भौतिक भावनात्मक संघर्षों में आकंठ धँसा था। तभी शमशेर अचानक अपनी पढ़ाई छोड़ अपने घर चले गए जो शायद बुलन्दशहर में था। न किसी को चिट्ठी, न किसी को चौपाती, न किसी को खबर कि शमशेर क्यों पढ़ाई छोड़कर चल दिए, कहाँ हैं, कैसे हैं, क्या कर रहे हैं, पर अपने इलाहाबाद के मित्रों-परिचितों में वे एक न भुलाई जा सकनेवाली याद छोड़कर गए थे। कभी पुराने साथियों के मिलने पर उनकी याद आती तो मन में एक टीस उठती, पर तब तो ऐसी-वैसी टीस को मज़ाक-मज़ाक में उड़ा देने की हमारी उम्र थी। कोई कहता—जाट था, उसे माया-मोह-मोहब्बत से क्या काम; एक दिन सिर पर खाट रखकर भाग गया; ऐसा तोता-चश्म निकला कि फिर उसने उलट कर नहीं देखा ! कोई, इसपर टिप्पणी करता, ना बाबा, 'जाट मरा तब जानिए जब तेरही हो जाए'; देखना वह किसी-न-किसी दिन आ टपकेगा फिर इसी इलाहाबाद में। उस दिन कौन जानता था कि यह मख़ौलिया भविष्यवाणी एक दिन चारों-खूट सच्ची हो जाएगी।

एक शाम बिरजो के साथ मैं परेड मैदान से लौट रहा था। मैंने बिरजो से कहा, मुझे किसी केमिस्ट की दूकान पर ले चलो, मुझे कोई दवा लेनी है। बिरजो ने कहा, यहाँ से नजदीक ही एक केमिस्ट की बड़ी दूकान है वहाँ होते घर चलेंगे। हम एक शान्त-सी सड़क से चले। जहाँ यह सड़क मुड़ती थी, एक बड़ा-सा मकान दिखा। सामने केमिस्ट की दूकान का साइनबोर्ड लगा था। उसके अगल-बगल के किसी मकान की मुझे याद नहीं। यह दूकान न होकर रिहायशी मकान था। आगे बरामदा था जो हरे रंगे लकड़ी के खम्भों पर नालीदार टीन से छाया था। पीछे दो कमरे थे; एक छोटा, डाक्टर के बैठने का, दूसरा बड़ा उसके बग़ल में, जिसकी दीवारें चारों तरफ दवा की

शीशियों-भरी, शींशे-जड़ी लकड़ी की आलमारियों से ढकी थीं; दोनों कमरों के बीच एक दरवाज़ा था। दवाइयों के कमरे की एक छोटी खिड़की बरामदे में खुलती थी जिसके सामने खड़े होकर लोग अपने नुस्खे बनवा सकें। खिड़की के पीछे एक मेज़-सी थी जिसके पीछे खड़ा हुआ कम्पाउंडर चीनी के एक चौखुंटे टाइल पर एक बड़ी-सी चौड़े ब्लेड की छुरी से कोई प्लास्टर तैयार कर रहा था। उसके बदन पर खुले कालर की एक सफेद कमीज़ थी, आँखों पर चश्मा। कमरे के बीचोबीच छत से ऊँची पावर का एक बल्ब लटक रहा था जिसपर कोई शेड नहीं था। मैं खिड़की के सामने जाकर खड़ा हो गया और दवा का नाम मेरी जीभ पर आए कि मेरी आँखें कम्पाउंडर की ओर गईं और जो उन्होंने देखा उसपर उन्हें विश्वास नहीं हुआ।

खिड़की के उस ओर से एक आवाज़ उठी, 'अरे, बच्चन !'

खिड़की के इस ओर से आवाज़ उठी, 'अरे शमशेर !'

दोनों को बीच की दीवार कितनी खली।

इतने में शमशेर ही दरवाज़े से निकल, डाक्टर के कमरे में होते बाहर आए और हम दोनों ने एक-दूसरे को बाँहों में बाँध लिया। और जब अलग होकर हमने एक-दूसरे की आँखों में देखा तो शायद दोनों को यह आभास हो गया कि अब न बच्चन पहले का बच्चन रह गया है, और न शमशेर पहले का शमशेर।

जो मैं था अब रहा कहाँ हूँ,
प्रेत बना निज घूम रहा हूँ;
बाहर ही से देख न आँखों पर विश्वास करो।

शमशेर ने पूछा, "तुम यहाँ कैसे ?"

मेरा उत्तर उन्हीं के प्रश्न की प्रतिध्वनि था, "और तुम यहाँ कैसे ?"

उन्होंने कहा, "कहानी लम्बी है।"

मैंने कहा, "मेरी कहानी भी कम लम्बी नहीं है।"

और कई रातें कभी बिरजो के यहाँ और कभी उनके यहाँ बैठकर हमने एक-दूसरे को अपनी-अपनी कहानी सुनाई, दुहराई; सुनाते-सुनाते कभी ख्यालों में खो गए, कभी सो गए,

पूर्ण कर दे वह कहानी
जो शुरू की थी सुनानी,
आदि जिसका हर निशा में, अन्त चिर-अज्ञात
साथी, सो न, कर कुछ बात।

'निशा निमन्त्रण' के कितने ही गीतों के पीछे उन साथ बिताई, बतियाई या उनसे प्रेरित कल्पनाओं की स्मृतियाँ हैं, आहटें हैं; कितने गीतों में सम्बोधित 'साथी' के पीछे शमशेर की याद है, उनकी प्रतिच्छाया है, कौन बताए, कौन जाने। जानने की आवश्यकता भी क्या है ? कला का लक्ष्य ही यह है कि जो व्यक्तिगत है, सीमित है, आत्मभोगी है उसे सर्वगत, सार्वभौम और सर्वभोगी बना देना। अब वे गीत न मेरे हैं,

न शमशेर को या किसी और को, जो मेरे मस्तिष्क में जाने-अनजाने रहे हों, सम्बोधित हैं। अब जो उन्हें पढ़ता है उसके हैं। अब उसी को सम्बोधित हैं। मेरे पाठकों ने कभी-कभी जानना चाहा है, मुझसे पूछा है, यह साथी कौन है ? मैंने उनको लिख दिया है, आप हैं। कभी-कभी लोगों ने ऐसा समझा है कि मैंने खीझकर ऐसा कह दिया है; नहीं, यही मेरा अभिप्राय है। यही ठीक है। जो कुछ यहाँ मैंने लिखा है उसका तात्पर्य केवल इतना ही है कि मेरी यदि कोई कला है तो उसकी जड़ें ठोस जीवन की धरती में हैं, मेरी कोई भावना है तो उसका मूल मेरी भोगी-झेली अनुभूतियों में है; मेरी कोई कल्पना है तो उसका स्रोत इन्द्रिय-गम्य यथार्थ में है, मेरा कोई दर्शन है तो वह इसी पाँवों के नीचे की पृथ्वी की माटी के स्पर्शन से बना है। वायवी, आकाशी, अतिमानसी, स्रोत मेरे लिए नहीं खुल सके हैं। मुझे इसकी शिकायत नहीं है। मैं अपनी सीमाएँ जानता हूँ; यही मैंने जानना चाहा था–'मेरी सीमाएँ बतला दो।' बतलाता यहाँ कौन है ? खुद ठोकर खा-खाकर जानना होता है।–'दुनिया भर की ठोकर खाकर पाई मैंने मधुशाला !' हाँ मेरी 'मधुशाला' भी ठोस थी–कल्पना उसकी बाहरी साज-सज्जा थी–मेरी आन्तरिक, मानसिक, अमूर्त, सूक्ष्म–सारी भावनाएँ उसी ठोस से उद्‌भूत।

शमशेर के सान्निध्य में बिताई एक विशेष रात का वर्णन मैं करना ही चाहूँगा, क्योंकि वह मेरे मस्तिष्क में सबसे अधिक स्पष्ट है–प्रबल झंझावात की रात।

मैं बिरजो के साथ परेड-मैदान में घूम रहा था। उस सन्ध्या को बड़ी ऊमस थी, लोग बेहाल थे, पत्ता तक नहीं हिलता था, कि अचानक आँधी आ गई और धूल के धुँध में हम घिर गए। बिरजो ने सुझाव दिया कि हम जल्दी चलकर कहीं शरण लें। शमशेर का ठिकाना ही नज़दीक था। आँधी की रफ्तार बड़ी तेज़ी से बढ़ रही थी, वृक्षों से ऐसी आवाज़ उठने लगी जैसे कोई उन्हें चीरे डाल रहा हो। एक बार तो इतने ज़ोरों का विस्फोट हुआ, आसमान में ऐसी आग की लपटें उठ पड़ीं कि लगा जैसे कहीं निकट ज्वालामुखी फूट पड़ा हो। यह असम्भव नहीं था क्योंकि देहरादून के निकट गन्धक के कई चश्मे थे जिनसे गन्धयुक्त पानी निकला करता था। लगता था कि हमें भी यह तूफान अपने साथ उड़ा ले जाएगा।

कहाँ को, तृण-सा मुझको जान
उड़ा ले जाएगा दिन एक
किसी मरु का पवमान महान ?

ग़नीमत यही थी कि आँधी का रुख़ उसी ओर को था जिस ओर हमें जाना था। जिस रास्ते में हमें दस मिनट लगते होंगे उसे शायद तीन ही मिनट में पार कर हम डिस्पेंसरी के दरवाज़े पर पहुँच गए। शमशेर ने दरवाज़ा खोलकर हमें अन्दर किया ही था कि बड़े-बड़े पेड़ गिर-गिरकर सड़क पर बिछने लगे। अगर हमें आधे मिनट की भी देर हो जाती तो निश्चय हम किसी पेड़ के नीचे दब मरते। हम तीनों एक कमरे में बेंच पर अन्धकार में बैठे थे, बिजली फ़ेल हो गई थी और बाहर एक प्रचंड-उद्दण्ड प्रभंजन अपनी विध्वंसक लीलाएँ करता गरज-लरज रहा था। शमशेर ने धीरे से अपना हाथ बढ़ा, मेरे कन्धे पर रख मुझे अपने पास खींच लिया था और हम दोनों सटकर बैठ गए थे। सच तो यह है कि हम दोनों ने ही इससे भीषण तूफ़ान अपने जीवन

में जाने थे जिनके साथ हमारे सलोने नीड़ के तृण-पात उड़ गए थे।

उठ पड़ा तूफ़ान, देखो
मैं नहीं हैरान, देखो,
एक झँझावात भीषण मैं हृदय में से चुका हूँ।
मूल्य अब मैं दे चुका हूँ।

पर उस झँझावात ने जैसे हमारे हृदयों में उठे बहुत-से झंझावातों को रूप दे दिया था। जैसे वे एक बार फिर हमारे अन्दर प्रतिध्वनित-प्रतिस्फुरित हो गए थे। आँधी के बाद बिजली-बादल की चमक-तड़प के साथ वर्षा हुई, पर आधी रात को प्रकृति का प्रकोप एकदम शान्त हो गया, आसमान साफ़ हो गया, एक कोने में कृष्ण-पक्ष का अधूरा चाँद निकला—धरती के घाव धोने के बाद जैसे कोई मरहम लगा रहा हो। स्निग्ध किरणों की मसृण मुसकान सब क्षत-विक्षत, खण्ड-विखण्डित पर फैल रही थी।

वह नभ कंपनकारी समीर,
जिसने बादल की चादर को
दो झटके में कर तार-तार,
दृढ़ गिरि-शृंगों की शिला हिला
डाले अनगिन तरुवर उखाड़;
होता समाप्त अब वह समीर
कलि की मुसकानों पर मलीन !
वह नभ कंपनकारी समीर।

मैं वह रात शमशेर के ही साथ बिताना चाहता था, पर बिरजो घर लौट जाने को आकुल थे; उनकी आशंका थी कि अगर वे मौसम साफ़ हो जाने पर घर न पहुँचे तो उनके पिता सारी रात उन्हें देहरादून की सड़कों पर ढूँढ़ते फिरेंगे। गिरे वृक्षों से ढके रास्ते से हम बिरजो को अकेले जाने भी नहीं देना चाहते थे। तै हुआ हम दोनों उन्हें घर तक पहुँचाकर लौट आएँगे। इस तरह जाते-आते किसी को अकेले रास्ता तै करना न पड़ेगा। वह रात हमारे लिए बहुत-सी यादों की अलख जगाने की थी, बहुत-सी जीवन की घटनाओं को तूफान के झोंकों से जोड़ने की थी। मेरे लिए तो वह तूफान एक प्रतीक बन गया। आगे जब-जब मैंने तूफान के प्रतीक से कुछ बात कहनी चाही, वही देहरादूनी आँधी उठकर मेरी स्मृति को झकझोर गई।

शमशेर के जीवन में जो आँधी आई थी उसने उनका भी नीड़ ध्वस्त कर दिया था। उनकी पत्नी का भी देहावसान टी.बी. से बड़ी करुण परिस्थितियों में हुआ था। पढ़ाई छूट गई, प्रयाग के प्रिय संगी-साथी छूट गए, घर की बदली परिस्थितियों ने वहाँ टिकने न दिया, चित्रकार बनने की सनक ने दिल्ली की खाक छनवाई, जीवन अस्तव्यस्त हो गया, भविष्य अन्धकारपूर्ण; और शमशेर ने यह सारी विपदा एकाकी, मौन झेली। देहरादून में वे जिन साहब के साथ रह रहे थे वे उनके मौसिया ससुर थे; घर में उनकी पत्नी थीं, जिन्हें वे मौसीजी कहते थे; मौसीजी के पाँव में कोई तकलीफ़ थी जिससे वे एक प्रकार से अपाहज-से थे। उनके कोई सन्तान न थी। घर में उदासी का वातावरण था। डिस्पेंसरी जिससे की अच्छी आमदनी होती थी। वृद्ध दम्पती के जीवन-निर्वाह की

साधन थी, जिसे चला सकना अब मौसाजी के बस की बात न थी जिस घर में डिस्पेंसरी थी वह काफी बड़ा और निजी था। शमशेर को उन्होंने अपने पास इसलिए रख लिया था कि वे उनकी दूकान की और उनकी भी, देख-रेख करें। शमशेर को भी पाँव टिकाने के लिए किसी जगह की जरूरत थी। इस मजबूरी में उन्होंने साहित्य-प्रेम, कलाभिरुचि, काव्य-सृजन सबसे अनिच्छापूर्वक मुँह मोड़कर कम्पाउंडर+प्राविज़नल यानी हाली या कच्चे दत्तक पुत्र अथवा बिन घरनी घरजमाई—सो भी सगे नहीं—की अपनी विद्रूपात्मक नियति स्वीकार कर ली थी। कहना चाहिए फिलहाल स्वीकार कर ली थी, क्योंकि वे अपनी स्थिति से न प्रसन्न थे, न सन्तुष्ट, बल्कि हर समय एक घुटन-सी महसूस करते थे, वे वहाँ से भाग जाना चाहते थे, पर भागकर जाएँ कहाँ ?

शमशेर की हालत ने मुझे विचलित कर दिया।

जिस शाम मैंने उन्हें चीनी टाइल पर प्लास्टर बनाते देखा था, एकाएक मुझे कवि कीट्स की याद आ गई थी। वे भी पहले किसी डाक्टर के कम्पाउंडर थे, पर साहित्य के प्रति उनमें अदम्य आकर्षण था और अपने स्वाध्याय-मनन से वे काव्य-सृजन की ओर भी अग्रसर हुए थे। कुछ मौलिक लेकर साहित्य-क्षेत्र में स्थान बनाना कभी भी सरल नहीं हुआ। पुराने पाधा, अपना पोढ़ा-पुराना माप-दण्ड, करना चाहिए पाप-दण्ड, लिए बैठे रहते हैं और जो भी कुछ ताज़ा, नया, लेकर आया उसकी मरम्मत शुरू कर देते हैं।

हुआ मुखरित अनजान
हृदय का कोई अस्फुट गान,
यहाँ तो, दूर रहा सम्मान,
अनसुनी करते विहग सुजान,
चिढ़ाते मुँह विद्वान।

कीट्स का 'एनडिमियन' जब प्रकाशित हुआ तो 'ब्लैकवुड मैगज़ीन' और 'क्वार्टरली' ने उसकी बड़ी ही अशिष्ट, निर्मम और कटु आलोचना की। किसी में कहा गया था कि जनाबे कीट्स, कविता आपके बल-बूते की नहीं, आप तो, बेहतर होगा, अपने पिल्स ऐंड प्लास्टर (गोली-मरहम) की ओर लौट जाइए। शमशेर को देखकर मुझे ख्याल आया कि ऐसी समालोचना से आहत हो यदि कवि कीट्स अपने पिल्स और प्लास्टर की ओर लौट जाता तो कुछ ऐसा ही दिखता। हुस्न-ओ-इश्क़, शेर-ओ-शायरी का शैदा शमशेर पुलटिस बना रहा है ! उसी वक्त मेरे दिमाग़ में यह बात उठी थी—इस हालत से तो इसको निकालना चाहिए—इस हालत से तो इसको निकालना होगा। कीट्स कविता लिखकर मरेगा; पुलटिस बनाकर जिएगा नहीं।

आँधी-तूफान, बिजली-बरसात को झेलकर निकलती हुई वह रात जब प्रभात की प्रतीक्षा में अपलक बैठी हुई थी, मैंने शमशेर से एक बात कही। यह ठीक है कि जो तूफान तुम्हारे-हमारे जीवन में आया है उसने हमें विशृंखल कर दिया है, पर क्या यह सम्भव नहीं कि हम अपनी टूटी हुई कड़ियों को फिर से जोड़ने की कोशिश करें ? इस दिशा में पहला कदम उठाने के इरादे से आगामी जुलाई में मैं युनिवर्सिटी में प्रवेश लेने जा रहा हूँ। एम. ए. प्रीवियस करके मैंने मेन छोड़ दिया था, साल में फ़ाइनल

कर लूँगा। तुम भी इलाहाबाद चलो, युनिवर्सिटी दाखिला ले लो। दो वर्ष में एम.ए. कर लोगे। जब तक कुछ नया करने को नहीं होगा, पुरानी स्मृतियों से छुट्टी नहीं मिलेगी। युनिवर्सिटी के वातावरण में हम फिर से जीवन की ताज़गी का अनुभव करेंगे। मैं नहीं चाहता कि इसी समय तुम मेरे प्रस्ताव से सहमत हो जाओ। किसी भी सफ़र के लिए यह जरूरी है कि पहले मंज़िल निश्चित हो जाए; उस पर बढ़ने के लिए पाँवों को मजबूत बनाने और कमर कसने की बात बाद को सोची जाएगी। अभी मैं आठ-दस दिन देहरादून में हूँ। जो सुझाव मैंने तुम्हारे सामने रखा है उस पर ग़ौर करो। तुम यहाँ रहना नहीं चाहते, तुम यहाँ हो भी कहाँ, तुम यहाँ से भाग जाना चाहते हो, मैं एक रास्ता बताता हूँ, तुम उसे पकड़ना चाहते हो ?—अभी तुम्हें सिर्फ इतना ही निर्णय करना है।

मैं झूठ बोलूँगा अगर मैं कहूँ कि शमशेर को उबारने के ख्याल से या उनपर एहसान करने के विचार से मैं उन्हें इलाहाबाद ले जाना चाहता था। मैं अपने मन की कमजोरी नहीं छिपाऊँगा, मेहनत करके पढ़ूँगा, जीवन के पुराने पृष्ठ को पलट दूँगा, नया पृष्ठ खोलूँगा, पर मेरे मन की एक दुर्बलता, एक आशंका भी थी—शायद अपनी जर्जर मानसिक स्थिति में मुझसे यह काम न सधे, शायद मैं ऐन वक्त पर भाग खड़ा होऊँ, शायद मैं युनिवर्सिटी में अपने को सबसे अलग, कटा हुआ और एकाकी पाऊँ—'पिछड़ा पंछी एक अकेला'। सबके बीच यह अकेलापन की स्थिति और भयावह हो सकती है। शमशेर को समान स्थिति में पाकर मुझे लगा कि अगर मेरे साथ रहेंगे तो मुझे बड़ा अवलंब रहेगा, बड़ा सहारा मिलेगा। नियति ने शायद मुझे सँभालने के लिए शमशेर को मेरे पथ में, और शमशेर को सँभालने के लिए मुझे इनके पथ में डाल दिया है। दुखी को दुखी से बढ़कर साथ, संवेदना, सहायता देने वाला नहीं, शमशेर इस समय मेरे लिए अनिवार्य हैं। साथ ही अगर मैं शमशेर को यहाँ अकेले छोड़कर जाऊँगा तो यह मेरे लिए अपराध होगा और मैं इसके लिए कभी अपने को क्षमा नहीं कर सकूँगा। मैं शमशेर को अपने हित में साथ ले जाना चाहता हूँ, पर इसी में शमशेर का हित भी निहित है। स्वार्थ और परार्थ में सदा संघर्ष रहा है। स्वार्थ और परार्थ एक होंगे अगर शमशेर मेरी बात मान लें और कुछ साहस दिखाएँ।

सबेरे शहर की हालत अबतर थी। सैकड़ों छत-छप्पर उड़ गए थे। गिरे हुए पेड़ों से सड़कें पटी थीं—बड़े-बड़े जैयद-जंगी वृक्षों को तूफान ने जड़ समेत उखाड़ कर धराशायी कर दिया था। पेड़ों के नीचे आ पड़ने से कई मौतें हुई थीं, बहुत-से लोगों को चोटें आई थीं। तार-बिजली के खम्भे जगह-जगह झुके, उखड़े पड़े थे। रास्तों पर टूटे, मुड़े, उलझे तारों का जाल फैला था। अख़बार में छपा था कि जो टारनेडो—झँझावात—कल रात को आया था उसकी चाल 90 मील फ़ी घंटा थी। पर इंसान है कि अव्यवस्थित को व्यवस्थित करने में लग गया था।

तीन-चार रोज़ बाद हम लोग सहस्रधारा गए। तब तक वहाँ जाने के लिए कोई सड़क न बनी थी। तीन पहाड़ी टीलों पर चढ़-उतरकर वहाँ पहुँचना होता था। एक पहाड़ी नाला पार कर हम लोग सहस्रधारा की चट्टान पर गए। उसके नीचे एक गुफा थी जिसमें पानी झरता था—बहुत ही ठंडा—मैं गुफा के अन्दर भी गया था—झुककर

जाने और बैठने भर की जगह होगी वहाँ। एक मनोरंजक घटना उस दिन की याद है। बिरजो की माताजी ने एक टोकरी पूरियाँ बनाकर साथ कर दी थीं। हमारा इरादा सुबह से शाम तक सहस्रधारा पर बिताने का था। गंधक के चश्मे का पानी पीने से हमें इतनी भूख लगी कि हमने सारी पूरियाँ दोपहर को ही खा डालीं और इस डर से जल्दी वहाँ से रवाना हो गए कि शाम तक यहाँ रह गए तो खाएँगे क्या। तब वहाँ न कोई दूकान थी, न कोई खाने-पीने की चीज़ें मिलती थीं। प्रकृति-ही-प्रकृति थी वहाँ—एकान्त, शान्त, सुन्दर, नग्न, स्वच्छ।

इधर हाल में ही देहरादून जाने का अवसर मिला। जिनके यहाँ ठहरा था वे अपनी कार में सहस्रधारा दिखाने ले गए। अब वहाँ तक मोटर से जाने योग्य सड़क बन गई थी। वहाँ जो देखा उससे लगा, सहस्रधारा का पहला रूप ही अच्छा था। अब वहाँ थीं जा-ब-जा चाय, पान-सिगरेट, पूरी-मिठाई की दूकानें और इन से अनिवार्य रूप से सम्बद्ध गन्दगियाँ—जूठे पत्तल-दोने, कुल्हड़-कसोरे, सिगरेट, बीड़ी के जले टुकड़े, ख़ाली डिब्बे, और जहाँ-तहाँ पान की पीक। हमारे साधारण नागरिक ने अभी सौन्दर्य बोध का क, ख, ग भी नहीं सीखा। विदेशों में देखा है, जहाँ प्रकृति को मनुष्य का स्पर्श मिला है, वह और सुन्दर हो गई है। हम प्रकृति के समीप जाकर उसे अशोभन, अनाकर्षक, कुरूप बना देते हैं। जब पहली बार सहस्रधारा को देखा था तो लगा था जैसे वह किसी आन्तरिक पीड़ा से मौन-विगलित हो रहा है। उस दिन लगा जैसे वह हमारी कुरुचि पर आँसू बहा रहा है।

देहरादून से लौटने के पूर्व मैंने मसूरी जाने का कार्यक्रम बनाया। परेड के फौआरे की मुँडेर पर लेटे हुए बहुत बार मैंने उसकी रोशनियों का मूक निमन्त्रण सुना था। बिरजो मेरे साथ गए। हम लोग राजपुर से पैदल के रास्ते से गए थे। सामान हमने कुलियों से भेज दिया। चढ़ाई कुछ दूर तो अच्छी लगी फिर कष्टकर हो गई। पहाड़-चढ़ाई का ग़ुर तक मुझे नहीं मालूम था।

शनैः पंथः शनैः ग्रन्थः शैनः पर्वत लंघनम्

किसी पहाड़ की चढ़ाई का यह मेरा पहला अवसर था। बीच-बीच में न जाने क्यों मन में यह विचार कौंध जाता—बदरीनाथ की चढ़ाई तो और कठिन होगी।—पाँवों में दर्द होता था, साँस फूलती थी, पर मन में कोई शिकायत नहीं थी, न पैदल आने का पछतावा था, बल्कि यह लगता था, अच्छा है, कुछ कष्ट उठा रहा हूँ; कुछ पीड़ा न हो, कुछ कष्ट न हो, कुछ कठिन करने को न हो तो मेरे जैसा आदमी किस चुनौती पर जिए। नियति जैसे मेरे मन को पढ़ रही थी; उसने कहा, कष्ट ही तुम्हारी प्रेरणा है तो कुछ और लो। रास्ते में ज़ोरों की वर्षा हुई। हमारे सब कपड़े भीग गए, रास्ता बिछलनदार हो गया। आखिरी चढ़ाई और सीधी थी। भीगते-भागते, ठंड से काँपते; थककर लस्त-पस्त सूर्यास्त होते-होते हम लोग मसूरी पहुँचे। कुली किसी छोटे रास्ते से चढ़कर दो घंटे पहले पहुँच गया था। बिरजो ने अपने किसी मित्र के यहाँ हमारे ठहरने का प्रबन्ध किया था। हम दो-तीन दिन मसूरी में रहे। प्रकृति का साधारण सौन्दर्य मेरी स्मृति पर नहीं चढ़ता। मसूरी में कोई विशेष प्राकृतिक सौन्दर्य नहीं था;

ले-देकर एक सीधी सड़क लाइब्रेरी से कुलाड़ी बाजार तक। मसूरी की विशेष स्मृति पंडित अमरनाथ झा से मिलने की है।

बी.ए. के विद्यार्थी के रूप में मैं झा साहब के सम्पर्क में न आया था। एम.ए. प्रीवियस में जब मैं था तब वे हमारा एक क्लास लेते थे—माडर्न पोएट्री का। मैं उनके सेमिनार ग्रुप में भी था। प्रीवियस करके युनिवर्सिटी छोड़ देने के कारण वे मुझसे रुष्ट हो गए थे, पर अपनी कविताओं से फिर मैंने उनकी कृपा प्राप्त कर ली थी। मुझे याद है, गवर्नमेंट कालेज के किसी कवि-सम्मेलन में उन्होंने मेरे पास आकर मेरी पीठ ठोंकी थी। वे इतने मोदम्मिग और सभ्यंमन्य समझे जाते थे कि उनसे अप्रत्याशित उनके इस व्यवहार ने सबकी आँखें मेरी ओर उठा दी थीं। वे गवर्नमेंट कालेज के पूर्व-छात्र थे; मैं भी था। वहाँ के हर समारोह में वे जाते थे। जब मैंने फिर से युनिवर्सिटी में नाम लिखाने का इरादा किया तो मैंने सोचा, उनसे मिलकर उनकी अनुमति और उनकी शुभकामना ले लूँ। वे उन दिनों अंग्रेजी विभाग के अध्यक्ष हो गए थे। गर्मियों में वे मसूरी आकर रहते थे। शार्लविल के पीछे डिक रोड पर लिनवुड काटेज उनका अपना था।

सड़क से थोड़ा नीचे उतरकर यह काटेज था—न बहुत बड़ा, न ऐसा छोटा। सबसे आगे का कमरा उनकी स्टडी थी जिसमें वे सुबह से दोपहर तक बैठते और आने वालों से मिलते थे मिलने का वही तरीका जो इलाहाबाद में। दरवाजे पर पर्दा पड़ा है, एक चपरासी बाहर स्टूल पर बैठा है, चिटें और पेंसिल एक कील से लटक रही हैं। आप जाइए, चिट पर अपना नाम लिख दीजिए, चपरासी चिट लेकर भीतर जाता है और एक ठहरी-सी आवाज़ सुनाई देती है, 'बु...ला...ओ' चपरासी पर्दा उठाता है, आप अन्दर जाते हैं और देखते हैं कि झा साहब एक बड़ी-सी मेज़ के पीछे कुछ ऊँची-सी कुर्सी पर ड्रेसिंग गाउन पहने बैठे हैं। मेज नई-से-नई किताबों से गँजी है। उसी पर एक ओर राइटिंग पैड, लिफाफ़े-कार्ड हैं। दूसरी ओर गुलदस्ता है, घड़ी है, काल-बेल है, चिट्ठी-खोल चाकू है और फाउंटेन-पेनों की एक कतार। दीवारों पर नज़र जाती है तो खस्तगीर, मजूमदार, हालदार या नन्दलाल बोस के दो-चार चित्र टंगे हैं। नक्शा वही इलाहाबादी—मसूरी में सिर्फ छोटे पैमाने पर। सब कुछ साफ़-सुथरा, सारी चीज़ें करीने से अपनी-अपनी जगह लगीं कि अन्दर बैठते ही आपको अहसास हो कि यहाँ करीने से बात करें और करीने से उठकर चले जाएँ। अगर झा साहब कहते हैं कि आप उनसे निकटता का, नहीं-नहीं, कम दूरी का, अनुभव करें तो वे आपसे हिन्दी में बात करेंगे, वर्ना एक-दो वाक्य व्याकरण-शुद्ध किंग्स-इंगलिश में बोलकर अपना सिगार मुँह में दाब लेंगे।

झा साहब के अन्तर्गत कोई खुफ़िया-विभाग होगा जो उनके अरिचितों-परिचितों की सारी ख़बरें उन्हें पहुँचाया करता होगा। मैं इलाहाबाद में रहते हुए भी दो-ढाई वर्षों से उन्हें नहीं मिला था, पर उन्हें मेरी एक-एक बात का पता था, कि फलाँ क्रान्तिकारी लड़की मेरे पास ठहरी थी, कि मुझे क्षय की बीमारी हो गई थी, कि मैंने लुई कूने के इलाज से अपने को अच्छा किया था, कि मेरी पत्नी को अंत्र-क्षय हो गया था, कि मैं उनका आपरेशन कराने को पटना ले गया था, कि उनकी मृत्यु हो गई थी; और

उनके मुँह से यह सुनकर तो मैं हक्का-बक्का रह गया कि मुझे खुशी है कि तुम फिर से युनिवर्सिटी ज्वाइन करके अपना एम. ए. पूरा कर लेना चाहते हो !—मैंने सिर्फ इने-गिने लोगों पर अपना यह इरादा ज़ाहिर किया था; मैं नहीं सोच पाया कि किन स्रोतों से होकर उन तक यह बात पहुँच गई। भीतर से मुझे यह जानकर कुछ खुशी भी हुई कि इतना बड़ा आदमी मुझ जैसे नाचीज़ की खोज-खबर रखता है। चलते-चलते मैंने यह भी कह दिया कि—शमशेर बहादुर सिंह को तो आप जानते होंगे—उन्हें भी मैं एम.ए. करने के लिए इलाहाबाद आने को कह रहा हूँ। और मुझे यह देखकर हैरत हुई कि शमशेर के बारे में भी उनको सारी बातों का पता था।

अदृश्य ने अपने गर्भ में क्या-क्या छिपा रखा था ! उस दिन लिनवुड काटेज से विदा होते हुए मैंने कभी नहीं समझा था कि आज से ठीक पाँच वर्ष बाद मैं अपनी नई पत्नी को लेकर यहाँ आऊँगा और इसी काटेज में एक महीने झा साहब का मेहमान बनकर रहूँगा। युनिवर्सिटी ज्वाइन करने के इरादे में अभी तक मैं ढुलमुल ही था। झा साहब को सूचित करने के बाद जैसे मैं प्रतिबद्ध हो गया। अब मैं पीछे नहीं फिर सकता था। राह मेरे सामने साफ़ हो गई थी और उस पर मुझे पाँव बढ़ाना ही था।

झा साहब से मिल चुकने के बाद मसूरी में रुकने का मेरे लिए कोई प्रयोजन न था। बिरजो के मित्र की कोठी की स्थिति बड़ी ही अच्छी थी—चारों तरफ़ शान्ति—उसे भंग करने वाला केवल चिड़ियों का स्वर था, जब हवा चले तब वृक्षों का मर्मर—एक खिड़की से रात को दूर नीचे देहरादून की रोशनियाँ दिखाई देती थीं। घर में इने-गिने लोग थे, कोई बच्चा नहीं। मैंने नीचे जाने की मंशा ज़ाहिर की तो उन्होंने और रुकने का आग्रह किया—आपका मन अशान्त है, यहाँ कुछ दिन रहकर शान्ति-लाभ करें।—पता नहीं बिरजो ने उनसे मेरे बारे में क्या कह दिया था—पर उन दिनों मेरे चेहरे की अशान्ति पढ़ लेने के लिए किसी खुर्दबीन की जरूरत नहीं थी। एक प्रकार की मुर्दा शान्ति से मैं ऊब उठा था; और उन दिनों मैं जिन्दा-मुर्दा शान्ति में फर्क नहीं कर पाता था। जी चाहता था कोई हलचल हो, कुछ बोझ उठाने को हो, कोई चट्टान ऊपर ढकेलने को। मैं किसी समर में कूद पड़ना चाहता था। जिन्दगी भर मुसीबतों-मुश्किलों से जूझते हुए एक ऐसा स्वभाव बन गया था जो अशान्ति में रमता था। अवकाशी शान्ति भी उसे खलती थी। कोई शान्ति का नाम लेता था तो मन में एक खीझ उठती थी। याद है, कलकत्ता के नोगूची वाले स्वागत समारोह के बाद पंडित बनारसीदास चतुर्वेदी पंडा बनकर महादेवी जी, दिनकर, राजकुमार वर्मा आदि कवियों को शान्ति-निकेतन की तीर्थ-यात्रा पर ले जाने वाले थे। मैंने जाने से इन्कार कर दिया था, गुरुदेव के प्रति किसी अवज्ञा के भाव से नहीं; बस मुझे लगा वहाँ कुछ ऐसा वातावरण होगा जो मेरे अशान्त मन के अनुकूल न होगा। मैंने कहा, मुझे शान्ति नहीं चाहिए, मुझे तो धूल-धक्कड, चाहिए; धक्का, झकझोरा। महादेवी जी ने हँसकर कहा, ये रास्ते में खूब मिलेंगे—शायद उनका संकेत था बोलपुर से शान्ति-निकेतन जाने वाली धूलभरी ऊबड़-खाबड़ सड़क से। उन्होंने मेरे भीतर नहीं देखा था। शान्ति-निकेतन मैं अभी तक नहीं जा सका। गुरुदेव के जीवन काल में वहाँ जाने की मनःस्थिति में नहीं था, उसके बाद जाने का उत्साह नहीं रहा। गुरुदेव को मैंने उनकी रचनाओं में

पाने का प्रयत्न किया। एक बार दूर से इलाहाबाद में उनके दर्शन किए थे, चौथे दशक के पूर्वार्द्ध में, वे अपनी कोई नाटक-मंडली लेकर आए थे। इलाहाबाद के बंगालियों ने उन्हें घेर रखा था। वार्धक्य को मैंने इतना सुन्दर न पहले कभी देखा था, न अब तक देखा है।

मैं बिरजो के मित्र का आग्रह न रख सका। नीचे से शमशेर मुझे पुकार रहा था। वह एम.ए. करने के लिए इलाहाबाद चलना चाहता था। पर एम.ए. कर लेना केवल इच्छा पर तो निर्भर न था। दो वर्ष की पढ़ाई के खर्च की समस्या थी। हर स्वप्न को किसी जगह सत्य से टक्कर लेनी होती है। शमशेर का ख्याल था कि जब मौसाजी ने उसे प्रच्छन्न दत्तक का दर्जा दे रखा है तो वे उसकी दो वर्ष की पढ़ाई का खर्च उठाने से न हिचकेंगे। मौसाजी ने शमशेर के प्रस्ताव को हँसकर उड़ा दिया। जिस पखेरू के पर काटकर वे उसे अपने अड्डे पर बिठा रखना चाहते थे उसी के पर जमने में वे स्वयं सहायक होते ! शमशेर का मोह-भंग हुआ। मैंने उसको पहले से अधिक निराश, उदास, पराजित पाया। उसे कोई रास्ता नहीं सूझ रहा था और मैं कोई राह निकालने को तुला हुआ था। मुझे शमशेर को इस स्थिति से निकालना था, इलाहाबाद ले जाना था, उसका नाम युनिवर्सिटी में लिखाना था, और इसके लिए जो भी आर्थिक प्रबन्ध आवश्यक हो, करना था। स्वप्न को सत्य से टक्कर लेनी थी।

दूसरे दिन मैं बिरजो के साथ बस से चूहड़पुर चला गया। वहाँ बिरजो की ससुराल थी। बिरजो को अपनी पत्नी का संग मिला, मुझे अकेले सोचने का समय। याद है, वहाँ से सात मील कालसी में एक चट्टान पर अशोक का शिलालेख था। एक सुबह बहुत तड़के तांगे से मैं कालसी चला गया। कालसी में जमुना पहाड़ों से मैदान में उतरती है। जमुना की एक पतली धारा के पार वह चट्टान थी जिस पर अशोक का शिला लेख था। शिलालेख को सुरक्षित रखने के लिए उस पर एक मंडप बना दिया गया था। बड़ी देर तक मैं उस चट्टान से टिका बैठा सोचता रहा और जब मैं लौटा तो मेरा मन हल्का था। शमशेर के सामने जो समस्या थी उसका हल मुझे मिल गया था।

लौटकर मैंने शमशेर से कहा, ''बोरिया-बिस्तर बाँधो और जुलाई के पहले सप्ताह में इलाहाबाद पहुँचकर मुझसे मिलो। अगर तुम्हारे मौसिया ससुर महोदय तुम्हें वहाँ तक का रेल-भाड़ा दे दें तो अच्छा, नहीं तुम बग़ैर टिकट आओ, पकड़े गए तो मैं तुमको इलाहाबाद में छुड़ा लूँगा। रहा तुम्हारी पढ़ाई के खर्च का ज़िम्मा, वह मैं लेता हूँ।'' फिर यह सोचकर कि शायद मेरा इतना बड़ा एहसान लेना शमशेर के स्वाभिमानी और सुकुमार मन को स्वीकार न हो, मैंने यह जोड़ दिया कि जो कुछ तुमको मुझसे लेना पड़े वह तुम कर्ज़ समझना और जब तुम कमाने-धमाने लगना मुझे लौटा देना। शमशेर का चेहरा खिल गया। वह किसी आजन्म-कैदी के मुख पर मुक्ति की मुसकान थी। आशापूर्ण भविष्य का स्वप्न उसकी आँखों में झलक उठा। उसे देखकर मुझे इतना सुकून मिला जैसे उसके लिए मुझे जो करना है उसका पुरस्कार मुझे अग्रिम मिल गया।

मैंने इस प्रकार सोचा था—शमशेर को रहने की जगह मिल जाएगी, रवीन्द्रनाथ देव के साथ, जो उन दिनों हालैंड हाल से संयुक्त थे और वहीं रहते थे, या नरेन्द्र

के साथ, जो अब भी इलाहाबाद में थे, या हिन्दू बोर्डिंग हाउस में हाल के ऊपर के कमरे में जिसमें चार लड़कों को निःशुल्क जगह दी जाती थी; अगर इनमें से कोई भी जगह न मिली तो मैं उनको अपने घर रहने के लिए कहूँगा, गो वह जगह युनिवर्सिटी से बहुत दूर होगी, और उनके लिए एक साइकिल का भी प्रबन्ध करना पड़ेगा; फ़ीस मैं झा साहब से कहकर माफ़ करा दूँगा; खाने और ऊपर के ख़र्च के लिए 30-35 रुपए महीने काफी होंगे; किताबें बहुत-सी मेरे पास हैं, बहुत-सी अन्य मित्रों से मिल जाएँगी। इलाहाबाद पहुँचते ही जो कविताएँ मेरे पास पड़ी हैं। उनको 'मधुकलश' में संगृहीत कर दूँगा और यदि वे 'मधुशाला' और 'मधुबाला' के समान लोकप्रिय हुईं—होना तो चाहिए—तो केवल एक किताब की बचत से हजार-बारह सौ रुपए मेरे हाथ में होंगे और उससे हम दोनों की पढ़ाई का ख़र्च साल-भर आराम से चल सकेगा। शेष चार पुस्तकों की बिक्री से घर के खर्च के लिए मैं काफी दे सकूँगा। पैसा आता है तो वह खर्च हो, एक अच्छे काम पर खर्च हो। जोड़ना भी अब किसके लिए है ?

जो मनःस्थिति लेकर मैं देहरादून आया था उसमें वहीं से जाते समय बड़ा अन्तर आ गया था, निश्चय ही, अच्छे के लिए। भविष्य का एक लक्ष्य स्पष्ट हो गया था, एक रास्ता दिखाई पड़ने लगा था, एक साथी मिल गया था; रास्ता आसान नहीं था पर आसानी चाहता कौन था ? मन एक बार फिर मुश्किलों का सामना करने के लिए तैयार हो गया था। फिर भी अभी उसमें सुस्थिरता की कमी थी।

देहरादून से मुझे लायलपुर जाना था। वहाँ गणेश फ्लावर मिल में कटरे के मेरे मित्र एक श्यामगोपाल शिवली काम करते थे। श्यामा के देहावसान के बाद कई बार उन्होंने आग्रह किया था कि मैं कुछ दिन उनके पास बिताऊँ। उनसे अधिक आग्रह उनकी पत्नी का था, किसी ध्येय से, जो मैं उस समय न समझा था, पर जिसे आप शायद समझ गए होंगे। हमारा समाज अपने ऐसे प्रतिनिधियों द्वारा ही तो अपनी दुहरी चिन्ता व्यक्त करता है—किसी कन्या को ठिकाने लगाने की, किसी वर का घर बसाने की। अभी तो मैं सहज भाव से लायलपुर जा रहा था, गो मेरी इस यात्रा के पीछे नियति का एक गूढ़ संकेत भी था।

गाड़ी छूटने से पहले देहरादून स्टेशन के बुकस्टाल से मैंने 'सरस्वती' का नया अंक ख़रीद लिया था। इसी में नरेन्द्र की एक कविता छपी थी, 'आज के बिछुड़े न जाने कब मिलेंगे।' गीत ने मन को मथकर धर दिया। लायलपुर पहुँचकर मैंने नरेन्द्र को एक बड़ा भावपूर्ण पत्र लिखा, जिसकी याद उन्हें बहुत वर्षों बाद भी बनी थी।

हमारे बहुत-से भाव-विचार किसी भूमि, किसी परिवेश, किसी वातावरण से बन्धे होते हैं। वह भूमि हटी नहीं कि वे भाव-विचार कुहरे की तरह फट जाते हैं। झा साहब के समक्ष, शमशेर के सान्निध्य में, बवण्डरी विध्वंस को लगन से निर्माण में बदलने वाली धरती पर जो मन का एक आक्रामक मूड बना था वह लायलपुर की ज़मीन पर पहुँचकर पराजित हो गया। कानों में नरेन्द्र का गीत गूँजता और उससे पुरानी यादों के तार बार-बार झनझना उठते।

दिन को वहाँ भीषण गर्मी पड़ती। हर शाम को एक काली आँधी आती—काली धूल चीलों के झुंड के आकार में एक दिशा से उठती-झपटती दिखाई देती और फिर

सारे आसमान में छा जाती, सारी रात छायी रहती। सिर्फ़ रात के पिछले पहरों में ही कुछ ठंड होती। सूर्योदय के साथ ही दिन तपने लगता।

श्यामगोपाल शिवली ने कानपुर के टेकनिकल इंस्टीट्यूट से डिग्री ली थी और गणेश फ्लावर मिल में असिस्टेंट इंजीनियर थे। मिल के कम्पाउंड में ही उन्हें रहने को बड़ा-सा मकान मिला था। गर्मी की सारी सुविधाएँ वहाँ थीं, यानी दरवाज़ों पर खस की टट्टियाँ, सींचनेवाला नौकर, बिजली के पंखे। दिन को शिवली काम पर चले जाते, भाभी—उनकी पत्नी को मैं भाभी कहता था, शिवली मुझसे तीन-चार साल बड़े होंगे—और मैं घर पर रहते। कमरे को ठंडा करने के लिए नौकर फ़र्श की धुलाई करता और भाभीजी मेरा 'ब्रेनवाश' करतीं। भाभी फतेहपुर की थीं जहाँ की लड़कियाँ, ऐसा मशहूर है, बड़ी बोलका होती हैं। मैं वहाँ एक सप्ताह रहा हूँगा। भाभीजी ने एक पोथी-भर बातें तो की होंगी; कहना चाहिए, उल्टी पोथी, जो श्यामा की मृत्यु पर मातम-पुर्सी के उपसंहार से आरम्भ हुई थीं और मेरे पुनर्विवाह की भूमिका पर समाप्त। मैं भाभी की वाक्चातुरी की प्रशंसा करूँगा कि बिना मेरी भावनाओं को ठेस पहुँचाए उन्होंने ये सारी बातें मुझसे कह दीं। मेरी मनःस्थिति में उन बातों का असर क्या होना था ! मैंने उनकी सद्भावनाओं के प्रति कृतज्ञता व्यक्त की। किसी सम्बन्धी कन्या को ठिकाने लगाने से अधिक मेरा घर बसाने की चिन्ता ही उन्हें अधिक थी। मैं उन्हें धोखे में नहीं रखना चाहता था। मैंने चलते समय बड़ी विनम्रता से उनसे कहा, आपकी बातें सिर-माथे, पर मैं फिर विवाह करना ही नहीं चाहता। मनुष्य अपने भाग्य के विषय में कितना अनजान होता है। उसी समय मेरे पाँवों के नीचे की ज़मीन ने कहा होगा, विवाह तो तुम फिर करोगे और जिससे करोगे उसका जन्म इसी नगर में हुआ था। उस समय अगर मैं यह आवाज़ सुन भी लेता तो उस पर विश्वास न करता। तेजी का जन्म लायलपुर में हुआ था, जो जब पाकिस्तान में है।

सीधे इलाहाबाद आया। जून समाप्त हो गया था। घर लौटकर और उदासी में डूब जाना स्वाभाविक था, पर जुलाई आ रही थी, युनिवर्सिटी खुलने को थी, फिर से पढ़ाई, फिर से एक नई लड़ाई शुरू करनी थी। उदासी से ऊपर उठने में अपनी पूरी शक्ति मैंने लगा दी; सहसा कुछ-से-कुछ विपरीत कर सकने की अपनी क्षमता में भरोसा था। अपने और शमशेर की पढ़ाई के लिए खर्च की व्यवस्था करनी थी। जितनी भी अप्रकाशित कविताएँ पड़ी थीं, इकट्ठी कीं, प्रेस कापी बनाई और 'मधुकलश' के नाम से छपने को दे दी। प्रकाशन की सौ झँझटें होती हैं, हाथ और मन दोनों बुझे रहे।

मेरे छोटे भाई की पत्नी के देहावसान के छह महीने बाद ही मेरे पिताजी ने उनकी शादी कर दी थी। मेरे लिए भी उनकी यही योजना थी। हम अपने नज़दीकी रिश्ते-नातेदारों द्वारा बहिष्कृत थे, पर बिरादरी के लोग हमें ऐसा न समझते थे। उनका ख्याल था कि यह पारिवारिक झगड़ा है, इसको ज्यादा तूल न देना चाहिए। हमने केवल खान-पान में बिरादरी के नियमों का उल्लंघन किया था, शादी-विवाह करके नहीं। मेरी अनुपस्थिति में बिरादरी के कुछ अच्छे घरों से मेरी जन्म-पत्री की माँग हुई। मेरे पिता ने प्रसन्नतापूर्वक दी। एक तो, स्वाभाविक है, वे मेरे शोक-संताप से मुझे मुक्त देखना

चाहते थे। चम्पा-प्रसंग का दुखद प्रभाव मुझपर से हटाने के लिए भी उन्होंने मेरा विवाह कर देना चाहा था। पुराने लोगों के पास प्रायः एक ही नुस्ख़ा होता था, और वे समझते थे कि वह हर मर्ज़ में कारगर साबित होगा। अपने मध्ययुगीन संस्कारों से मेरे पिता नारी को पुरुष का सबसे बड़ा रोग समझने के साथ ही उसे पुरुष की सबसे बड़ी दवा भी समझते थे। दूसरी बात यह थी कि मेरी जन्म-पत्री की माँग से—जिसका अर्थ यह था कि लोग अपनी लड़कियों की शादी मुझसे करने को तैयार हैं—वे बिरादरी में अपने परिवार को पुनर्स्थापित करने का मौका भी देख रहे थे। उनके पास रिश्तों के कई प्रस्ताव आए थे, कुछ ऐसे घरों से भी जिनमें अच्छी पढ़ी-लिखी लड़कियाँ थीं। मेरे पिता दूध से कई बार जल चुके थे पर मट्ठा तो दूर उन्होंने दूध को भी फूँककर पीना नहीं सीखा था। किसी-किसी को तो उन्होंने अपनी तरफ से थोड़ा-बहुत आश्वासन भी दे रखा था। मेरे लायलपुर से लौटने के बाद एक दिन ललककर उन्होंने मुझसे इनकी चर्चा की, और जब मैंने उनसे यह कह दिया कि मैं तो युनिवर्सिटी में फिर से नाम लिखाने का निश्चय कर चुका हूँ, और अभी इनमें से किसी प्रस्ताव पर विचार करने को तैयार नहीं, तो उन्हें जो निराशा हुई सो तो हुई ही, कई लड़कियां भी मेरे इस इन्कार से अन्दर-ही-अन्दर हीन-भावना की शिकार बनीं। इनमें से एकाध आगे चलकर लेखनी-मुखर हुईं और पत्र-पत्रिकाओं में इसके सबूत हैं कि वे तज्जनित कुंठा को अपने शब्दों से न छिपा सकीं।

मेरी माताजी शायद मुझे बहुत पहले समझ चुकी थीं। मेरे पिताजी की मुझसे यह अन्तिम हार थी। उन्होंने अपने गुरु महाराज को स्मरण करके प्रणाम किया और फिर आकाश की ओर देखते हुए बोले, वृष्णि वंश की आत्मा, तू अब भी प्रबल है !—इसके बाद मुझे नहीं याद है कि उन्होंने अपनी ओर से मुझसे कुछ करने को कहा, या जो मैंने कहना चाहा उससे मुझको रोका या उसका विरोध किया। मैं यह नहीं कहूँगा कि वे मुझसे अप्रसन्न थे या मेरे प्रति उदासीन थे; उन्होंने मुझे स्वीकार कर लिया था।—काश, यह स्वीकार हारकर न किया गया होता !—जिस चीज़ में मैं सुख मानता उसमें वे भी सुख मानते। जहाँ तक मेरा सम्बन्ध है, अच्छे-बुरे, प्रिय-अप्रिय, उचित-अनुचित का विभेद उन्होंने छोड़ दिया था। आगे भी जो मैंने किया, शायद उनकी दृष्टि से, सब अच्छा, प्रिय और उचित ही न था, पर उन्होंने उसे अपनी स्वीकृति दी और मेरे सब कामों के परिणाम को मेरे लिए मंगलकारी होने का आशीष दिया। अपने सनातनी संस्कारों, स्वाध्याय, चिन्तन-मनन, सत्संग के कारण उनकी कुछ अपनी मान्यताएँ थीं, मूल्य थे, मापदंड थे। अपनी वृद्धावस्था में वे उनसे प्रतिबद्ध रहते, रूढ़िग्रस्त होते, उन्हें लेकर अनमनीय बनते तो मुझे उन्हें समझना चाहिए था। इसके विपरीत मैंने प्रत्याशा की कि वे मेरे मुक्त स्वभाव को समझें। पिता ही थे; उन्होंने मेरे लिए क्या-क्या कष्ट न उठाए होंगे, क्या-कुछ त्याग न किया होगा; पर अपने अन्तिम वर्षों में मेरे व्यक्तित्व के आगे अपने व्यक्तित्व को एकदम नकार देना, मैं समझता हूँ, उनका मेरे लिए सबसे बड़ा बलिदान था।

युनिवर्सिटी खुलने की तारीख नजदीक आ रही थी और शमशेर साहब का कहीं

पता न था। मुझे चिन्ता हो गई। देहरादून से चलते समय मैंने उनसे कह दिया था कि ऐडमिशन फार्म मंगाकर, भरकर समय से भेज दें। पता नहीं उन्होंने फ़ार्म मंगाया, भेजा या अलसाकर बैठ रहे और फार्म भेजने की आख़िरी तारीख़ निकल गई। मेरे सामने तो साहित्य और कला के प्रति प्रेम, युनिवर्सिटी ज्वाइन करके नया जीवन आरम्भ करने का उत्साह बहुत दिखाया था, पर मेरे पीठ फेरते ही क्या वह सब ठंडा पड़ गया। पड़ गया हो तो कोई आश्चर्य नहीं। जाट मट्ठर है, उसे कोई बराबर कोंचता रहे तभी वह आगे बढ़ता है। सम्भव है पढ़ाई करने में आर्थिक कठिनाई के विषय में उन्होंने सोचा हो; मैंने जो वादा उनसे किया था, शायद उन्होंने उसे गम्भीरता से न लिया हो। मौसाजी ने तो उन्हें देहरादून से हटने को मना ही किया होगा, और जब वे न माने होंगे तो उन्हें सब्ज़ बाग़ दिखाया होगा—यह घर, यह डिस्पेंसरी, यह आमदनी का ज़रिया हमारे बाद सब तुम्हारे हैं, हम कितने दिन जिएँगे। और मुमकिन है जाट प्रलोभन में आ गया हो। मुमकिन है यह सब मेरा अनुमान हो। शमशेर को चिट्ठी-पत्री लिखने की आदत नहीं। वे बिना सूचना के भी किसी दिन आ सकते हैं। न आए तो मुझे बड़ी निराशा होगी। मैं रोज़ प्रतीक्षा करता, रोज़ निराश होता। रवि बाबू का गीत गुनगुनाता,

ऐकला चलो रे !
जदि तोर डाक शुने केऊ ना आशे
तबे ऐकला चलो रे।

और एक शाम ऐसे ही ख़यालों में खोया अपने को 'अभागा' समझने की स्थिति में था कि शमशेर ने घर के बाहर आवाज़ दी,

आइ गयउ हनुमान जिमि करुना महँ बीर रस।

शमशेर को देखकर मैंने एक-एक मिलकर दो नहीं, एक-एक मिलकर ग्यारह बन जाने की शक्ति अपने अन्दर अनुभव की। पिताजी ने उनका स्वागत किया और उन्हें देखकर जी से खुश हुए, उनके लड़के को एक साथी मिला जिसकी उसे सख्त जरूरत थी। मैंने शमशेर के बारे में सारी बातें उन्हें बता रखी थीं। उन्होंने शमशेर को पिता का-सा स्नेह और वात्सल्य दिया, जिसकी उन्हें उस समय आवश्यकता थी, और मुझे यह देखकर बड़ी प्रसन्नता हुई कि तीस से अधिक वर्षों के बाद भी उन्हें मेरे सम्बन्ध में अपना संस्मरण लिखते हुए मेरे पिता के उस ममत्व की याद बनी थी।

सात वर्ष बाद मैं फिर से विद्यार्थी बनकर युनिवर्सिटी में प्रविष्ट हो रहा था। दस वर्ष पूर्व जब बी.ए. में नाम लिखाने के लिए मैं पहले-पहल युनिवर्सिटी आया था तब मन में उल्लास ही और था, आँखों में सपना ही दूसरा था। जीवन की दौड़ में मैं कितना पिछड़ गया हूँ। जो मेरा सहपाठी था और बहुत तेज़ नहीं—वह आज युनिवर्सिटी में अध्यापक था और मैं सात वर्ष बाद फिर वहीं विद्यार्थी का विद्यार्थी। जब मैं युनिवर्सिटी पहले-पहल आया हूँगा तब मैं कैसा रहा हूँगा इसका कुछ आभास नवागंतुकों को देखकर होता था। सहपाठियों में कोई ऐसा न था जिसके साथ बराबरी के दर्जे पर बैठ सकूँ या बात कर सकूँ। दुर्भाग्य की बात यह और थी कि कविता के क्षेत्र में मैंने यत्किंचित् प्रसिद्धि प्राप्त कर ली थी, और मेरे सहपाठी भी मुझे कुछ

विशिष्ट समझते थे, मुझे कुछ आदर देते थे; मेरे व्यक्तिगत शोक से परिचित मेरे प्रति कुछ दया भी दिखाते थे। यही खलता था, यही उनसे मेरी दूरी का मुझे अप्रिय अनुभव कराता था। काश, मैं अनजाना रहकर ही युनिवर्सिटी के अपने साथियों के बीच आता। तब शायद कोई मुझे लंगड़ी या धक्का मार सकता या मेरी बांह पकड़कर खींच सकता। ये चुहलें, ये शरारतें, ये बेतकल्लुफियाँ मित्रों को कितना एक-दूसरे के निकट लाती हैं। शायद मेरी अपनी ही परिपक्वता—दुःख और कुछ न करे परिपक्व तो करता ही है—मुझे उनसे हिलने-मिलने को रोकती थी जो कच्चे थे, नए थे, ताज़े थे, और सौभाग्य से, अभी दुनिया और ज़िन्दगी के कटु अनुभवों से अपरिचित थे। ऐसी ही अनुभूतियों से 'मधुप, नहीं अब मधुबन तेरा' या 'आओ, हम पथ से हट जाएं' जैसे गीत लिखे गए होंगे।

इस हालत में यह कल्पना सहज ही की जा सकती है कि शमशेर को देखकर मुझे और शायद मुझे देखकर शमशेर को कितनी राहत मिलती होगी। शुरू के दिनों में तो उन्होंने मुझसे कहीं अधिक आशावादी और आत्मविश्वासी होने का सबूत दिया था; और इससे मुझे अपने दुख के ऊपर उठने की, भविष्य से कुछ आस लगाने की प्रेरणा मिली थी। मुझे याद है, एक दिन क्लास खत्म होने पर मैं शमशेर के साथ सीढ़ियों से उतर रहा था। शायद क्लास में बैठे-बैठे यही अनुभूति हुई हो कि इतने लड़कों में से मैं किसी को अपना नहीं बना सकता, सबके लिए अपरिचित, अजनबी, दूर-का ही रह सकता हूँ क्योंकि इनके और मेरे बीच एक दुख का इतिहास है। मेरे दिमाग़ में महादेवी जी की कुछ पंक्तियाँ आ गईं, जो मुझे प्रिय थीं और मेरी उस मनःस्थिति को व्यक्त करती थीं। मैंने शमशेर को सुना दीं,

मैं नीर-भरी दुख की बदली !
विस्तृत नभ का कोई कोना
मेरा न कभी अपना होना,
परिचय इतना, इतिहास यही,
उमड़ी कल थी, मिट आज चली।

मैंने सोचा था, शमशेर इन पंक्तियों को सुनकर गम्भीर हो जाएँगे। मुझे आश्चर्य हुआ; शमशेर मुझसे एक सीढ़ी नीचे थे, उन्होंने उलटकर मुझे देखा, हँसे, उछलकर मेरी वाली सीढ़ी पर आ गए, अपने बाएँ हाथ से मेरा दाहिना हाथ थाम, झटके से सिर ऊपर कर, अपना दाहिना हाथ हवा में उठा बोले,

मिट आज चले, उमड़ेंगे कल !

उनकी वह मुद्रा, उनका वह तेवर आज तीस बरसों बाद भी हू-ब-हू मेरी आँखों के सामने है, बोलने का वह लहजा ज्यों-का-त्यों मेरे कानों में गूँज रहा है। शमशेर को जब भी मैंने दबा, सहमा, सकुचा देखा है—जो कि वह उनकी सामान्य मुद्रा है—तो मुझे उस दिन का शमशेर याद हो आया है और मैंने अपने से एक सवाल पूछा है कि कल तो बहुत बार आए, यह शख़्स अपना वादा पूरा क्यों नहीं कर सका ? यह उमड़ क्यों नहीं सका ? और कुछ देर चुप रहकर मैंने ही जवाब दिया है—इसके लिए यह अकेला ज़िम्मेदार नहीं है। एक ज़माना ज़िम्मेदार है।

जब मेरी कोई नई किताब छपकर आती थी तो मेरे घर में एक उत्सव मन जाता था। मेरा उल्लसित होना स्वाभाविक था। ईट्स ने लेखक के इस उल्लास को कैसी नाटकीयता से व्यक्त किया है,

I have gone about the house, gone up and down,
As a man does who has published a new book.

(मैं घर में घूमा हूँ, ऊपर चढ़ा
और नीचे आया हूँ
उस मनुष्य की तरह कि जिसने
नई किताब प्रकाशित की हो।)

लेखक की जिस हालत का ईट्स ने वर्णन किया है वैसी मेरी हालत से अधिक श्यामा की होती थी। उसकी प्रसन्नता इतनी आन्तरिक और सच्ची होती कि वह बीमार होती तो अच्छी हो जाती, ज्वर में होती तो उसका ज्वर उतर जाता, अच्छी होती तो घर भर में नाचती, किताब ले जाकर अपने देवर को दिखाती, देवरानी को, माँ को, मेरी बहन को, जो कोई घर आता उसको; किसी को कुछ पढ़कर सुनाती, किसी से पूछती, कैसी लगी—पिताजी से पर्दा करती थी। माता-पिता मन्दिर जाते, प्रसाद चढ़ाते। हम अपने दो-चार मित्रों को बुलाकर खाना-पीना करते। सिर्फ चाय पिलाकर टरकाने का चलन तब मुहल्ले में नहीं था। श्यामा के जीवन-काल में जो अन्तिम किताब छपी थी वह 'मधुशाला' का दूसरा संस्करण था। वह रोग-शैय्या पर पड़ी थी, हम पटना से उसका असफल आपरेशन लेकर लौट चुके थे, वह कुछ भी करने में असमर्थ थी, उसने कहा, "आज मुझे रंगीन कपड़े पहना दो।"

'मधुकलश' जुलाई में छपकर आया। उत्सव मनानेवाली तो चली गई थी।

प्रसन्नता मुझे भी नहीं हुई। पर उसे मैंने आशा-भरी दृष्टि से देखा जैसे कोई वृद्ध-बेरोज़गार पिता अपने कमाऊ पूत को। इसी की बिक्री के बल पर तो शमशेर की और मेरी पढ़ाई साल-भर होनी थी। विज्ञापन के साधन हमारे पास नहीं थे। आलोचनाओं से जितना विज्ञापन हो जाता था उतना ही बहुत था। तब अच्छी आलोचनाओं का बिक्री पर प्रभाव पड़ता था। थोक और फुटकर ख़रीदारों को कार्ड से सूचना दे दी गई। 'मधुकलश' की बिक्री ज़ोरों से होने लगी, उसके साथ और किताबों की भी बिक्री बढ़ी। मैं आश्वस्त हो गया कि अब हमारी पढ़ाई निर्बाध चल सकेगी और घर के खर्च के लिए भी इसी में से थोड़ा-बहुत निकलता आएगा, शालिग्राम के वेतन के पूरक के रूप में,

भइ सहाय सारद मैं जाना।

एक समय हमने समझा था कि हमारी आगे की पढ़ाई की समस्या आर्थिक है—हम श्रम करने को, सिर खपाने को तैयार हैं, बशर्ते कि कहीं से हमारे युनिवर्सिटी के ख़र्च का इन्तज़ाम हो जाए। पर मैंने, और शमशेर ने भी, यह अनुभव किया—गो अपनी-अपनी तरह से अलग-अलग—कि हमारी पढ़ाई की समस्या आर्थिक न होकर मानसिक है।

मैंने तो अपने साथ बड़ी जबरदस्ती की थी। मेरा मन एक ओर को जा रहा था, बड़े वेग के साथ; पता नहीं वह कहाँ जाकर रुकता, कहाँ मुझे ले जाता, कहाँ ले जाकर छोड़ देता, अथवा तोड़ देता, पर एक सनक में आकर मैंने अपन मन के वेग को रोका और ठीक उसके विवरीत दिशा में मोड़ना चाहा।

मकान के ऊपर के हिस्से में दो कमरे मेरे पास थे, एक बड़ा मेरे लिए, छोटा श्यामा के लिए। मैंने अपने कमरे को विशुद्ध अध्ययन-कक्ष का रूप दिया। उसमें मैंने केवल वही सामान रहने दिया जिसका सम्बन्ध पढ़ाई और परीक्षा से था, यहाँ तक कि अपनी लिखी किताबें भी मैंने वहाँ से हटा दीं, बाकी सामान मैंने श्यामा के कमरे में बन्द कर दिया। श्यामा की अपनी चीजों को तो मैंने नष्ट कर दिया था, पर बहुत-सी मेरी ऐसी चीजें थीं जिनसे श्यामा किसी-न-किसी रूप में सम्बद्ध थी; उन सबको भी चुन-चुनकर मैंने हटा दिया कि मेरे मन को पाठयक्रम की पुस्तकों से अलग ले जानेवाली कोई चीज़ वहाँ न रहे, श्यामा का कोई चित्र भी नहीं। मैंने अपने मन में यह दृढ़ कर लिया था कि जब मैंने एम.ए. करने को युनिवर्सिटी में नाम लिखा लिया है तो मुझे पास होना है। फेल होना मेरे लिए पीड़ादायक, लज्जाजनक और असह्य होगा। काम बड़ा है। मेरी शक्तियाँ सीमित हैं। इसीलिए पूर्णतया अपने को एक बिन्दु पर केन्द्रित करना चाहिए।

युनिवर्सिटी मैं नियमित रूप से जाता, क्लास में सबसे पीछे बैठता, प्रोफेसर जो पढ़ाते उसमें से थोड़ा-बहुत कान में पड़ जाता, हाज़िरी लग जाती, बस अपने पिछले युनिवर्सिटी-जीवन में ही मुझे यह अनुभव हो गया था कि असली पढ़ाई क्लास में नहीं, लाइब्रेरी में या घर पर होती है। क्लास खत्म होते ही घर वापस आ जाता और कमरे में बैठकर पढ़ता रहता। मनुष्य को किसी प्रकार के मनोरंजन की भी आवश्यकता होती है, यह मुझे सिखाया ही नहीं गया था। इतना समझता था कि स्वास्थ्य ठीक रखना चाहिए; इसके लिए कभी घूमने जाया करता था, अब मैंने वह भी छोड़ दिया था। घूमने कहाँ जाता ? जमुना रोड पर, जमुना तट पर; जमुना पुल पर, और वहाँ जाते ही उन सब स्थानों से सम्बद्ध सौ-सौ स्मृतियाँ उसी तरह उठकर मेरे मस्तिष्क में घुमड़ने लगतीं जैसे बरसातों में लैम्प जलते ही सब तरफ से परवाने आकर उसके चारों ओर मंडराने लगते हैं। मगर नौ महीने के अन्दर एम.ए. फाइनल का पूरा कोर्स तैयार कर लेना था—फिर पाठ्यक्रम, परीक्षा सम्बन्धी पढ़ाई से सात वर्ष तक कटे रहने के बाद—तो अपने दिमाग को यों बहकने-भटकने के लिए नहीं छोड़ सकता था। जब मैं लड़ाई छेड़ता हूँ तो चौतरफी छेड़ता हूँ। मैंने उन सारे रास्तों को ही छोड़ दिया जिनसे मेरे अतीत की पीड़ा की घड़ियाँ किसी भी प्रकार सम्बद्ध थीं। कमरे में कुछ योगासन कर लेता, छत पर कुछ कसरत। कमरा और छत ! वे क्या कम सुखद-दुखद स्मृतियों से सम्बद्ध थे ? मेरे पास पैसे होते तो मैं किसी होस्टल में जाकर रहता। इतने के लिए मैं लाचार था। यह मेरी लड़ाई का सबसे कमज़ोर मोर्चा था और उसी से एक दिन दुश्मन घुस आया। पढ़ाई के लिए कविताई दुश्मन तो थी ही।

उस समय देश के वातावरण का प्रत्यावलोन करता हूँ तो पाता हूँ कि वह शान्त था, शान्त नहीं तो एकरस, ठहरा हुआ-सा, डल। तीन-चार वर्ष पूर्व गाँधी जी ने

सत्याग्रह आन्दोलन वापस ले लिया था; चौरीचौरा के बाद की तरह नहीं, जब असहयोग आन्दोलन पूरे जोर पर था, आन्दोलन के अपने-आप शिथिल अथवा ठण्डा पड़ने पर। एक-दो साल तो उन्होंने रचनात्मक कार्यों में लगाए—अछूतोद्धार में, खादी-प्रचार में। फिर उन्होंने अपने अनुयायियों को यह अनुमति दे दी कि वे कौंसिलों में घुसकर सरकार का भीतर से विरोध करें। जिस सेशन में मैं दुबारा युनिवर्सिटी में था, यानी 1937-'38 में, प्रांतों में या तो कांग्रेसी सरकारें बन चुकी थीं या चुनाव हुए थे। साधारण जनता ने कोई ख़ास हलचल न जानी थी; यदा-कदा कुछ जानी थी तो हिन्दू-मुस्लिम दंगों की। योरोप में हिटलर और मुसोलिनी का जोर बढ़ रहा था और जनता में कुछ प्रच्छन्न प्रसन्नता थी तो इसकी कि उनका उत्थान ब्रिटिन सरकार की परेशानी का कारण बनेगा। दुश्मन के दुश्मन के साथ सहानुभूति स्वाभाविक थी। फ़ासिज्म के उदय के खतरे को तो कुछ खास लोग देख रहे थे। बहरहाल देश के अनुरूप युनिवर्सिटी का वातावरण भी शान्त था, न कोई मांग, न कोई नारा, न कोई जुलूस, न कोई सभा, न कोई हड़ताल। इनके अभाव में आप युनिवर्सिटी के वातावरण को शैक्षणिक-ऐकेडेमिक कहना चाहें तो कह सकते हैं। शायद उस समय मैं भी ऐसा कहता, पर कैम्ब्रिज युनिवर्सिटी में दो वर्ष रहने के बाद नहीं।

फिर भी युनिवर्सिटी में, विभिन्न होस्टलों में, कुछ-न-कुछ कार्य-कलाप होते ही रहते थे। किसी में विशेष भाग अथवा किसी विशेष उत्साह से भाग लेने की याद नहीं। होस्टलों के कवि-सम्मेलनों में साग्रह बुलाया गया हूंगा, और प्रत्याशित वाह-वाही पाने के बावजूद एक शाम के व्यर्थ जाने का अहसास हुआ होगा। हिन्दी विभाग की वार्षिक कहानी-प्रतियोगिता में बहुत कहने-सुनने पर एक छोटी-सी कहानी लिखकर भेज दी थी। जैनेन्द्र जी उस वर्ष सभापतित्व करने आए थे। मेरी कहानी को द्वितीय पुरस्कार मिला था। यह वही कहानी है जो बाद को 'निशा निमन्त्रण' के प्रारम्भ में मैंने दे दी। प्रथम पुरस्कार, ऐसा याद आता है, किसी यमुना प्रसाद को मिला था। उस प्रतियोगिता की एक मनोरंजक बात याद है। पंडित देवीप्रसाद शुक्ल उर्फ भगवन् तब भी हिन्दी विभाग को सुशोभित करते थे, मेरी कहानी सुनकर बोले, "कविता को तो, बच्चन जी, आपने हालावादी कर दिया, पर कहानी में छायावादी ही रह गए।" और अपनी उस उक्ति पर स्वयं हंस पड़े।

एम. ए. फाइनल के पेपर जो लोग पढ़ाते थे उनमें से एक पं. शिवाधार पांडे को छोड़ सब पूर्व परिचित थे। पंडित अमरनाथ झा अंग्रेज़ी-साहित्य का इतिहास और शेक्सपियर पढ़ाते थे। साहित्य के इतिहास पर उनका एक व्याख्यान प्रति सप्ताह होता था और उसमें बी. ए. के लड़के भी आकर बैठ सकते थे—विभाग के बीचोंबीच वाले सबसे बड़े हाल में, जिसमें अपराह्न में 'ला' के क्लास होते थे। शेक्सपियर वाला क्लास वे अपने कमरे में लेते थे। हाजिरी लेने में वे अपना वक्त नहीं ख़राब करते थे। लड़के उनके क्लास में पहुँचे, उन्होंने एक नज़र सब पर दौड़ाई, रजिस्टर खोला और अनुपस्थित लड़कों के नाम के आगे बिन्दी धर दी। किसी प्रकार का नोट हाथ में लेकर पढ़ाते मैंने उनको कभी न देखा था; प्रो. एस. सी. देब को भी यह कमाल हासिल था, पर दोनों में ज़मीन-आसमान का अन्तर था। झा साहब जब किसी विषय पर व्याख्यान

देने लगते थे तो महसूस होता था कि आप एक ऐसी नाव में बैठे हैं जिसकी पतवार ठीक दिशा में लगी हुई है और जिसका खेवनहार नाव को समगति से खेता आपको 45 मिनट के निश्चित समय में निश्चित घाट पर उतार देगा। देब साहब की नाव में न पतवार होती थी न डांड़। वह शब्दों के तूफान में डगमग डोलती कभी दाएं-बाएं, कभी आगे, और कभी पीछे भी खिंचती, किसी भी जगह जाकर टकरा सकती थी। ख़ैरियत थी कि उनसे एम. ए. प्रीवियस में ही छुटकारा मिल गया था; एम. ए. फ़ाइनल का कोई परचा वे न पढ़ाते थे। डॉ. दस्तूर और मि. लीलाधर गुप्त की पोशाक, पढ़ाने के तरीके, बात-व्यवहार में कोई विशेष अन्तर नहीं आया था। मोदर्रिस बहुत कम बदलता है अपने जीवन में,—साल-ब-साल वही किताबें पढ़ाना, उसी तरह विद्यार्थियों को रोब-दाब में रखना, उसी तरह इम्तहान लेकर कापियाँ जाँचना, पास-फ़ेल की सूची तैयार करना, और एक दिन जितनी विद्याबुद्धि लेकर स्कूल या कालेज में प्रविष्ट हुए थे उतनी ही—समय से कुछ घिसी-पिटी रूप में—लेकर रिटायर हो जाना। डॉ. दस्तूर और मि. गुप्ता प्रि-रोमांटिक पीरियड पोएट्री पढ़ाते थे, पं. शिवाधार पांडे प्रि-रोमांटिक पीरियड प्रोज़। एम.ए. फाइनल में पांचवां पेपर निबन्ध का होता था जिससे विद्यार्थी के सारे स्वाध्याय, चिन्तन, विचार, भाषा पर अधिकार की परख हो जाती थी।

पांडेजी ने अंग्रेजी अपनाई थी, अंग्रेज़ियत नहीं; ज्यादा ठीक कहना यह होगा कि वे देसीपन से संस्कारतः चिपके हुए थे। बाल मुंडे तो नहीं पर सीधे-सपाट कटे, सिर के बीचोबीच एक छोटी-सी चुंदी भी। खुले कालर का कोट तो वे पहनते थे पर टाई शायद जीवन-भर उन्होंने एक ही लगाई या एक ही रंग की—खुले कालर के साथ टाई लगाने की औपचारिकता भर निभाने के लिए। जैसे पुराने हिन्दू पहले धोती चढ़ाकर फिर पाजामा पहनते थे, वैसे ही पांडेजी पतलून के नीचे धोती भी कसे रहते हों तो कोई ताज्जुब नहीं। चेहरा गोल, रंग गेहुँआं जो पिल-छहूं हो, उसपर बचपन की चेचक के दाग जो बहुत मद्धम पड़ गए हों; छोटी-छोटी आँखों पर मोटा चश्मा, बिरल, खिचड़ी, छोटी मूँछें, दांत बड़े, कुछ आगे को निकले, जिन्हें उनके चौड़े-मोटे होठ भी छिपा न सकते हों; पहले-पहल कोई उनका चेहरा देखे तो उन्हें बहुत सीधा-सादा, बोदा समझे, चश्मा आँखों पर न हो तो शायद अपढ़ भी। पर इसमें कोई सन्देह नहीं कि वे बड़ी अद्भुत और बहुमुखी प्रतिभा के व्यक्ति थे, पैनी दृष्टि और मौलिक सूझ के, और इस सबको उन्होंने अपनी बाहरी सादगी में छिपा रखा था। उनमें केवल एक कमी थी—और प्रतिभा को अप्रभावकारी बनानेवाली इससे बड़ी त्रुटि नहीं—वे अपनी शक्तियों को व्यवस्थित नहीं कर सकते थे।

अंग्रेज़ी, संस्कृत और हिन्दी का उनका स्वाध्याय व्यापक था। इन तीनों भाषाओं में वे सृजन भी करते थे—उन्होंने बहुत-से एकांकी अंग्रेज़ी में लिखे थे जो कई खण्डों में उन्होंने स्वयं छपाए थे। उनकी संस्कृत कविताओं का एक संकलन छपा था। पुराणों पर उनके कई लेखों में उनकी मौलिक शोध-दृष्टि देखी जा सकती है। उनके हिन्दी निबन्धों की गद्य-शैली अननुकरणीय थी। 'मीरा मिस्टिक लिपिस्टिक' जैसा दूसरा लेख मैंने नहीं देखा—शायद 'रूपाभ' में छपा था। पन्तजी की प्रतिभा को सबसे पहले उन्होंने पहचाना था। 1922 में उन्होंने पन्त जी पर एक लेख लिखा था जो 'सरस्वती' में छपा

था। आज भी वह लेख बेजोड़ है। खेद है कि वह 'सरस्वती' की फाइल में ही दबा पड़ा है। उनके निबंधों का कोई संकलन प्रकाशित हो तो सौ काम छोड़कर मैं सबसे पहले उसे पढ़ूँ। युनिवर्सिटी से रिटायर होने के बाद उन्होंने एक मासिक पत्रिका हिन्दी में निकालनी शुरू की थी, 'चेतना' नाम से, जिसमें आदि से अन्त तक कविता, लेख, अनुवाद, टिप्पणियाँ सभी वे स्वयं लिखते थे। पत्रिका अपने मित्रों-परिचितों को मुफ्त भेजते थे। बहुत दिनों तक यह पत्रिका मेरे पास भी आती थी। उसी में एक बार टी. एस. ईलियट के 'वेस्ट लैंड' के कुछ अंश का अनुवाद उन्होंने छापा था। मुश्किल काम था। हमारी कविता की भाषा एक प्रकार से साहित्यिक हो गई है। वे कविता की भाषा को समाज के निम्न स्तर की बोली और मुहावरों के बीच से उठाना चाहते थे। जीवन-भर युनिवर्सिटी से सम्बद्ध रहकर उन्होंने इस भाषा से आत्मीयता कैसे प्राप्त की थी, आश्चर्य का विषय है। साहित्यिकता की कृत्रिमता से ऊबकर कभी कोई कवि समाज के निम्न स्तर पर बोली जाने वाली हिन्दी की ओर गया, जिसका अपना तेवर है, अपना लहज़ा है, अपना भदेसपन और अपनी बारीकी है, तो वह पंडित शिवाधार में अपना अग्रगामी पाएगा। उक्त पत्रिका में भारत-पाकिस्तान मैत्री पर उन्होंने एक कविता लिखी थी। दो पंक्तियां मुझे स्मरण हैं, पर समाज के निम्न स्तर की माटी की सोंधी सुगन्ध इनमें अनुभव की जा सकती है—

दिल्ली से मिलै कराची
जैसे पान से मिलै इलाची।

ऐसे ही कांग्रेसी सरकार के बड़बोलों पर एक बार उन्होंने एक व्यंग्य-कविता लिखी थी। उसकी भी दो पंक्तियाँ याद हैं; सीधी माटी से उठी लगती हैं—

कांग्रेस का देखो खेल,
बोई सुई कि उपजी रेल।

कई खंड-काव्य, स्फुट कविताओं के संग्रह उन्होंने छपाए और लोगों को बाँट दिए। अभी एक बोरा अप्रकाशित साम्रगी उनके पास पड़ी हो तो कोई आश्चर्य नहीं।

पंतजी की सत्तरवीं वर्ष-गाँठ पर प्रयाग गया तो पांडेजी के दर्शन भी किए। 83 वर्ष के पांडेजी एकाकी रह रहे थे। किन परिस्थितियों में ? न वर्णन करना ही उचित है। देखकर मन दुखी हो गया। इस अवस्था में उन्होंने एक बृहत् कृष्ण-काव्य लिखा है जो प्रकाशित कराना चाहते हैं। उन्होंने मुझे संस्कृत कविताओं का एक अंग्रेजी अनुवाद दिया जो उन्होंने कभी प्रकाशित कराया था। भृगुसंहिता की एक पुरानी प्रति दिखाई। बोले, "अपनी जन्म-पत्री भेजो तो ग्रहों के अनुसार तुम्हारी लाइफ-रीडिंग भेज दूँ।" मैंने उन्हें कष्ट देना उचित नहीं समझा।

सोचता हूँ। कभी-कभी प्रतिभा आती है तो साथ अपना घुन भी क्यों लिए आती है ? फिर भी पांडेजी के एकाकी और विलक्षण-से प्रयोग समाज की किसी प्रवृति का संकेत देते हैं जो फिर कभी अधिक संगठित और व्यवस्थिति रूप में सामने आ सकती है। जिस ज़मीन में जो चीज़ उगती है वह फिर-फिर उगती है।

अंग्रेज़ी के अध्यापक के रूप में पांडेजी को मैं ज्यादा ऊँचा दर्जा न दूँगा, उनके

अंग्रेज़ी साहित्य के गहन अध्येता होने के बावजूद। लेखकों के सम्बन्ध में प्रसिद्ध समालोचकों की सम्मतियों की तालिका वे अपनी नोट बुक में बना रखते थे और प्रायः परस्पर विरोधी उद्धरण सुना-सुनाकर कहते जाते थे कि यह भी ठीक है और वह भी ठीक हो सकता है; इसमें भी कुछ सच्चाई है और उसमें भी कम सच्चाई नहीं है। उनको क्लास में बोलते देखकर अक्सर ऐसा आभास होता था कि वे बोल यहाँ रहे हैं, सोच कहीं और रहे हैं। अपने क्लास के लड़कों या उनकी आवाज़ों को वे शायद ही पहचानते हों। क्लास में दस लड़के बैठकर बीस लड़कों की हाजिरी लगवा सकते थे। लड़के कई-कई दिन बाद आकर भी अगर कहते थे कि वे अमुक दिन उपस्थित थे तो वे उनकी हाजिरी बना देते थे। उनके इस अवढरपन से, नरेन्द्र शर्मा बताते थे कि उन्हें एक बार बड़ी शर्मिन्दगी उठानी पड़ी। दो-तीन रोज वे उनके क्लास में न गए थे। बाद को उनके पास पहुँचे, बोले, 'फलाँ-फलाँ दिन मैं क्लास में मौजूद था, मुझे हाज़िर बना दीजिए।' पांडेजी ने धीमे से कहा, 'लेकिन फलाँ-फलाँ' दिन तो मैंने क्लास ही नहीं लिया था !' नरेन्द्र सिर पर पाँव धरकर भगे।

एम. ए. फाइनल के अपने सहपाठियों में मुझे तीन व्यक्ति याद हैं– राधेश्याम टंडन, कृष्णचन्द जोशी और बलदेव प्रसाद वर्मा। टंडन कानपुर के थे--साँवले, कद्दावर, पहलवानी काठी के, कानपुरी बे-झिझक, खुले स्वभाव के। जोशी अलमोड़ा के थे, शरीर से टंडन के गौर संस्करण, पर स्वभाव से गुरुगम्भीर। टंडन अब डाक्टर टंडन हो गए हैं, बहुत दिन तक क्राइस्ट चर्च कालेज में अंग्रेजी के अध्यापक थे, अब शायद कानुपर युनिवर्सिटी से सम्बद्ध हैं। जोशी पी.सी.एस. में आए, बहुत दिन तक उत्तर प्रदेश सरकार के सूचना विभाग में सचिव के पद पर रहे। आजकल केन्द्र के किसी मंत्रालय में सचिव या सह-सचिव के पद पर हैं। अंग्रेज़ी और हिन्दी साहित्य में, विशेषकर कविता में, जोशी की पैठ गहरी है। कभी-कभी उनके आलोचनात्मक निबन्धों की मौलिकता पर मैं मुग्ध हुआ हूँ। उनसे मैंने कई बार कहा कि वे अपने यत्र-तत्र प्रकाशित निबन्धों को एक पुस्तक में संकलित कर दें, पर उन्हें फाइलों से फुरसत मिले तब न। सबसे रोचक, आकर्षक और अद्‌भुत व्यक्तित्व बलदेव प्रसाद वर्मा का था। मुझे लिखते हुए क्लेश होता है कि उनका जीवन, शायद कुछ उनकी ही गलतियों से, एक त्रासदी बनकर रह गया। देखने में साँवले, इकहरे बदन के, मझोले कद के, आँखों में कुशाग्र बुद्धि का तेजस्, अंग-अंग में फुर्ती, हल्की और गम्भीर बातें सब जैसे जबान पर, हँसी में चेहरे की हर माँस-पेशी अपनी भूमिका अदा करती हुई, पर उत्स उनका जैसे अभ्यंतर में। मेरी ओर मेरी कविता के कारण आकर्षित हुए थे। उन्होंने मुझे एक फाउंटेन पेन भेंट किया था जिसकी निब से ज़रा-सी पत्ती खिसका देने से मोटा-पतला दोनों लिखा जा सकता था। मैं याद करता हूँ कि 'निशा-निमन्त्रण' के प्रायः सभी गीत उन्हीं की दी हुई लेखनी से लिखे गए थे। एम. ए. पास करने के बाद वे अपने घर चले गए। घर सम्पन्न था, बरेली में पिता का सुसंगणित बीज-व्यापार का कारखाना था, नौकरी उन्हें करनी नहीं थी। इलाहाबाद से जाते समय 'फिराक' साहब की मोटर खरीदकर ले गए थे।

मेरी समझ में उनकी त्रासदी का मुख्य कारण यह था कि उनको अपनी शक्तियों

की निकासी के लिए उचित मार्ग न मिले थे। बीज-व्यापार में उनका मन न रमा। बी. ए. में एक विषय के रूप में संस्कृत उन्होंने ली थी। योग, हठ-योग, तन्त्र सम्बन्धी ग्रन्थों का अध्ययन करते-करते वे इनका अभ्यास भी करने लगे। ऐसे समय उन्हें एक नीम-तान्त्रिक मिल गया जिसने उनको यह विश्वास दिला दिया कि मनुष्य ब्रह्मानन्द का अनुभव नारी-संभोग की स्थिति में कर सकता है, बशर्ते कि वह स्खलित न हो। बलदेव ने मुझे स्वयं बताया कि उनके गुरु को यह सिद्धि प्राप्त थी और प्रमदाएँ उनके पीछे-पीछे फिरती थीं। इस सिद्धि को प्राप्त करने की प्रक्रिया में पुरुषेन्द्रिय से क्रमशः दूध, तेल और पारा खींचने का अभ्यास करना पड़ता था, और इसके पश्चात् पुरुष में ऐसी शक्ति आ जाती थी कि संभोग के समय वह स्त्री के रज को खींच ले, बजाय इसके कि वह स्वयं स्खलित हो ! इस अभ्यास में दाक्षिण्य प्राप्त कराने के लिए उस वाम मार्गी ने न जाने क्या कर दिया, क्या खिला-पिला दिया कि बलदेव पागल हो गए। बड़बड़ाने से अब वे मौन अवस्था पर आ गए हैं। मैं जब भी बरेली गया, उन्हें देखने गया और किसी बार ऐसा नहीं हुआ कि उन्होंने मुझे न पहचाना हो। पिछली बार गया तो सतीश बहादुर वर्मा—जो आजकल, 'धर्मयुग' में काम करते हैं—मेरे साथ थे। बलदेव से मेरी उस भेंट का जिक्र सतीश ने 'बच्चन : निकट से' के अपने संस्मरण में किया है।

तन्त्र पर मुँह खोलने का मैं अधिकारी नहीं, इतना तो शायद निर्विवाद है कि वामाचार के पंच मकारों में 'मुद्रा' यानी स्त्री और 'मैथुन' को स्थान दिया गया है—मैथुन यानी संभोग, गर्भाधान नहीं। गर्भाधान-विहीन रति की कल्पना के समाज में उठने और उसके अध्यात्म के स्तर तक पहुँचने के सम्बन्ध में मेरी एक कल्पना है। सम्भव है उसमें कुछ तथ्य हो। भिक्षुओं के साथ भिक्षुणियों के भी बौद्ध-विहारों में प्रविष्ट होने पर एक-दूसरे के प्रति प्रकृति प्रेरित यौनाकर्षण स्वाभाविक होगा—संघ अथवा मठ का 'विहार' नाम पड़ना ही बड़ा सारगर्भित संकेत देता है। विहारों में सन्तानोत्पत्ति की वर्जना ने ऐसे उपाय खोजने की प्रेरणा दी होगी जिसमें संभोग सम्भव, पर गर्भाधान असम्भव हो। हठयोगी अभ्यासों से जिस दिन यह मुमकिन हुआ होगा उसी दिन प्रकृति का पाश टूट गया होगा और पुरुष ने अपने को अच्युत पाया होगा—अच्युत, जो च्युत नहीं हुआ—गिरा नहीं—चुआ नहीं—स्खलित नहीं हुआ—अच्युतं केशवं—और यहीं से इस अनुभव को आध्यात्मिक उपलब्धि माना गया होगा। इसी को विपरीत रति की संज्ञा दी गई होगी। सम रति में स्त्री वीर्य धारण कर गर्भवती बनती है; विपरीत रति में पुरुष ऊर्ध्वरेता हो ब्रह्मपद प्राप्त करता है। आसन के अर्थ में विपरीत रति काम-शास्त्रियों की सूझ होगी। उसके सौन्दर्य पक्ष को स्वीकार करते हुए भी जय-देव ऐसे भक्त-कवियों ने विपरीत रति से आध्यात्मिक संकेत ही दिए होंगे; ये पंक्तियाँ देखें,

उरसि मुरारे उपहितहारे घन इव तरल बलाके
तडिदिवपीते रतिविपरीते राजसि सुकृत विपाके।

जहाँ कृष्ण पुरुष-रूप और राधा प्रकृति-स्वरूपिणी हैं। पुरुष, निश्चल, कभी च्युत होने वाला नहीं। प्रकृति ही च्युत-चलित-स्खलित होती है। यहाँ पुरुष गर्भ धारण कर 'हिरणयगर्भ' बनता है—हिरण्य—सोना, रज—दोनों पीत—'तडिदिवपीते'। इसीलिए

पुरुष-प्रकृति का सहज सम्बन्ध उनकी क्रीड़ा, उनकी लीला विपरीत रति से ही व्यक्त की जा सकती है। बुद्ध द्वारा अप्राकृतिक साधना को समाज-प्रतिष्ठित कर देने पर भारतीय मनीषा ने जिस प्रकार नर-नारी की प्राकृतिक माँग को फिर से समाज के बीच स्थापित किया और उसे अध्यात्म के स्तर तक उठाया उस में वाम मार्ग का इतिहास छिपा हुआ है। खूबी यह थी कि इस मार्ग में भ्रष्ट होने पर भी सांसारिकता की उपलब्धि होती थी जो उस निवृत्ति-पीड़ित युग की कम वांछनीय प्रवृत्ति नहीं थी। बलदेव के जीवन की त्रासदी यह थी कि

न खुदा ही मिला न विसाले सनम,
न इधर के रहे, न उधर के रहे।
गए दोनों जहाँ से, खुदा की कसम,
न इधर के रहे, न उधर के रहे।

हाँ, जिन सहपाठियों की मुझे याद है उनमें एक नाम और मैं जोड़ना चाहूँगा—गजाधर प्रसाद सिन्हा का। जिस वर्ष मैंने एम.ए. प्रीवियस किया था यानी 1930 में, उस समय भी वे एम.ए. फाइनल में थे, उसके दो-तीन वर्ष पूर्व भी, 1937 में भी, और चार वर्ष बाद जब मैं युनिवर्सिटी में लेक्चरर बनकर आ गया था तब भी, और उसके पाँच वर्ष बाद भी। उन्होंने बी.ए. पास करने के बाद प्रण किया था कि एम.ए. में फर्स्ट डिवीजन और फर्स्ट पोजीशन से पास करूँगा। प्रीवियस उन्होंने कर लिया, शायद बहुत अच्छे नम्बरों से नहीं; डिवीजन प्रीवियस-फाइनल दोनों के नम्बरों को जोड़कर निश्चित किया जाता था। प्रथम श्रेणी पाने के लिए फाइनल में उन्हें प्रथम श्रेणी से भी ऊपर नम्बर पाने थे। परीक्षा समीप आई तो उन्हें सन्देह हुआ कि उनकी तैयारी ऐसी नहीं कि वे प्रथम श्रेणी से ऊपर नम्बर पर सकें, इसलिए अगले साल ज्यादा अच्छी तैयारी कर परीक्षा में बैठने के ध्येय से वे 'ड्राप' कर गए। अगले साल फिर उनके मन में वही सन्देह उठा और वे फिर 'ड्राप' कर गए। और यह सन्देह सोलह वर्ष तक मुतवातिर उनके मन में उठता गया और मुतवातिर वे 'ड्राप' करते गए। जब तक मैं युनविर्सिटी में था तब तक तो मुझे नहीं याद कि उन्होंने परीक्षा दी थी, यानी 1954 तक, और अगर आज कोई आकर मुझसे कह दे कि गजाधर प्रसाद अभी तक फाइनल की तैयारी में क्लास अटेंड करते जा रहे हैं तो मुझे ताज्जुब न होगा। 1930 में उन्हें देखने की मुझे याद है काले बाल, साँबली, मझोली, सीकिया काठी; पोशाक, खुले कालर का कोट, पैंट, एकाध टूटे बटनों की कमीज, टाई नदारद। सोलह बरस बाद भी गजाधर की बिलकुल वही काठी थी, वही धजा, सिर्फ सिर पर गंज आ गई थी और एकाध दाँत गिर गए थे। आप उन्हें परीक्षा-भीरु, सनकी, धुनी, मनोविकारी, असन्तुलित, खब्ती—कुछ भी कह सकते हैं। कुछ लोग उन्हें दयनीय भी समझते थे। पर लोगों का ध्यान इस पर नहीं जाता था कि वे किस बूते पर इतने वर्षों तक पढ़ाई करते चले जा रहे हैं; घर के कोई रईस न थे; बीवी-बच्चे वाले भी थे। उनके बारे में मेरा एक अनुमान है कि वे खुफिया विभाग के कर्मचारी थे और उनका काम था कि युनिवर्सिटी के संदिग्ध अध्यापकों तथा विद्यार्थियों की गतिविधि पर नज़र रखना। उनकी नोट बुक, मुझे भय है, कोई देखता तो वह सी. आई. डी. की रिपोर्ट-बुक निकलती। पर तब तक तो मैं

भी उनके प्रण का प्रशंसक, उनकी लगन का कायल और उनके धैर्य पर स्तब्ध था। उनकी परीक्षा भीरुता संक्रामक थी और हर वर्ष अपने साथ एक-दो को ले बैठती थी। उस वर्ष उनके साथ राधेश्याम टंडन भी 'ड्राप' कर गए थे।

मेरी क्लास में तीन-चार लड़कियाँ भी थीं। लड़कियाँ सब साथ अलग बेंच पर बैठती थीं, और लड़के-लड़कियों में शायद ही कभी बातचीत होती हो। एक, मेरे बी.ए. के सहपाठी ब्रजलाल गुप्त की बहन थी, मालती गुप्त, जिसे लड़के 'काली जामुन' कहते थे। एक और लड़की थी जिसके साथ विवाह के लिए बाद को मेरे मन को टटोला गया था। पर तब तक मेरा मन पुनर्विवाह के विषय में सोचने को भी तैयार न था; इस प्रकार का प्रस्ताव भी मन को दुखाता था,

''बात पिछली भूल जाओ,
दूसरी नगरी बसाओ''–
प्रेमियों के प्रति रही है, हाय कितनी क्रूर दुनिया !
आज मुझसे दूर दुनिया !

अपने जिन सहपाठियों की चर्चा मैंने की है उनसे मेरा मेल-जोल क्लास तक ही सीमित था, और क्लास प्रतिदिन केवल 100 मिनट के होते थे। शेष दिन-रात के चौबीस घंटे मेरे अपने होते।

शमशेर को हिन्दू बोर्डिंग हाउस में हाल के ऊपर वाले बड़े कमरे की चार सीटों में से एक निःशुल्क मिल गई थी। फीस उनकी माफ़ हो सकी थी या नहीं, इसकी मुझे अब याद नहीं। शायद नहीं। पर इसकी चिन्ता उन्हें नहीं करनी थी। अपने बाकी खर्चों के लिए वे मुझसे कम-से-कम लेते। कुछ पैसे वे अनुवाद-कार्य से कमाते जो उन्हें इंडियन प्रेस से नियमित रूप से मिलता था। पंत जी ने मालिकों से कह-सुनकर दिला दिया था। वे इन दिनों 'रूपाभ' के प्रकाशन के सिलसिले में अक्सर काला कांकर से प्रयाग आते थे और नरेन्द्र के साथ 'दिल-कुशा' में ठहरते थे। युनिवर्सिटी में प्रायः प्रतिदिन शमशेर से मेरी भेंट हो जाती थी और इससे मुझे सबके-बीच अकेले की मनःस्थिति में बड़ा अवलम्ब मिलता था। कभी-कभी ज़्यादा नहीं, मेरे उनके कमरे में जाने और उनके मेरे घर आने की याद है। मैं मुड़ियाकर पढ़ाई में लगा था और मैं समझता था कि शमशेर भी लगे होंगे, लगना ही चाहिए था, और मैं नहीं चाहता था कि मैं उनका वक्त खराब करूँ या वे मेरा वक्त खराब करें। पर सच्चाई तो यह थी, और आज भी मुझे इसका दुख है, कि शमशेर पाठ्यक्रम की तैयारी में अपना समय नहीं लगा रहे थे। वे हिन्दी भाषा और उसके शिल्प पर अधिकार प्राप्त करने में लगे हुए थे, वे अपने को अभिव्यक्त करने के लिए कविता का माध्यम खोज रहे थे, और न जाने किस तर्क से उन्होंने अपने आपको विश्वास दिला दिया था कि मुख्यतः इसी कार्य के लिए मैं उन्हें इलाहाबाद लाया था। चित्रकला के लिए भी उनके मन में ललक थी, और चोरी-छिपे कैनबस, कूची, कलर इकट्ठा कर उन्होंने चित्र बनाने के भी अभ्यास किए हों तो आश्चर्य नहीं। कलाकार के लिए कला, कवि के लिए कविता जब अन्तर से प्रस्फुरित होती है तब कितनी विवशकारिणी (कल्पलसिव) हो सकती है, इसे मैं बखूबी समझता हूँ। पर इसका नतीजा इसके सिवा और क्या हो सकता था कि जब

इम्तहान सिर पर आ जाए तो गजाधरी मुद्रा अपनाकर 'ड्राप' हो जाया जाए ? इस पर मुझे क्षोभ हुआ तो इसलिए नहीं कि मैंने शमशेर के कवि-कलाकार को समझा नहीं, बल्कि इसलिए कि उनके कवि-कलाकार से उनके व्यक्ति के प्रति मुझे अधिक ममत्व था। शमशेर ऐसे कवि-कलाकार जीवन में जो भोगते-झेलते हैं उनके लिए मैं ज़माने को ज़िम्मेदार ठहराता हूँ, पर उसके बाद, जब व्यक्ति अपनी ज़िम्मेदारी पूरी तरह निभा दे।

उस वर्ष आदित्यप्रकाश जौहरी और ब्रजमोहन गुप्त बी.ए. फाइनल में आ गए थे; प्रेमा जौहरी ट्रेनिंग का कोर्स करने के बाद थियोसोफिकल स्कूल इलाहाबाद, में अध्यापिका हो गई थीं। जौहरी एक प्राइवेट लाज, माधो कुंज में, रहते थे, ब्रजमोहन किसी छात्रावास में। स्वाभाविक है, ब्रजमोहन को अधिक नियन्त्रण में रहना पड़ता था, जौहरी पूर्णतया मुक्त थे। ज्ञानप्रकाश जैसे-जैसे मेरी कविता में भीगते गए—उन्होंने बरेली कॉलेज मैगजीन में अंग्रेजी में मेरी कविता पर लेख लिखे—प्रेमा भी भीगती गई और इसका प्रभाव यह हुआ कि आदित्य भी मेरी कविता के गहरे प्रेमी बन गए। ब्रजमोहन से ज्यादा अब वे मेरे पास आते। ऐसी हालत में जबकि मैंने युनिवर्सिटी छोड़कर कहीं और आना-जाना बन्द कर दिया था, उनका आना मुझे बड़ा प्रियकर लगता, कभी-कभी उनके साथ प्रेमा भी आतीं। अपने से छोटी आयु वालों के साथ छोटा हो, हम-उम्री का अनुभव करना मेरे लिए मुश्किल नहीं होता। जब आदित्य और प्रेमा मेरे साथ होते तो दो लड़के, एक लड़की के कई दृश्य मेरी आँखों के सामने नाच जाते—कर्कल, चम्पा, मैं; श्रीकृष्ण, रानी, मैं; मुक्त, श्यामा, मैं; और तीन अंकों में जीवन का एक स्मृति-नाटक मेरे सामने अभिनीत हो जाता। जिसे भुलाने के प्रयत्न में मैं लगा था, जैसे वे आकर उसकी याद फिर ताजा कर जाते। और उसे जल्दी से जल्दी भूल जाने को मैं किसी नीरस-कठिन पाठ्य-पुस्तक में पिल जाता।

पंतजी ने विनोद की मुद्रा बनाकर अपने संस्मरण[1] में मुझे 'बुली' कहा है। 'बुली' के अर्थ हैं जबरा—"जबरा मारै रोवै न देय'—जबर्दस्त, जो जबरन किसी पर हावी होना चाहे या उससे कोई बात करा या मनवा ले। मेरे कुछ मित्रों को और मुझे भी इस विनोद में कटुता की भी कुछ झलक मिली है। कटुता का कारण ? पंतजी ही जानें। अगर मेरी धृष्टता क्षमा हो तो पंतजी को एक सलाह देना चाहूँगा कि वे हास्य लिखने का प्रयत्न न किया करें। हास्य बुग्ज निकालने का माध्यम नहीं। जिसका मज़ाक बनाया गया है उसे पूर्ण ममत्व न दे सकने की स्थिति में हास्य क्रूर और निर्मम बन जाता है; दूसरों को लंगड़ी मारने, गिराने, ओछा सिद्ध करने में लेखनी रस लेने लगती है और इससे प्रायः लेखक के अवचेतन में दबी कुभावना उभरकर सामने आ जाती है—कलम से बड़ा मुखबिर नहीं। इस तलवार की धार पर शेक्सपियर और मोलियर ही सफलतापूर्वक चल सकते हैं। पंतजी की कुछ सीमाएँ हैं। गम्भीरता से कहने को कम है उनके पास ? मेरा ऐसा ख्याल है कि पंतजी कतिपय व्यक्तिगत कारणों से बुली भीति-ग्रन्थि से पीड़ित हैं। एक समय किसी ने जहाँ ऐसी बात की जिससे उनके मन

---

1. 'बच्चन : निकट से', पृष्ठ 25

में हीन भावना जागी वे उसे 'बुली' घोषित कर देते थे। यदि कभी मैंने ऐसी बात की है तो मुझे खेद है। मुझे जबरन किसी पर हावी होने अथवा किसी से कुछ कराने या मनवाने की आवश्यकता ही नहीं पड़ी; ऐसा करके कोई प्रसन्न कैसे हो सकता है, इसकी कल्पना भी मैं नहीं कर सकता। साथ ही न मैंने जोर-जबरदस्ती से किसी को अपने ऊपर हावी होने दिया है और न किसी के रोब में आकर कोई बात की, अथवा मानी है। फिर भी एक अर्थ में मुझे 'बुली' कहकर पंतजी ने झूठ नहीं कहा है। मैं अपने लिए सबसे बड़ा बुली हूँ। मैंने अपने को जितना बुली किया है कम लोगों ने किया होगा। मैंने अपने ऊपर जितना जवर, अपने साथ जितनी जबरदस्ती की है मैं ही जानता हूँ--मैंने अपने आपको क्षमा नहीं किया, बख्शा नहीं, अपने प्रति निर्मम रहा हूँ, अपने से हार नहीं मानी, और जो मेरा मन करना चाहता था उससे कुछ विपरीत करा छोड़ा है। बीसों पंक्तियाँ मेरी बात की साक्षी भरने को मेरी जिह्वा पर आ गई हैं--

गलतियाँ अपराध, माना,
भूल जाएगा जमाना,
किन्तु अपने आपको कैसे क्षमा मैं कर सकूँगा।

× × ×

मैं हूँ कौन कि धरती मेरी
भूलों का इतिहास बनाए,
पर मुझको तो याद कि मेरी
किन-किन कमियों को बिसराए
वह बैठी है, और इसी से
सोते और जागते मैंने
कभी नहीं बख्शा अपने को, आज मुझे तुम भी बख्शो ना।

× × ×

नहीं खोजने जाता मरहम,
होकर अपने प्रति अति निर्मम
उर के घावों को आँसू के खारे जल से नहलाता हूँ।
ऐसे मैं मन बहलाता हूँ।

× × ×

पर निराश होऊँ किस कारण,
क्या पर्याप्त नहीं आश्वासन ?
दुनिया से मानी, अपने से मैंने हार नहीं मानी है।
मैंने शान्ति नहीं जानी है !

× × ×

क्यों लगा रजकण सजाने ?
त्याग कुन्दन का डला मैं ?
क्यों फिरा कंटक वनों में,
छोड़ पथ फूला-फला मैं ?

हास विद्युत् का हटा क्यों
अश्रु-धारा में बरसता ?

था सुधा में जब निमज्जित
क्यों गरल पीने चला मैं ?

बूझ दुनिया यह पहेली
जान कुछ मुझको सकेगी,
हो चुकेगा किन्तु इसके
पूर्व ही अवसान मेरा !
पूछता जग है निराशा से
भरा क्यों गान मेरा ?

× × ×

थी तृषा जब शीत जल की
खा लिए अंगार मैंने।

मेरा सचेतन मस्तिष्क जबकि वह आँख खोले विगत का दिवा-स्वप्न देखने में सुख मान रहा था तब मैंने उसको उससे हटाकर ज़बरदस्ती एम.ए. फाइनल इंगलिश के पाठ्यक्रम की ओर मोड़ दिया। परन्तु अचेतन मस्तिष्क पर मेरी इच्छा-शक्ति को कोई अधिकार न था। जब मैं सोता तो वही भावनाएँ, वही स्मृतियाँ, वही विचार जिनको मैंने जाग्रतावस्था में दबा दिया था, नए-नए रूप लेकर उभरतीं। सचेतन मस्तिष्क को जिन बातों की याद करने से भी रोक दिया गया था उन्हीं को अचेतन मस्तिष्क जीता, भोगता, झेलता, सहता। साधारण मानव में अचेतन के उसी स्तर पर सारी दमित भावनाओं का क्षरण हो जाता है। कलाकार में सचेतन मस्तिष्क फिर अचेतन मस्तिष्क को सक्रिय करता है और जब सचेतन मस्तिष्क कला रूपों को जन्म दे लेता है तभी जो दमित था वह शान्त होता है। आपने कभी देखा है, सुबह-सुबह पनघट या कुएँ पर बैठी स्त्रियाँ अपने रात के देखे स्वप्न रस ले-लेकर सुना रही हैं ? कलाकार जो करता है वह उससे भिन्न नहीं होता जो जीवन करता है। पहले घटित, फिर स्मृति, फिर अचेतन में स्मृति का स्वप्न अथवा कल्पना में रूपान्तर, और अन्त में सचेतन मस्तिष्क द्वारा स्वप्न अथवा कल्पना का कला रूप में अवतरण—किसी भी जीवन्त कलाकृति के पीछे यही क्रम रहता है। कला-रूप घटित से अनिवार्यतः सम्बद्ध होता है, पर न कला-रूप घटित का प्रतिबिम्ब होता है और न घटित कला-रूप की ऐतिहासिकता का सबूत अथवा साक्षी। मेरी घटित अचेतन के स्तर पर पहुँचकर क्षरित अथवा समाप्त नहीं हुआ—हो सकता तो उस समय उससे छुटकारा पाने का मैं स्वागत करता। पर मैं सौभाग्य अथवा दुर्भाग्य से कलाकार का सचेतन मस्तिष्क लिए बैठा था। एक दिन अचेतन का कंटक-जाल मेरे सचेतन को कुरेदने लगा और उसे पुष्प माल, अपनी रुचि की सीमा में, बनाने को मैं विवश हो गया। बिना बनाए सचेतन मस्तिष्क को चैन मिलने वाला नहीं था। मेरा मनुष्य मेरे कलाकार से हार गया था। कविताई पढ़ाई के ऊपर हावी हो गई थी।

आदित्यप्रकाश जौहरी के और अपने बीच औपचारिकता हटाने तथा उन्हें अपने

और निकट लाने की दृष्टि से मैं उन्हें 'भैया' कहने लगा था, जिस नाम से उनके माता-पिता उन्हें पुकारते थे। वे उन दिनों बनारस में रहते थे। दिसम्बर में अचानक तीन दिन की निमोनिया की बीमारी में भैया की माँ का देहावसान हो गया। बिरजो को साथ लेकर मैं बनारस पहुँचा। दुखी तो भैया भी थे पर भैया के पिता शोक-मूर्तिमान थे। किसी वृद्ध को इतना भाव-कातर मैंने कम देखा है। वे अपनी पत्नी के वियोग में पागल ही हो गए थे। अगले वर्ष जब मैं अपनी ट्रेनिग के सिलसिले में बनारस रहा तो मैं अक्सर उनसे मिलने जाता; वे एक प्लैनचेट के सहारे बैठे दिन-दिन, रात-रात अपनी पत्नी की आत्मा से बात किया करते थे।

दूसरे के दुख में मनुष्य को अपना ही दुख याद हो आता है। बनारस से ट्रेन से लौट रहा था। मन भारी-भारी सा था। हाथ में सुबह का अखबार था। जेब से कलम निकाल अखबार के सादे हाशिये पर कुछ लिखने लगा। यह तेरह पंक्तियों की एक कविता हो गई। मैंने तो कविता न लिखने की प्रतिज्ञा की थी। यह मैंने क्या कर डाला ! पर जो किया था वह विवश, अनजान, और उसे अनकिया नहीं कहा जा सकता था। उसकी पहली पंक्ति था, 'आओ सो जाएँ, मर जाएँ।'' 'निशा निमन्त्रण' की शुरुआत हो गई थी। संग्रह में गीत रचना-क्रम में नहीं हैं। रचना-क्रम में यही पहला गीत था। श्यामा के देहावसान के साल भर बाद यह पहली कविता लिखी गई थी और मेरी पिछली सब कविताओं से भिन्न थी। मेरे हाथ में, ऐसा कुछ याद आता है, शायद 22 दिसम्बर, 1937 का अखबार था। कविता लिखकर किसी प्रकार की प्रसन्नता का अनुभव नहीं हुआ था, पहली प्रतिक्रिया तो शायद अपनी इच्छा-शक्ति की पराजय की ही थी, पर इस पराजय से एक राहत-सी मिली थी, क्योंकि जिन हथियारों से मैं लड़ रहा था वे बहुत मजबूत नहीं थे; अधिक बल अपने हाथों का, उससे अधिक अपनी इच्छा का लगाना पड़ रहा था। फिर यह भी लगा था कि एक बहुत प्रबल शत्रु से हारा हूँ। सच्चे योद्धा अपने से अधिक बली शत्रु से पराजित होकर लज्जा का अनुभव नहीं करते। योद्धा नहीं बल का सम्मान करेगा तो कौन करेगा। डर यही था कि शत्रु जब घुसने की जगह बना लेता है तो घुसता ही चला आता है। और यही हुआ।

गीत मैंने भैया को सुनाया। सुनकर वे हिल गए। जिस अखबार पर यह गीत लिखा गया था उसकी कटिंग उन्होंने अपने पास रख ली। मुझसे वादा लिया कि मैं आगे से अपनी कविताओं के फर्स्ट ड्राफ्ट उन्हें दे दिया करूँगा। इसके पूर्व मैंने अपनी कविता का फर्स्ट या फेयर ड्राफ्ट अपने पास नहीं रखा था, कविता छप गई फिर उसका क्या काम ? आगे मैं अपना वादा पूरा करता रहा। 'निशा-निमन्त्रण', 'एकान्त संगीत' के बाद ऐसे संग्रह में उनकी रुचि न रही।

सातवें दिन भैया फिर घर आए। इतने दिनों में मैंने दो-तीन गीत और लिख रखे थे। पानी की धार जब पहाड़ फोड़कर अपना मार्ग बना लेती है तो रुकती नहीं, अपने पथ को अधिकाधिक प्रशस्त करती जाती है। गीतों को सुनकर वे उनमें डूब गए।

अब तो वे प्रति सप्ताह आने लगे—नए गीतों को सुनने के लिए। जनवरी आ गई थी। मार्च के अन्त में परीक्षाएँ थीं। बहुत कुछ अब भी पढ़ने को बाकी था। कोर्स

की तैयारी करूँ कि कविताएँ लिखूँ ? अब भी मुझमें प्रेरणाओं का प्रतिरोध करने की शक्ति थी, पर धीरे-धीरे यह शक्ति कम होती गई। कभी-कभी कोई प्रेरणा उठकर दिमाग को इतना मथने लगती कि पाठ्य-क्रम की ओर ध्यान देना असम्भव हो जाता! तब यही करता कि उसे रूप देकर दिमाग से निकाल देता और पढ़ने में लग जाता।

कबिरा छुधा है कूकरी करत भजन में भंग,
ताको टकरा डारि के भजन करो निःसंक।

सृजन की क्षुधा को टुकड़ा डाल-डालकर मैंने यथासम्भव उसे पढ़ाई में विघ्न न डालने दिया। कविता भी किस बुरे समय उमड़ी, जब मुझे अपना सारा समय, अपनी सारी शक्ति परीक्षा की तैयारी में लगानी थी ! परीक्षा मैंने एक तनाव की स्थिति में दी, पर जब परीक्षा समाप्त हो गई तो मैंने पूरी तरह अपने को कविता को दे दिया।

एक तरह से यह अच्छा ही था कि जब यूनिवर्सिटी बन्द हुई और भैया, बिरजी, बलदेव, टंडन, जोशी आदि अपने-अपने घर छुट्टियाँ मनाने के लिए चले गए, तब मुझे अपने में गर्क करने के लिए कोई चीज थी—मेरी कविता—मेरे गीत—जिनसे 'निशा निमन्त्रण' निरूपित हो रहा था।

उस गर्मी, में, मुझे याद है, प्रभाकर माचवे और नेमिचन्द्र जैन साथ इलाहाबाद आए थे और उन्होंने अपना काफी समय मेरे घर पर मेरे साथ बिताया था। 'मधुकलश' तक की मेरी कविताओं से वे परिचित थे। 'निशा निमन्त्रण' के गीत तब तक किसी पत्र-पत्रिका में छपे थे या नहीं मुझे याद नहीं, पर मैंने उसके काफी गीत दोनों सज्जनों को सुनाए और उनकी नवीनता, संक्षिप्तता और गहराई से वे प्रभावित हुए। प्रभाकर माचवे को उन दिनों लोगों के रंगीन चित्र बनाने का बड़ा शौक था और वे ड्राइंग पेपर और वाटर कलर बाक्स अपने साथ लेकर चलते थे।—एक तो सिर्फ काले रंग से—इम्प्रेशनिस्टिक (छाप या प्रभाव-द्योतक)—कवि, सृजन की मुद्रा में—मेरे निकट रहनेवालों ने अक्सर मुझसे कहा है कि जब मैं कुछ लिखता रहता हूँ, मेरे चेहरे में कुछ विशेषता आ जाती है, जिसको परिभाषित नहीं किया जा सकता। मैं कल्पना कर सकता हूँ कि 'निशा निमन्त्रण' लिखते समय मेरे चेहरे पर कितनी-कितनी घटनाओं, स्थितियों, मनःस्थितियों की छाया रही होगी—(माचवे जी ने कितनी पकड़ी होगी ?)—दूसरा रियलिस्टिक—(तथ्य या यथार्थ-बोधक)—जो तिरंगा था—मैं अपनी खिड़की के सामने कुर्सी पर बैठा हूँ—धारीदार कमीज में, सिर पर बाल घने, घुँघराले, काले, कड़े, बड़े बिखरे से; खिड़की से पीछे बंसवट की कमाचियाँ, हरी पत्तियाँ दिखाई देती हैं। दोनों चित्र मेरे कागज-पत्रों में कहीं पड़े हैं। इधर कई बार सोचा कि 'निशा निमन्त्रण' के किसी संस्करण के साथ इन चित्रों को दे दूँ, पर अब अपने कागज-पत्रों के अम्बार में वांछित चीज को खोज लेना बड़ा कठिन हो गया है। खोजने लगो तो सैकड़ों चीजें ऐसी सामने आ जाती हैं जिन्हें देखते-पढ़ते बहुत-सा समय चला जाता है। और जिसकी तलाश होती है वही नहीं मिलती।[1]

सारी गर्मी मैं कविताओं में डूबा रहा, बजुज़ कुछ यात्राओं के। प्रेरणाओं की ऐसी

---

1. अब ये दोनों चित्र मिल गए हैं और यथासमय उनका उपयोग किया जाएगा।

बाढ़ आई कि पाठ्य-पुस्तकों, नोटबुकों, परीक्षा-सम्बन्धी तैयारियों का जो बालू का-सा बाँध मैंने पिछले नौ महीनों से बनाया था वह न जाने कहाँ ढह-बह गया। जैसे पहले मैंने कोर्स की किताबों को सामने रखकर बाकी सब कुछ को हटा दिया था, वैसे ही मैंने अब कविता को आगे रखकर बाकी सब कुछ को हटा दिया—यानी मन से हटा दिया। गर्मी पड़ती थी, उसे पड़ना ही था और हमें सहना ही था, काम भी करते जाना था, बिजली पंखे की हवा तब तक हमने घर पर न जानी थी, बहुत पसीना चुए तो हाथ का पंखा डुला लो। शामों को गुजारने के लिए जमुना-रोड थी, जमुना-तट, जमुना-पुल था, जमुना-घाट था; कभी जमुना-स्नान कर लिया, कभी कटघरे, के दो-तीन पड़ोसी-मित्रों के साथ जमुना पर नौका-बिहार के लिए चले गए, कभी उस पार उतर ककड़ी-खरबूजों के खेतों में घूमे, कभी चाँदनी रात हुई तो कछार के बालुई-विस्तार पर दौड़े, या सब कपड़े उतार रजत-रेत के बिस्तर पर चित पड़े रहे—ऊपर से ठण्डी किरनों और नीचे से ठण्डी बालू का स्पर्श अनुभव करते; बीच में बहुत कुछ तपा-जला था जो इस बाहरी शीतलता से भी कुछ राहत का अनुभव करता था। जमुना मेरे जीवन की कड़ी घड़ियों में सदा मेरे काम आई हैं। उन दिनों जमुना से सम्बद्ध सारे वातावरण ने मुझे इतना सहलाया, उसके प्रति मैंने इतना ऋणी और कृतज्ञ अनुभव किया कि यदि तब मैं अपनी वसीयत बनाता तो उसमें यह बात जरूर डालता कि जब मैं मरूँ मेरी रांख जमुना में प्रवाहित की जाए, जबकि सब हिन्दू उसे गंगा में प्रवाहित करना चाहते हैं,—जवाहरलाल ऐसे रैशनलिस्ट हिन्दू भी। अब मैं राख तक अपनी चेतना के मोह से मुक्त हो चुका हूँ। इस पर मैंने एक छोटी-सी कविता भी लिखी है,

मेरी अस्थियों को
चाहे गंगा की धारा में प्रवाहित कर दो,
चाहे घूरे पर फेंक दो,
मेरे लिए कोई फर्क नहीं पड़ेगा;
पर तुम्हारे लिए पड़ेगा।

वैसे अस्थियाँ प्रतीक भी हैं, अगर कोई इनके पीछे देख सके।

अपनी उस समय की कविता की वकालत करने के लिए मैं यह संस्मरण नहीं लिख रहा हूँ। पर मेरी कविता मेरे जीवन में इतनी निकटता से जुड़ी है जैसे मेरी नस-नाड़ियों में बहता हुआ रक्त। मैं अपने जीवन की बात करूँ तो कहीं न कहीं उसकी चर्चा आ जाना अनिवार्य है। दूसरी बात यह है कि आज मैं उससे इतनी दूर जा चुका हूँ कि उसके सम्बन्ध में एक वस्तुगत दृष्टि भी रख सकता हूँ। 'निशा निमन्त्रण' लिखकर मेरी उपलब्धि क्या हुई, मैंने अपने को क्या पाया, मैं क्या बना—''मेरे कवित्त तौ मोहिं बनावत''—इसकी चर्चा शायद यहाँ असंगत न समझी जाएगी। इसकी आवश्यकता विशेषकर मैं इसलिए भी अनुभव करता हूँ कि इसके विषय में जो गैर-जिम्मेदाराना और सतही धारणा बना ली गई है, वह भ्रामक है। 'अज्ञेय' जी ने कहीं व्यंग्य किया है कि हिन्दी में वियोग की कविता केवल इतने-भर से प्रामाणिक मान ली जाती है कि उसे अमुक जी ने अपनी पत्नी की मृत्यु के बाद लिखा है। मैं इतना और जोड़ देना चाहता हूँ कि हिन्दी में वियोग-जनित कविता के कुछ घिसे-पिटे

परिणाम भी चालू हैं जिन्हें हिन्दी के आलोचक बिना सोचे-समझे दुहराते रहते हैं, परिणामों के अनुसार उद्धरण दे देते हैं—इतना ही नहीं, वे अपने पूर्वाग्रही परिणामों के अनुकूल पड़ने के लिए उद्धरणों में कुछ फेर-बदल कर देने का भी अधिकार रखते हैं। परिणाम कुछ इस प्रकार हैं कि वियोग की कविता है तो उसमें दुख की अभिव्यक्ति होगी, और जहाँ दुख है वहाँ निराशा होती है, और निराशा जीवन के लिए कोई स्वस्थ वस्तु नहीं है।—और ऐसे कवि और कविता को निराशावादी घोषित कर दिया जाता है, जैसे उसने उस 'वाद' की दीक्षा लेकर कविता लिखने के लिए लेखनी उठाई हो, और इसी का प्रचार उसका एकमात्र लक्ष्य हो। मेरे पाठकों ने अगर ऐसे समालोचकों को कान किया होता तो शायद वे 'निशा निमन्त्रण' के पास न फटकते। खैरियत यही है कि मेरे पाठक मेरे समालोचकों से अधिक प्रबुद्ध हैं।

यह ठीक है कि 'निशा निमन्त्रण' के गीतों में अवसाद है, अतीत की याद है, विवशता का अहसास है, असामर्थ्य-बोध का दंश है, अपनी भूलों पर पश्चात्ताप है, निराशा है। पर इतना ही देखना उसको आधा देखना है, उसे इतना ही कहना आधा सच कहना है, और कभी-कभी आधा सच पूरे झूठ से अधिक भयावह होता है। मैं भारी संकटों की चपेट में आ गया था, पर चारों खाने चित मैं कभी नहीं हुआ था। जहाँ 'निशा निमन्त्रण' में वह सब कुछ है जो मैं ऊपर कह आया हूँ, और जिसे शायद औरों ने भी देखा है, वहाँ ऐसा भी बहुत कुछ है जो औरों ने शायद अनजाने, शायद जान-बूझकर, नहीं देखा; और अगर उसकी ओर यहाँ मैं संकेत कर दूँ तो कोई अपराध नहीं करूँगा। मैंने धक्के खाए थे, मैं गिरा था, मुझे चोट आई थी, मैं तन-मन-आहत था, फिर भी मैं स्वाभिमानी था, अपने को 'मानी' कह सकता था, (जहाँ प्यार बरसा था तुझपर, वहाँ दया की भिक्षा लेकर जाने की लज्जा को कैसे सहता है, मानी, मन तेरा'); अपने को ऐसर्ट कर सकता था—स्थापित—'स्थापित कर जग में अपनापन', ('टहनी पर बैठी गौरैया, चहक-चहककर कहती, भैया, नहीं कड़कते बादल का ही मेरा भी अस्तित्व यहाँ है।'); अपनी विषाद-मौन वीणा को फिर झंकृत करना चाहता था, ('क्यों बाकी अभिलाषा मन में, 'झँकृत हो यह फिर जीवन में।'); अतीत के स्मृति-पाश से अपने को मुक्त करना चाहता था, ('सुधियों के बन्धन से कैसे अपने को आज़ाद करूँ मैं।'); मुझमें जो जिजीविषा थी, जीने की कामना थी, उसके प्रति मैं सचेत था, ('फिर भी जीवन की अभिलाषा।'); मैं एक जगह बैठकर साँसें गिनना नहीं चाहता था, आगे बढ़ना चाहता था—ध्येय न हो आगे तो भी—('ध्येय न हो, पर है मग आगे, बस धरता चल तू पग आगे')। इसी से अपने से पूछा था—'तू क्यों बैठ गया है पथ पर ?' और अन्त में अपनी यह इच्छा व्यक्त की थी—'चिता निकट भी पहुँच सकूँ मैं अपने पैरों-पैरों चलकर'—मरकर भी चलने को तत्पर ! इससे अधिक साहसी और स्वाभिमानी आकांक्षा की अभिव्यक्ति मैंने नहीं जानी है। निराशा का सबसे बड़ा दुष्परिणाम यह होता है कि वह मनुष्य को आत्म-केन्द्रित अथवा अपने में संकुचित कर देती है। मेरी निराशा में यह नहीं है। 'निशा निमन्त्रण' का गायक कहता है,

जय हो, हे संसार तुम्हारी !
जहाँ मुझसे हम वहाँ तनो तुम,

जहाँ मिटे हम वहाँ बनो तुम,
तुम जीतो उस ठौर जहाँ पर हमने बाजी हारी !

पर 'निशा निमन्त्रण' की सबसे बड़ी उपलब्धि मैं इसे मानता हूँ कि अपने अवसाद, विषाद, संकट, दुःख में भी, या शायद उन्हीं के कारण, मैं अवसन्न, विपण्ण, संकटापन्न, दुखी संसार को अपनी सहानुभूति (सह+अनुभूति), संवेदना (सम+वेदना) दे सकता था। 'निशा निमन्त्रण' की बहुत-सी पंक्तियाँ साक्षी में खड़ी होंगी, पर अब मुझे अपने को रोक लेना चाहिए। मैं आत्मश्लाघा के क्षेत्र में पाँव धरने-धरने को पहुँच गया हूँ। मैं अपने को तथ्य तक ही सीमित रखना चाहता था।

सिर्फ एक बात जोड़ना चाहूँगा। मैंने आरोप लगाया था कि हिन्दी समालोचक अपनी स्थापनाओं के अनुकूल उद्धरणों को बदलने की भी धृष्टता करते हैं। एक सबूत दे देना चाहूँगा। गिरिजाकुमार माथुर तो एक जाना-माना नाम है हिन्दी में। अपनी किताब 'नई कविता : सीमाएँ और संभावनाएँ' में वे लिखते हैं, ''बच्चन के लोकप्रिय संग्रह 'निशा निमन्त्रण' और 'एकांत संगीत' के गीतों में मरण-भावना का प्राबल्य है। उसके व्यक्तिगत कारण अवश्य हैं, किन्तु मृत्यु-उपासना को यहाँ एक दर्शन के रूप में स्वीकार किया गया है—'एक मुर्दा रो रहा था बैठकर जलती चिता पर।'—यह पंक्ति केवल किसी एकान्त घटना की प्रतिक्रिया न होकर इस समस्त गीति-धारा की सार-प्रतीक है। मुर्दनी, रुदन, दहन का वातावरण इन कविताओं को समोए हुए है...''

मेरी पंक्ति है, 'एक मुर्दा गा रहा था बैठकर जलती चिता पर।' 'गा' को उन्होंने 'रो' कर दिया, क्योंकि उन्हें रुदन का वातावरण मेरी पंक्तियों से सिद्ध करना था। इस एक अक्षर के परिवर्तन से उन्होंने मेरे साथ कितना बड़ा अन्याय किया है और अपने को सच्चाई, काव्य-दृष्टि और सौन्दर्य-बोध में कितना वंचित ! एक बात मैं बड़ी दृढ़ता से कह देना चाहता हूँ कि दर्शन के रूप में मैंने कुछ भी स्वीकार नहीं किया है—न पश्चिमी, न पूर्वी, गो मैं थोड़ा-बहुत दोनों से परिचित हूँ—दर्शन के नाम से जो मैंने स्वीकार किया है वह है जीवन-दर्शन—दर्शन का अर्थ शब्दशः दर्शन—मैं जीवन का दर्शन करना चाहता हूँ, निरन्तर-परिपूर्णतया। और यह भी मैं जानता हूँ कि जीवन का ठीक दर्शन उसे जीने-भोगने से होता है। इसके बाद, जो मैंने लिखा था उस पर थोड़ा-सा प्रकाश डाल दूँ। मुर्दा लेटा था, जब उठकर बैठ गया तो वस्तुतः वह जी उठा, गाने लगा तो जीवनदायी बन गया—'प्रलय की निस्तब्धता से सृष्टि का नव गान' फिर-फिर।' माथुर साहब को एक और बात समझा दूँ कि मुर्दे को दाहना जिजीविषा-बोधक प्रक्रिया है। जो ठण्डा हो गया है उसे आग दो, जीवन का ताप दो। जो राख-मिट्टी हो गया है, जड़ हो गया है उसे जल दो, जीवन दो। हिन्दुत्व जीवन-अमरत्व-कामी है। मुर्दे को दग्ध करने की रीति में भी जीवन की कामना निहित है।

अन्त में एक भेद और खोल दूँ। 'निशा निमन्त्रण' के पीछे सत्य के मिटने की ही नहीं, स्वप्न के टूटने की भी त्रासदी है—'सत्य मिटा, सपना भी टूटा', और आगे उसी को स्पष्ट कर दिया गया है, 'संगिन छूटी, संगी छूटा।'। शुद्ध हिन्दी की दीवार अपने दिमाग के चारों तरफ न उठा लेंगे तो यह 'संगी' शब्द बड़ा मज़ा देगा—'संग'

से 'संगी'—पर 'संग' उस अर्थ में जिसमें मिर्ज़ा गालिब के इस शेर में है, 'संग उठाया था, कि सर याद आया'। अब 'निशा निमन्त्रण' की दो-चार पंक्तियों से उस 'संगी' का परिचय करा दूँ।

बैठे थे भगवान हृदय में,
देर हुई मुझको निर्णय में,
उन्हें देवता समझा जो थे कुछ भी अधिक नहीं पाहन से!

× × ×

किसपर अपना प्यार चढ़ाऊँ,
यौवन का उद्‌गार चढ़ाऊँ,
मेरी पूजा को सह लेनेवाले वे पाषाण कहाँ हैं।

इसी संदर्भ में 'एकांत संगीत' की भी कुछ पंक्तियाँ याद आ गई हैं,

मेरे पूजन-आराधन को,
मेरे सम्पूर्ण समर्पण को,
जब मेरी कमजोरी कहकर मेरा पूजित पाषाण हँसा।
तब रोक न पाया मैं आँसू।

अब आपको मालूम हो गया होगा कि ये 'पाहन', पाषाण' उसी 'संगी' के पर्याय हैं। यह 'संगी' ही वह सपना था जो टूटा और छूटा भी,

सत्य भवन में मेरे आया,
पर मैं उसको देख न पाया,
दूर न कर पाया मैं, साथी सपनों का उन्माद नयन से।

'भगवान' और 'पाषाण' को, 'सत्य और सपने' को और अधिक स्पष्ट करने को कहेंगे तो आप मुझपर अन्याय करेंगे, शायद मेरी कविता पर भी। आप पूछ सकते हैं कि आस्थाहीनता की उस मनःस्थिति में भगवान् के लिए कहाँ स्थान था ? भगवान को क्या मैं प्रतीक नहीं मान सकता था ? आशा है आप मेरे 'भगवान', 'पाषाण' में अपने 'भगवान', 'पाषाण' को भी किसी अंश में पाते होंगे ?

'मेरी हाला में सबने पाई अपनी-अपनी हाला'

परीक्षा के बाद नतीजे के लिए लोग दिन गिनने लगते हैं। मैं अपनी कविता में ऐसा खोया था कि दिन जाते पता न लगा, और एक दिन अखबार में नतीजा निकल गया। मैं द्वितीय श्रेणी में पास हुआ था, उस वर्ष प्रथम श्रेणी किसी को नहीं मिली थी, पर द्वितीय श्रेणी पाने वाले कई थे। जिस मनःस्थिति में मैंने परीक्षा दी थी, उसमें इससे अच्छी श्रेणी की आशा न थी, गनीमत थी कि उससे बुरी नहीं मिली। मैंने कोई विशेष प्रसन्नता अनुभव न की, पर घर में सब लोग खुश हुए।

पिताजी ने सत्यनारायण की कथा सुनी। मुझसे उन्होंने सुनने को नहीं कहा, न यही कि किसलिए सुन रहे हैं, पर मैं समझ गया, मुझे उन्होंने केवल सूचित कर दिया कि घर में कथा होगी। मुझसे कथा में बैठने को कहते तो शायद मैं न बैठता; उन्होंने

नहीं कहा तो मैं अपने आप आकर बैठ गया और इससे वे प्रसन्न हुए; पर उन्होंने शायद ही समझा हो कि मेरे मस्तिष्क में किस प्रकार के विचार उठ रहे हैं—यह सत्यनारायण तो बड़ा प्रतिशोधी देवता है, यह अपनी उपेक्षा या अवहेलना सहन नहीं कर सकता, यह इसके लिए दंडित करता है, इसे वचन दो तो पूरा करो नहीं तो प्रतिज्ञा की याद दिलाने के लिए यह संकटों में डाल देता है, इसके यहाँ क्षमा नहीं, यह बड़ा निर्मम देवता है। फिर देवता के नाम पर ध्यान जाता है। यह सत्यनारायण है। नारायण तो शायद सत्य को आदर, सत्कार, प्रतिष्ठा देने के लिए जोड़ दिया गया है, जैसे गाँधी जी दरिद्र को दरिद्रनारायण कहते थे। वास्तव में यह सत्य है, ट्रूथ। सत्य तो निर्मम होता ही है। सत्य कठोर होता है। सत्य किसी को क्षमा नहीं करता। सत्य की अवहेलना, उपेक्षा की ही नहीं जा सकती। जो सत्य को भूलता है, जो उसका निरादर करता है, जो उसके आगे नहीं झुकता, उसको उसका अनिवार्य दुष्परिणाम भोगना ही पड़ता है—कोई बचाव नहीं। मैंने सत्यनारायण को रैशनलाइज कर लिया है—तर्काधारित बना दिया है। पूजा तो हिन्दू-काव्य है। वास्तव में पूजा का ध्येय सत्य के महत्व को बताना और उसे स्वीकार करना है। मैं सत्य का अपरिहार्य नग्न-भयंकर रूप देखता हूँ और उससे अधिक भय, प्रीति,—'भय बिनु होय न प्रीत'—श्रद्धा से उसके समक्ष झुकता हूँ जिससे और लोग, शायद पिताजी भी।

मैंने सपना देखा था कि अगर मैं प्रथम श्रेणी में पास हो गया तो युनिवर्सिटी में मुझे लेक्चरर की जगह मिल जाएगी। अगर मैं अपने को पाठ्य-क्रम के लिए पूर्णतया दे सकता तो यह असम्भव नहीं था; अगर परीक्षा से तीन महीने पहले कविता ने मुझपर आक्रमण न कर दिया होता तो भी यह मुश्किल न होता। पर यह सत्य था कि मैं एम.ए. के कार्य के लिए अपने को पूरी तरह नहीं अर्पित कर सका था, यह सत्य था कि काव्य के हमले के सामने मैंने घुटने टेक दिए थे, और इसके फलस्वरूप अब यह सत्य मुझे घूर रहा था कि मुझे द्वितीय श्रेणी मिली थी, और उस सत्य के अनुसार मुझे अपने भविष्य के सपने को बदलना था।

ख्याल आया होगा कि मेरे एक पूर्व सहपाठी को द्वितीय श्रेणी पाने पर भी युनिवर्सिटी में जगह मिल गई थी। साहस करके झा साहब के पास पहुँचा। मेरे परिणाम से वे असन्तुष्ट न थे। वे समझ गए थे कि जिन परिस्थितियों में मुझे पढ़ाई करनी पड़ी थी, इम्तहान देना पड़ा था, उनमें इससे अच्छा नतीजा मैं नहीं दिखला सकता था। झा साहब इतने गुमसुम, गुरु-गम्भीर बनकर बैठते थे कि उनके सामने बिना उनके पूछे अपनी ओर से कुछ कहने की हिम्मत ही न होती थी। जब उन्होंने ही मुझसे पूछा कि आगे मेरा क्या करने का विचार है तभी मैं यह कह सका कि विचार तो मेरा युनिवर्सिटी में अध्यापन-कार्य करने का था लेकिन अब—इतना कहकर मैं रुक गया कि शायद वे ही कहें, लेकिन अब क्यों विचार छोड़ दिया, या अब भी तुम युनिवर्सिटी में लिए जा सकते हो, या अब कुछ मुश्किल होगी—। इतना कहने पर भी मुझे कुछ आशा बँध सकती थी कि यदि वे चाहेंगे तो 'कुछ मुश्किल' को आसान कर देंगे। पर जब वे कुछ न बोले तो मैंने ही अपने छोड़े हुए वाक्य को घबराकर फिर से पकड़ा, और आगे बढ़ाया—लेकिन अब मुझे किसी इण्टर कालेज या स्कूल की नौकरी करनी

पड़ेगी।–इस पर वे बोले कि उसमें परमानेन्सी (स्थायित्व) के लिए ट्रेनिंग, एल.टी. या बी.टी. कर लेना ज़रूरी है।–उनके इस वाक्य के साथ मुझे ऐसा लगा जैसे युनिवर्सिटी का दरवाजा मेरे सामने सदा के लिए फटाक से बन्द हो गया। मैंने दरवाजे के पीछे से कुछ आवाज ही सुन सकने की आशा से उनसे पूछा, क्या इसी साल ट्रेनिंग कर लूँ ?–इस पर उन्होंने अपना मन-भर का सिर डेढ़ बार आगे को झुकाया, और मैंने औपचारिक प्रणाम कर उनसे विदा ली।

मन उदास हो गया। पर उदासी में ही शायद मन कुछ विनोद के साधन खोजने की ओर प्रवृत्त होता है। शेक्सपियर अपने नाटकों में अपने बहुत-से पात्रों को गम्भीर स्थितियों में शब्द-श्लेष आदि से कौतुक करते दिखाते हैं, कुछ समालोचक इसको उनकी त्रुटि मानते हैं, कुछ व्याख्या करते हैं कि शेक्सपियर का युग भाषा-सचेत युग था और शब्दों से खिलवाड़ करना उसकी प्रवृत्ति थी, पर शेक्सपियर शायद एक मनोवैज्ञानिक सत्य को अधिक गहराई से समझते थे। जो मन पर भारी बैठ गया हो उसे हटाया न जा सके, पर शब्दों से कुछ हिलाया तो जा ही सकता है; और इतने से भी मन को कुछ राहत मिल जाती है। मेरे एक पूर्व सहपाठी ने, जो झा साहब से कई बार युनिवर्सिटी में जगह माँगकर निराश हो चुका था, उन पर लिमरिक लिखी थी, लिमरिक अंग्रेजों में थी, इस प्रकार,

There was a man called A. Jha;
He had a very heavy `Bheja';
He was a great snob;
When you asked him for a job,
He dolesomely uttered, *'achchha dekha jayega'*

साइकिल पर पैडल मारता और इस लिमरिक को गुनगुनाता मैं घर लौटा, निश्चय कुछ हल्का होकर। सत्यनारायण के सामने तो सिर झुकाना ही था। अब ट्रेनिंग में दाखिले के लिए कोशिश करनी थी। एक साल और विद्यार्थी बनकर रहना था। खर्चे का ख्याल आया होगा तो 'निशा निमन्त्रण' की पांडुलिपी ने आश्वस्त किया होगा, जैसे एम.ए. की पढ़ाई के वक्त 'मधुकलश' ने किया था।

इलाहाबाद गवर्नमेंट ट्रेनिंग कालेज में प्रवेश मिलना असम्भव था। इसके लिए एक बार पहले भी प्रयत्न कर चुका था, जब डब्ल्यू. जी. पी. वाल उसके प्रिंसिपल थे। जब मैं इण्टर का विद्यार्थी था तब वे गवर्नमेंट कालेज के प्रिंसिपल थे; गणित खुद पढ़ाते थे; मुझे कुछ जानते थे; पर जब मैंने ट्रेनिंग के लिए प्रयत्न किया तो उन्होंने साफ कह दिया कि मुझे कभी नहीं लेंगे, क्योंकि बी.ए. में प्रथम श्रेणी पाने पर भी, मेरे पास जो विषय थे, यानी हिन्दी और फिलासफी, उनका स्कूलों के लिए कोई उपयोग न था, और ये विषय ट्रेनिंग के लिए नहीं लिए जा सकते थे। डब्ल्यू. जी. पी. वाल को हम लड़के वाहियात-गदहा-पाजी वाल कहते थे। उसके टके-से जवाब पर मैंने उसको पुराने नाम से याद किया पर कहीं उसके प्रति कृतज्ञ भी हुआ, 'सखी से भला सूम जो टाटक देय जवाब'; जो रास्ते बन्द हैं उनका ज्ञान सफर में आगे बढ़ने में सहायक ही होता है।

अब केवल बनारस हिन्दू युनिवर्सिटी के अन्तर्गत चलनेवाले ट्रेनिंग कालेज में प्रवेश पाने की आशा की जा सकती थी। उन दिनों संयुक्त प्रान्त (आज के उत्तर प्रदेश) में केवल दो ट्रेनिंग कालेज थे। इलाहाबाद से एल.टी. का डिप्लोमा मिलता था, बनारस से बी.टी. की डिग्री; मान्यता दोनों की समान थी। मेरा ध्यान पं. सीताराम चतुर्वेदी की ओर गया। वे उन दिनों बनारस के ट्रेनिंग कालेज में लेक्चरर थे, और ऐसा सुना जाता था, कालेज के प्रिंसिपल मिस्टर मलकानी के दाहने हाथ।

उनसे मेरा परिचय दिसम्बर 1934 में हुआ था जब वे हिन्दू युनिवर्सिटी के दीक्षान्त समारोह के अवसर पर आयोजित कवि-सम्मेलन के लिए मुझे निमन्त्रित करने को मेरे घर आए थे। एक वर्ष पूर्व मेरी 'मधुशाला' ने जो चमत्कार वहाँ दिखाया था उसे वहाँ के विद्यार्थी भूले न थे और मुझे फिर सुनना चाहते थे। वास्तव में यह कवि-सम्मेलन न था; केवल मेरा कविता-पाठ कराया गया था। इलाहाबाद से मेरे साथ रानी और श्रीकृष्ण गए थे जो उन दिनों पास ही रहते थे। मुझे याद है, हम लोग सुबह की किसी गाड़ी से चलकर दोपहर तक बनारस पहुँचे थे। प्रबन्धकों ने हमें बताया था, शायद हमें कोई बड़ा आदर देने की दृष्टि से, और हमने इसे अपने लिए बड़े गौरव की बात समझी भी थी कि हमें उसी भवन में ठहराया गया था जिसमें रवीन्द्रनाथ ठाकुर ठहराए गए थे, और हमारे आने के कुछ घण्टे पूर्व ही वहां से विदा हुए थे—गुरुदेव को दीक्षांत भाषण देने के लिए अथवा सम्मानार्थ कोई डिग्री लेने के लिए बुलाया गया था। हम लोग आनन्द विभोर हो उठे। घर के कमरों की दरी-कालीनों पर पाँव रखते हुए हमें बार-बार याद हो आता कि इन्हीं पर कुछ घंटे पूर्व गुरुदेव के चरण पड़े होंगे, कुर्सी या सोफे पर बैठते हुए एक बार झिझक-सी होती कि जिनपर गुरुदेव बैठ चुके हैं उन पर हम कैसे बैठें। बार-बार ख्याल हो आता, इन्हीं दरवाजों से गुरुदेव आए-गए होंगे। इन्हीं बरामदों में टहले होंगे, इन्हीं सीढ़ियों से उतरे-चढ़े होंगे। गुरुदेव के वियोग में घर इतना सूना, शोक में डूबा था कि उसे हमारे आने की खुशी नहीं महसूस हो रही थी। शायद उसने जाना भी नहीं कि कौन आया, कौन गया।

रात को मेरा कविता-पाठ हुआ। इस अवसर पर प्रबन्धकों ने, पुरस्कार के रूप में एक पुस्तिका प्रकाशित करा दी थी—'बच्चन जी के साथ क्षण भर' अठारह पृष्ठों की, जिसमें 'आत्म-परिचय', 'मधुशाला की झाँकी', (जिसे बाद को 'मालिक-मधुशाला' शीर्षक दे दिया गया) 'और 'मधुशाला' शीर्षक कविताएँ थीं, और दस-दस पद 'खैयाम की मधुशाला' और 'मधुशाला' से थे। उस समय तक ये कविताएँ पुस्तक-रूप में प्रकाशित नहीं हुई थीं। इतना याद है, मैं कविता पढ़ रहा हूँ और श्रीकृष्ण लड़कों में और रानी लड़कियों में पुस्तिका की प्रतियाँ बेच रही हैं—शायद दो-दो आने या चार-चार आने। सारी की सारी प्रतियाँ बिक गई थीं, एक प्रति मैं बचाकर लाया था और वह मैंने श्यामा को भेंट की थी। वह प्रति आज भी मेरे पास है। बनारस की उस यात्रा की एकमात्र स्थूल उपलब्धि मैंने उस पुस्तिका की वह प्रति जानी थी और सूक्ष्म, थोड़े से कवि-यश-विस्तार के अतिरिक्त चतुर्वेदी जी की निकटता और मैत्री। वे मेरी कविता के बड़े प्रेमी हो गए थे, और जब प्रयाग आते थे मुझसे मिलते थे। मेरे मन में आया, यदि मैं बनारस ट्रेनिंग कालेज में प्रवेश पाने के लिए उन्हें लिखूँ तो वे मेरी सहायता

करेंगे। उन्होंने मुझे निराश नहीं किया। इस बात को मैं आज भी कृतज्ञतापूर्वक स्मरण करता हूँ। उन्होंने मेरे लिए आवश्यक फार्म आदि भिजवाए और अपने निजी पत्र से मुझे आश्वस्त किया कि जुलाई से प्रारम्भ होने वाले सत्र में मैं अपना प्रवेश प्रायः निश्चित समझूँ। जुलाई के प्रथम सप्ताह में मुझे कालेज की ओर से औपचारिक सूचना भी आ गई कि मुझे बी. टी. कोर्स के लिए भरती कर लिया गया है और फलाँ तारीख तक पहुँचकर मैं अपना नाम लिखा लूँ।

घर के लिए क्या प्रबन्ध करना था। शालिग्राम वहाँ थे ही। उन्हें और पिताजी को भी इस बात की प्रसन्नता थी कि यदि मुझे आगे चलकर अध्यापक बनना है—और रास्ते तो उस उम्र में मेरे लिए बन्द ही हो चुके थे—तो अच्छा है जो मुझे बी.टी. कर लेने का अवसर मिल रहा है। 'सुषमा निकुंज' का काम दोनों मिलकर देख लेते थे। हिसाब-किताब छोटे भाई रखते थे, स्टेशन अथवा पोस्ट-आफिस से किताबें भिजावाने का काम पिताजी कर लेते थे। पैकिंग वगैरह का जो थोड़ा-बहुत काम होता था वह मेरी स्वर्गीय बड़ी बहन के लड़के रामचन्द्र कर देते थे, जो हमारे ही यहाँ रहते और पढ़ते थे। मेरे बनारस जाने से चिंतित केवल मेरी माताजी थीं कि वहाँ मेरे खाने-पीने का ठीक प्रबन्ध नहीं हो सकेगा। मैं जीवन में पहली बार किसी छात्रावास में रहने जा रहा था। चलते समय उन्होंने अपने हाथ से बनाकर इतनी मीठी और नमकीन चीजें मेरे साथ कर दी थीं कि महीने-दो महीने तो मैं इन्हीं पर जी सकता था; उन्हें क्या पता था कि छात्रावासों में ऐसी चीजों में हिस्सा लगाने वाले इतने गण होते हैं कि वे दो-चार दिनों में ही हुर्र हो जाती हैं।

ट्रेनिंग करने के लिए बनारस जाने में मैंने किसी विशेष उत्साह का अनुभव नहीं किया था। थोड़ी-सी राहत थी तो इस बात की कि कुछ दिनों के लिए मैं उस घर-वातावरण से दूर चला जाऊँगा जिससे सम्बद्ध स्मृतियों का दर्शन मेरे लिए असह्य हो रहा था। पर सच तो यह है कि दर्शन करने वाले डंक बाहर से कहीं ज्यादा मेरे दिमाग के अन्दर थे। जाते समय नितान्त अकेलेपन की भी भावना जगी; युनिवर्सिटी फिर से गया था तो शमशेर साथ थे, यहाँ कोई संगी-साथी न था; बिलकुल अपरिचितों के बीच जाना था। यह सोचकर कुछ तसल्ली ज़रूर होती थी कि ट्रेनिंग कालेज में बड़ी उम्र के पूर्व-अध्यापक आते हैं, और इसलिए शायद उनसे इतनी दूरी और अलगाव का अनुभव न हो जितना युनिवर्सिटी के विद्यार्थियों के मध्य हुआ था।

ट्रेनिंग कालेज मैं किस मनःस्थिति में पहुँचा, इसका कुछ अनुमान आप इसी से लगा सकेंगे कि होस्टल के अपने कमरे में जाकर पहले ही दिन मैंने यह कविता लिखी थी,

अब मत मेरा निर्माण करो।
कुछ भी न अभी तक बन पाया,
युग-युग बीतं, मैं घबराया;
भूलो मेरी व्याकुलता को, निज लज्जा का तो ध्यान करो।
इस चक्की पर खाते चक्कर,
मेरा तन-मन जीवन जर्जर;

हे कुंभकार, मेरी मिट्टी को और न अब हैरान करो।
कहने की सीमा होती है,
सहने की सीमा होती है,
कुछ मेरे भी वश में, मेरा कुछ सोच-समझ अपमान करो।

मन में आया होगा कि जीवन के तीन दशक पार कर चुका हूँ और अभी भी मेरी ट्रेनिंग, मेरा शिक्षण, मेरा निर्माण होना बाकी है। और इसी वैयक्तिक धरातल से कविता सार्वभौम धरातल को छूती आध्यात्मिक स्तर तक उठ गई। कहते हैं, इस जन्म के पूर्व विविध योनियों में जन्मों की अनन्त शृंखला है। क्या इतने जन्म-जन्मान्तरों के बाद भी मैं अनेक अपूर्णताओं से भरा मनुष्य ही बन सका हूँ। तब दोष बननेवाली वस्तु पर ही नहीं, बनाने वाले कारीगर पर भी आता है अच्छा बनानेवाला तो वही है जो खराब सामग्री से भी कोई अच्छी चीज बना दे। मैं युग-युगांत में कुछ नहीं बन सका तो यह निर्माता के लिए भी लज्जा का अवसर है। अगले पद में चाक पर मिट्टी को घुमा-घुमाकर घट बनाने वाले कुम्हार का रूपक खड़ा होता है। मिट्टी कुम्भ नहीं बन पाई, कुम्भकार नहीं बना पाता, तो मिट्टी उससे प्रार्थना करती है कि वह उसे और परेशान न करे। दोनों अपनी सीमा और असामर्थ्य स्वीकार कर लें। पर कुम्भकार नहीं सुनता तो मिट्टी के तेवर तन जाते हैं। वह बता देती है कि वह जड़ माटी ही नहीं है कि उसे कुंभकार जब तक चाहे चक्कर पर चक्कर देता जाए। कुछ उसके वश में भी है—वह बनने से इन्कार कर दे, वह चाक से उतरकर अलग खड़ी हो जाए, वह अपने को कुछ दूसरी ही वस्तु बनाने के लिए तैयार करे। 'कुछ' को वह स्पष्ट नहीं करती। केवल इतना संकेत दे देती है कि अपनी यकिंचित् शक्ति के प्रति वह सचेत है।

प्रसंगवश यह बता दूँ कि कविता की दूसरी पंक्ति यहाँ जिस रूप में दी गई है वह उससे भिन्न है जो बहुत दिनों से छपता आया है। पहले यह पंक्ति यों थी, 'तुमने न बना मुझको पाया'। इस रूप में पंक्ति व्याकरण की दृष्टि से अशुद्ध है। जब मेरा ध्यान इस ओर गया तो मैंने सोचा कि अब तो इसका यही रूप प्रचलित है, क्यों बदलूँ। अर्थ तो स्पष्ट है। कभी तो व्याकरण की दृष्टि से भी पूर्व रूप को शुद्ध सिद्ध करने के लिए मन ने इस प्रकार का तर्क कर लिया कि अर्थ यह है कि 'तुमने मुझको न बना (हुआ) पाया'। पर वास्तव में, प्रारम्भ में मेरा यह अर्थ था नहीं : जो अर्थ मेरे मन में था उनको शुद्ध रूप में व्यक्त करने के लिए पंक्ति को यों होना चाहिए था, 'तुम मुझको न बना पाए'—अपेक्षित मात्रा पूरी करने को मैं इसे यों भी कर सकता था, 'तुम बना नहीं मुझको पाए', पर यह पंक्ति रखता तो मुझे तीसरी पंक्ति भी बदलनी पड़ती। तीसरी पंक्ति शायद तुक-साम्य के लिए यों रखनी पड़ती 'क्यों हृदय न मेरा घबराए', पर यह पंक्ति पहले की पंक्ति से कमजोर पड़ती। वह जिस रूप में थी उसी रूप में वह अपना भाव पूरी तरह व्यक्त कर सकती थी। इसलिए दूसरी पंक्ति को ही तीसरी के अनुरूप बनाना था। पर बात कभी मन से उतर गई। यह संस्मरण लिखते हुए मुझे वह कविता उद्धृत करनी पड़ी तो सहसा मुझे उसकी दूसरी पंक्ति फिर खटकी और मैंने उसे बदल दिया। आशा है, उसका बदला रूप आपको अधिक उचित प्रतीत

होगा। कवि की लिखी पंक्ति है, कोई ब्रह्मा की लीक नहीं है। कवि को अपनी पंक्ति को सुधारने, परिवर्तित करने का अधिकार होना चाहिए। ईट्स तो संस्करण-दर-संस्करण अपनी पंक्तियों को बदलते जाते थे, भले ही यह शोध के विद्यार्थियों के लिए सिर-दर्द हो, पर कवि शोधार्थियों के लिए तो कविता लिखता नहीं। ईट्स अपनी कविता से अपनी इतनी एकात्मता मानते थे कि जब किसी ने उनके संशोधनों के विरुद्ध शिकायत की तो उन्होंने कहा कि मेरे लिए अपनी पंक्ति का पुनर्निर्माण करना ऐसा ही है जैसे अपना पुनर्निर्माण करना। किसी को क्या हक है कि मुझे रोके।—ईट्स से प्रेरणा ले मैंने अपनी कम पंक्तियाँ नहीं बदलीं। खैर।

ट्रेनिंग कालेज युनिवर्सिटी का अंग था, पर युनिवर्सिटी कैम्पस में न होकर कमच्छा में था। कालेज की इमारत दो हिस्सों में थीं। आगे किंग एडवर्ड होस्टल था जिसके दो कोनों पर प्रिंसिपल और वार्डन के रिहायशी मकान भी थे। पीछे कुछ दूर पर एक बड़ा हाल और उससे मिले हुए कई कमरे थे जिनमें विभिन्न विषयों के क्लास लगते थे। निकट ही एक होस्टल लड़कियों का था; होस्टल क्या था, कोई बड़ा रिहायशी मकान था जिसमें कालेज की छह-सात लड़कियों रहती थीं।

लाल ईंटों से बने उस होस्टल के सामने पहुँचने पर मुझे भ्रम हुआ कि मैं किसी छोटे-मोटे जेल के सामने तो नहीं पहुँच गया हूँ। सामने लोहे का बड़ा फाटक था, भीतर जाने पर आप एक बड़े आयताकार आँगन में पहुँच जाते थे, जिसके चारों ओर आगे-एक-दरवाजा-और-पीछे-एक-खिड़की के छोटे-छोटे कमरे थे; कमरों के आगे लम्बे-लम्बे बरामदे थे जिनसे सीढ़ियाँ आँगन में उतरती थीं, पर बारिश होती हो तो आप बरामदे ही बरामदे किसी कमरे से किसी दूसरे कमरे तक जा सकते थे। वार्डन का मकान जिस कोने पर था वहीं एक दरवाजा था जिससे आप शौचालय, स्नानागार अथवा भोजनालय की ओर जा सकते थे—उनके चारों ओर भी ऊँची दीवारें थीं और उनमें जो दो-एक दरवाजे थे वे सम्बद्ध कर्मचारियों के आने-जाने के लिए। उधर का काम खत्म हो जाने पर उन दरवाजों पर ताला पड़ जाता था और कोने के दरवाजे के बन्द होने पर बाहर जाने का एकमात्र मार्ग सामने के लोहे के फाटक से होकर रह जाता था। फाटक पर एक चौकीदार हर समय ड्यूटी पर रहता था। उसका काम था, किसी बाहरी आदमी को भीतर न आने देना और रात को एक निश्चित समय के बाद किसी को बाहर न जाने देना। विशेष परिस्थितियों में बाहर जाने की ज़रूरत पड़ने पर वार्डन से चिट लेनी पड़ती थी। जो लोग बगैर चिट बाहर जाते थे—और कोई-कोई कभी-कभी ऐसा दुःसाहस कर ही बैठते थे—वे मुसीबत में पड़ते थे। चौकीदार पर न चिरौरी-विनती का कोई असर होता था और न किसी प्रकार की बख्शीश का; हाँ, कुछ लोगों का कहना था—मुझे तो यह प्रयोग करने की ज़रूरत कभी पड़ी नहीं—कि एक बंडल बीड़ी को देखकर उसका हाथ यन्त्रवत् फाटक का ताला खोलने को उठ जाता था। आगे चलकर हमें जिस कड़े अनुशासन और जिन कायदे-कानूनों की बन्दिश में रहना पड़ा उससे अनुभव हुआ कि उस होस्टल को जेल समझने में मैंने ज्यादा गलती नहीं की थी।

मुझे 58 नवम्बर का कमरा मिला। यह कोने का कमरा था, और कमरों से बड़ा,

और एकमात्र कमरा जिसके साथ बाथरूम लगा हुआ था। वास्तव में यह पण्डित सीताराम चतुर्वेदी का अपना कमरा था जिसमें उन्होंने एक सम्बन्धी छात्र को—नाम शायद प्रभाकर चतुर्वेदी था—और मुझे जगह दे दी थी। कमरे में पण्डितजी का एक बड़ा तख्त था जिसपर एक मुंशी डेस्क लगी थी। प्रभाकर के और मेरे लिए एक-एक छोटे तख्त, कुर्सी, मेज और उसमें किसी तरह बैठा दिए गए। पण्डितजी कालेज सम्बन्धी सारा काम इसी कमरे में करते थे; रहते थे शहर में कहीं। आने-जाने के लिए साइकिल का प्रयोग करते थे।

पण्डितजी को पहले-पहल देखकर राधा के मुँह से सुनी एक कहावत मुझे याद हो आई थी,

करिया वाम्हन, गोरयिा सूद,
काना बनिया कबौं न सूध।

यानी काला ब्राह्मण, गोरा शूद्र और काना बनिया, ये तीनों कभी सीधे नहीं होते। कहा जाता है चाणक्य का रंग भी काला था; सीधा शायद ही कोई उनका विशेषण माने। चतुर्वेदीजी का रंग काला था, पर कपड़े वे हर मौसम में सफेद पहनते थे—धोती, खद्दर का कुर्ता, सदरी—जाड़े में ऊनी, पर रंग में दुग्धधवल—और गांधी टोपी। उनके चेहरे पर निगाह पड़ते ही उनके काले माथे पर सफेद चन्दन की गोल टिप्पी की ओर ध्यान बरबस खिंच जाता था। कद उनका छह-फुटा था और कभी उन्होंने लंगोट कसकर सौ, दो-सौ दंड-बैठक रोज निकाली हों तो आश्चर्य नहीं—उनकी काठी से लगता ऐसा ही था। उनके टेढ़ेपन का सबूत मुझे कभी नहीं मिला, पर सीधा भी उन्हें नहीं कहा जा सकता था। उनके विषय में सब कुछ जानकर कोई भी उन्हें असाधारण समझता, पर अपनी असाधारणता को उन्होंने बड़ी सहजता से धारण कर रखा था।

मेरी उनकी अवस्था में चार-छह महीने का ही अन्तर होगा, पर मैं तो उन्हें अपने से काफी बड़ा समझता ही था, शायद और लोग भी समझते होंगे। चार विषयों में उन्होंने एम. ए. किया था; एकाध विषयों में एम. ए. करने की उन दिनों भी सोचा करते थे; कर भी लिया हो तो कोई आश्चर्य नहीं; एल-एल.बी. पास किया था; बी. टी. थे ही; शास्त्रीय संगीत के वे ज्ञाता थे; प्रौढ़ स्वर से गाते थे और हारमोनियम भी बहुत अच्छा बजाते थे। नृत्य और उसकी विभिन्न मुद्राओं का उन्हें सैद्धान्तिक और व्यावहारिक ज्ञान था। नाचते तो मैंने उन्हें नहीं देखा, पर उनके हस्त और मुख-मुद्राओं के प्रदर्शन की मुझे याद है। कालिदास के समस्त ग्रन्थों का उन्होंने अनुवाद किया था। कालिदास पर एक नाटक भी लिखा था। रंगमंच पर मंजे अभिनेता के समान उतरते थे। कविता भी करते थे। महामना पंडित मदनमोहन मालवीय का बृहद् जीवन-वृत्त लिखा था। भारतीय नाट्य-शास्त्र पर डाक्टरेट लेने या उसपर कोई प्रामाणिक ग्रन्थ लिखने की भी उनकी योजना थी। पता नहीं पूरी हुई या नहीं। याद आता है, एकबार उनका तख्त नाट्य सम्बन्धी ग्रन्थों से गूँज गया था। शिक्षा, साहित्य, संगीत, कला, शोध, अनुवाद, सृजन, लेखन की इतनी उपलब्धियाँ कर लेने के बाद भी उन्हें देखने से ऐसा नहीं लगता था कि इस सबके लिए उन्हें कोई बड़ा श्रम-संघर्ष करना पड़ा है—चेहरे पर हर समय बनारसी बेफ़िक्री का रंग, मौज-मस्ती की तरंग। दिन में तीन-चार

घंटे उनके साइकिल पर बीतते होंगे। उन दिनों ऐसा प्रसिद्ध था कि पंडितजी से मिलना हो तो शहर के किसी चौरास्ते पर खड़े हो जाओ, वे आधा-पौने घंटे में उधर से जरूर गुजरेंगे। उनके यौवन के किसी रोमांस की अफवाह फैलाकर उन्हें बदनाम करने की कोशिश भी यदा-कदा होती थी, पर प्रायः ऐसे लोगों द्वारा जिनको स्वयं जीवन में किसी प्रकार का रोमांस करने का अवसर न मिला था। ट्रेनिंग कालेज में उन्होंने हमें वैज्ञानिक ढंग से हिन्दी पढ़ाना सिखाया था। मैं उन्हें गुरुवत् मानता था, जैसा कि मुझे मानना ही चाहिए था, पर वे मुझे अपना शिष्य नहीं मानते थे। विभिन्न शिक्षा-संस्थाओं में काम करने के बाद अब रिटायर हो गए हैं और बनारस के ठलुआ क्लब के ठलुआ गणपति हैं, जो शायद संस्था के सचिव का पद है।

ट्रेनिंग कालेज में पढ़ते हुए सबसे अधिक मैं पंडित सीताराम चतुर्वेदी के सम्पर्क में आया, पर कालेज में सबसे रोचक और महत्त्वपूर्ण व्यक्तित्व मलकानी साहब का था। वे कालेज के प्रिंसिपल थे और इस पद का काफी समय से कार्य करते आ रहे थे। कालेज के प्रशासन, प्रशिक्षार्थियों के अनुशासन, पाठ्यक्रम के नियमन की कोई ऐसी समस्या न थी जिससे वे टक्कर न ले चुके थे और जिसका हल उनके पास न था। उनके व्याख्यान मुख्यतः पाठशाला-प्रबन्ध पर होते थे। पूर्ण आत्म-विश्वास उनके चेहरे-मोहरे, उनकी चाल-ढाल, उनकी बातचीत, सबसे टपकता था। जिस समय मैं ट्रेनिंग कालेज में था उनकी अवस्था पचास के लगभग होगी—कद मझोला, शरीर स्थूल, रंग गोरा। बाहर हमेशा टाई-कोट-पैंट में देखे जाते थे, जो उनके बदन पर चुस्त नहीं, उससे लटकते लगते थे। उनका चेहरा गोल था—आँखें बड़ी, चश्में-चढ़ी, नाक चौड़ी, होठ मोटे, गाल भरे। मुख पर एक व्यंग्य-भरी मुस्कान सदा खेलती रहती थी, जैसे घोषित करती हो कि हमसे छिपने की कोशिश मत करो, हम जितना देखते हैं उससे ज्यादा जानते हैं। सिंधी थे, स्वर साफ था, पर हल्की-सी सानुनासिकता लिए, जैसे जीभ से शब्द तबले के बोल की तरह निकल रहे हों पर नाक सारंगी का एक सुर भी साथ लगाए जा रही हो। विवाह उनका पचीस वर्ष की अवस्था में हो गया होगा। वे पूरे एक दर्जन लड़के-लड़कियों के जनक थे—सबसे बड़े लड़के की उम्र तेईस-चौबीस वर्ष होगी तो सबसे छोटी लड़की की उम्र छह-सात वर्ष की। अठारह वर्ष में बारह संतानें; यानी हर अठारह महीने पर वे एक पुत्र या एक पुत्री पैदा कर देते थे; भारतवर्ष की आबादी बढ़ाने में उन्होंने पूरा योग दिया था। सुना कि जब श्रीमती मलकानी की मृत्यु हो गई और उन्होंने और औरत रख ली और उससे भी उनके तीन-चार बच्चे हुए। अब स्वर्गवासी हो चुके हैं। प्रिंसिपल की हैसियत से वे अपने कार्य में दक्ष और प्रशिक्षार्थियों में लोकप्रिय थे। मेरे काम से वे बराबर सन्तुष्ट रहे, पर मुझे लेकर एकाध प्रसंग ऐसे उठे कि वे मुझसे रुष्ट हो गए। कालेज छोड़ने के बाद शायद ही कभी उनसे मिलने का अवसर आया।

वाइस प्रिंसिपल चन्द्रमौलि शुक्ल थे; उनका लिखा हिन्दी व्याकरण हम बहुत छोटे दर्जों में ही पढ़ चुके थे; उम्र में मलकानी साहब से बड़े थे और मलकानी साहब उनकी अवस्था को हर मौके पर यथोचित आदर देते थे। भीतर से कालेज की बाग डोर उन्हीं के हाथों में थी।

हमारे होस्टल के वार्डन झींगरन साहब थे। एडिनबरा से उन्होंने बी. एड. किया था–भरे बदन के, नाटे, मृदुभाषी और उदार, पर उसी सीमा तक जहाँ तक प्रिंसिपल के कड़े अनुशासन का बार्ब्ड-वायर–काँटेदार तार–न खिंचा हो। उसके नजदीक आते ही वे अपने दोनों हाथ ढीले छोड़े अपनी हथेलियाँ खोल देते थे–मजबूरी है। वे हमें अंग्रेज़ी पढ़ाना सिखाते थे।

हमारे अन्य अध्यापकों में श्री राजदान, श्री सुब्रह्मण्यम् और श्री लालजी राम शुक्ल थे। राजदान कश्मीरी थे, गोरे-चिट्टे, अंग्रेज़ी अंग्रेजों की तरह बोलने की कोशिश करते थे; अपना स्वभाव भी उन्होंने अंग्रेज़-नुमा बना लिया था, यानी रिजर्व्ड; पोशाक से साहब लगते ही थे। सुब्रह्मण्यम् अंग्रेज़ी तामिली व्यंजनाघात से बोलते थे और अपनी हर बात विविध-हसत-मुद्राओं से सहज भावेन अभिव्यक्त करते चलते थे। शुक्लजी अध्यापकों में शायद सबसे नाटे थे, शायद सबसे कम उम्र के भी। बाल-मनोविज्ञान पढ़ाते थे। विशुद्ध मगही लहजे में धाराप्रवाह हिन्दुस्तानी-अंग्रेज़ी बोलते थे, पर अपने विषय की समझदारी उनकी पक्की थी। बाद को उन्होंने मनोविज्ञान पर हिन्दी में भी काफी लिखा। दो-एक और अध्यापक थे जिनका सम्बन्ध विज्ञान शिक्षण से था। स्काउटिंग, फर्स्ट एड, हाइजीन, ड्राइंग आदि में भी चंचु-प्रवेश कराने के लिए शिक्षक, प्रायः अन्य संस्थाओं से, समय-समय पर आते थे।

ट्रेनिंग का कोर्स बहुत लम्बा-चौड़ा था। उसके दो मुख्य अंग थे–थियोरी सिद्धान्त और प्रैक्टिस व्यवहार। सिद्धान्त के चार-पाँच पर्चे होते थे; व्यवहार में दो विषयों में वैज्ञानिक ढंग से पढ़ाने का अभ्यास करना होता था–मेरे दो विषय हिन्दी-अंग्रेज़ी थे। इसके अतिरिक्त आधे दर्जन अन्य विषयों में भी दक्षता प्राप्त करनी होती थी। इनमें परीक्षाएँ तो न होती थीं, पर इनमें दक्षता प्राप्त किए बगैर इम्तहान में बैठने की अनुमति ही नहीं दी जा सकती थी। इसलिए इनकी ओर से लापरवाह नहीं हुआ जा सकता था। बेगार टालने जैसी बात दुनिया में और कहीं सम्भव हो, ट्रेनिंग कालेज में असम्भव थी। कुछ ऐसा कायदा था कि बिना ट्रेंड हुए स्कूली-सेवा में स्थायित्व नहीं मिल सकता था। लाख कोशिशों के बाद कहीं जाकर ट्रेनिंग कालेजों में दाखले मिल पाते थे। वहाँ से फेल होकर निकलने की बात कोई सोच भी नहीं सकता था। फेल होने के अर्थ होते, स्कूल में नौकरी पाने की आशा सदा के लिए छोड़ देना। इस महाभय से हर प्रशिक्षार्थी; जैसे भी हो, ट्रेनिंग कालेज से पास का प्रमाणपत्र लेकर निकलना चाहता था; और इस कारण हर तरह का सिर-मगज़न, मेहनत-मशक्कत करने को तैयार रहता था, जो भी उससे कराई जाए। ट्रेनिंग कालेज के अध्यापक खूब कसकर काम लेते थे, और मुझे स्वीकार करना चाहिए, खुद भी कम श्रम नहीं करते थे। फर्क इतना ही था जितना खूँटी-खूँटी भागनेवाले और दौड़ानेवाले में। दौड़ानेवाले के पाँवों के नीचे फल तो नहीं बिछे थे। प्रशिक्षण का ध्येय था, नौ-दस महीने के अन्दर नए रंगरूप को ठोंक-पीटकर ऐसा हरफन मौला बना देना जो स्कूल में झाड़ू देने से लेकर इम्तहान की कापियाँ जाँचने तक का कोई भी काम उस्तादी से कर सके। जितने भी लेक्चर होते थे उनके नोट साफ-साफ, अलग-अलग कापियों पर बनाने पड़ते थे और अध्यापक लोग इसकी जाँच करते थे कि जो नोट आपने बनाए वो ठीक बने या नहीं। उन पर

साधारण, अच्छे, या बहुत अच्छे के रिमार्क दिए जाते थे। और भी जिन विविध उप-विषयों की शिक्षा दी जाती थी उनपर नोट तैयार करने पड़ते थे, सम्भव हो तो सचित्र, इसीलिए ड्राइंग में भी थोड़ा-वहुत हाथ मश्क करा दिया जाता था। अभ्यास के रूप में जिन पाठों को पढ़ाना होता था उनकी लिखित तैयारी करनी पड़ती थी। और यह सारा कार्य प्रशिक्षार्थी की परीक्षा के समय, विशेषकर प्रैक्टिस में उसकी श्रेणी निश्चित करते वक्त, ध्यान में रखा जाता था।

अगर ऐसे कार्य में विशेष रुचि न हो तो इससे अधिक शुष्क, नीरस और उबा देनेवाले काम की कल्पना नहीं की जा सकती थी। ईमानदारी से कहूँ तो इस प्रकार के कार्य में मेरी रुचि बिल्कुल न थी। इसके लिए बुद्धि की कुशाग्रता अथवा मौलिक सूझ-बूझ की आवश्यकता मैं नहीं समझता था। हो सकता है मैं गलत हूँ। फिर भी मुझे नहीं याद है कि अपना काम समय से अथवा यथोचित् ढंग से न करने के लिए मेरी शिकायत हुई हो या मुझे चेतावनी दी गई हो। अपनी प्रकृति के कुछ प्रतिकूल अपने से करा लेने में मैं अपने इच्छा बल की सफलता और विजय समझता था। 'मधुशाला' के कवि के रूप में मुझे नशे में धुत, आराम-पसन्द, आलसी, गीत की कोई कड़ी गुनगुनाने में अपने में खोया-खोया समझनेवाले—और ऐसे मेरे सहपाठियों में कम नहीं थे—यह देखकर दंग ही रह गए होंगे कि कालेज-सम्बन्धी सारा काम मैं एक औसत प्रशिक्षार्थी की तरह कर सकता था, शायद औसत से अधिक दक्षता से। इसके सबूत में इतना ही बता देना पर्याप्त होगा कि बी. टी. की परीक्षा में मुझे प्रैक्टिस में प्रथम और थियोरी में द्वितीय श्रेणी मिली थी।

पर यह तो मेरा अन्तर ही जानता था कि मेरा कवि एक और अग्नि-परीक्षा से जीता-जागता निकल आया था। मेरे जीवन का पूर्व अनुभव और अभ्यास मेरे कुछ काम आया। 'पायनियर' के गश्ती एजेण्ट का काम करते हुए मैंने 'मधुशाला' लिखी थी, अभ्युदय प्रेस में क्लर्की और अग्रवाल विद्यालय की मोदर्रिसी करते हुए मैंने 'मधुबाला' के गीत गाए थे, रुग्ण पत्नी के उपचार में रात-दिन लगे हुए मैंने 'मधुकलश' की कविताएँ लिखी थीं, एम.ए. फाइनल की परीक्षा की तैयारी करते हुए मैंने 'निशा निमन्त्रण' की रचना की थी और अब ट्रेनिंग कालेज के प्रशिक्षार्थी का जीवन, एक अर्थ में सफलता से, जीते हुए मैंने 'एकान्त संगीत' के गीत गुनगुनाए—'एकान्त संगीत' के 100 गीतों में से 44 गीत किंग एडवर्ड होस्टल में लिखे गए थे। वहाँ परीक्षा-सम्बन्धी जो काम मैंने किया था—एक गट्ठर-भर तो होगा वह—उसमें और 'एकान्त संगीत' के गीतों में कोई साम्य खोज लेना कल्पना की ऊँची से भी ऊँची उड़ान के लिए असम्भव होगा।

असल बात यह है कि न जाने कब, न जाने किस प्रक्रिया से मेरा दिमाग दो टुकड़ों में बँट गया था या दो स्तरों में विभक्त हो गया था। एक टुकड़ा भावुकता, भावना, कल्पना, सृजन की ओर झुकता था तो दूसरा उसे यथार्थ, वस्तुस्थिति, कर्तव्य और औचित्य की ओर खींच लाना चाहता था। अपने युग में कवि का जो रूप मैंने देखा था वैसा कवि मैं नहीं होना चाहता था; वैसा कवि होने से मैं घबराता था, उस कवि में परिणत हो जाने से मुझे भय लगता था। वैसा कवि बन जाने के सारे लक्षण

मुझमें थे और इससे मैं खुश नहीं था मैंने कवि न बनने की पूरी कोशिश की; मैंने अपने कवि को ऐसी परिस्थितियों में डाला जो कवि के लिए अनुकूल नहीं थीं। यदि मुझमें कवि-तत्त्व बहुत ही प्रबल न होता तो शायद वह मेरे विविध रूपी विरोधों के सामने टिक न पाता। मैं कवि होने के प्रयत्न से कवि नहीं बना; सच कहूँ तो अपने को कवि न होने देने के सारे प्रयत्नों के बावजूद मैं कवि बन गया। यह संघर्ष लम्बा चला। यह तो 1938-'39 की बात है। 1952 में जब मैं 'प्रणयपत्रिका' के गीत लिख रहा था, मैंने अपने कवि का विरोध कर, उसे सृजनशील कार्य से मोड़कर, आलोचना परक शोधकार्य में लगा देना चाहा। पर मेरा कवि भी सहज दबनेवाला नहीं। मेरा शोधार्थी क्षण-भर के लिए भी शिथिल हुआ नहीं कि मेरा कवि उभर उठा। दो वर्षों में मेरे आलोचक ने एक थीसिस तैयार की तो मेरे कवि ने 111 कविताएँ भी प्रस्तुत कर दीं। अपने दिमाग के इन दोनों विभागों या स्तरों के संघर्ष का अनुभव मैंने जीवन-भर किया है। अब ऐसा सोचता हूँ, संघर्ष का तनाव झेलना बहुत बुरा नहीं हुआ। कम से कम मेरे लिए अपने भीतर के कवि की जेनुइननेस—असलियत—की पूरी परख हो गई है। नकली चीजें, सभी, अन्त में उपहासास्पद होती हैं, पर नकली कवि से अधिक शायद कोई नहीं।

अब मैं ऐसा भी समझता हूँ कि उच्च कोटि का सृजन तनाव की स्थिति से ही जन्म लेता है। रचना ऐसी होनी चाहिए जैसे तनी प्रत्यंचा से छुटा हुआ तीर।—'सतसैया के दोहरे जिमि नावक के तीर'। मैंने यह जो लम्बा संस्मरण लिखने की योजना बनाई है वह भी शायद अनजाने अपने कवि का विरोध ही है। मुझे पता नहीं कब मेरा कवि सहसा उद्बुद्ध हो जाएगा और गद्य लेखक की कलम छीन कविता लिखने लगेगा। मैं अक्सर नवयुवक कवियों को यह सलाह देता हूँ कि जब कविता तुम्हें लाचार, विवश, मजबूर कर दे तभी तुम कविता लिखो। मैं समझता हूँ कि अगर वे मेरी सलाह मानेंगे तो इस प्रतिरोध, नियन्त्रण और आत्म-संयनमन का परिणाम बुरा न होगा। मैं पेशेवर गद्य-लेखक की कल्पना तो कर सकता हूँ पर पेशेवर कवि की नहीं। कवि को जीवन में कुछ और करना ही चाहिए। कविता जब अनिवार्य हो जाए तभी उसके लिए द्वार खोलना चाहिए। मैंने अपने अनुभव से तो यही जाना है कि वह नियमित आगंतुक नहीं; न ऐसा कि उसे जब चाहो बुला लो। बिजली का बटन दबाया और रोशनी बनाकर जो उससे नियमित प्रकाश पाना चाहेंगे, वे पद्यकार बन जाएँ, कवि नहीं बन सकेंगे। फिर भी सृजन के लिए, काव्य-सृजन के लिए भी, कोई रुढ़ियाँ नहीं बनाई जा सकतीं। किसी और का अनुभव मुझसे भिन्न हो सकता है।

जो यथार्थ, जो सत्य—सत्यनारायण ही—मेरे सामने प्रकट हुआ था उसके आगे नतशिर हो मैं ट्रेनिंग कालेज गया था। मेरी पूरी कोशिश थी कि मैं प्रशिक्षार्थी के पूरे कर्तव्य निभाऊँ। पर जैसी मेरी मनःस्थिति थी उसमें कालेज के कार्यों में भूत की तरह व्यस्त होकर भी मैं अपने दुःखी एकाकीपन को पूर्णतया नहीं भूल सकता था। उसकी चेतना जब मुझे घेरती थी तो उससे त्राण पाने का एकमात्र उपाय मेरे पास था उसे शब्दों से कील देना। प्रथम गीत जो ट्रैनिंग कालेज में लिखा गया था उस के सम्बन्ध में कुछ विस्तार से मैं लिख चुका हूँ। अभी 'एकान्त संगीत' की कोई कल्पना

मेरे मन में न थी। जब पहला गीत लिखा गया तो ऐसा लगा जैसे 'निशा निमन्त्रण' की ही भाव-धारा कुछ और बढ़ गई है, उसे सौ गीत पर रोक देने के मेरे निश्चय के बावजूद। पांडुलिपि पर मैंने 'निशा निमन्त्रण–101' गीत का संकेत कर दिया। कई गीतों तक यही क्रम चला। जब 'निशा निमन्त्रण' को सौ गीतों के संग्रह के रूप में प्रकाशित करने को दे दिया गया तब शेष गीतों को 'निशा निमन्त्रण' भाग-2 के अन्तर्गत रख दिया गया। संग्रह को 'एकान्त संगीत' नाम बहुत बाद को मिला।

मैं जिस परिस्थिति में आ पड़ा था उसको स्वीकार करके अपनी वेदना को अन्दर ही अन्दर छिपा मैं बाहर से हँस-बोल तो सकता था, पर जब मैं अपनी वेदना को वाणी देना चाहता तब मुझे एकान्त की आवश्यकता होती। मेरे कमरे में एकान्त नहीं था। प्रभाकर वहाँ रहते ही थे। कभी-कभी उसमें चतुर्वेदी जी आकर बैठते थे और उनसे मिलने कोई न कोई आता ही रहता था। मेरी ऐसी घड़ियों में मेरे सहपाठी ब्रह्मस्वरूप गुप्त ने जो मेरी सहायता की उसे मैं भूल नहीं सकता। उनके और मेरे कमरे के बीच एक कमरे का अन्तर था। मेरठ के रहने वाले थे, मेरी कविताओं के प्रेमी थे, हिन्दी कविता में उनको विशेष रुचि थी, गो पढ़ाने के लिए उन्होंने हिन्दी विषय न लिया था। उन्होंने मुझे 'कामायनी' की एक प्रति भेंट की थी जो अब तक मेरे पास है। ट्रेनिंग कालेज के साथियों में जो मेरे सबसे निकट आ सके उनमें पहले ब्रह्मस्वरूप गुप्त थे, दूसरे श्रीनिवास शर्मा, अलीगढ़ के निवासी। ब्रह्मस्वरूप मेरठ के गवर्नमेंट कालेज में आजकल प्रिंसिपल हैं; शर्मा उत्तर प्रदेश में शिक्षा विभाग में किसी ऊँचे पद पर हैं। महामना मालवीय जी के सुपुत्र रमाकान्त मालवीय की पुत्री शर्मा जी को ब्याही थी। नगर के जामाता के नाते भी मैं उनको मान देता था। वे कुशाग्रबुद्धि और परिश्रमी थे। बी. टी. की परीक्षा में उन्हें थियोरी और प्रैक्टिस दोनों में प्रथम श्रेणी मिली थी। दो वर्ष हुए उनके लड़के की बरात में सम्मिलित होने मैं हाथरस गया था। आधी रात को साथ बैठकर हमने ट्रेनिंग कालेज की कितनी-कितनी यादें जगाईं ! हाँ, तो ट्रेनिंग कालेज में जब मुझे बेचैनी का दौरा आता और मैं कुछ लिखने को विवश हो जाता तो मैं ब्रह्मस्वरूप से कहता कि मुझे अपने कमरे में बैठने दें, खुद किताब लेकर मेरे कमरे में चले जाएँ या किसी दूसरी जगह, और बाहर से ताला बन्द कर दें, जिससे किसी को अन्देशा भी न हो कि कमरे के अन्दर कोई है। घंटे दो घंटे के बाद वे आकर ताला खोलते और मैं उनको अपनी नई रचना सुनाता। 'एकान्त संगीत' के प्रथम 44 गीतों के सर्वप्रथम श्रोता ब्रह्मस्वरूप ही थे। प्रसंग-वश एक बात बता दूँ कि 'एकान्त संगीत' में गीत ठीक उसी क्रम में हैं जिसमें वे लिखे गए, और यह मेरा एकमात्र संग्रह इस प्रकार का है। उन दिनों मेरी भावनाओं की सहज स्वाभाविक ऋजु, वक्र, वर्तुल अथवा अग्रगामी गति 'एकान्त संगीत' में प्रतिबिंबित है। मनोवैज्ञानिक दृष्टि से पढ़नेवालों के लिए यह संग्रह विशेष कौतूहल की वस्तु हो सकता है।

ट्रेनिंग कालेज के दिनों की मेरी याद जिन लोगों से जुड़ी है उनमें शिवमंगल सिंह 'सुमन' का नाम भी मैं लेना चाहूँगा। वे उन दिनों बनारस हिन्दू युनिवर्सिटी में एम.ए. के छात्र थे। उनसे मेरी पहली भेंट इलाहाबाद में हुई थी, शायद 1934 की गर्मियों में। 'मुक्त' जी उन्हें मेरे घर लिवा लाए थे। वे एक रात मेरे घर ठहरे थे।

खाट के अभाव में मुझे उन्हें अपना सहखाटी बनाना पड़ा था। 'सुमन' उपनाम उन्होंने तब ही रख लिया था। याद है श्यामा ने 'सिंह' और 'सुमन' के वैपरीत्य पर मज़ाक किया था। बाद को हमारा पत्र-व्यवहार तो रहा पर भेंट-मुलाकात कम ही हुई। बनारस में कभी वे मुझसे मिलने मेरे कमच्छा के होस्टल में आते, कभी मैं उनसे मिलने उनके युनिवर्सिटी के होस्टल में जाता। मिलने के एक विशेष अवसर की स्मृति बड़ी स्पष्ट है। 'निशा निमन्त्रण' स्वर्गता श्यामा को समर्पित हुआ था। दशहरे की छुट्टियों में जब मैं घर गया था तभी मैं उसकी प्रेस-कापी बनाकर छपने को दे आया। जैसी मेरी इच्छा थी, 'निशा निमन्त्रण' श्यामा के देहावसान-दिवस को प्रकाशित कर दिया गया था। पिताजी ने ऐसा प्रबन्ध किया था कि पुस्तक की प्रथम प्रति मुझे 16 नवम्बर को बनारस में मिल जाए। पुस्तक देखकर प्रसन्नता क्या होनी थी। उसपर उत्सव क्या मनाना था। वह सब तो श्यामा के साथ ही चला गया था। एक सन्तोष की आह भर निकली कि जिसको काल ने इतनी जल्दी उठा लिया था उसकी यादगार को वह सम्भवतः इतनी आसानी से न मिटा सकेगा। आत्मा की सत्ता के प्रति सन्देहात्मक दृष्टिकोण रखते हुए भी इस विचार ने मन को बार-बार छुआ कि श्यामा की आत्मा आज कहीं प्रसन्न हुई होगी—इस पर नहीं कि यह पुस्तक उसको समर्पित हुई है, बल्कि सिर्फ इसपर कि आज मेरी एक और रचना प्रकाशित हुई है। 17 की पूरी शाम मैंने 'सुमन' के साथ बिताई। पूरा 'निशा निमन्त्रण' मैंने उन्हें सुनाया—छपने के पूर्व एक रात को 'निशा निमन्त्रण' के पूरे सौ गीत मैंने आदित्यप्रकाश जौहरी को भी सुनाए थे, प्रयाग में, बनारस आने के पहले। बीच में न जाने कितनी बार मेरी आँखें गीली हुई, न जाने कितनी बार 'सुमन' की। मैं पुरानी स्मृतियों में इतना डूब गया था कि उन्होंने मुझे अकेले अपने होस्टल न लौटने दिया। मेरे साथ आए और मुझे मेरे कमरे में छोड़कर वापस गए। बाद को 'सुमन' ने डाक्टरेट की, कई वर्षों तक माधव कॉलेज, उज्जैन, में हिन्दी के प्रोफेसर रहे, कुछ वर्ष नेपाल स्थित भारतीय राजदूतावास में सांस्कृतिक सम्पर्क अधिकारी; फिर लौटकर माधव कॉलेज के प्रिंसिपल बने; आजकल विक्रम युनिवर्सिटी के कुलपति (वाइस चैंसेलर) हैं। प्रगतिशील काव्य-धारा को उनका योगदान सर्वविदित है। 'सुमन' ने मुझे अकपट स्नेह और आदर दिया है। कम लोग हैं जिनसे मैं इतने खुले मन से बात कर सकता हूँ जितना उनसे। हमारे बीच गलतफ़हमी की गुंजाइश नहीं; इसीलिए उनके सम्बन्ध में एक बात कहने का साहस करता हूँ। 'सुमन' का कैरियरिस्ट उनके सर्जक के पथ में बराबर बाधा देता रहा है। मेरी धारणा है कि सृजनशील प्रतिभा तैलधारावत नैरंतर्य बनाए रहने से ही विकसित होती है। ऐसी बाधाओं से 'सुमन' की प्रतिभा खंडित होती और पिछड़ती गई है। कविता अपने पुराने उपकरणों को छोड़ इतनी तेजी से नए और उससे नए उपकरणों को अपना रही है कि एक बार पिछड़ा या छूटा शायद ही फिर उससे अपनी निकटता स्थापित कर सके। कविता का नया अंदाज 'सुमन' की प्रतिभा के लिए एक बड़ी चुनौती है। क्या वह उसे स्वीकार करेगी ?

ट्रेनिंग कॉलेज में मुझे लेकर एकाध अप्रिय प्रसंग उठाने के लिए मेरा कवि उत्तरदायी था। मैं बनारस में यह भूल जाना चाहता था कि मैं कवि हूँ, पर वहाँ की

जनता, विशेषकर वहाँ का विद्यार्थी वर्ग—नवयुवक, नवयुवतियाँ—'मधुशाला', मधुबाला' के कवि को कैसे भुला सकता था। नगर की शिक्षा-संस्थाओं में कवि-सम्मेलन होते तो लोग मलकानी साहब के पास पहुँचते, उनसे आग्रह करते कि वे मुझे उसमें भाग लेने की अनुमति दें। स्वेच्छया मैं जा नहीं सकता था। मेरी इतनी लोकप्रियता मलकानी साहब के लिए आश्चर्य का विषय थी, गो उनके घर में ही मेरी कविता की दो प्रशंसिकाएँ थीं, उनकी दो बड़ी लड़कियाँ, गौर, सुन्दर, सुशील, युनिवर्सिटी में पढ़नेवाली। युवा अपना काव्य-प्रेम प्रायः इस प्रकार प्रकट करते हैं--वे कवि के हस्ताक्षर चाहते हैं, उसका चित्र, उसके हाथ की लिखी कोई कविता या चिट्ठी या उसके हस्ताक्षर से युक्त उसकी कोई कृति। कवि अपने प्रेमी को कैसे निराश करे। शायद वे सब चीजें दोनों बहनों के पास पहुँच गईं, वे मलकानी की आँखों से छिपी भी न रह सकीं, उनकी आँखें बड़ी तेज थीं, उड़ती चिड़िया पहचानती थीं। पता नहीं लड़कियों से उन्होंने क्या कहा; पर मुझसे चतुर्वेदी जी ने कहा, शायद उनके आदेश पर, कि मैं ऐसी बातों को प्रोत्साहन न दूं और 'ऐसी बातों' में कुछ ऐसी बातों का संकेत था जिसकी ओर शायद ही मेरा ध्यान गया हो। प्रेम के प्यासे ने प्रशंसा की दो बूँदों के होंठों पर गिरते समय उन्हें अनायास चाट लिया हो तो मैं नहीं कह सकता।

दूसरा प्रसंग कुछ गम्भीर हो गया, पर उतना ही जितना एक अंग्रेज़ी मुहावरे के अनुसार चाय के प्याले में तूफान हो सकता है--स्टार्म इन ए टी कप। ट्रेनिंग कालेज के निकट थियोसोफिकल सोसायटी का गर्ल्स स्कूल या कालेज था—होस्टल, बसंताश्रम। वहा एक बार मेरे काव्य-पाठ का आयोजन हुआ जिसमें प्रिंसिपल—नाम शायद पद्मा बाई था—अध्यापिकाएँ, अध्यापक—कालेज में कुछ पुरुष अध्यापक भी थे—और कालेज की लड़कियाँ आईं। काव्य-पाठ से श्रोताओं में उल्लास की एक लहर उठी जिसका अनुभव शायद किसी को पहले न हुआ था। बहुत-सी लड़कियाँ, कई अध्यापिकाएँ भी, मेरी कविता की प्रशंसिकाएँ बन गईं, बहुतों ने आटोग्राफ-बुक पर मेरे हस्ताक्षर लिए, बहुतों ने मेरी किसी न किसी पुस्तक पर, जो उन्होंने पहले से खरीद रखी थी। कुछ ने मुझे पत्र लिखे। कुछ से उत्तर-प्रत्युत्तर की एक शृंखला ही चली। मेरे मन में यह स्पष्ट था कि यदि उनका मेरे प्रति कुछ आकर्षण था तो मेरे कवि के प्रति, मेरी कविता के प्रति। थियोसोफिकल कालेज में सम्भ्रांत परिवारों की लड़कियां आती थीं, जिनमें सामाजिक रूढ़ियों की जकड़बन्दी को कुछ ढीला करने का प्रयत्न हुआ था, जिन्हें देखने से ऐसा लगता था कि इनका पालन-पोषण कुछ खुले वातावरण में हुआ है, जो पुरुष के सामने अपने नारी होने की चेतना से अभिभूत न थीं, न उसके समक्ष लज्जा की पोटली बनकर खड़ी होती थीं, बल्कि एक शिष्टाचार की दूरी रखते हुए वे पुरुषों से मुक्त भाव से हँस-बोल सकती थीं। इसका आभास मुझे उनके पत्रों में भी हुआ था।

मेरा जन्म-दिन आया और उसके बाद शीघ्र ही नव-वर्ष, तो बहुतों ने मुझे बधाई के कार्ड भेजे; प्रायः लड़कियों ने कार्ड अपने हाथ से चित्रित करके भेजे थे; कुछ ने छोटे-मोटे उपहार भी भेजे। कुछ उपहार तो केवल मज़ाक-सा करने के लिए भेजे गए थे। मुझे याद है, उपहारों में एक बड़ी-कंघी थी। उन दिनों मेरे सिर पर घने-घुँघराले बाल होते थे जो कंघी का नियन्त्रण मानने को किसी तरह तैयार न होते थे और

दिन-भर उन्हें कंघी से कसते रहने का मुझमें धीरज न था। मेरी टेबिल रंगीन कार्डों से भर गई थी। आए हुए कार्डों-उपहारों का प्रदर्शन तो मैं न करना चाहता था, पर यह बात एक कान से दूसरे कान में होती सारे होस्टल में फैल गई कि मेरे पास लड़कियों ने फ़लाँ-फ़लाँ चीजें भेजीं। इससे कुछ लोगों में ईर्ष्या-द्वेष की भावना भी जगी हो तो कोई ताज्जुब नहीं। यह सूचना प्रिंसिपल महोदय के कानों तक पहुँचकर शिकायत के रूप में प्रकट हुई। इधर उपहार या कार्ड भेजनेवाली लड़कियों के विरुद्ध भी कुछ कुंठाग्रस्त लड़कियों ने अपनी लेडी प्रिंसिपल के पास शिकायतें पहुंचाईं। लेडी प्रिंसिपल ने यह अनुभव किया कि ऐसा करके जैसे लड़कियों ने कालेज का नाम बदनाम किया। लेडी प्रिंसिपल ने उसपर अपने कालेज में जाँच-पड़ताल आरम्भ की : किसने भेजा, क्या भेजा, कैसे भेजा, क्यों भेजा, वगैरह-वगैरह। और शायद जब उन्हें कोई सफलता न मिली तो उन्होंनें उस मामले को प्रिंसिपल के स्तर पर उठाया। मलकानी साहब ने मुझे आफिस में नहीं, अपने घर पर बुलाया, चाय पिलाई और विनोद-चातुर्य से मुझसे इन उपहारों के बारे में सारा भेद लेना चाहा। जब मैंने उन्हें उससे अधिक कुछ न बताया जितना वे जानते थे तो उन्होंने गम्भीर रुख धारण किया। वे चाहते थे कि मैं उपहार भेजनेवाली लड़कियों के नाम बताऊं और सारी चीज़ों को लौटा दूं। मैंने कल्पना की कि मैंने सारी चीजें लौटा दी हैं और प्रिंसिपल महोदया एक-एक लड़की को बुलाकर पूछ रही हैं—यह तुमने भेजा ? यह तुमने क्यों भेजा ? यह तुमने भेजा ? या नाम जानकर एक-एक लड़की को बुलाकर डांट रही हैं, यह तुमने क्यों भेजा ?—यह मुझे लड़कियों के लिए इतना अपमानजनक लगा कि मैंने उनका नाम बताने या उपहारों के लौटाने से साफ़ इन्कार कर दिया। मलकानी साहब मुझसे रुष्ट हो गए। कालेज में वे अपनी अवज्ञा सहने के अभ्यस्त न थे। उनका रुष्ट होना मेरे परीक्षा-परिणाम के लिए भयावह हो सकता था पर मैंने तै कर लिया था कि जहाँ सत्यानाश वहाँ सवा सत्यानाश। इस द्वार के भी बन्द होने का पता लग जाए तो कोई और द्वार खटखटाऊँ, मलकानी साहब चाहते तो उसी वक़्त मुझसे कह सकते थे कि मैं अपना बोरिया-बँधना लेकर होस्टल से रुखसत हो जाऊँ। पर उन्होंने मेरे प्रति सहिष्णुता और उदारता दिखाई। थोड़े दिन बाद ये बातें सबको भूल-सी गईं। कहते हैं चाय के प्याले में तूफान उठे तो उसमें फूँके मारने से वह शान्त हो जाता है। मैंने केवल मौन रहकर उसे शान्त कर दिया। अलबत्ता जिस दिन मेरी परीक्षा समाप्त हुई उसी दिन मलकानी साहब ने मुझे बुलाकर कहा कि उसी शाम को मैं होस्टल छोड़ दूँ। शायद उन्हें लगा होगा कि परीक्षा-मुक्त होकर मैं कोई और तूफान खड़ा कर सकता हूँ—खतरा मुझसे घर को भी था, बाहर को भी, उनकी दृष्टि में।

ट्रेनिंग कालेज से विदा होने की शाम आ गई। वहाँ का जीवन नीरस था, पर वहाँ बीते सरसता के कुछ सूक्ष्म पलों से इन्कार करूँगा तो झूठ बोलूँगा। फिर भी जिस प्रकार मैंने नीरसता को अनाहत रहकर झेल लिया था उसी प्रकार मैंने सरसता को भी अनासक्त भाव से भोग लिया था। बनारस से चलते समय कोई बन्धन ऐसा न था जिससे अपने को छुड़ाने में मुझे किसी प्रकार का प्रयास करना पड़े या जिसके छूटने का मुझे ग़म हो। अंग्रेज़ी निबन्धकार हेज़लिट ने कहीं लिखा है कि किसी भी यात्रा

का सबसे सुखद भाग वापसी है—वापसी जब अपने बसेरे को हो। मेरा बसेरा था भी कहाँ। और मुझे कुछ पता नहीं था कि बसेरा लेने को, व्यवस्थित होने को, नौकरी पाने को अभी मुझे किन-किन शहर-क़स्बों की खाक छाननी पड़ेगी। मैंने बनारस से जिस मनःस्थिति में विदा ली शायद वह पूरी तरह उस गीत में प्रतिबिंबित है जो मैंने किंग एडवर्ड होस्टल में अपनी आखिरी शाम को लिखा था—

बुलबुल जा रही है आज !
प्राण सौरभ से भिदा है,
कंटकों से तन छिदा है,
याद भोगे सुख-दुखों की आ रही है आज !
बुलबुल जा रही है आज !

प्यार मेरा फूल को भी,
प्यार मेरा शूल को भी,
फूल से मैं खुश, नहीं मैं शूल से नाराज़।
बुलबुल जा रही है आज !

आ रहा तूफ़ान हर-हर,
अब न जाने यह उड़ाकर
फेंक देगा किस जगह पर !
तुम रहो खिलते महकते कलि-प्रसून-समाज !
बुलबुल जा रही है आज !

बनारस से तो सीधे घर ही आना था। माता, पिता, भाई, भाई की पत्नी —सब मुझे देखकर प्रसन्न हुए। घर ही मुझे देखकर उदासीन रहा, शायद उदास भी हो गया। 'सुषमा निकुंज' का काम व्यवस्थित ढंग से चल रहा था। मेरी अनुपस्थिति में 'मधुशाला' के तीसरे और 'मधुबाला' के दूसरे संस्करण छपे थे; 'मधुकलश' का प्रथम संस्करण समाप्तप्राय था; 'निशा निमन्त्रण' ज़ोरों से बिक रहा था। परिवार पहली बार आर्थिक-संकट के तनाव से मुक्त दिखाई पड़ा। इसकी कुछ खुशी भी हुई, कुछ इस पर अफ़सोस भी हुआ। हमारी यत्किंचित् सम्पन्नता भी तभी आनी थी जब श्यामा न रहे। उसने तो अपने दस वर्ष के वैवाहिक जीवन में इस घर की केवल ग़रीबी जानी थी। पैसा इस घर में आ रहा है; शायद और आएगा; पर जितना ज़्यादा आएगा, उतनी ही भारी कचोट अपने साथ लाएगा; पैसा अब कभी जीवन में मुझे खुश नहीं कर सकेगा।

मेरी प्रत्येक रचना के साथ मेरे पाठकों की प्रतिक्रिया बदल रही थी। 'मधुशाला' और 'मधुबाला' का वाह्य उल्लास इतना मुखर था कि उसके पीछे छिपे अवसाद—'राग के पीछे छिपे चीत्कार'—की ध्वनियाँ कम ही लोगों ने सुनी थीं। वे एक ऐसी मस्ती में बहने लगे थे, जिसके लिए वे सदा से लालायित थे, और जो उन्हें पहली बार मिली थी। 'मधुकलश' का स्वर एक विद्रोही का स्वर था जो संसार के हर आरोप का जवाब दे रहा था, हर चुनौती को स्वीकार कर रहा था, और हर दैवी अथवा दुनियावी मुसीबत

को ललकार रहा था—'मैं छिपाना जानता तो जग मुझे साधु समझता', 'रक्त मेरे ही हृदय का है लगा मेरे अधर में', 'बूंद स्याही की भला क्या रोक लेगी राह मेरी' और 'तीर पर कैसे रुकूँ मैं आज लहरों में निमन्त्रण'। 'निशा निमन्त्रण' ने लोगों में वह संवेदना जगाई जो ऐसे योद्धा के प्रति होती है जो अपना पूरा कर-बस लगाने पर भी समर में परास्त हो गया हो। यहाँ न कोई रूपक था, न कोई अलंकार, न कोई शृंगार, न कोई कृत्रिमता। जीवन का एक नग्न सत्य एक नग्न, निर्मम, कठोर चट्टान के समान एक स्वप्न-भग्न इन्सान को दाबे हुए था—उसकी साँसों से जो पीड़ा मुखरित हो रही थी उसको कविता कहना उसके क्रन्दन का उपहास करना होता। मेरे पाठकों ने समझा, मेरे इने-गिने मित्रों ने समझा, कि ऐसे समय में मुझे उनकी संवेदना की आवश्यकता है। आज तीस बरसों के बाद मैं संवेदनीय नहीं रहा, पर 'निशा-निमन्त्रण' संवेदना जगाने, उसका विस्तार करने का काम आज भी कर रहा है। मैंने 'निशा निमन्त्रण' को किसी कलाकृति के रूप में प्रस्तुत नहीं किया था। पर अगर आज कोई मुझसे पूछे कि आप सर्वोच्च कलाकृति किसे मानते हैं, तो मैं निःसंकोच कहूँगा कि उसे, जो अधिक से अधिक संवेदना क्षेत्र का विस्तार कर सके। एक ऐसे संसार में जो अपनी अपूर्णता में पीड़ित रहने के अतिरिक्त और हो भी क्या सकता है, पीड़ित के प्रति संवेदना जगाकर कला अपनी सत्ता, आवश्यकता, अनिवार्यता, सार्थकता, मैं समझता हूँ, निर्विवाद रूप से सिद्ध करती है। 'निशा निमन्त्रण' की सीमाओं से मैं अनजान नहीं हूँ। पर उसकी क्षमता को मैंने अनुभव से जाना है।

मेरे जिन इने-गिने मित्रों ने मुझे अपनी सक्रिय संवेदना दी उनमें सबसे पहले मैं ज्ञानप्रकाश जौहरी को याद करना चाहूँगा। 'निशा निभन्त्रण' की प्रति मैंने उन्हें भेजी थी और उन्होंने उसे टेक्स्ट बुक की तरह पढ़ा था। मुझे इलाहाबाद लौटे थोड़े ही दिन हुए थे कि उनका पत्र आया। वे चाहते थे कि गर्मी की छुट्टियाँ मैं उनके साथ बरेली में बिताऊँ। बरेली में वे उन दिनों अकेले थे; उनकी पत्नी बी. एड. करने के लिए इंग्लैंड चली गई थीं। यह उनकी शालीनता थी कि उन्होंने लिखा था कि मेरे बरेली जाने से उनका अकेलापन दूर होगा, जबकि वास्तव में वे मेरा अकेलापन दूर करना चाहते थे। वे समझ गए थे कि मैं जिस मनःस्थिति में हूँ उसमें मुझे अपना अकेलापन कितना खलता होगा। उनकी रुचि मेरी कविता में थी, पर वे बहुत पहले समझ गए थे कि मेरी कविता और मेरे जीवन में कोई दूरी नहीं है। वे मेरी कविता से मेरे जीवन को और मेरे जीवन से मेरी कविता को समझना चाहते थे। मैंने उनका निमन्त्रण स्वीकार कर लिया।

बरेली स्टेशन से कोई दो फ़र्लांग पर उनका बँगला होगा। वास्तव में वे किसी के बँगले के आधे हिस्से में किराए पर रहते थे। आगे का कमरा ड्राइंग रूम था; उसके पीछे सोने का कमरा; उसके पीछे एक बरामदा था जहाँ खाने की मेज लगी थी। खाना बनाने के लिए उनके पास एक पहाड़ी नौकर था जो ऊपर का काम भी करता था। कालेज जौहरी साहब का भी बन्द हो गया था। नाश्ता करके हम लोग ड्राइंग रूम में बैठते। कभी वे मुझसे कविता सुनते या कोई उर्दू या अंग्रेज़ी की कविता मुझे सुनाते। दिन को खाना खाकर हम कमरे में सोते। शाम को कहीं घूमने चले जाते या उनके

एक-दो मित्र घर पर आ जाते और उनसे बातें होतीं। रात को हम खुले लान में सोते जो बँगले के आगे था। सोने के पहले लेटे-लेटे प्रायः मैं उनको 'निशा निमन्त्रण' या 'एकान्त संगीत' के गीत सुनाता। कभी-कभी नया, उसी दिन रचा। रातें बरेली की सुहानी होतीं। आधी रात के बाद तो कुछ ठंडक हो जाती और सुबह एक हल्का कंबल ओढ़ने की ज़रूरत पड़ती।

छह-सात दिन हमारे इसी प्रकार औपचारिक काव्य-पाठ अथवा काव्य-शास्त्र चर्चा में बीत गए। जौहरी साहब चाहते थे कि मैं उनको अपने जीवन में पैठने दूँ, उनसे अनौपचारिक बनूँ, अपने सुख-दुख उनसे कहूँ, अपने जीवन की समस्याएँ उनके सामने रखूँ, उनसे निकटता, घनिष्ठता, एकात्मता का अनुभव करूँ। वे मेरे कवि को ही नहीं, मेरे व्यक्ति को भी समझना, उसे संवेदनाएँ देना चाहते थे। उन्होंने मुझे मना किया कि मैं उन्हें जौहरी साहब या भाई साहब न कहकर प्रकाश कहा करूँ—आदित्य उन्हें भाई साहब कहते थे और मैं भी इस सम्बोधन से उन्हें आदर की दूरी पर रखता था। मेरी हालत यह थी कि मैं प्रायः अपने में ही पैठा रहता। मैंने अब तक उन्हें अपनी कविता के प्रशंसक के रूप में ही जाना था। मैं उनके-अपने सम्बन्ध को अपने कवि तक ही सीमित रखना चाहता था। मुझे लगता था कि मेरा कोई मित्र, साथी, संगी हो ही नहीं सकता। मैं तो सर्वथैव निःसंग, असंग, एकाकी, अकेला हूँ। मुझे जो करना है वह केवल इतना—अपने एकाकीपन की स्थिति से समझौता; और यह मुझे असाध्य लगता था; और इसी तनाव में मैं 'एकान्त संगीत' के गीत पर गीत लिखे जा रहा था, मेरे मनन-चिन्तन की प्रक्रिया-दिशा क्या थी, इसका क्रमानुसार लेखा-जोखा 'एकान्त संगीत' में है। उसमें कहा हुआ से अधिक अनकहा है। एक गीत से दूसरे गीत की स्थिति के बीच में क्या-क्या गुजर चुका है—अनुभूतियों के स्तर पर, घटित से भी अघटित और अनुमानित से भी;—यहाँ यह बताने की शायद ही आवश्यकता हो कि भावप्रवण मन के लिए, कवि के लिए, भाव-भीगे कवि के लिए, घटित और अनुमानित की आत्मानुभूति में कोई खास अन्तर नहीं रहता—उसे देखना, समझना, जी-भोग सकना, 'एकांत संगीत' के आस्वादन का सबसे महत्त्वपूर्ण अंग है, शायद सबसे कठिन काम भी, पर सहृदय के लिए स्वभाव-सहज। प्रकाश से अधिक सहृदय व्यक्ति मुझे जीवन में कम मिले हैं। 'एकान्त संगीत' और उसके पहले की मेरी रचनाओं में भी उन्होंने कविताओं के बीच में ही नहीं, पंक्तियों के बीच में, शब्दों के बीच में, मेरी कविता पढ़ी थी, जो एक अर्थ में लिखित कविता से अधिक ठोस कविता थी, और इसी का अर्थ वे मुझसे जानना चाहते थे, यानी मेरा जीवन, मेरा मन, मेरा मस्तिष्क।

शायद किसी का भेद जानने का मानवतापूर्ण तरीक़ा यही है कि उससे अपना भेद न छिपाना, कह देना। बिना अपना भेद खोले दूसरे का भेद जान लेना कूटनीति हो सकती है, मैत्री नहीं। पहल-क़दमी प्रकाश ने की। बाहर से दिखता जीवन कितना बड़ा धोखा है ! मैंने प्रकाश को पूर्णतया व्यवस्थित, सुखी, सन्तुष्ट समझा था; कालेज में प्रोफेसर थे; सुन्दर-सुशिक्षित पत्नी थी; प्रेम-विवाह हुआ था; एक बच्चा भी हो गया था; लेकिन मुझे यह जानकर आश्चर्य हुआ, मैं दुखी हुआ, कि प्रकाश सुखी नहीं थे। मुझे कोई अधिकार नहीं कि मैं प्रकाश की जीवन-कहानी आपके सामने रखूँ। प्रकाश

दुनिया से जा चुके हैं। उनकी पत्नी, उनके पुत्र मौजूद हैं। अपने विषय में कहते हुए मुझे लोकशील के प्रति सचेत रहना है तो दूसरे के विषय में, अधिक सचेत। जीवन के प्रति जिज्ञासा होनी ही चाहिए। शायद इसीलिए आप यह संस्मरण पढ़ रहे हैं। पर सच्चा पढ़ना अलिखित को पढ़ना है। कला कचहरी का बयान नहीं है। 'एकान्त संगीत' का एक गीत (71वाँ) सुनाना चाहता हूँ, शायद उनकी कहानी से ही बाद को प्रेरित,

हर जगह जीवन विकल है !
तृषित मरुथल की कहानी
हो चुकी जग में पुरानी,
किन्तु वारिधि के हृदय की प्यास उतनी ही अटल है !
हर जगह जीवन विकल है !

रो रहा विरही अकेला,
देख तन का मिलन-मेला
पर जगत में दो हृदय के मिलन की आशा विफल है !
हर जगह जीवन विकल है !

अनुभवी इसको बताएँ
व्यर्थ मत मुझसे छिपाएँ,
प्रेयसी के अधर-मधु में भी मिला कितना गरल है !
हर जगह जीवन विकल है !

मैं तो फिर भी जीवन में कभी सुखी होने की धुँधली-सी कल्पना छिपाए बैठा था—शायद उससे मेरा सब तरह का इन्कार ही उसके होने का सबसे बड़ा सबूत था। प्रकाश ने अपना भाग्य स्वीकार कर लिया था। दुख मनुष्य को सहज स्वीकृत नहीं होता। उसका प्रतिकार करने का एक उदार उपाय उन्होंने सोच लिया था, किसी दुखी को सुखी बनाना। उनकी इसी करुणा तथा यत्किंचित् आत्मतोषी उदारता ने उन्हें मुझे अपने निकट खींचने को प्रेरित किया था।

मैं भावुक था, भाव-भीगा था, भावातिशयता का शिकार था, पर मैं अपने को, अपने मस्तिष्क के इतने नियन्त्रण में रखता था कि मेरे भावना-संसार का उतना ही भाग देखा जा सके जो मेरी कविता के झरोखों से दिखाई दे। प्रकाश चाहते थे कि उनके लिए मैं अपने मस्तिष्क के कपाट खोल दूँ। जब उन्होंने देखा कि अपने ऊपर नियन्त्रण में मैं पहले-सा ही चौकस हूँ तो उन्होंने मेरे इच्छा-बल के कसाव को, मेरे मानसिक तनाव को ढीला करने के लिए एक उपाय निकाला। शायद अधिक सत्य होगा यह कहना कि एक दिन अवसर पाकर वह अपने-आप निकल आया।

मुझे गर्मी की वह आधी रात याद है। बातों का एक सिलसिला चलकर खत्म हो गया था, पर न उन्हें नींद आ रही थी न मुझे; हम दोनों ही रह-रहकर करवट बदल रहे थे। प्रकाश ने चित लेटे-लेटे कई बार उठा-उठाकर अपने पाँव पटके और फिर पैर लटकाकर चारपाई पर बैठ गए, बोले, अब तो मैं ज़हर पीने जा रहा हूँ। उठकर वे कमरे में चले गए, मैं उनके पीछे-पीछे गया। उन्होंने अलमारी खोलकर एक्शा नं. वन

की एक बोतल निकाली, दो गिलासों में उंडेली, पानी मिलाया, एक गिलास अपने हाथ में ले, दूसरा मेरी ओर बढ़ा दिया। मैंने माफ़ी चाही। इसके पूर्व न मैंने कभी शराब छुई थी, न उसका स्वाद जानता था। सिर्फ एक बार जबलपुर में रामानुजलाल श्रीवास्तव और केशव प्रसाद पाठक ने बहुत आग्रह करके मुझे एक बोतल बियर पीने को मजबूर कर दिया था। उससे नशा क्या होना था; भूख लग गई। मेरे इन्कार कर देने पर प्रकाश ने मुझे बड़ी ही करुण-कातर दृष्टि से देखा। एक ठंडी साँस ली और आत्मधिक्कार के स्वर में धीरे-धीरे कहा, ज़हर पीने में भी तेरा साथ देनेवाला कोई नहीं; उनकी आत्मग्लानि मेरे लिए असह्य हो उठी। न मुझे अमोढ़ा के पांडे लोगों की प्रतिज्ञा याद आई, न मुझे पिताजी द्वारा दी गई चेतावनी, कि देखो तुमने मदिरा पर कविता लिखी है तो तुम स्वयं कभी मदिरा मत पीना। मैंने गिलास को उठाया और खाली कर दिया। और किसी वक़्त उन्होंने मेरा गिलास फिर भर दिया। उस आधी रात से सुबह तक मैं नशे में क्या-क्या बकता रहा, मुझे कुछ पता नहीं। 'बक रहा हूं जुनूं में क्या-क्या कुछ, कुछ न समझे खुदा करे कोई'। दूसरे दिन धूप चढ़ गई थी और हमारी खुमारी नहीं टूटी थी। अपने ऊपर नियन्त्रण खो देने और दूसरे के सामने निर्वसन हो जाने पर मेरे मन में एक पराजित की-सी लज्जा थी। प्रकाश के लिए शराब और उसका नशा नया नहीं था। वे एक हद तक सँभले रहे और एक अर्ध-सचेत श्रोता के समान जो मैं बकता रहा उसे सुनते रहे। अपने दुख को भुलाने के लिए मैं शराब की सिफ़ारिश कभी नहीं करूँगा। जीवन में दुख आए तो उससे भागने को नहीं, उसे भोगने को तैयार होना चाहिए। मैं अपने अनुभव से जानता हूँ कि दुख से त्राण पाने का एकमात्र उपाय है उसे भोग लेना, उसका जीवन के लिए उपयोग कर लेना। दुख से अधिक उपयोगी जीवन में कम चीज़ें होंगी। फिर भी मैं स्वीकार करना चाहूँगा कि उस रात-भर बककर सुबह मैंने अपने को बहुत हल्का अनुभव किया था। प्रकाश मेरे मनोदेश के लिए अब अजनबी न थे, पर वहाँ जो उन्होंने देखा था, शायद उससे वे और उदास हो गए थे, शायद भीतर-भीतर और भारी। काश, यह सब एक स्वाभाविक क्रम में हुआ होता ! मुझे लगा कहीं मैं हार गया, कहीं मैं दुर्बल सिद्ध हुआ। क्या इसकी सम्भावना मैंने पहले समझ रखी थी ?–

मदिरा-मज्जित कर मन-काया,
जो चाहा तुमने कहलाया,

क्या जीता यदि जीता मुझको मेरी दुर्बलता के क्षण में !
है हार नहीं यह जीवन में !

पर ऐसी हार से यदि किसी हारे को अपना साथी मिला हो तो वह स्पृहणीय ही थी। प्रकाश ने मुझे जानकर उसे जीत लिया। मुझे जीतने के लिए उन्होंने मुझे न जाना था। और फिर 'ववक़्ते मय-परस्ती' हम एक-दूसरे के सामने अधिकाधिक खुलते गए–शायद अपने सामने भी। उर्दू शायरों ने शीशा-ओ-सागर की बड़ी-बड़ी तारीफ़ें की हैं। मुझे पता नहीं कि किसी ने उस शीशे में अपने को भी देखने की बात कही है या नहीं। मनुष्य सम्भवतः सबसे अधिक अपने से छिपता है। वह इसलिए कि वह अपने से बहुत चिपका होता है। बहुत नज़दीक से भी चीज़ें नहीं दिखाई देतीं। शीशे

में एक बार मनुष्य अपने को अपने से अलग देख सकता है—अपने से तटस्थ हो सकता है—शायद कूटस्थ होने की यह एक ज़रूरी सीढ़ी है। मेरे कहने का यह मतलब नहीं है कि अपने से तटस्थ होने का एकमात्र साधन शीशा है। मदिरा के जिस उल्लास और आनन्द का मैंने बहुत गुणगान किया था वह मुझे उसमें नहीं मिला। 'मैंने मदिरा को पीकर के भी देख लिया।' जाहिर है कि वह प्रतीक रूप में कहीं अधिक सशक्त और समर्थ है। पर अनुभव से जो उसका गुण मैंने जाना वह कल्पना में नहीं आ सका था। मैं मदिरा से कुछ देर को अपने से तटस्थ होकर अपने को देख सका, यह निश्चय ही मय-परस्ती के उन थोड़े-से मौकों की मेरी सबसे बड़ी उपलब्धि थी। मैं स्पष्ट कर देना चाहता हूँ कि अगर मैं उन मौकों को गिनना चाहता तो मुझे एक हाथ की उँगलियों से ज़्यादा की ज़रूरत न पड़ती।

बरेली-प्रवास में मैं प्रकाश के बहुत निकट आ गया—उससे अधिक निकट शायद ही कोई दो व्यक्ति आ सकें, विशेषकर उस अवस्था में; हम दोनों ही तीस पार थे, जब मनुष्य का व्यक्तित्व विकसित होकर एक रूढ़ रूप ले लेता है। उन्होंने मुझे शारीरिक सुविधाएँ दीं और मेरे मन को बड़े स्नेह से सहलाया। 44वें के आगे मैंने 'एकान्त संगीत' के कुछ गीत इलाहाबाद में लिखे थे। कुछ गीत मैंने बरेली में भी लिखे। प्रकाश के कुछ मित्र-शिष्यों से मेरा परिचय हुआ। उनमें निरंकार देव सेवक का नाम मैं विशेष रूप से स्मरण करना चाहूँगा। तब वे बरेली कालेज में पढ़ते थे। प्रकाश के प्रिय छात्रों में थे, मेरी कविता के प्रेमी थे, मुझे भाई साहब कहते थे। बाद को उन्होंने कविताएँ लिखीं, उनके एकाधिक संग्रह प्रकाशित हुए, निराला के मुक्त छन्द की परम्परा में भी लिखी कविताओं का उनका एक संग्रह प्रकाशित हुआ, शायद 'चिन्गारियाँ' नाम से। यदि अपनी उस प्रवृत्ति को वे विकसित करते तो मुक्त छन्द की कविता के विकास में उनका योगदान स्मरणीय होता। उस रूप में शायद ही आज कोई उन्हें याद करता हो। आजकल वे बरेली के सफल वकीलों में हैं, अब बच्चों के लिए लिखते हैं। मेरे प्रति उनका स्नेह अब भी पूर्ववत् है। वे कई बार यह इच्छा व्यक्त कर चुके हैं कि मैं दिल्ली से मुक्त होऊँ तो बरेली में जाकर बसूँ। एक बार बरेली में एक मकान खरीद लेने का प्रस्ताव भी उन्होंने मेरे सामने रखा था। मैंने अपनी आर्थिक असमर्थता व्यक्त की तो उन्होंने मुझे आश्वस्त किया कि वे बरेली में जब अपना मकान बनाएँगे तो उसका एक हिस्सा मेरे लिए अलग रखेंगे, मैं जब चाहूँ उसमें जाकर रह सकूँ। मुझे विश्वास है कि मैं अनिकेतन हो किसी दिन उनके सामने पहुँच जाऊँ तो वे अपना वादा पूरा करेंगे।

प्रकाश का कार्यक्रम अपनी छुट्टी का कुछ भाग अमृतसर में बिताने का था। वहाँ उनके एक मित्र रघुवंश किशोर कपूर—बरेली के ही निवासी—हिन्दू सभा कालेज में अंग्रेज़ी के प्रोफेसर थे। मुझे भी इलाहाबाद लौटना था। बी. टी. का नतीजा निकलने को था और उसके बाद अखबारों के वांटेड कालमों को चाट-चाटकर अपनी योग्यता के अनुकूल वांछित स्थानों के लिए प्रार्थना-पत्र भेजने थे। भावना में बहते हुए भी, अपनी दादी से पाए हुए किंचित् संस्कार के कारण मेरी एक आँख वस्तुस्थिति पर टिकी रहती थी। प्रकाश से अलग होना कष्टकर था, शायद मुझसे अलग होना उनके लिए

भी कम नहीं, फिर भी मैंने इलाहाबाद लौटने और उन्होंने अमृतसर जाने का निर्णय किया। प्रकाश मुझे अपने साथ अमृतसर ले जाना चाहते थे, पर एक तो कपूर साहब से मेरा परिचय नहीं था, दूसरे, प्रार्थनापत्र आदि भेजने का काम इलाहाबाद से अधिक सुविधा से किया जा सकता था।

बी. टी. का परिणाम जानने के बाद मैंने संयुक्त प्रान्त के कई स्कूल और कालेजों में प्रार्थनापत्र भेज दिए। अब मुझे याद नहीं कि कहाँ-कहाँ मैंने प्रार्थनापत्र भेजे थे। केवल इतना याद है कि एक प्रार्थनापत्र मैंने मुरादाबाद के कारोनेशन स्कूल या इंटर कालेज के लिए भेजा था। घर का जीवन एक ढर्रे पर चल रहा था। मेरे लिए कुछ करने को नहीं था। सिवा इसके कि जब तक साक्षात्कार के लिए न बुलाया जाए, मैं बेकार बैठूँ, बिसूरू, और जब-तब 'एकान्त संगीत' का एकाध गीत लिखूँ।

बरेली से लौटने के आठ-दस दिन बाद अमृतसर से मुझे एक पत्र मिला, रघुवंश किशोर कपूर का। हिन्दू सभा कॉलेज में एक कवि-सम्मेलन का आयोजन किया गया था और उसके लिए मुझे साग्रह निमन्त्रित किया गया था। निमन्त्रण स्वीकार कर लेने के लिए साथ में सिफ़ारिशी खत प्रकाश का था। और इस विश्वास से कि मैं निमन्त्रण स्वीकार ही कर लूँगा, मार्ग-व्यय के रूप में 100 रु. का एक मनीआर्डर भी भेज दिया गया था। मैं किसी भी बहाने घर छोड़ने का मौक़ा देखता रहता था। मैंने निमन्त्रण की स्वीकृति का पत्र दे दिया। अमृतसर पहुँचने की तिथि और गाड़ी की सूचना तार से दे दी। स्टेशन पर कपूर साहब और प्रकाश मुझे लेने के लिए आए। प्रकाश ने अपने मेज़बान का परिचय कराया। कपूर साहब का चेहरा कुछ पूर्व-परिचित-सा लगा।

कपूर साहब सुशील काटेज में रहते थे जो सरकुलर रोड पर था, निकट ही बाबा परदुमन सिंह की कोठी थी, जिसे सब तांगेवाले जानते थे, उन दिनों स्टेशन से सुशील काटेज तक आने के लिए तांगेवाले 'पौली' लिया करते थे, यानी चवन्नी—आज तो दो रुपए से कम न लेते होंगे। काटेज के सामने सड़क और अगल-बगल पीछे खुली ज़मीन थी। काटेज बँगला, और हिन्दुस्तानी मकान का मिला-जुला रूप था, आगे बरामदा, कमरे, पीछे रसोईघर, दालान, आंगन। आंगन में एक छोटा तालाव भी था जिसे मोटर-पंप से भरा जा सकता था, मोटर फेल हो जाने पर एक घुमानेवाले लोहे के पहिए के सहारे; आदमकद गहरा था और उसमें आठ-दस हाथ तैरा भी जा सकता था। एक बार अकेले करीब सोलह घण्टे लगातार पहिया चलाकर मैंने यह तालाब भर दिया था। पहले मैं अपनी जिद रखने के ऐसे काम अक्सर कर बैठता था।

उम्र में कपूर साहब मुझसे दो बरस बड़े होंगे, पर स्कूल में दाखिले के वक़्त उनकी उम्र तीन वर्ष घटाकर लिखाई गई थी और इस हिसाब से वे मुझसे एक वर्ष छोटे थे। क़द हम दोनों के बराबर होंगे; कपूर साहब बदन से कुछ भरे थे, रंग में थोड़ा दबे। बाहर सूट-बूट पहनते थे, घर पर धोती-कुर्त्ता। वे इलाहाबाद युनिवर्सिटी के पूर्व छात्र थे; वास्तव में जिस वर्ष वे एम. ए. (फाइनल) में थे उस वर्ष मैं एम. ए. (प्रीवियस) में था—यानी 1929-'30 के सत्र में। एम. ए. में उन्हें द्वितीय श्रेणी मिली थी, गो वे बताते सबसे प्रथम श्रेणी थे। उनके चाचा ने, जिनके वे गोद-लिए बेटे थे, उन्हें एम.ए. कराने के बाद इंग्लैंड भेजा था आई. सी. एस. की परीक्षा देने को। उसमें

तो वे पास न हुए पर उन्होंने आक्सफ़र्ड युनिवर्सिटी में दो वर्ष किसी विषय पर शोध करके वहाँ से बी. लिट्. की डिग्री ले ली। डा. राधाकृष्णन ने, जब वे वाल्टेयर युनिवर्सिटी के वाइस चांसलर थे, उन्हें वहाँ के अंग्रेज़ी विभाग में ले लिया था, पर किसी कारण उनके पाँव वहाँ न टिक सके, और उत्तर भारत आकर उन्होंने हिन्दू सभा कालेज अमृतसर की नौकरी कर ली।

क्लास में मैंने उन्हें देखा था, ऐसा याद आया, क्योंकि तब एम. ए. प्रीवियस और फाइनल के क्लास साथ होते थे, गो नौ बरस में वे भी बहुत बदल गए थे, मैं भी बहुत बदल गया था। मुझे क्लास में देखने की स्मृति उन्हें शायद ही रही हो। ऊपरवाले नीचेवालों को कम ही देखते हैं। 'मधुशाला' के रचयिता के नाते जो कवि का न लगता-सा नाम प्रसिद्ध हो रहा था, यानी 'बच्चन', उससे वे अपरिचित नहीं थे। उन्होंने मेरी पुस्तकें भी पढ़ी थीं, शायद प्रकाश से उनकी प्रशंसा सुनकर। 'मधुशाला' पढ़कर उसके कवि का जो रूप कल्पित किया जा सकता था—हिन्दी में अपने संग्रह के साथ अपना चित्र देना उस समय का आम रिवाज था, और मुझे यह बदतमीज़ी लगती थी; मेरे किसी संग्रह के साथ मेरा चित्र नहीं था—और 'निशा निमन्त्रण' देखकर उसके गायक का जो रूप खड़ा होता था, ख़ैयामी के साथ मोहर्रमी, उसमें साम्य बिठा लेना मेरी कविता के पाठकों के सामने एक पहेली थी। फिर भी इन दोनों का एक ही रचयिता जून 1939 के प्रथम सप्ताह में पंजाब मेल से उतरकर अमृतसर के स्टेशन पर खड़ा था—हाड़-मांस में—बिल्कुल साधारण-सा लगता, कहीं असाधारण तो अपने बिखरे बालों में जिन्होंने तेल या क्रीम की मनुहार अथवा कंघी या ब्रश का अनुशासन मानने से एकदम इन्कार कर दिया हो। प्रकाश ने मुझे परिचय की मुस्कान दी। कपूर साहब ने मुझे आश्चर्य-मिश्रित प्रसन्नता से देखा। प्रकाश और कपूर साहब में एक अन्तर देख लेना, पहली ही नज़र में, मेरे लिए सहज शक्य था। प्रकाश हृदय के व्यक्ति थे, कपूर साहब मस्तिष्क के। प्रकाश का व्यक्तित्व पारदर्शी था—बाहर-भीतर एक; कपूर साहब अपने बाह्य से अन्तर को प्रकट भी कर सकते थे, छिपा भी रख सकते थे, और अपने अनुकूल पड़नेवाली स्थितियों के अनुरूप अदल-बदल भी सकते थे। प्रकृति ने सफल अभिनेता के सारे गुण, और गुर भी, उन्हें गुप्त रूप से प्रदान किए थे।

कवि-सम्मेलन के बहाने मुझे अमृतसर बुलाने की योजना के पीछे प्रकाश थे। वास्तव में कवि-सम्मेलन की कोई तिथि निश्चित न थी। अमृतसर में शायद ही पहले कभी कोई हिन्दी कवि-सम्मेलन हुआ हो। प्रकाश को मेरा अभाव खलने लगा था; मुझे फिर से अपने निकट पाने और अपने मित्र के भी निकट लाने के लिए उन्होंने मुझे बुला लिया था। प्रकाश कपूर साहब के यहाँ मेहमान की तरह नहीं, घर के ही एक सदस्य के समान रहते थे। कपूर साहब ने हमारे इलाहाबाद युनिवर्सिटी के पूर्व छात्र होने के नाते, मुझसे अपना सम्बन्ध नौ बरस पुराना सिद्ध कर दिया और बीच की सारी औपचारिकताएँ हटा दीं जो नए मिलनेवालों में होती हैं। वे मुझे 'बच्चन जी' से 'बच्चन' कहने लगे और मुझसे कहा कि मैं उन्हें 'वंशो' से सम्बोधित किया करूँ, जो उनके घर का पुकारने का नाम था और जिस नाम से प्रकाश उन्हें बुलाया करते थे। फिर भी प्रकाश के साथ जिस भावनात्मक एकता का अनुभव मैंने किया था, वह मैं

वंशो के साथ न कर सका।

वंशो का कालेज अभी बन्द न हुआ था। पंजाब में गर्मी की छुट्टियाँ मई-जून में नहीं, अगस्त-सितम्बर में होती थीं। सुबह वंशो कालेज चले जाते और दोपहर को लौटते। उनकी अनुपस्थिति में ही प्रकाश की और मेरी जो बातें होतीं हो जातीं। उनके घर आते ही मैं उन दोनों के बीच अजनबी-सा अनुभव करने लगता। वंशो को बोलने का बेहद शौक़ था, उन्हें बोलने की कला आती थी, और मैं था कि दूसरों के सामने, जब तक उनसे मेरी घनिष्ठता न हो, मेरा मुँह ही नहीं खुलता था। फिर भी वे मुझे पसन्द करते थे। बोलनेवाले की यही तो सबसे बड़ी कमजोरी होती है कि वह चाहता है कि उसे कोई सुने। और मैं उन्हें सारे दिन, पूरी शाम, आधी रात तक बगैर कुछ बोले सुन सकता था। उन्हें सुनने के अतिरिक्त और मैं कुछ कर ही नहीं सकता था। और कहीं भी जब मैं कुछ लिखना चाहता था, सबसे अलग होकर लिख सकता था। वंशो से पिंड छुड़ाना असम्भव था। उनका मेहमान मैं कई बार बना। वंशो का घर एकमात्र ऐसी जगह था जहाँ रहते हुए कविता की एक पंक्ति भी मैंने कभी न लिखी। वे इसे अपने घर के लिए अद्वितीय सम्मान की वस्तु समझते थे। प्रकाश अथवा उनके अन्य घर-पधारे मित्रों के आग्रह पर वे मुझे कभी-कभी अपनी कविता सुनाने का अवसर देते, पर मैं तीन मिनट की कविता सुनाता तो वे उसपर पूरे तीस मिनट की कमेंटरी देते—मौलिक सूझ उनमें खूब थी। प्रकाश कविताओं में डूब जाते थे। वंशो कविता दिमाग़ से सुनते थे, प्रकाश दिल से। वंशो ने मेरी कुछ कविताओं के अँग्रेज़ी में अनुवाद भी किए। मैं कविता सुनाता तो वे अपना अनुवाद भी सुनाते और यह सिद्ध करने की कोशिश करते कि हिन्दी मूल से अंग्रेज़ी अनुवाद अधिक सशक्त और सुन्दर बन पड़ा है। शायद और लोग भी ऐसा समझते। अंग्रेज़ी हाकिमों की भाषा थी और उसमें कही हर चीज़ अधिक गरिमामय प्रतीत होती थी। वे मुझपर यह प्रभाव भी डालना चाहते कि हिन्दी में लिखते हो, दुनिया में तुम्हें कौन जानेगा; मैं अपने अनुवादों के बल पर तुम्हारा नाम अंतर्राष्ट्रीय क्षेत्र में पहुंचा सकता हूं। पर इसी भय से कि कहीं मेरा नाम अंतर्राष्ट्रीय क्षेत्र में न पहुँच जाए, उन्होंने अपने अनुवादों को कभी प्रकाशित न कराया, प्रकाश के और मेरे कई बार आग्रह करने पर भी।—लेकिन उस समय तो कविता से अपने यश-विस्तार की बात शायद ही मेरे मन में आती हो। मैं अपनी वेदना को, अपने चिंतन-मनन को वाणी देकर अपनी राहत खोज रहा था, और किसी अंश में पा भी रहा था।

वंशो को दूसरा शौक़ खाने का था। उनकी पत्नी बहुत स्वादिष्ट भोजन बनाती थीं। वे चटखारे ले-लेकर हर व्यंजन का स्वाद लेते, पर स्वाद का वर्णन करने में शायद उनकी जबान अधिक चटखारे लेती।

अच्छा भोजन बनाना उनकी पत्नी की एकमात्र योग्यता थी। वे छोटे क़द की थीं, खत्रानियों का गौर वर्ण लिए; नाक-नक्श से सुन्दरियों में उनकी गणना शायद ही हो सकती; पढ़ी-लिखी भी न थीं; उन्हें पढ़े-लिखों की सोसायटी में साथ ले जाकर इंग्लैंड-रिटर्नड वंशो लज्जा का ही अनुभव करते; वास्तव में उन्हें दो पुत्रियों की माता बना वे उनसे विरक्त हो चुके थे; उन्हें लेडीशिप कहते थे, मज़ाक में। उनकी आँखें

कालेज की अपनी एक शिष्या पर लग चुकी थीं; इससे शायद लेडीशिप अनभिज्ञ न थीं। प्रकाश को भी उसकी जानकारी थी, और दो-ही-चार दिनों में मुझसे भी यह बात छिपी न रही।

वंशो के पास अंग्रेजी साहित्य का प्रतिनिधित्वकारी पुस्तकालय था—किताबें सब शीशेदार आलमारियों में सफाई से सजीं। नई पुस्तकें भी वे खरीदते रहते थे। कोई भी मोटी-मोटी पत्रिकाओं-पुस्तकों से घिरा देखकर उन्हें साहित्य का गम्भीर स्कालर समझ सकता था। मेरा ध्यान है, पढ़ते वे कम ही थे, पर नए-से-नए प्रकाशनों की सूचना उनकी ज़बान पर रहती थी। उन्हें पश्चिमी संगीत से भी अनुराग था। बीदोवेन, बाख़ आदि प्रख्यात संगीतज्ञों के रेकार्ड उनके पास थे जिन्हें प्रायः रात को वे अपने ग्रामोफ़ोन पर बजाया करते थे। उनका दावा था कि पश्चिमी संगीत के सौंदर्य को वे भली-भाँति समझते हैं। प्रसिद्ध कलाकृतियों के नमूनों, प्रसिद्ध चित्रकारों के छपे प्रतिचित्रों से उनके कमरे सजे थे। कुल मिलाकर वे एक बहु पठित, सुरुचि-सम्पन्न, वाक्पटु, आकर्षक सम्भ्रांत व्यक्ति होने की छाप छोड़ते थे, निश्चय ही उन लोगों पर जो यदा-कदा थोड़ी देर के लिए उनसे मिलने-जुलने जाते थे। चौबीसों घंटे उनके साथ रहनेवाला कुछ ही दिनों में यह भाँप सकता था कि उनके सारे बाहरी टीम-टाम और प्रदर्शनों से न छिपनेवाला उनका एक रूप बनिए का भी था जो आत्मकेन्द्रित, स्वार्थी, परशोषक और चौकन्ना हिसाबी था और जिसने लड़कपन के संस्कार उस कपड़े की दूकान से ग्रहण किए थे जो उनके पिता-नुमा चाचा और चाचा-नुमा पिता और चचेरे भाई-नुमा सगे भाई बरेली के बिहारीपुर मुहल्ले में अब भी चलाते थे। प्रकाश अन्तर-बाह्य, आपादमस्तक विशुद्ध, पीढ़ी-दर-पीढ़ी पोषित आभिजात्य थे। प्रकाश के मौलिक आभिजात्य के प्रति वंशो का आकर्षित होना उतना ही स्वाभाविक था जितना वंशो के कृत्रिम नव आभिजात्य से प्रकाश का धोखा खाना। दोनों की मैत्री का, मेरी समझ में यही रहस्य था। कभी-कभी प्रकाश की सरलता दयनीय हो उठती थी।

काम के लिए, मानसिक काम के लिए भी, वंशो में कोई रुचि न थी, सिवा उतने के जितना रोटी कमाने के लिए न्यूनतम रूप में आवश्यक हो। फ़र्नीचर से तो उनका सारा घर भरा-सजा था। पर एक चीज उनके घर में न थी—काम करने की मेज और उसके सामने रखी एक कुर्सी—और यह चीज पचीस बरस बाद भी उनके घर में न थी, जब वे दिल्ली में थे, और जब मैं उनसे आखिरी बार मिला था। काम की निकटतम पहुँच उनकी पढ़ने तक थी। वे शायद भूल गए थे जो एक प्रसिद्ध अंग्रेज़ लेखक ने कहा है कि पढ़ना हेत्वाभासी (सोफिस्टिकेटेड) बेकारी है, क्योंकि जब हम पढ़ते हैं तो कोई दूसरा हमारे लिए सोचता है और दुनिया के बहुत-से पढ़ाकू पढ़-पढ़कर अपने को बेवकूफ बना बैठे हैं। वंशो की बुद्धि बड़ी उर्वरा थी, उनमें सृजन-प्रतिभा भी थी, 'हलाहल' में उनकी भूमिका में इसके अंकुर देखे जा सकते हैं। पर खेद है, उनका चश्मा उसको चढ़ गया।

अमृतसर मैं दस-बारह रोज रहा। प्रकाश और वंशो के साथ मेरी दिनचर्या की कल्पना सहज ही की जा सकती है। किसी संध्या को हिन्दू-सभा कालेज में कवि सम्मेलन हुआ—कवि-सम्मेलन क्या हुआ, एक तरह से अकेले मेरा कविता पाठ—तब

तो मैं चार-चार, पाँच-पाँच घंटे मुतवातिर कविताएँ सुनाता जाता था और जनता न ऊबने का नाम लेती थी, न उठने का। कई गोष्ठियाँ वंशो के घर पर हुईं। उन्हीं में डा. तासीर और फ़ैज़ अहमद 'फ़ैज़' से परिचय हुआ। डा. तासीर प्रथम भारतीय थे जिन्होंने केम्ब्रिज युनिवर्सिटी से अँग्रेजी में डाक्टरेट ली। तब मैंने स्वप्न में भी न सोचा था कि उनके बाद ऐसी डिग्री लेने वाला मैं तीसरा भारतीय हूँगा (पाकिस्तान बन जाने के बाद तो दूसरा—प्रथम बी. राजन थे)। 'फ़ैज़' ने अपने भावों की गहराई, यथार्थ-नियन्त्रित रूमानियत, अभिव्यक्ति की मौलिकता, संक्षिप्तता और सादगी के कारण उर्दू में अच्छा नाम कमाया। उन दिनों वे दोनों ही अमृतसर के किसी इस्लामिया कालेज में अंग्रेज़ी के लेक्चरर थे। तासीर अंग्रेज़ बीवी लाए थे जो अपने साथ अपनी छोटी बहन को भी लाई थी, और उन दिनों 'फ़ैज़' उससे प्रेम कर रहे थे या उससे शादी कर ली थी, ठीक याद नहीं। 'फ़ैज़' के चेहरे पर एक उदासी मिश्रित गम्भीरता रहा करती थी। बोलते भी वे कम थे। उनसे मैं एक विचित्र साम्य अनुभव करता था। उनकी कविताएँ मैं पूरी तरह समझता था, पर मेरी कविताएँ शायद वे पूरी तरह नहीं। अमृतसर में मेरी कविताओं का कैसा स्वागत हुआ, इस पर मैं क्या कहूँ। उनकी प्रतिध्वनियाँ लाहौर से आईं।

तब अमृतसर, लाहौर ऐसे थे जैसे एक महानगर के दो मुहल्ले। मेल एक शहर से छूटता था तो दूसरे शहर ठहरता था। दिन-रात में कई गाड़ियाँ एक से दूसरे शहर को जाती थीं। दोनों शहरों के बीच कई बसें भी चलती थीं। हज़ारों लोग प्रतिदिन एक शहर से दूसरे शहर आते-जाते थे। लाहौर में एक दिन कोई खास बात होती थी तो दूसरे दिन उसकी चर्चा अमृतसर में होने लगती थी। इसी तरह अमृतसर में कोई विशेष बात हुई तो उसकी प्रतिध्वनियाँ लाहौर की गलियों में सुनी जा सकती थीं। दोनों नगरों में एक प्रकार की स्पर्धा-सी रहती थी। बच्चन का कविता-पाठ अमृतसर में हुआ है तो लाहौर किस बात में हेठा है कि वहाँ न हो। मुझे अब याद नहीं है कि कोई लाहौर से बुलाने आया था, या कोई निमन्त्रण हाथ से या पोस्ट से आया था, या यह कि कुछ व्यक्तियों की ओर से आयोजन हुआ था या किसी संस्था की ओर से जो मैं किसी शाम को लाहौर कविता-पाठ करने के लिए गया था। साथ में प्रकाश और वंशों भी गए थे।

एक बड़ा हाल—शायद लारेंस होटल में, जहाँ लाहौर में लिटरेरी लीग के जलसे होते थे—स्वच्छ, सुरुचिपूर्ण कपड़े पहने नवयुवक-नवयुवतियों से खचाखच भरा था—सब स्वस्थ, सुन्दर, ऊर्जस्वी। लाहौर देखकर पहला प्रभाव मुझ पर यही पड़ा था कि यह नवयुवकों का नगर है। पता नहीं वहाँ के वृद्ध कैसे अपने को पीछे रखते थे। एक ओर कुछ ऊँचा डायस था; उसी पर मेरे बैठने के लिए कुर्सी रखी गई थी। मेरे एक तरफ चन्द्रगुप्त विद्यालंकार थे जिन्होंने मेरा परिचय दिया था, दूसरी ओर मौलाना ताजवर, जिन्होंने उस जलसे की सदारत की थी।

मौलाना ताजवर लाहौर के उर्दू अदब की दुनिया की एक ख़ास हस्ती थे। वे उर्दू साहित्य में एक आधारभूत क्रान्ति लाना चाहते थे। आज का एक जनसंघी मुहावरा इस्तेमाल करूँ तो कहना होगा कि वे उर्दू का 'भारतीयकरण' करना चाहते थे। उन्होंने

अपनी क्रान्ति के सूत्र कहीं प्रकाशित भी किए थे। कुछ खास-खास ये थे कि उर्दू 'हिन्दी नुमा'—यह शब्द उन्हीं के हैं—लिखी जाए, उर्दू कविता हिन्दी छन्दों का प्रयोग करे, उर्दू कवि हिन्दुस्तान के प्रतीकों, आख्यानों, दंत-कथाओं का उपयोग करें, वे अपनी कविता नर-माशूक को सम्बोधित न करके नारी-माशूका को सम्बोधित करें, और मुश्किल अरबी-फ़ारसी लफ़्ज़ों पर सहल देसी शब्दों को तरजीह दें। वातावरण, वे अपनी कविता में दजला का नहीं गंगा का रखें—यह रूपक उन्हीं का था। शब्दशः उनके सूत्र शायद ये न हों पर स्पिरिट उनकी यही थी। स्मृति से दे रहा हूँ।

मैंने दो घंटे कविता-पाठ किया होगा। लाहौर में यह मेरा पहला कविता-पाठ था। लोगों ने एक नई आवाज़ सुनी थी। मुझे अक्सर दिल्ली में ऐसे पंजाबी मिले हैं जिन्होंने मुझसे बताया है कि उन्होंने पहले-पहल मुझे लाहौर के लिटरेरी लीग में सुना था, और उसकी स्मृति अब तक संजोए हुए हैं। यह देखकर मुझे आश्चर्य होता था कि मेरी कविता में ऐसा क्या है—विशेषकर 'मधुशाला', 'मधुबाला' में—जो कलकत्ता से लेकर लाहौर तक एक ही उल्लास से सुना जाता है। मेरे काव्य-पाठ के बाद मौलाना ताजवर ने जो भाषण दिया था वह मुझे आज तक याद है। मौलाना अच्छे कद, भरे बदन के व्यक्ति थे; चेहरे पर अधपकी घनी दाढ़ी, सिर पर तुर्की टोपी, बदन पर शेरवानी। ऐसे क़द-काठी के आदमी की आवाज़ में आप कुछ बुलंदी, कुछ कर्कशता की प्रत्याशा कर सकते थे। इसके विपरीत मौलाना की आवाज़ निहायत पकी, मीठी और ज़नानी-सी थी। उन्होंने कहा, पंजाब में आम रिवाज है कि जब लोग अच्छा मकान बनाते हैं तो उस पर एक मटका रख देते हैं, जिस पर कोई भद्दी-सी शक्ल बनी होती है कि जो मकान को देखे उसकी आँख उस नज़र-बट्टू पर जम जाए और मकान चश्मे-बद से बचा रहे। बच्चन साहब ने जो मधुशाला खड़ी की है वह एक निहायत नफ़ीस और बुलंद इमारत है। उनके कविता पढ़ने के बाद मेरा तक़रीर करना ऐसा ही है जैसे उस इमारत पर नज़र-बट्टू रखना। पर मैं यह काम बड़ी खुशी से कर रहा हूँ क्योंकि मेरी दिली ख्वाहिश है कि उनकी चीज़ को नज़र न लगे।—उन्होंने मेरा और हाज़रीन-जलसा का शुक्रिया अदाकर अपनी तक़रीर खत्म कर दी। फिर उन्होंने दुआ माँगने की मुद्रा में अपने दोनों हाथ उठाए, मेरी ओर एक बार देखा और कहा, 'चश्मे-बद-दूर !' और अट्टहास और तालियों की गड़गड़ाहट के बीच सभा विसर्जित हुई।

निजी बातचीत में उन्होंने मुझसे कहा कि उनकी ख़्वाहिश थी कि उर्दू हिन्दी की तरफ़ अपने हाथ बढ़ाए। पर पेश्तर इसके कि उर्दू की तरफ़ से कुछ ऐसा हो, मैंने हिन्दी का हाथ उर्दू की तरफ़ बढ़ा दिया। उनकी राय थी कि इस आन्दोलन को व्यापक बनाना चाहिए और उन्हें विश्वास था कि उसकी जवाबी प्रतिक्रिया उर्दू में होगी। मौलाना मुख्य रूप से पत्रकार थे और साहित्य के सम्बन्ध में भी आन्दोलन और प्रचार की शब्दावली में सोचा करते थे। पता नहीं उन पर क्या असर हुआ, जब मैंने उनसे कहा कि मैंने किसी तरह का आन्दोलन चलाने या हिन्दी का हाथ उर्दू की तरफ़ बढ़ाने के उद्देश्य से अपनी कविता नहीं लिखी। मेरी कविता मेरे जीवन की स्थितियों, उसकी आवश्यकताओं, उसकी आकांक्षाओं से सीधी उठी हुई चीज़ है। इतना ज़रूर है कि भाषा के सम्बन्ध में मुझे अपने परिवार और परिवेश से जो संस्कार मिले हैं उनमें

अनुदारता और संकीर्णता के लिए कोई जगह नहीं है।

तालियाँ, वाह-वाही, प्रशंसा, सार्वजनिक और निजी रूप से, मेरे लिए इतनी साधारण बातें हो गई थीं कि वे मुझे किसी जगह नहीं छूती थीं। सभाओं और अपनी कविता के प्रेमियों से दूर होते ही एक प्रकार की घनी उदासी मेरे मन पर छा जाती थी और वह किन्हीं लोगों में मेरे प्रति एक मानवी सहानुभूति जगाती थी, और ऐसी कण-भर सहानुभूति की क़द्र मैं सौ मन प्रशंसा से अधिक करता था। लाहौर में यह सहानुभूति सबसे अधिक मुझे चन्द्रगुप्त विद्यालंकार और उनकी पत्नी स्वर्ण जी ने दी। वंशो और प्रकाश अमृतसर लौट गए और चन्द्रगुप्त जी ने मुझे कुछ दिन अपने पास रखने के लिए रोक लिया। आशा है चन्द्रगुप्त जी इसको बुरा न मानेंगे अगर मैं कहूँ कि मुझ पर उनके आग्रह का इतना असर न पड़ा था जितना स्वर्ण जी के स्नेहपूर्ण निमन्त्रण का।

चन्द्रगुप्त जी से मेरा परिचय चौथे दशक के पूर्वार्ध में हुआ था, कहाँ ? इलाहाबाद, कलकत्ता, काँगड़ी में ? मुझे कुछ याद नहीं। इतना याद है कि पहली भेंट में उन्होंने मुझे अपनी स्वर्गीया प्रथम पत्नी पुरुषार्थवती—सत्यवती मलिक की बड़ी बहन—की कविताओं का एक संग्रह भेंट किया था—'अंतर्वेदना'—जिसे चन्द्रगुप्त जी ने शायद स्वयं प्रकाशित किया था। लाहौर में मिलने के पूर्व मैं उनसे एकाधिक बार मिल चुका था। उम्र में चन्द्रगुप्त जी मुझसे एक साल बड़े थे, पर स्वभाव से कम-उम्र-हीन-भावना (काम्पलेक्स) से ग्रस्त होने के कारण मैं उनको अपने से छह-सात साल बड़ा समझता था। वे ठेठ पंजाबी थे। उनका जन्म मुल्तान (जो निश्चय ही 'मूल स्थान' का बिगड़ा रूप है; पर किनका, किस प्रकार मूल स्थान ? इतिहास बताए।) ज़िले के कोट अड्डू नामक क़स्बे या गाँव में हुआ था। उन्हें पंजाबियों का क़द तो न मिला था, पर काठी से वे ठोस थे, जिसे गुरुकुल के अनुशासन ने गठा और सुडौल बनाया था—चेहरा चौकोर, पर चौरस नहीं, जिसमें हर प्रकार के भाव को सन्तुलित उभार के साथ अभिव्यक्त करने की क्षमता हो। जैसा कि उनकी 'विद्यालंकार' उपाधि से प्रकट था, वे स्नातक तो गुरुकुल के थे, पर वहाँ से निकलते ही उन्होंने उसके चोटी-चन्दन जनेऊ-धोती वाले रूप को छोड़कर सूट-बूट-टाई कालर वाला साहबी ठाठ अपना लिया था। उन्हें देखकर कोई यह नहीं कह सकता था कि वे किसी अच्छी युनिवर्सिटी के ग्रेजुएट नहीं है। अँग्रेजी बोलने पर उन्होंने अच्छा अधिकार प्राप्त कर लिया था। और बातचीत से यह भी लगता था कि उसके साहित्य का भी उनका अध्ययन व्यापक है। उनके 'माडर्न' माने जाने में कोई कोर-कसर न रहे, इसलिए उन्होंने बाल-डांस और ब्रिज-रमी खेलना भी सिख लिया था। मांस और मदिरा, शायद प्रारम्भिक प्रबल संस्कारों के कारण, उनके गले न उतर सकी थी।

विभाजन-पूर्व पंजाब में लेखन-प्रकाशन को छोड़कर, जहाँ तक मुझे मालूम है, उन्होंने कोई नौकरी न की थी। विभाजन के पश्चात् दिल्ली आकर वे कई वर्षों तक 'आजकल' के सम्पादक रहे, फिर बम्बई जाकर तीन-चार वर्ष उन्होंने 'सारिका' का सम्पादन किया, अब फिर दिल्ली लौट आए हैं और स्वांतःसुखाय अब भी कुछ-न-कुछ लिखते रहते हैं।

अवस्था के कारण कोई विशेष शारीरिक परिवर्तन उनमें नहीं आया है। शरीर से जैसे स्वस्थ वैसे ही मन से सन्तुष्ट और प्रसन्न दिखते हैं। मित्र बनाने और मित्रता निभाने की कला उन्हें खूब आती है। घनिष्ठता उनकी बहुतों से न हो, पर शत्रुता उनकी किसी से नहीं है।

स्वर्ण जी को पहले-पहले लाहौर में ही देखने की याद है। छोटे—नाटे नहीं—क़द की, इकहरे बदन की, गौर वर्ण की; आँखें, सजग पर चपल नहीं; नाक, पतली; होंठ, भरे; मुँह, चौड़ा;—रक्त में कहीं स्वामी श्रद्धानन्द के प्रभाव को व्यक्त करता—स्वभाव, तनाव की क्षमता लिए, पर प्रायः प्रसन्न; स्वर, जैसे मधुर होते-होते रह गया हो, पर कर्कश नहीं; वस्त्र, केश-विन्यास, आभूषणों में रुचि की मौलिकता जो अपने प्रति सचेत न हो। स्वर्ण जी को जब पहली बार मिला था तब वे एक बेटी की माँ थीं, अब वे दो लड़कों की सास और तीन लड़कियों की नानी बन चुकी हैं। मियाँ-बीवी को चिर-युवा रहने का कोई मन्त्र मालूम है। जैसे चन्द्रगुप्त जी को वैसे ही स्वर्ण जी को समय ने बहुत कम छुआ है।

लाहौर में चन्द्रगुप्त जी से मिलने के पूर्व मैं उनके कुछ साहित्य से भी परिचित हो चुका था। शायद उनका नाटक 'अशोक' और कहानी-संग्रह 'चन्द्रकला' निकल चुका था। पत्र-पत्रिकाओं में उनके एकांकी अथवा गल्प के निकलने पर मैं उन्हें पढ़ता ही था। 'चन्द्रकला' नाम शायद चन्द्रगुप्त जी ने इसलिए चुना था कि इसमें या इसकी रचनाओं में चन्द्र यानी चन्द्रगुप्त की कला है, शिल्प है, लेखन की कारीगरी है। लेखन की कला अथवा शिल्प-सौष्ठव के प्रति अतिचेतनता चन्द्रगुप्त जी की सारी रचनाओं में पाई जाती है। चाहे नाटक हो, चाहे कहानी—और इन्हीं दो विधाओं में विशिष्टता प्राप्त करने का उन्होंने प्रयत्न किया है—उसके शिल्प-पक्ष का चन्द्रगुप्त जी ने बारीकी से अध्ययन किया है। जीवन उतना ही नहीं जितना वह शिल्प से सध सके या शिल्प के सांचे में ढल सके। शिल्प से सधा जीवन प्रायः निर्जीव नहीं तो पालतू जैसा लगता है। जब कोई कलाकार जीवन को उसकी उद्दामता में देखता और उसे पकड़ने का प्रयत्न करता है—जैसे कोई मयगल हाथी को—तो शिल्प की ज़ंजीरें टूटने लगती हैं। भनिति भदेस हो जाती है। कलाकार जब जीवन के किसी बड़े सत्य का साक्षात्कार करता है तभी वह भनिति के भदेश होने के खतरे की परवाह नहीं करता। मीरा-कबीर तो खतरे ही खतरे चलते हैं। शेक्सपियर, डिकेंस, गालिब, तुलसीदास—सब इस भदेसपन के खतरे को उठाते हैं;

'जिन पर ख़तरे-जान नहीं था छोड़ कभी दीं राहें मैंने।'

आधुनिक बड़े कवियों में ऐसा खतरा उठाने वालों में मैं बालकृष्ण शर्मा नवीन, माखनलाल चतुर्वेदी, निराला का नाम लेना चाहूँगा, 'कामायनी' के प्रसाद का भी। महादेवी में शिल्प और जीवनानुभूतियों में एक बड़ा मनोरम सन्तुलन है। पंत पर उनका शिल्पकार हावी हो गया है। शिल्प के प्रति सचेत होना तो ठीक है, पर शिल्प पर अधिकार होना कलाकार के लिए बहुत बड़ा खतरा है। इसकी परिणति होती है कलाकार के ऊपर शिल्प के अधिकार में। जीवन की पकड़ जैसे-जैसे छूटती जाती है, शिल्प की जकड़ मज़बूत और मज़बूत होती जाती है। अंग्रेज़ी में इसके सबसे बड़े

शिकार टेनिसन थे। कालांतर में, मुझे भय है, शायद पन्त जी को भी ऐसा ही समझा जाएगा। गणना उनकी फिर भी बड़े कवियों में होगी। जैसे जीवन के निर्माण में, वैसे ही कलाकार के निर्माण में भी बहुत से ऐसे तत्त्व प्रभावकारी और उत्तरदायी होते हैं जिस पर अपना कोई अधिकार नहीं होता।

व्यक्ति चन्द्रगुप्त उनके लेखक या कथाकार से मुझे अधिक भाए। स्वर्ण जी के व्यक्तित्व के ऐसे कोई दो पहलू न थे। यह ठीक है कि वे मेरे कवि के माध्यम से मुझसे परिचित हुई थीं; उसके घर में साहित्यिक वातावरण था; अच्छी कविता में उनकी रुचि थी और वे उसकी प्रशंसिका भी थीं, पर उन्होंने केवल मेरे कवि होने के नाते अपने घर में रहने को मुझे न बुलाया था--कम से कम ऐसा ही सोचने में मुझे सुख होता है; या उस समय हुआ था।

मुझे अब इस बात की याद नहीं कि चन्द्रगुप्त जी जिस मुहल्ले में रहते थे, उसका क्या नाम था, अथवा वह नगर के किस भाग में था। इतना स्मृति में है कि वे जिस मकान में रहते थे उसका नाम 'आशा निकेतन' था, पक्का, दुमंजिला, और वे ऊपर के तल्ले में रहते थे--रहनेवाले पति-पत्नी और साल-डेढ़ साल की एक बेटी--रेवा। जिस आँगन से सीढ़ियाँ चढ़कर ऊपर जाना होता था उसमें कई भैंसें बँधी रहती थीं, मकान-मालिक की, जो नीचे खुद रहता था।

मैं लाहौर एक सप्ताह रहा हूँगा। इनमें दो-तीन शामों को मेरे सार्वजनिक काव्य-पाठ आयोजित किए गए थे। इन्हीं किसी में पहले-पहल पंडित उदयशंकर भट्ट के दर्शनों की याद है। भट्ट जी के नाम से मैं अपरिचित न था। 'तक्षशिला' उनके प्रथम प्रबन्ध-काव्य के बाद 'राका' नाम से उनकी स्फुट कविताओं का प्रथम संग्रह 1935 में प्रकाशित हुआ था जिसकी भूमिका जैनेन्द्रकुमार ने लिखी थी। मैंने यह पुस्तक खरीदकर श्यामा को भेंट की थी। पुस्तक अब भी मेरे पुस्तकालय में है। खड़ी बोली की जो उत्कृष्ट कृतियाँ सामने आ चुकी थीं उनके सामने 'राका' को कोई स्थान देना सम्भव न था। पर 'राका' में जहाँ एक ओर व्यष्टिपरक छायावादी ध्वनियाँ थीं--'मैं उस असीम में सीमा हूँ, जिसमें अनन्त की चितवन हैं--वहाँ दूसरी ओर उसमें समष्टि के यथार्थ की चेतना भी थी--दो खंडों में विभक्त पुस्तक का एक खंड 'संसार' कहा गया था। यह उस विस्फोट का संकेत था जो छायावाद के अन्दर कई दिशाओं से हो रहा था। भट्टजी मझोले कद, भारी देह के व्यक्ति थे--अनुपाततः कम ऊँची गर्दन पर भारी गोल सिर, गोल चेहरा, कुछ चौड़ी नाक, और पतले-पतले अधरोष्ठ। वेश-भूषा से वे वेदपाठी ब्राह्मणों की परम्परा में प्रतीत होते थे--धोती पर कुर्त्ता, गले में एक फेर लिपटा सफेद दुपट्टा आगे-पीछे लटकता--ललाट पर मलयगिरि चन्दन, सिर पर चोटी, मगर छोटी, कभी कभी गाँधी टोपी भी लगाते थे। उन दिनों वे लाहौर नेशनल कालेज में हिन्दी-संस्कृत के अध्यापक थे--आज शायद उसे 'प्राध्यापक' कहा जाता है। अध्यापन का काम तो रोटी कमाने के लिए था। हिन्दी सम्बन्धी जो भी काम लाहौर में होता था उसमें वे मिशनरियों के-से उत्साह से भाग लेते थे। उनका सृजन भी सेवा-भावी था। सदा उन्होंने सोद्देश्य ही लिखा। कविता, नाटक, निबन्ध, उपन्यास--सभी की ओर उनकी प्रतिभा गई। अपने सृजन में, जैसे जीवन में भी, उन्होंने उदात्त को

कभी अपनी दृष्टि से ओझल न होने दिया। जब मैंने अपना 'चार खेमे चौंसठ खूँटे' समर्पित किया तो उन्हें मैंने उन लोगों में स्मरण किया जिन्होंने हिन्दी काव्य की दीवारें सीधी और ऊँची रखी हैं, उन्होंने अपना अन्तिम काव्य-संग्रह 'मुझमें जो शेष है' मुझे समर्पित कर जैसे मेरे नमन पर अपना आशीष-सा दिया। अवस्था में वे दस वर्ष बड़े थे। उनके उदात्त व्यक्तित्व के समक्ष मस्तक सहज नत होता था। स्वार्थ के लिए समझौता करना उनकी प्रकृति में था ही नहीं।

चन्द्रगुप्त जी ने अपने घर पर एक गोष्ठी का आयोजन भी किया था। उसमें दो विशेष व्यक्तियों की मुझे याद है। एक थे पंडित शिव शर्मा—मझोले कद, छरहरे बदन, अत्यन्त गौर वर्ण के, सूट-बूट-टाई में टिप-टाप—उन्हें मैं कहीं बाहर देखता तो अंग्रेज़ जंटिलमैंन समझता। वे थे वैद्य, आयुर्वेद के आचार्य। सुना था, उनके पिता पटियाला रियासत में राज-वैद्य थे। वे भी लाहौर में वैद्य के ही रूप में व्यवस्थित थे। अँग्रेज़ी जब वे बोलते तो कोई नहीं कह सकता था कि उनकी शिक्षा-दीक्षा इंग्लैंड में नहीं हुई। हिन्दी भी वे शुद्ध बोलते थे। बातें अपने विषय में अधिक करते थे, पर बड़े रोचक ढंग से। मेरा ऐसा अनुभव है कि वैद्यों के पास अपने तरह-तरह के रोगियों से प्राप्त जीवन का सीधा सच्चा अनुभव एकत्र होता है। वैद्य यदि कभी लेखक या कथाकार होना चाहे तो उसे सामग्री की कमी नहीं रह सकती। आचार्य चतुरसेन शास्त्री को आधा अनुभव अपने वैद्यक के पेशे से प्राप्त हुआ था, गुरुदत्त जी का संभवतः पूरा का पूरा। गुरुदत्त जी की दूकान पर जहाँ आप चार आलमारियाँ औषधियों की देखेंगे वहाँ चौदह आलमारियाँ उनके उपन्यासों की भी। वे अपने साक्षर रोगियों को औषधि के साथ अनुपान के रूप में अपने उपन्यासों का पाठ निर्दिष्ट करते हों तो कोई आश्चर्य नहीं। शिव शर्मा जी मेरी राय मानते तो मैं उनसे कहता, वे कुछ लिखें वे अपने संस्मरण भी लिखते तो उपन्यासों को छोड़कर लोग उन्हें पढ़ते। 'धर्मयुग' में एक बार उनके किसी संस्मरण को पढ़कर उनके प्रति मेरी धारणा की पुष्टि हुई। पर शर्मा जी को भारत-भर में फैले अपने मरीज़ों से कहाँ फुरसत !

वे मेरी कविता के अनन्य प्रेमी थे—अक्षरश 'अनन्य' के अर्थ में—उन्होंने मेरी सब कविताएँ पढ़ रखी थीं, और मेरे मुँह से उन्हें सुनने को लालायित रहते थे। उस बार जहाँ कहीं मेरा काव्य-पाठ हुआ वहाँ मैंने उन्हें मौजूद पाया। बाद को भी दो-तीन बार मैं लाहौर गया। जिस सभा-गोष्ठी में मैं गया, मैंने उन्हें देखा; लाहौर-रेडियो से कविता सुनाई तो पंडितजी ने सुनी और मिलने पर मुझे सूचित किया, और श्रवण-सुख पाने पर अपनी प्रसन्नता और मेरे प्रति कृतज्ञता व्यक्त की। देश-विभाजन के बाद वे लाहौर से उठकर बम्बई में व्यवस्थित हुए। पिछले साल की बात है, मैं अपने लड़के से मिलने के लिए कुछ दिनों को बम्बई गया था। धर्मवीर भारती ने अपने घर पर मेरे कविता-पाठ का एक आयोजन किया था और अपने बहुत-से मित्रों को आमन्त्रित किया था। देखता हूँ कि वहाँ पंडित शिव शर्मा भी मौजूद हैं। उस संध्या को उनके दाँत में दर्द था। एकसठ तो मैं भी पार कर गया था, वे मुझसे चार-पाँच साल बड़े ही होंगे, ऐसी अवस्था में दाँतों में दर्द होना या उनका गिरना स्वाभाविक था। अस्वाभाविक मुझे लगता तो यह कि तीस वर्षों बाद भी वे मेरी कविता के प्रति अपना

अनुराग पूर्ववत् बनाए रहे और उससे अस्वाभाविक यह लगा कि दाँत में भीषण पीड़ा होने के बावजूद वे मेरी कविता सुनने आए। एक छोटी-सी रबर की थैली में भरे गर्म पानी से वे अपने गाल सेंकते जाते थे और मेरी कविता सुनते जाते थे। दाँत का दर्द बड़ा भीषण होता है, इसे केवल भुक्तभोगी जानता है। डा. जानसन ने मुझे पते की बात कहीं थी कि दंत-पीड़ा वह चीज़ है कि उसके आगे फ़िलासफ़र अपनी फ़िलासफ़ी भी भूल जाता है। मेरे दाँत में दर्द हो और पता चले कि पड़ोस में कालिदास कविता-पाठ कर रहे हैं तो शायद ही उठकर वहाँ तक जाने की हिम्मत कर सकूँ। दंत-व्यथा में प्रेम-व्यथा भूल जाने की कल्पना तो मैंने भी की है। मेरी कल्पना को तो आप जानते ही हैं कि वह कहीं-न-कहीं यथार्थाधारित होती है। उसे आप किसी समय की मेरी अनुभूति ही समझिए। अपनी उस अनुभूति को मैंने एक कविता में बाँधा था। शायद अभी अपने दाँत के दर्द में आपको उसकी सच्चाई का बोध हो–

कुछ ऐसा हुआ,
जिस रात प्रेयसी आई
उसी रात
अक्कल दाढ़ में दर्द उठा;
उसकी मृदूता,
उसकी कठोरता,
किसी ने मुझे न छुआ !

जिस दर्द में नवयुवक प्रेमी अपनी प्रियतमा की मृदुता-कठोरता से अनछुआ रह जाए, उसमें एक वृद्ध वैद्य अपने प्रिय कवि को सुनने के लिए जमकर बैठे तो आप उसे उसकी कविता का 'अनन्य प्रेमी' न कहेंगे तो क्या कहेंगे। वैद्यक की शब्दावली का प्रयोग कर मैं उसे असाध्य प्रेमी–असाध्य रोगी के वज़न पर–कहना चाहूँगा; हमारी इलाहाबादी अवधी के मुहावरे में उसे 'धैलगना' कहते। मेरे श्रोताओं की संख्या लाखों में होगी। आज तक मैंने अपने किसी श्रोता को दाँत का दर्द लेकर कविता सुनते नहीं देखा। मैंने कुछ सोच-समझकर शर्माजी को अपनी कविता का 'अनन्य' प्रेमी माना है।

अब मुझे अपनी कविता सुनाने में बहुत उत्साह नहीं रह गया। कुछ तो इसके लिए शारीरिक अवस्था भी उत्तरदायी है। लोगों के आग्रह पर फ़र्ज़-अदाई भर कर देता हूँ। उस संध्या को शर्मा जी की उपस्थिति से मैं इतना अभिभूत हो गया कि अपने अतीत में ही पहुँच गया। दो-ढाई घंटे तक कविता सुनाता रहा। जब मैंने समाप्त किया तो भारती जी ने कहा कि आप से कविता सुनने के अवसर तो बहुत बार मिले हैं, पर जितनी तन्मयता से आज आपने कविताएँ सुनाईं उतनी तन्मयता मैंने आप में पहले कभी न देखी थी–उस दिन का सारा काव्यपाठ रेकार्ड हुआ, टेप भारती जी के पास है।

चन्द्रगुप्त जी की गोष्ठी में जिन दूसरे सज्जन की मुझे याद है, वे थे श्री वेद व्यास; लाहौर में ऐडवोकेट थे; चन्द्रगुप्त जी के प्रकाशन में सम्भवतः उनके सहयोगी। उनकी भारी-भरकम क़ाठी देखकर दूर से ही उन्हें पंजाबी समझ लिया जाता था। मेरे भविष्य का कोई सूक्ष्म तार उनसे जुड़ा था। उस समय मैंने न देखा था कि ढाई वर्ष

बाद जब मैं लाहौर आऊँगा तो उसी बँगले से अपनी मंगेतर को इलाहाबाद लिवा जाऊँगा जिसके आधे भाग में वे भी रहते थे।

चन्द्रगुप्त और स्वर्ण जी के साथ बिताए दिनों की जो घड़ियाँ मेरी स्मृति में सबसे अधिक स्पष्ट हैं, वे हैं जून की उन रातों की जिनमें हम 'आशा-निकेतन' की तिमंजिली छत पर चारपाइयाँ डलवाकर खुले आसमान के नीचे सोते थे—तीन खाटें पड़तीं, मिली-मिली—पहली चन्द्रगुप्त जी की, दूसरी स्वर्ण जी की, तीसरी मेरी। 'आशा निकेतन' की वह छत इतनी ऊँची थी कि आसपास की सारी छतें वहाँ से दिखाई देतीं। प्रायः सभी घरों के लोग छतों पर सोते। चांदनी रातें न हों तो ज़्यादा दूर तक देखना असम्भव था—शायद वे चाँदनी रातें नहीं थीं—पर सुबह होते-होते न चाहते हुए भी कभी हमारी नज़रें पास-पड़ोसवालों की छतों पर चली जातीं तो लोग, लुगाइयाँ, बूढ़े-बच्चे विचित्र मुद्राओं में सोते दिखाई पड़ते। रात का खाना जल्दी ही ख़त्म कर हम लोग छत पर खुले में चले जाते। रातों के पहले भाग में काफ़ी गर्मी रहती और बड़ी देर तक नींद न आती। ऊपर जून के गर्द से धुँधले आसमान में मन्द-मन्द चमकते तारे दिखाई देते, नीचे गलियों या रास्तों की रोशनियाँ दिखतीं—घरों की रोशनियाँ बुझा लोग जल्दी अपनी-अपनी छतों पर आ बैठते और 'गल' करते। पास-पड़ोस का कोई तीखा स्वर तो कभी-कभी हमारी छत तक पहुँचता, पर वैसे वहाँ एक प्रकार का सन्नाटा रहता। ऊँचाई पर कुछ सबसे अलगाव का भाव भी हम अनुभव करते। ऐसे में कभी चन्द्रगुप्त जी के कहने पर, कभी अपने-आप ही मैं 'निशा निमन्त्रण' या 'एकान्त संगीत' के गीत अपने वेदना-विगलित स्वर में सुनाने लगता। तब तो मुझे 'निशा निमन्त्रण' के सौ गीत क्रमानुसार याद थे, 'एकान्त-संगीत' के भी, जो उस समय तक लिखे जा चुके थे। समय, संग, स्थान—सब ऐसे ही गीतों के लिए उपयुक्त लगते। मुझे नहीं याद कि वातावरण की ऐसी अनुकूलता में मैंने ये गीत पहले कभी सुनाए या बाद को भी। फिर दो पुरुष एक स्त्री के साथ मेरे जीवन के संदर्भों की एक पूरी शृंखला जुड़ी थी। ज़ंजीर का एक सिरा हिलाओ तो पूरी ज़ंजीर हिलकर झनझना उठती है। लाहौर की उन गर्म, सूनी, धुँधली रातों में जो स्वर मेरे कंठ से निकला था उसमें मैं सारे जीवन के स्पंदन-कंपन के साथ मौजूद था। मुझे यह जानकर आश्चर्य हुआ कि 29 बरस बाद भी चन्द्रगुप्त जी के कानों में उन रातों का स्वर ज्यों का त्यों गूँज रहा था। उसका जो वर्णन[1] उन्होंने किया है उसे दुहराना व्यर्थ होगा, उसमें कुछ जोड़कर उसे सुधारा तो नहीं, बिगाड़ा जा सकता है। जो वस्तुगत दृष्टि से देखा जा सकता है वह आत्मगत दृष्टि से नहीं देखा जा सकता। इसी प्रकार जो आत्मगत दृष्टि से देखा जा सकता है वह वस्तुगत दृष्टि से नहीं। उन रातों के बारे में जो मैं कहने जा रहा हूँ वह उनके वर्णन का पूरक नहीं। वह मेरी अपनी स्मृति और उस पर अपनी भावाभिव्यंजना है।

अपनी कविताओं को सुनाते समय मैं कैसे स्वयं अपना श्रोता भी हो जाया करता था, इसकी चर्चा मैं पहले भी कर चुका हूँ। कविता सुनाते समय बीच-बीच में चुप हो जाने का ज़िक्र भी मैं किसी प्रसंग में कर चुका हूँ। सम्मेलनों में तो नहीं, पर गोष्ठियों

1. 'बच्चन : निकट से' (राजपाल एण्ड सन्ज़, दिल्ली से प्रकाशित), पृ. 60

में अथवा मित्रों में मुझे ऐसे श्रोता मिले हैं जिन्होंने कोई गम्भीर कविता सुनकर मुझे आगे कुछ और सुनाने से रोक दिया है, अथवा उठकर चले गए हैं। एक गोष्ठी की मुझे याद है। मैं 'मधुशाला' कि वे चतुष्पदियाँ सुना रहा था जहाँ मरने वाला अपनी जीवन-तृष्णा मधु के प्रतीकों से व्यक्त करता है। 'मेरे अधरों पर हो अन्तिम वस्तु न तुलसी-दल प्याला', आदि। एक श्रोता ने एक-दो रुबाइयों के बाद मेरे मुँह पर अपना हाथ धर दिया—बच्चन जी, बस कीजिए, अब नहीं सुना जाता ! इतना डूबकर सुननेवाले श्रोता कम मिलते हैं। पर मैं तो अपने में ही श्रोता-वक्ता था। उन रातों को भी दो-चार गीतों को सुनाने के बाद मैं चुप हो जाता। मुझे लगता जैसे मुझसे अब और नहीं सुना जाएगा। उन मौन के क्षणों में मैं अपने दो श्रोताओं के साथ शायद अधिक एकात्म होता बनिस्बत उसके कि जब मैं मुखरित होता। जीवन के गम्भीर भावों को एक हृदय से दूसरे हृदय तक पहुँचाने में शब्दों से बड़ी बाधा नहीं—'राग जहाँ पर तीव्र अधिकतम है उसमें आवाज़ नहीं है।' मैं स्वर्ण और चन्द्रगुप्तजी से कभी पूछना चाहता हूँ कि मेरे शब्दों से उन्होंने मुझे जितना समझा था क्या मेरे मौन से उससे कहीं ज़्यादा नहीं और कविताओं के लिए तो मैं नहीं कह सकता पर 'निशा निमन्त्रण' के लिए और शायद उससे ज़्यादा 'एकान्त संगीत' के लिए मैं 'अज्ञेय' जी की कविता की परिभाषा का पूरी तरह समर्थन करूँगा। उसे यहाँ फिर दुहरा दूँ—'कविता अर्थवान मूक क्षणों की वह शृंखला है जो शब्दों की कड़ियों से जोड़ दी गई हो।' हाँ, अपने पाठकों के कान में चुपके से कह देना चाहता हूँ कि मूक क्षणों को जो अर्थवान बनाती हैं वे शब्दों की कड़ियाँ ही हैं। हर कविता पढ़ने के पूर्व और पश्चात् कुछ देर तक मौन रहकर आप इस रहस्य को ठीक तरह खुद समझ लेंगे।

उन चुप्पी के क्षणों में मेरे मुँह से एक उच्छ्वास के साथ 'ओ माँ !' शब्द निकलता था। मेरी माँ से, जिसने मुझे जन्म दिया था, पाला-पोसा था, स्नेह दिया था, जिसे मैं प्यार करता था, याद करता था, जिसने मुझे पूरी समझदारी दी थी, मेरी चाल, कुचाल, सुचाल सबमें, इस 'ओ माँ' का कोई सम्बन्ध न था। मैं आपको बता दूँ कि मेरी आंतरिक वेदना ने अपनी अभिव्यक्ति का यह छोटा-सा माध्यम किस दिन अकस्मात् पा लिया था ? उस दिन, जिस दिन चम्पा ने बदरीनाथ से लौटकर अपने बेटे की तरह मुझे सम्बोधित कर, मेरा सारा दोष-पाप अपने ऊपर ले, मुझे आशीष दे विदा किया था और कुछ ही घड़ियों के बाद स्वयं इस संसार से विदा हो गई थी। तब से 'ओ माँ' से मैं उसे और माँ-जाति की सारी नारियों को याद करता था—जीवित-मृत—जो मेरे जीवन में किसी भी रूप में आई थीं, जिन्होंने किसी भी रूप में मुझे स्नेह-संवेदन दिया था—परिचय की मुसकान से लेकर पूर्ण आत्म-समर्पण तक। नारी अपने मूल रूप में माँ ही है। उसके प्यार का आधार भी दया, करुणा, ममता है, वह अपने प्रेमी की व्यथा से विद्रवित होकर ही उसे अपनी बाहु-बल्लरी का कोमल-शीतल स्पर्श देती है। उसका प्रेम उसके वात्सल्य का ही एक सिरा है। उसका प्यार वास्तव में दुलार है—इसीलिए खड़ा रहा कि तुम मुझे दुलार लो।'—'दुलार' महज़ 'पुकार' के साथ तुक-मिलौनी नहीं। उसके पीछे मेरा एक अनुभूत-सिद्धान्त है। 'ओ माँ' से मैं उसी दया, करुणा, ममता, दुलार को पुकारता था जो मेरे जीवन की

सवालात पूछते थे उनको याद कर आज भी कोफ़्त होती है। एक बड़ी मेज़ के उस पार चार-पाँच वयोवृद्ध, सर्वगुणसिद्ध लोग कुर्सियों में घुसे बैठे हैं—कोई गंजा, कोई मोटा चश्मा चढ़ाए, कोई दाढ़ी फटकारे, कोई तोंद फुलाए, कोई कोट-कालर में, पर जिसका कभी धोबी की इस्तिरी से साबक़ा न पड़ा हो, और कोई-कोई कमेटी में मौजूद होकर भी नामौजूद—उदासीन या आत्मलीन या रात में न आई नींद की कमी पूरी करते हुए। मैंने नाम के साथ जाति का पुछल्ला जोड़ा ही नहीं था, तो पहला प्रश्न यह होता था कि आप कौन भाई हैं। पर जाति मालूम होते ही भाईपन की भावना हवा हो जाती थी। कई पूछे गए प्रश्न आपके सामने रख दूँ, आप स्वयं पूछने वालों के मानसिक पैमाने का अन्दाज़ लगा लेंगे।

आप प्रतिदिन संध्या-हवन करते हैं या नहीं ? आप मांस-मछली-अण्डा तो नहीं खाते ? आपने अभी तक दूसरा विवाह क्यों नहीं किया ? आपको समुचित तनख्वाह दी जाए तो क्या आप कालेज या स्कूल के दान-या-बिल्डिंग फंड में कुछ दान करेंगे ? (दूसरे शब्दों में क्या आप ज़्यादा तनख्वाह पर दस्तख़त करके कम स्वीकार कर सकेंगे ?) यह अन्तिम प्रश्न थोड़ी-बहुत परिवर्तित शब्दावली में प्रायः हर जगह पूछा जाता था। गैर-सरकारी संस्थाओं का यह आम रवैया था कि ज़्यादा पर हस्ताक्षर कराके वे कम वेतन दिया करती थीं। बहुत से बेमानी सवाल तो अब मुझे भूल गए हैं, पर एक बात याद है। किसी संस्था के साक्षात्कार में मेरी परीक्षा ली गई थी। एक सदस्य कोई मोटी डिक्शनरी सामने रखकर बैठे थे और उन्होंने मुझसे बालिश्त-भर लम्बे कई शब्दों के स्पेलिंग पूछे थे और मैं एक भी ठीक नहीं बता सका था। यों तो मैं अपने कवि नाम को अपने असली नाम से इतना अलग रखता था कि किसी को पता न चल सके कि दोनों एक ही व्यक्ति के हैं, पर प्रार्थना-पत्रों में मैंने स्वयं अपने को कवि और फलाँ-फलाँ पुस्तकों के रचयिता होने का दम भरा था, इस आशा से कि कवि होना अध्यापक होने की अतिरिक्त योग्यता मानी जाएगी। पर अपनी इस हिमाक़त का बड़ा बुरा नतीजा मुझे उठाना पड़ा। मेरी सब योग्यताओं से प्रभावित होने के बाद यह जानकर कि यह हरिवंशराय नाम का आदमी ही 'बच्चन' है, चुनाव कमेटी के सदस्यों का माथा ठनक जाता। वे मुझसे तरह-तरह के प्रश्न पूछते, आप मदिरा पीते हैं या नहीं ? पी है या नहीं ?—(मैं मन ही मन कहता, बुरा हो ज्ञानप्रकाश जौहरी का, उसने दो-चार पेग होंठों से लगाकर ईमानदारी से न पीने की कसम खाने योग्य नहीं भी रखा !) आपको नौकरी दी जाएगी तो आप वादा करेंगे कि आप मदिरा पीना छोड़ देंगे ? मैं इन प्रश्नों से बहुत खीझता, झुँझलाता, पर मेम्बरान-कमेटी के मन से अपने पियक्कड़ होने का शक न मिटा पाता। वे अर्थ-भरी मुद्रा में अपना सिर डग-डग हिलाते, आँख फाड़ते—शायर तो अच्छा है, पर टीचर बुरा होगा।—'तुझे हम वली समझते जो न बादाख़्वार होता'।

जुलाई आधी से ज़्यादा बीत गई। मुझे किसी भी स्कूल या कालेज से नियुक्ति का पत्र न मिला। तभी किसी से मैंने सुना कि स्थानीय इलाहाबाद स्कूल में कोई जगह ख़ाली है। यह वही स्कूल था जिसमें 1930-'31 में मैंने युनिवर्सिटी से अपनी पढ़ाई छोड़ने के बाद एक साल काम किया था। आठ वर्षों में अब वह मान्यता प्राप्त हाई

स्कूल हो गया था। कीटगंज में उसकी अपनी इमारत बन गई थी। जगह थी। मेरी पुरानी सेवाओं को ध्यान में रखकर मुझे दे दी गई। मास्टर भगवान सहाय हेडमास्टर मुहल्ले में ही रहते थे, मुझे भली-भाँति जानते थे, उनके आगे क़सम खाने की ज़रूरत नहीं थी कि मैं शराब नहीं पीता। जिस स्कूल में आठ वर्ष पहले मैंने 25 रु. प्रतिमास पर काम किया था उसी में मेरी तनख्वाह 100 रु. प्रतिमास निश्चित की गई। कुछ काम मिल गया, मन बहलेगा, कुछ सन्तोष तो हुआ, पर कोई प्रसन्नता नहीं हुई। शायद अब आजीवन इसी घर में रहना होगा, इसी स्कूल में पढ़ाना होगा। इस नौकरी में कहीं तबादला भी तो नहीं। घर को अपने मैंने उस जेल की तरह देखा जिसमें किसी को जन्म-कैद दे दी गई हो। अब स्कूल मास्टर हो गया हूँ और हमेशा स्कूल मास्टर ही रहूँगा—स्कूल मास्टर का नीरस, एकरस, एकलीक जीवन बिताता—जैसे गंसी चाचा बिता चुके हैं। परिवार की परम्परा चलेगी।

स्कूल-मास्टराना ज़िन्दगी की ऊब और उसके साथ जुड़ी ट्यूशनी मशक़्क़त से मैं अपरिचित न था, पर तब उस ऊब को तोड़ने वाली और मशक़्क़त से रहात दिलाने वाली भी कई चीज़ें थीं, भले ही वे हमेशा प्रियकर और सुखद न थीं। कहावत है, 'सूनी सराय भल कि मरकहा बैल ? कहेन, मरकहा बैल।' पर अब तो सूनी सराय थी। अग्रवाल विद्यालय की हिन्दी-अध्यापकी में मैंने 'मधुबाला' और 'मधुकलश' लिखे थे। कविता भी मेरी कम दोस्त या किसी अर्थ में कम दुश्मन नहीं थी। ख़ैरियत थी कि उसने मुझे न छोड़ा था, या मुझे अब भी छेड़ती जाती थी। लाहौर-अमृतसर से लौटने पर अपने कमरे में जो कुछ मैंने देखा था उस पर मैंने एक गीत लिखा था, ('एकान्त संगीत' शृंखला में 59वाँ,) जिसमें उस समय की मेरी मनःस्थिति पूरी तरह बिंबित है। मेरी अनुपस्थिति में मेरे कमरे के ताक़ पर किसी पखेरू ने एक नीड़ का निर्माण कर लिया था। उसी से मैंने कहा था,

संशकित नयनों से मत देख !
ख़ाली मेरा कमरा पाकर,
सूखे तिनके-पते लाकर,
तूने अपना नीड़ बनाया, कौन किया अपराध ?
सोचा था जब घर जाऊँगा,
कमरे को सूना पाऊँगा,
देख तुझे उमड़ा पड़ता है उर में स्नेह अगाध !
मित्र बनाऊँगा मैं तुझको,
बोल करेगा प्यार न मुझको ?
और सुनाएगा न मुझे निज गायन भी एकाध ?
सशंकित नयनों से मत देख !

'सूनी सराय' में किसी के आ बसने और उससे प्यार के दो बोल सुनने की एक हल्की-सी कामना शायद यह जताने के लिए पर्याप्त है कि मैं, 'मुझसे मिलने को कौन विकल, मैं होऊँ किसके हित चंचल' की मनःस्थिति से काफी दूर चला गया था। अपने को एक जीवन-साथी के पार्श्व में देखने का सपना अब यदा-कदा मेरी आँखों के सामने

झलक उठता था। पर इस सुकुमार स्वप्न को जब साकार होना था तब होना था, अभी तो उस कठोर यथार्थ को स्वीकार करना था जो सामने आकर खड़ा हो गया था, और उससे मैं पीछे न हटा था। जिस दिन मैंने स्कूल-मास्टरी मुड़ियाई थी उस दिन भी मैंने एक गीत लिखा ('एकान्त संगीत' शृंखला में 65वाँ),

जुए के नीचे गर्दन डाल !
देख सामने बोझी गाड़ी,
देख सामने पंथ पहाड़ी,
चाह रहा है दूर भागना, होता है बेहाल ?
तेरे पूर्वज भी घबराए,
घबराए, पर क्या बच पाए
इसमें फँसना ही पड़ता है, यह विचित्र है जाल !
यह गुरु भार उठाना होगा,
इस पथ से ही जाना होगा;
तेरी खुशी-नाखुशी का है नहीं किसी को ख़्याल !
जुए के नीचे गर्दन डाल !

इस कठोर यथार्थ ने मेरी 'सूनी सराय' में 'मरकहा बैल' तो लाकर न बाँधा था, मुझे खुद बैल बना दिया था, बरियार बैल, जिसने हुमककर उस जुए को उठा लिया था जो उसकी गर्दन पर साधा गया था।

स्कूलों में मास्टरों से बैल-जैसा काम तो लिया ही जाता था—10 से 3½ बजे तक, 50-50 मिनट के छह पीरियड रोज़—बीच में आधे घंटे का लेज़र। मुझे 8वें, 9वें और 10वें के इंगलिश टेक्स्ट और जनरल इंगलिश के क्लास दे दिए गए। ट्रेनिंग कालेज से नया-नया निकला था, सोचा, जो पढ़ाऊँ तरीके से पढ़ाऊँ। पुण्य-पाप ही नहीं, कर्त्तव्य भी मैंने कभी आधे हृदय से नहीं किया। छह पीरियड पढ़ाने की तैयारी में मैं आठ-दस घंटे लगाता। मुझे घर पर और करने को ही क्या था। जोरू न जांता—पढ़ौनी से नाता। लड़कों की तरह मेरे हाथ में भी एक बस्ता-सा होता। मेरे सहयोगी मेरे नोट वग़ैरह देखते तो मुझ पर फबतियाँ कसते—नया मुसलमान प्याज़-प्याज़ चिल्लाता है। उनकी कठिनाइयाँ समझ सकता था। जिसे हाट-बाजार भी करना हो, सौदा-सुलुफ़, साग-सब्जी भी लानी हो, घर के ईमार-बीमार को हकीम-डाक्टर को दिखाना हो, बीवी-बच्चे की फ़रमाइश पूरी करनी हो, साथ आमदनी कुछ बढ़ाने के लिए एकाध ट्यूशनें भी, वह पढ़ाने की तैयारी में इतना वक़्त कैसे दे। एक दिन एक सहयोगी ने कुछ गम्भीर होकर मुझसे कहा, जनाब, आप इतनी मेहनत करेंगे तो हम लोगों को काहिल साबित करेंगे और आप भी जल्दी ही घिस-पिस जाएँगे। स्कूल-मास्टरी से मुझे अगले महीने ही मुक्ति मिल गई। न मिलती तो क्या मैं भी कुछ दिनों में उन लोगों जैसा न हो जाता ?

अगस्त में एक अप्रत्याशित बात हुई। एक दिन इलाहाबाद युनिवर्सिटी के अँग्रेज़ी विभाग के अध्यक्ष की हैसियत से पंडित अमरनाथ झा का पत्र मुझे मिला। उसमें कहा गया था कि अमुक लेक्चरर के लम्बी छुट्टी पर चले जाने से विभाग में एक अस्थायी जगह हुई है; क्या मैं 125 रु. प्रति मास वेतन पर उक्त पद पर काम करना चाहूँगा ?

यदि मैं इसमें रुचि रखता होऊँ तो शीघ्र विभागाध्यक्ष से मिलूँ। पत्र देखकर सहसा आँखों को विश्वास नहीं हुआ। युनिवर्सिटी में, या किसी डिग्री कालेज में लेक्चरर बनकर जाने का स्पप्न देखना मैंने सदा के लिए छोड़ दिया था। मैंने बी. टी. कर लिया था। उससे मैंने घोषित कर दिया था कि मैं तो केवल स्कूल या हद-से-हद किसी इंटर कालेज में पढ़ाने के योग्य हूँ। बी. टी. या एल. टी. की डिग्री युनिवर्सिटी के लिए योग्यता नहीं, निश्चित अयोग्यता मानी जाती थी। मुझे पता था कि विभाग में कोई बी. टी. या एल. टी. लेक्चरर के रूप में कभी नहीं लिया गया था; युनिवर्सिटी के अन्य किसी विभाग में भी नहीं। और यहाँ पंडित अमरनाथ झा थे जो स्वयं मुझे बी. टी को लेने की सलाह देने के बाद, बी. टी. के ठप्पे के मेरी पीठ पर लग जाने के बाद, मुझे अँग्रेज़ी विभाग में लेक्चरर के रूप में बुला रहे थे। कुछ समझ में नहीं आ रहा था। बाबा तुलसीदास ने समाधान दिया–'भाविउ मेटि सकहिं त्रिपुरारी'।

झा साहब से मिलने गया तो उन्होंने सलाह दी कि मैं अपनी इलाहाबाद हाई-स्कूल की स्थायी नौकरी छोड़कर इलाहाबाद युनिवर्सिटी की अस्थायी जगह पर काम करूँ। आगे कभी स्थायी जगह होने पर अस्थायी जगह पर काम करने का अनुभव मेरे पक्ष में होगा। वर्ष में जब भी सहयोगियों के छुट्टी पर जाने से जगहें ख़ाली होंगी मुझी को दी जाएँगी। अगर वर्ष के बाद भी स्थायी जगह न हुई तो वे मुझे शोध छात्रवृत्ति दिला देंगे, मैं किसी विषय को लेकर शोध शुरू कर सकता हूँ। यह मेरे हित में होगा कि जिस रूप में भी हो सके मैं युनिवर्सिटी से सम्बद्ध रहूँ।

झा साहब से इतना आश्वासन पाकर मुझे कुछ सोचने को न रह गया था। मुझे अपनी क्षमता का इतना विश्वास न था जितना झा साहब की निर्णायक बुद्धि का। कुछ तो उन्होंने मुझमें देखा होगा जो उन्होंने मुझे इस योग्य समझा कि मैं युनिवर्सिटी में पढ़ा सकता हूँ। एम. ए. की परीक्षा के बाद 'निशा निमन्त्रण' ही मेरी एक नई चीज़ थी जो उनके सामने आई थी। बी. टी. ने शिक्षक के रूप में मेरी क्षमता की जो काग़ज़ी सीमा खड़ी कर दी थी, उन्होंने राय दी कि मैं उसे भूल जाऊँ। अपने नाम के साथ यह डिग्री न जोड़ूं। यह डिग्री लेने या इससे उदासीन होने की बात ही न करूँ।–मैं कन्वोकेशन के अवसर पर उपाधि-पत्र लेने भी न गया। कवि के रूप में विद्यार्थियों में जो मेरी लोकप्रियता थी उससे वे अनभिज्ञ न थे। उन्होंने मुझे इसकी भी चेतावनी दी कि क्लास में कभी मैं अपनी कविताएं न सुनाऊं और युनिवर्सिटी में पढ़ाई के समय अपने को हिन्दी का कवि नहीं, अंग्रेज़ी का लेक्चरर समझूँ।–अपने को इस प्रकार विभाजित करके रखने का यह मेरा नया अनुभव नहीं था। मेरा निर्माण ही कुछ विरोधी कण समूहों से हुआ था। और उनका तनाव झेलते-झेलते मैं उनका अभ्यस्त हो गया था। मेरे कवि को अपने विरोधी का सामना कई रूपों में करना पड़ा था। पर उसको जितना उत्कट विरोध मेरे अध्यापक से सहना पड़ा होगा उतना किसी और से नहीं। निरंकुशाः कवयः–प्रसिद्ध है। कवि अंकुश में रहेगा तो जीवन को क्या देखेगा। और अध्यापक अंकुश में न रहेगा तो शिक्षा क्या देगा। अंकुश वही तो है जो आत्मनियन्त्रण है, संयम है, अनुशासन है, मर्यादा है। कवि का जो सर्वथा स्वच्छन्द रूप मैंने देखा है वह मेरी कविताओं में अनेक बार प्रतिबिंबित हुआ है। 'एकान्त संगीत' की ही कुछ

पंक्तियाँ याद हो आई हैं, 'जब करूँ मैं काम, प्रेरणा मुझको नियम हो'; 'जब करूँ मैं प्यार, हो न मुझपर कुछ नियन्त्रण'; 'धर्मों-संस्थाओं के बँधन तोड़ वना है वह विमुक्त मन';–'संस्था' यहाँ वही है जिसे आज की शब्दावली में 'व्यवस्था' कहा जाता है। कवि जहाँ खड़ा है वहाँ 'निश्चय महाद्रोह का झंडा सुदृढ़ गड़ा है' ! अध्यापक विद्रोही नहीं हो सकता। उसे होना भी न चाहिए। वह नियम-पालक होता है। वह शिक्षक है ! 'शिक्ष्' का अर्थ है 'सीखना'। शिक्षक का अर्थ है सीखनेवाला–गो हमारा आज का शिक्षक सिखाने में इतना लगा है कि सीखना भूल गया है। ख़ैर, यह प्रसंग से बाहर की बात है। सीखना तो विनम्र बनकर ही सम्भव है, विद्रोही बनकर नहीं। कवि और शिक्षक साथ-साथ बनना ऐसा ही है जैसे विनम्र और विद्रोही साथ-साथ बनना। जो कवि अध्यापक हैं या जो अध्यापक कवि हैं–सच्चे कवि और अध्यापक–वही इस तनाव का संकट जानते हैं। मुझे कुछ कवि अध्यापक याद हो आए हैं–रामकुमार वर्मा, महादेवी वर्मा, शिवमंगल सिंह 'सुमन', गजानन माधव मुक्तिबोध। इनमें से हरेक ने अपनी-अपनी तरह इस संघर्ष को झेला और उसके जो परिणाम हुए उससे प्रायः सब लोग अवगत हैं। मैं किसी को दोष नहीं देता। कठिन संघर्ष है। यह संघर्ष मुझे भी झेलना पड़ा। अपने बारे में निर्णय देना कठिन है। 1934 से 1954 तक अध्यापक भी रहा, कवि भी। मेरे शिष्यों की एक जमात शायद बताएगी कि मैं बुरा अध्यापक नहीं रहा; मेरी कविता के प्रेमियों का एक दल मुझे बुरा कवि नहीं कहेगा। मैं अपने अनुभव से कहता हूँ कि मेरे अध्यापक ने–जो मुझमें काफी सबल था–मेरे कवि के मार्ग में कम रोड़े नहीं अटकाए, पर मैंने अपने अध्यापक को अपने कवि पर हावी होने नहीं दिया–एक तरकीब से–बीच-बीच में अपने अध्यापक को तोड़कर–अध्यापक से विद्यार्थी बनकर, विद्यार्थी से अध्यापक बनकर, फिर अध्यापक से विद्यार्थी बनकर, फिर विद्यार्थी से अध्यापक बनकर। मैंने अध्यापक राम की जड़ अपने में जमने ही नहीं दी। अपने कवि के प्रति मैंने, सही है, पक्षधरता बरती। पर मेरा अध्यापक भी तो मेरी सत्ता का अंश है। आप विश्वास करें, मेरे आहत अध्यापक के प्रति मेरे कवि की कम सहानुभूति नहीं है। मैं कभी-कभी सोचता हूँ यदि मेरा अध्यापक आड़े न आता तो मैं अच्छा कवि बनता, और कभी-कभी यह कि यदि मेरा कवि मुझे कुरेदता न रहता तो मैं और अच्छा अध्यापक होता।

इलाहाबाद स्कूल से उठकर मैं इलाहाबाद युनिवर्सिटी तक पहुँचा तो मेरे पिताजी को बहुत प्रसन्नता हुई। माँ के लिए स्कूल-युनिवर्सिटी में कोई अन्तर न था–काम करने की जगह यह भी, काम करने की जगह वह भी, कहीं से भी ईमानदारी से रोटी कमाई जा सके। पिताजी ईमानदारी के साथ ही एफिशेंसी–दक्षता–को भी महत्व देते थे। उन्होंने मुझे एक कहानी सुनाई। एक बड़ा पापी था। उसने न कभी भगवान को स्मरण किया था, न कभी उनकी पूजा की थी। एक रात वह वेश्या के यहाँ जा रहा था। वेश्या के लिए उसके हाथ में फूलों की एक माला थी। रास्ते में किसी के धक्के से फूलों की माला कीचड़ में गिर गई। उसने सोचा, अब यह माला वेश्या को तो दी नहीं जा सकती। उसने कह दिया, कृष्णार्पण। जब वह मरा तो उसके पापों के कारण उसे नरक में जाना था। पर एक पुण्य का कार्य उसने किया था–भगवान को पुष्पमाला

अर्पित की थी। भगवान छोटे-से-छोटे पुण्य को भी नहीं भूलते। यमराज ने उस पापी से कहा, तुम्हारे लिए तो बहुत वर्षों के लिए नरक-दंड का विधान है। एक पुण्य जो तुमने किया है, उसके लिए तुम्हें नन्दन-कानन की झाँकी मिल सकती है, चाहो तो पहले कर लो, चाहे बाद को।– पापी ने पहले नन्दन-कानन की झाँकी कर लेनी चाही। जब यमराज उसे नन्दन-कानन के द्वार पर ले गए तो उसने कहा, मुझे यहाँ से कुछ नहीं दिखाई देता, ज़रा पास से देखने दो। ऐसे ही करते-करते आगे बढ़ते-बढ़ते, वह नन्दन-कानन के अन्दर पहुँच गया, और दोनों हाथों से फूलों को तोड़-तोड़कर कृष्णार्पण करने लगा। यमराज ने कहा, अब हो गया, चलो नरक। पापी बोला, मैंने एक गन्दी माला कृष्णार्पण कर दी थी तब तो मुझे नन्दन तक आने को मिला, अब तो मैं इतने फूल कृष्णार्पण कर चुका और करता ही जाऊँगा, अब कौन मुझे यहाँ से निकालेगा।—भगवान ने उसे अनन्तकाल के लिए नन्दन में वास दे दिया। कहने का मतलब है कि मनुष्य को पाँव रखने की जगह भर मिलनी चाहिए। फिर उसका काम है कि पाँवों को वहाँ से न डिगने दे। पिताजी ने मुझसे कहा कि तुम्हें युनिवर्सिटी में पाँव रखने की जगह मिल गई है, अब तुम ऐसे श्रम, ऐसी योग्यता से काम करो कि तुम्हें कोई वहाँ से हटा न सके। मैंने उनकी बात गाँठ बाँध ली।

शहर के एक सिरे पर युनिवर्सिटी थी, दूसरे सिरे पर मेरा घर। युनिवर्सिटी के निकट और युनिवर्सिटी के वातावरण में रहने का मैंने निश्चय किया, पर सच बात तो यह है कि मैं उस घर से भागना चाहता था। मेरे पिता, और उनसे अधिक मेरी माता जानती थीं कि उस घर में मैं कभी खुश न रह सकूँगा। भीतर से यह चाहते हुए भी कि मैं उनकी आँखों के पास रहूँ—वृद्धावस्था में उनकी यह इच्छा कितनी स्वाभाविक होगी—उन्होंने मेरे प्रस्ताव पर कोई आपत्ति न की। माताजी ने इस पर ज़रूर हठ किया कि मैं रहूं कहीं, पर खाना खाने के लिए घर आया करूं, फिर दो-दो बार चार-चार मील आने-जाने की कठिनता बतलाने पर वे इस पर राज़ी हो गईं कि मैं सप्ताह में एक दिन यानी इतवार को और तिथ-त्यौहार पर घर पर ही खाना खाने आया करूँ और मैंने उनकी बात मान ली। मुझसे कुछ गलती हो गई; इतवार-इतवार तो ठीक था, पर तिथ-त्यौहार—धन्य हैं हिन्दुओं के—हर हफ्ते दो-चार। आगे तिथ-त्यौहारों को काटने के लिए मुझे माँ से सौ तरह के बहाने सोचने पड़ते।

युनिवर्सिटी की जगह अस्थायी थी और इसकी संभावना थी कि कार्य-अवधि समाप्त होने पर मैं फिर घर लौट आऊँ, पर मेरे भीतर से कोई कह रहा था—और अब तो कह सकता हूँ कि ठीक ही कह रहा था—कि उस घर-गली-मुहल्ले से मेरी सदा के लिए विदा है। चक के घर-मुहल्ले से, जहाँ मैंने पहली बार आँख खोली थी, जहाँ मेरा बचपन घुटनों रेंगा था, लड़कपन उछला-कूदा था, जवानी उभरी थी, मुझे जितनी ममता हो सकती थी उतनी कटघर के घर-मुहल्ले से नहीं, फिर भी वहाँ रहते बारह बरस बीत गए थे और क्या-क्या नहीं बीता था वहाँ इन बारह बरसों में। जहाँ मनुष्य रहता है वहाँ के पेड़-पालो, माटी-मानुस, सबसे उसका कोई सूक्ष्म सम्बन्ध बन जाता : जैसे-जैसे वहाँ से विदा होने का दिन पास आने लगा मैं अधिकाधिक उस घर-गली से लगाव अनुभव करने लगा, उसकी पकड़ में आने लगा। विदा के दिन वे जितने

आकर्षक लगे उतने तो कभी न लगे थे। उससे सम्बद्ध सब अशोभन-अप्रिय भूल-सा गया; प्रिय ही प्रिय याद रह गया; और बिना एक दर्द का अनुभव किए मैं उनसे अलग न हो सका।

नामों के मूल तक जाने में मेरी रुचि है। नगरपालिका के लेखानुसार यह मुहल्ला मुट्ठीगंज था, पर कहने-सुनने में कटघर ही आता था। मुट्ठी तो हाथ की मुट्ठी हुई—उसका गंज क्यों ? मेरी कल्पना है, शुरू में यह मोदीगंज रहा होगा। अंग्रेज़ी स्पेलिंग के प्रभाव में मोदी, मूथी, मुट्ठी हुआ। मुट्ठीगंज ग़ल्ले की पुरानी मंडी है—शायद उस समय बनी होगी जब जमुना से बड़ी-बड़ी नावों के द्वारा ग़ल्ले का यातायात होता होगा। जमुना-तट पर पुराने बंदरगाहों के खंडहर अब भी देखे जा सकते हैं। मुट्ठीगंज मोदियों की, बनियों की, बस्ती होगी। अब भी बनिए वहाँ बड़ी संख्या में बसते हैं। उनके बाद शायद कलवार हैं। उनका पेशा मदिरा बनाना-बेचना था। बन्दरगाहों पर उतरने-चढ़नेवाले यात्री कलवरिया—हौली, मयख़ाना, मधुशाला की तलाश में रहते होंगे ही। कभी हल्के मूड में सोचता हूँ कि उस भूमि पर मधुशाला की कल्पना अतीत की किसी कलवरिया के संस्कार से तो नहीं उठी थी। मिट्टी बड़ी रहस्यमय होती है। मुमकिन है मेरा क़यास ग़लत न हो। पहले कलवार अपने को कलवार ही लिखते थे, अगर नाम के आगे कुछ जोड़ते थे। जब डा. काशी प्रसाद जायसवाल प्रसिद्ध हुए—वे भी कलवार थे—तो पेशेवाला नामांश त्यागकर उन्होंने मूल-स्थान वाला नामांश अपनाया था—जायस से जायसवाल, जैसे जायस से जायसी—मलिक मुहम्मद जायसी। इस पर बहुत से कलवारों ने अपने को जायसवाल कहना शुरू कर दिया। बाद को बहुतों ने गुप्त अपनाया। मेरे मित्र महेश प्रसाद गुप्त के बड़े भाई अपने को राधेश्याम जायसवाल लिखते हैं, उनके पिता अपने को कलवार लिखते होंगे। अब कुछ अपने को हैहय क्षत्रिय कहते हैं। 'हैहय क्षत्रिय स्कूल भी कभी मुट्ठीगंज में था, शायद अब भी हो। मुट्ठीगंज की बाकी अधिकांश बस्ती मंडी से सम्बद्ध लोगों की समझिए, गाड़ीवान, ठेलेवाले, मज़दूर वग़ैरह।

कटघर प्रायः मुट्ठीगंज की दक्षिणी सीमा से जमुना तट तक का भाग था। 'कटघर' नाम क्यों ? मेरा ख्याल है यह बिगड़ा हुआ रूप है। शुरू में यह 'कतहर' रहा होगा। 'कत' कातने से; 'हर' 'वाला' के अर्थ में, जैसे खेतिहर में। 'कतहर' यानी कातनेवालों की बस्ती आरम्भ में सन या सनई से सूतली कातनेवालों की होगी। सूतली में मछली पकड़ने के जाल से लेकर भारी नावों को खींचने के रस्से तक बनते हैं। नदी-तट पर ऐसी बस्ती का अस्तित्व में आना सहज ही समझा जा सकता है। 1926 में जब हम पहले-पहल इस मुहल्ले में आए थे, सूतली कातने का काम अधिकांश घरों में होता था। बड़े-बूढ़े-बूढ़ियाँ लकड़ी की तकलियों पर सन कातते; औरतें, कभी-कभी छोटे लड़के भी, सड़क या गली में सूतली फैलाकर गड़ारियों या चर्ख़ियों के सहारे गड़र-गड़र कर उसे बटते और उनके लच्छे बना बाँसों में बँधी डोरियों पर सुखाते। किन्हीं घरों में जाल बुने जाते या रस्सियाँ बटी जातीं। 'मोरा मस्ता कहरवा जाल बिनै जाल'—यह गाना उस बस्ती में अक्सर गूँजता। यह धंधा दिन-दिन घट रहा था, पर मुरैला मछुआरिन के घर नहीं—हमारी गली के दक्षिणी सिरे पर उसका घर था—कोठरी-दर-कोठरियों का—उसके यहाँ जाल बिना जाता था, मछलियों के लिए भी,

औरतों के लिए भी। काना-फूसी चलती थी, मुरैला मेहरारू बेचती है। मुरैला धाकड़ व्यक्तित्व की स्त्री थी। बरसातों में घर के आगे के पेड़ में झूला डलवाकर झूलती। दो मर्द पटरे के इधर-उधर खड़े हो पेंग भरते। मुरैला की पतली-तीखी-ठनकदार आवाज़, जब वह गाती, मेरे घर तक आती,

'पतली कमरिया लम्बे केस बँगालिनियाँ'...।

पिछले 40-45 वर्षों में कताई का यह धन्धा ग़ायब हो गया है। कतहरों-मछुआरों के लड़के अब अर्द्ध-शिक्षित हो दफ़्तरों में क्लर्की ढूँढ़ते फिरते हैं।

हमारे मकान के ठीक दक्षिण मास्टर नवल का मकान था। मास्टर उनके नाम के साथ कैसे लग गया था, मुझे पता नहीं। किसी स्कूल में पढ़ाने जाते उन्हें नहीं देखा था। पेशा उनका था, सूखे का टीका लगाना—सूखा बच्चों की कोई बीमारी है जिसमें वे सूखते चले जाते हैं। मास्टर के पिता या बाबा को किसी साधु ने कोई जड़ी बताई थी जिससे घिसकर पीठ पर पाँच टीके लगा देने से बच्चे अच्छे हो जाते थे। साधु ने हिदायत की थी कि इस के लिए पैसा हाथ से न छुआ जाए। मास्टर उस आदेश का अक्षरशः पालन करके भी अच्छी कमाई कर लेते थे। उन्होंने बरामदे के ताक में एक गुल्लक बनवा दी थी। जो लोग रोगी बच्चों को लेकर आते थे उन्हें गुल्लक में कुछ डालना पड़ता था। इतना मैं कहूँगा कि मास्टर यह कभी नहीं देखते थे कि किसने कितना डाला। कोई झूठ-झूठ भी गुल्लक में हाथ डाल आए तो वे उसके बच्चे को टीका लगा देते थे—बहुत-से ग़रीब-गुरबा ऐसा ही करते होंगे। टीके के लिए मंगल और शनिवार के दिन नियत थे। शाम को मास्टर गांजा पिया करते थे, साथ देने के लिए दो-चार फक्कड़ धूत, अवधूत, मछुआरे-मल्लाह इकट्ठा होते थे। लम्बी चिलम से दम लगाने के पहले मास्टर एक औघड़-मन्त्र बोलते थे, आह्वान के झटकेदार स्वर में,

चल, काली, कपाली, कराली कलकत्ते वाली !
दाँत पीसकर झपट,
खोल दे केस,
फेंक तीसरे नेत्तर से लपट,
पापी को भूँज
दिखा दे अपना भयंकर भेस, भवानी,
भुला दे दुश्मन की सब ऐंठ,
भोंक दे गले में भुजाली,
पी ले दो हुलुक ख़ून,
छाती पर चढ़ बैठ !

मन्त्र-समाप्ति के साथ ही वे ज़ोरों से दम खींचते और चिलम के ऊपर हाथ-भर ऊँचा शरारा उठ जाता।

मास्टर के मकान के बग़ल की गली में सित्तो का घर था। सित्तो का पति उठती जवानी में ही उसे एक पुत्री की माँ बना चल बसा था। सित्तो सुन्दरी न थी, पर उसमें खरा यौनाकर्षण था और आस-पड़ोस के दिल-फेंकों ने उसे अपने शरीर का पूरा लाभ

उठाना सिखा दिया था। उसने बरामदे में पान-बीड़ी की एक दूकान कर ली थी, पर उससे तो वह केवल खरीदारों की जेब टटोलती थी; उसकी असली दूकान अन्दर थी। उसकी बेटी सयानी हुई तो मनचले उस पर भी डोरे डालने लगे। सित्तो ने कहा, 'मैं बिगड़ी तो बिगड़ी, अपनी बेटी को न बिगड़ने दूँगी'; और गाँव ले जाकर किसी भले घर में उसकी शादी कर आई। मेरे कमरे की खिड़की से सित्तो की दूकान दिखाई देती थी। सित्तो किन नाज़-नखरों, दाँव-पेचों से अपने ग्राहकों को फाँसती है, यह मैं अपने कमरे से बखूबी देख सकता था।

मेरे मकान से लगा उत्तर की ओर गिरिजाशंकर वकील का मकान था। चूँकि मेरा मकान पहले बना था इसलिए उनकी ओर जो दीवार पड़ती थी उसमें डाट लगवाकर मेरे पिता ने तीन आलमारियाँ ईंटों से भरा रखी थीं। जब उनकी दीवार उठ गई तो पिताजी ने आलमारियों से ईंटें निकलवा लीं। इस प्रकार हमें तीन आलमारियों की जगह अपनी ओर मिल गई। वकील साहब ने इसको बुरा माना और अपने मकान की छत इतनी ऊँची बनाई कि उस पर से हमारी छतों और आँगन को देख सकें। पिताजी ने बहुत बार कहा पर उन्होंने अपनी छतों पर हमारी तरफ मुँडेर न बनवाई और हमारे घर की बेपर्दगी होती रही। और इस कारण एक आपसी मन-मुटाव बना रहा। पिताजी कहते, वकील से कौन भिड़े, यहाँ छिपा ही क्या है जो वे देख लेंगे।

एक बार हिन्दू-मुस्लिम दंगे के दिनों में हमारे मकान के सामने दो मुसलमानों को छुरा भोंक दिया गया। जो लोग पकड़े गए उनमें मेरे पिता और गिरिजाशंकर वकील भी थे। जेल में वकील साहब को बेहद घबराया देख मेरे पिताजी ने कहा कि सब लोग कह दें कि प्रताप नारायण ने हत्या की है और वे इसे स्वीकार कर लेंगे। पिताजी के उस अप्रत्याशित व्यवहार से वकील साहब सदा के लिए उनके मुरीद हो गए। 'आरती और अँगारे' की 37वीं कविता इसी घटना पर आधारित है। मुकदमा चलने पर सब लोग बरी हो गए। मारनेवाले तो दूसरे ही थे। वकील साहब के तीन लड़के थे। बड़ा ही किसी अच्छी जगह पर पहुँचा। मझले शायर निकल गए। ये बड़े अभिमान से कहते थे, 'मैं जब सुनता हूँ कि कहीं मुशायरा होने वाला है तो अपने पास से रुपए खर्च कर वहाँ पहुँचता हूँ और अपनी ग़ज़ल सुनाता हूँ।' छोटे तब तक विद्यार्थी ही थे। वकील साहब अपने पेशे में सफल थे और उनके बहुरंग-रूपी मुवक्किलों से हमारे पड़ोस में बड़ी रौनक रहती थी।

आगे गणेशप्रसाद जायसवाल का मकान था। वे बीमा का काम करते थे और पूरे कांग्रेसी थे—कई बार जेल गए थे—शुद्ध खादी-धारी। उनकी पत्नी को सफ़ाई का ख़ब्त था, कोई मनोवैज्ञानिक कारण होगा। वह हर वक़्त झाड़ू लिए घर बुहारा करती थी।

उनके पड़ोस में रहनेवाली सुदामा की दादी को कोई कैसे भूल सकता है। वह प्रतिदिन सवेरे हमारे घर के आगे की गली से जमुना नहाने जाती थी। उसकी पतोहू बड़ी खरे-दिमाग़ और लड़ाकी थी। सुदामा की दादी रास्ता चलते अपनी पतोहू को जवाब देने, डाँटने-फटकारने, ताना मारने का पूरा कथोपकथन तैयार कर हस्त-मुख-मुद्राओं के साथ उनका रिहर्सल भी कर लेती थी, पर घर पर जाते ही वह भीगी बिल्ली बन जाती थी। पास-पड़ोस वाले सिर्फ़ सुदामा की माँ का गर्जन-तर्जन सुनते थे।

गली के उत्तरी सिरे पर महावीर प्रसाद भूसेवाले की दूकान थी। वे भी खद्दरधारी काँग्रेसी थे, हर आंदोलन में आगे रहते थे। एक बार निज़ाम ने 'सत्यार्थ प्रकाश' को हैदराबाद रियासत में ग़ैर-कानूनी किताब घोषित कर दिया था। महावीर प्रसाद 'सत्यार्थ प्रकाश' को बस्ते में लटका हैदराबाद तक पहुँचे। वे सच्चे अर्थों में देश-सेवी थे। नेहरू परिवार भी उनकी सेवाओं से प्रभावित था। एक बार उन्होंने नेहरू और उमा नेहरू को भी सम्मिलित होते देखा था। नमक सत्याग्रह के आन्दोलन के दिनों में उनका जवान बेटा अचानक किसी बीमारी का शिकार होकर स्वर्ग सिधारा। मैंने उनके मुख से सुना था, 'मरना तो उसे था ही, अफ़सोस तो मुझे इसका है कि यह पुलिस की गोलियों से क्यों नहीं मरा !'

गली में दो-चार पहलवान गुँडे भी रहते थे। वे केवल कसरत करते, बदन निकालते, और पगड़ी बाँध, मूँछें ऊपर उठा लाठी कंधे पर धरकर घूमते। पहले तो मैं यह समझ ही नहीं सका था कि ये लोग क्या काम करके अपनी रोटी कमाते हैं। बाद को मालूम हुआ कि ये लोग बनियों के यहाँ तगादिया का काम करते हैं। बनियों का काम था कर्ज देना और इन तगादियों का काम था क़र्जदारों को डरा-धमकाकर ब्याज और मूल वसूल करना। जो काम कचहरियों में सालों में न हो वे उसे घण्टों में कर लाते थे। आग़ा-पठान और पहलवान तगादिए ग़रीब रिनिहों के जमराज थे।

लेकिन गली का सबसे दिलचस्प व्यक्तित्व था इस्सर चमार और उसकी पत्नी जुगनी का। इस्सर कसरती बदन का था; गाड़ीवान था; गाड़ी-बैल किसी मोदी के थे, वह केवल हाँकता था; गाड़ी-बैल, गाड़ीवान के प्रतीकों से मैंने कई कविताएँ लिखी हैं; उनके पीछे इस्सर की याद हो तो कोई ताज्जुब नहीं। जुगनी भी अच्छी-तगड़ी थी और बच्चा जनाने से लेकर पत्थर ढोने तक का कोई भी काम कर सकती थी। उनके दो लड़के थे, दोनों ब्याहे, दोनों मेहनत-मज़दूरी करते थे। घर के नाम पर उनके पास एक बड़ी कोठरी थी, आगे दालान। आश्चर्य होता था कि उसमें छह प्राणी कैसे रहते थे। गली को भी, जो काफ़ी चौड़ी थी, उन्होंने अपने मकान का हिस्सा बना लिया था। ऐसे साधारण लोगों के जीवन-मरण-संघर्ष में कौन रुचि लेता है। पर एक दिन उन्होंने कुछ ऐसा किया कि सारी गली, पास-पड़ोस के लिए आकर्षण की वस्तु बन गए। इस्सर के लड़के के लड़का हुआ। चमार-चमाइन ने चार भाई-बिरादरी को बुलाकर खाना-पीना किया। लोगों ने उस खुशी में इस्सर और जुगनी को नाचने के लिए कहा। जुगनी दो-चार फेरे नाचकर बैठ गई। इस्सर ने मज़ाक किया, 'बस तोरे कमर में एतनिन ताक़त है !' जुगनी का स्वाभिमान कहीं आहत हुआ। उसने चुनौती के स्वर में उत्तर दिया, 'एतनिन ताक़त ! तो मैं अब उठत हौं, औ जे बैठे ऊ नामरद !' इस्सर को भी ताव आ गया। वह बोला, 'तो अब महूँ उठत हौं, औ जे बैठे ऊ छिनार !' दोनों ठर्रे के खिंचाव पर थे। किसी ने ढोलक सँभाली, किसी ने मजीरा। इस्सर और जुगनी नाचने लगे। जुगनी ने टेक छोड़ी,

'सजन की हाट मैं तो जोबना लुटाय दिहेव'

और इसी टेक पर वे आधी रात तक नाचते रहे। फिर इस्सर ने उस टेक को थोड़ा-सा मोड़ दिया,

'सजन के हाथ मैं तो जो बना लुटाय दिहेवं'

और दो घण्टे इसी टेक पर नाच चलता रहा। फिर जुगनी ने इस टेक को दूसरा मोड़ दिया,

'सजन की हाट मैं तो जो बना लुटाय दिहेवं'

सवेरे तक उसी पर दोनों नाचते रहे। ढोलक-मजीरा बजानेवालों की उँगलियाँ सूज गईं। इस्सर और जुगनी के पाँव में छाले पड़े, फूटे, खून बहने लगा। वहाँ कोई फर्श थोड़ा बिछा था, वे अपना पाँव नंगी खुरदुरी धरती पर रगड़ रहे थे। कोई पहले बैठने का नाम नहीं लेता था।

मेरे प्रियतम नाच रहे हैं, मैं कैसे हट जाऊँ।
बहुत किया अभिमान कि उनकी-
मेरी अनुपम जोड़ी,
अब क्यों घबराऊँ जब उनसे
मेरी होड़ा-होड़ी
तन हारे की हार नहीं जो
मन की बाजी जीते,
तन वियकित हो, तन विघटित हो, मन से क्यों घट जाऊँ।
मेरे प्रियतम नाच रहे हैं, मैं कैसे हट जाऊँ।

मेरी इन पंक्तियों में शायद जुगनी की टेक ही यत्किंचित् आबद्ध हुई है।

दोनों पागल हो गए थे, पूरी गली वहाँ सिमट आई थी। धूप निकल आई। लगता था कि दोनों बेहोश होकर गिर पड़ेंगे। एक साथ दोनों जवान लड़के उठे और एक ने माँ को पकड़ा, एक ने बाप को। इस्सर और जुगनी ने एक-दूसरे की आँखों में देखा। इस्सर ने जैसे कहा, 'देखो मैं नामरद नहीं साबित हुआ'। और जुगनी ने जैसे जवाब दिया, 'देखों मैं भी छिनार नहीं साबित हुई।' मैंने इस्सर और जुगनी का यह नाच देखा था। मैंने योरोप के बड़े-बड़े नाचघरों में बड़े-बड़े प्रसिद्ध नर्तकों के नृत्य देखे हैं। मैं ईमानदारी के साथ कहता हूँ कि उतना ऐक्साइटिंग-रोमप्रहर्षक-नृत्य मैंने आज तक नहीं देखा। मेरे पास कुछ भी ऐसा नहीं था जिसको इस्सर और जुगनी पर वार कर मैं अपने मन में कुछ सन्तोष का अनुभव न करता।

और सहालग के दिनों में उस गली में जो गीत गूँजते थे उनको मैं कैसे भूलूँ। रंग-बिरंगे कपड़ों में स्त्रियों का एक दल कुआँ पूजने जा रहा है—आगे की किसी स्त्री के हाथ में सूप है जिसमें कई दीए जल रहे हैं—वे गा रही हैं,

दसरथ राजा हाथे
लाल पिंजड़वा
कौसिल्या देई हाथे
रैमुनिया छिनरिया...

और जब वे लौटती हैं तो रास्ते के मर्दों को गाली सुनाती आती हैं,

पगड़ी के बाँधव छोड़ दे
मनसेधुआ लाज करूँ...
तोरी बहिनी के बुढ़वा भतार
बेसरमे लाज मरूं...

और जिसके घर के सामने से निकलती हैं उसका नाम ले-लेकर गाली गाती हैं,

बच्चन के घर जाय मोरा लेरुआ
उनकी बहिनियाँ गोरी है
गोरी है भई गोरी है;
गोरी...खोरी - खोरी
भैया-भतार की चोरी है
चोरी है भई चोरी है...

और ऐसी गालियाँ गाकर जैसे उन्होंने मुहल्ले-भर को अपने घर के उत्सव-उल्लास में सम्मिलित कर लिया है। लोक-जीवन में पारस्परिक भाई-चारे और सौहार्द का सम्बन्ध स्थापित करने के लिए कैसे सहज, स्वाभाविक और विनोदपूर्ण सूत्रों का विकास किया गया है।

जिस दिन मैं कटघर से विदा होने लगा, गली की ये सब ध्वनियाँ, ये सब सूरतें, ये सब दृश्य, मुझे बहुत-बहुत याद आए। धरती के जीवन के ये विविध, आकर्षक, जीवन्त स्वरूप ! मेरी स्मृति में वे कितने ताज़े हैं, इसकी साक्षी शायद ये पंक्तियाँ हों।

मेरे घर से जाने का विरोध किया शालिग्राम ने। हम दोनों सगे भाई थे पर हम दोनों के स्वभाव एक-दूसरे के बिल्कुल प्रतिकूल थे। प्रताप नारायण की चार सन्तानों में मेरे बाबा से आई भावुकता और मेरी दादी से आई व्यावहारिकता का बड़ा विचित्र मिश्रण और विभाजन हुआ था। मेरी बड़ी बहन भगवान देई भावुक और कल्पना-प्रवण थीं; जैसा मुझे कहना चाहिए, कुछ-कुछ, मैं था—उन पर मैंने एक कविता लिखी है—'राह कल्पना की तुमने ही सबसे पहले थी दिखलाई'—'आरती और अंगारे' की 41वीं कविता है। मेरे छोटे भाई शालिग्राम और मेरी छोटी बहिन शैलकुमारी व्यावहारिक और हिसाबी थे। शालिग्राम अपनी व्यावहारिकता में किस हद तक जा सकते थे, सुनिए। उनकी प्रथम पत्नी रोग-शैया पर पड़ी थीं, इलाहाबाद में। वे उन दिनों बनारस में काम करते थे। पत्नी की हालत गम्भीर हुई तो वे छुट्टी लेकर इलाहाबाद आए और उन्होंने पत्नी की बीमारी की वजह दिखाकर अपना तबादला इलाहाबाद कराना चाहा। जिस दिन उनकी अर्ज़ी की मंजूरी होनी थी उसी सुबह को उनकी पत्नी का देहावसान हो गया। उन्होंने सोचा, जब पत्नी का देहावसान हो गया तो जिस आधार पर तबादला माँगा गया है, वही ख़त्म हो जाएगा। पर तबादला तो वे चाहते थे। क्या आप विश्वास करेंगे कि घर में पत्नी की लाश पड़ी थी और वे सब दिन की तरह कपड़े पहन, साइकिल पर चढ़, दफ़्तर पहुँच गए और शाम को तबादले का आर्डर लेकर लौटे। हम लोग उनकी पत्नी की लाश लेकर श्मशान गए। शैलकुमारी को दौरे आते थे—बेहोशी के। होश में आने पर वह सबसे पहले अपना बटुआ देखती थी कि किसी ने उसमें से कुछ निकाल तो नहीं लिया; शादी के बाद अपने बन्द सन्दूक आदि, कि उसकी बेहोशी में उसकी

कुंजी से बक्स खोलकर किसी ने उसके गहने-कपड़े तो नहीं निकाल लिए। और इसपर कई बार उसकी देवरानियों से झगड़े हुए थे, गो कभी-कभी उसकी चीजें निकल भी जाती थीं। ख़ैर। यह घर मेरे लिए कितना दुःसह स्मृति-दंश हो गया है, इसे शालिग्राम समझ ही नहीं सकते थे। इसपर उन्होंने जो कहा होगा, उसकी कल्पना आप सहज ही कर सकते हैं।

पर उनकी बात का एक दूसरा पहलू भी था। वे बोले, 'भाई साहब, माना कि इस घर से जो स्मृतियाँ जुड़ी हैं, वे आपके लिए दुखद हैं, पर क्या आप नहीं समझते कि आपकी दृष्टि एकांगी है ? इस घर में कुछ बुरा हुआ है तो क्या कुछ अच्छा नहीं हुआ ? आप तो कवि हैं। क्या आप इस बात को भूल सकते हैं कि इसी धरती पर आकर आपकी सरस्वती जगी ? और इसी के पुण्य-प्रताप से वह दिन-दिन निखर-बिखर रही है—'बिखर' से उनका मतलब था मेरे यत्किंचित् यश-विस्तार से।—क्या यह आपको बताने की ज़रूरत है कि इसी घर में आपने 'सुषमा-निकुंज' खोला जो दिन-दिन फल-फूल रहा है और जिसकी बदौलत हम घर में दो जून घी-चुपड़ी रोटी खाते हैं। मैं तो नहीं समझता, आपका इस घर-मुहल्ले से दूर जाना आपके हित में होगा।'

मुझे आज भी याद है जो मैंने उनसे कहा था, 'सुषमा-निकुंज की आय, कवि के रूप में मेरी ख्याति, यहाँ तक कि मेरी कविता भी मेरे लिए गौण है। ये सब मेरे किसी अभाव, किसी प्यास, किसी विकलता की उपज हैं। मुझे अपने जीवन में शान्ति-सुख मिल सके, मैं अपने मन की ज़िन्दगी बिता सकूँ, सन्तोष पा सकूँ तो मैं इन सारी चीजों की टके बराबर भी परवाह न करूँ। जिन चीज़ों को तुम महत्व देते हो उनका महत्व मेरी दृष्टि में सिर्फ इतना है कि उनकी सहायता से मैं उस लीक से बाहर निकल सका हूँ जिसमें मैं जा पड़ा था। मैं एक उपयोगी नागरिक, एक साधारण सुखी गृहस्थ आदमी का सपना अब भी लिए हूँ और मुझे लगता है कि उसके लिए यह ज़मीन उपयुक्त न हो सकेगी। मेरे नव मानव के लिए एक नई धरती भी चाहिए। यह पुरानी धरती बहुत से पुराने काँटों, खूँटियों, सड़ी-सूखी जड़ों से भर चुकी है। एक अवसर नई ज़मीन पर पाँव रखने का मुझे मिला है। मुझे यह प्रयोग भी कर लेने दो।' इस प्रयोग के लिए उकसाने वाली कोई थी क्या ?

शालिग्राम मुझे कटघर की धरती से न बाँध सके। मैं अपने प्रयोग में एक-दो कष्टकर अनुभूतियों के बावजूद, अंततोगत्वा असफल नहीं रहा। किसी हद तक मैं अपने को एक उपयोगी नागरिक और साधारण सुखी मनुष्य भी कह सकता हूँ। पर एक प्रश्न मैं अपने से आज भी पूछना चाहूँगा, क्या मुट्ठीगंज, कटघर, जमुना-तट की धरती से हट आना मेरे कवि के लिए अहितकर सिद्ध हुआ ? अपनी कविता के विषय में मैं स्वयं निर्णय न देना चाहूँगा। हिन्दी के औसत समालोचकों की राय में लोकप्रियता की दृष्टि से मेरी 'मधुशाला' और स्तरीय साहित्य की दृष्टि से मेरी 'निशा निमन्त्रण' मेरी सर्वोत्कृष्ट कृति है। और मेरी कृतियों में यही सबसे अधिक पढ़ी गई है और सबसे अधिक बिकी भी हैं। यदि यह ठीक है तो मैं यह स्मरण करना चाहूँगा कि दोनों रचनाएँ कटघर की भूमि की देन हैं। और अगर उनके गुणों से मेरी बाद की कृतियाँ वंचित हैं तो क्या यह अनुमान करना ग़लत होगा कि उनके इस प्रकार वंचित होने का कारण

यह है कि वे कटघर की भूमि का सम्पर्क फिर नहीं पा सकीं।

मिट्टी को इतना महत्व देना मुझे अच्छा लगता है; मैं इसे अतिशयोक्ति नहीं कहूँगा। पर मिट्टी को मैं उतना ही नहीं मान सकता जितनी वह पाँवों के नीचे की धूलि के रूप में है। कटघर की मिट्टी और चक की मिट्टी भी मेरे हृदय में है और मैं कहीं भी जाऊँ, उन्हें अपने साथ ले जाता हूँ। मेरी कविता का हर बीज उसी पुरानी मिट्टी में बोया जाता है। एक तरह से वह वहीं की उपज है। 'गाता हूँ अपनी लय-भाषा सीख इलाहाबाद नगर से', अपनी यह कविता मैंने केम्ब्रिज में बैठकर लिखी थी। मनुष्य के, विशेषकर कवि के मस्तिष्क का यही तो चमत्कार है कि वह कहीं भी चलाए, भूमि जुतती है उसकी स्मृति की ही, बीज वह कहीं भी छींटे, पौधा उगता है उसकी भावना की ही धरती पर।

एक बात स्वीकार करने में मैं संकोच नहीं करूँगा। जो मानवीय सम्पर्क मैंने चक और कटघर की धरती पर अनुभव किया था वह मैं फिर और कहीं नहीं अनुभव कर सका। युनिवर्सिटी क्षेत्र में रहना तो जैसे सराय में रहना था—फिर ऐसी सराय जिसके मुसाफ़िरों से सम्पर्क, समानता या समग्रता के स्तर पर नहीं हो सकता। मानवीय सम्पर्क मनुष्य-मनुष्य का है, अध्यापक-विद्यार्थी का नहीं, अध्यापक-अध्यापक का भी नहीं। सिविल लाइंस में रहना समस्त मानवीय सम्पर्क से कटना था। इसका निश्चित प्रभाव मेरे जीवन और सृजन पर पड़ा होगा, इसे मैं मानता हूँ।—प्रभाव अच्छे-बुरे में उतना नहीं, जितना अपनी विशिष्टता में।

मेरे समकालीन बड़े कवियों में निराला मानवीय सम्पर्क के लिए सबसे अधिक आग्रहशील और सतर्क रहे। बंगाल छोड़कर जब वे उत्तर प्रदेश में आए तब भी उन्होंने यही सोचा होगा कि उन्हें उस मानव-समाज के बीच रहना चाहिए जिसकी भाषा में वे सृजन करने जा रहे थे—आइरिश बैकेट का फ्रेंच में सफलतापूर्वक लिखने के लिए पेरिस में आकर बसना सर्वविदित है—लखनऊ में निराला हाथीख़ाना, भूसा मंडी में रहे; इलाहाबाद में दारागंज की गली में; न बस्ती से अलग, न संभ्रांतों की बस्ती में। महादेवीजी के संसद् से भाग खड़े होने के पीछे बहुत से कारणों की कल्पना की गई है। शायद मुख्य कारण यह था कि वे उस मानवीय अलगाव से घबराए होंगे जिसे गंगा-तटवर्ती निचाट संसद् में उन्हें झेलना पड़ता। मुहल्ले और गलियाँ जो मानवीय सम्पर्क देती हैं, जो किसी भी जीवंत सर्जक के लिए आवश्यक हैं, विशेषकर उसकी प्रारम्भिक ग्रहणशील अवस्था में, वह सिविल लाइनें या उसी तरह का अलगाव या कटाव अनुभव करानेवाले स्थान या निवास नहीं देते। दरबारे-निज़ामी का प्रलोभन भी उस्ताद ज़ौक़ का गली-मोह नहीं छुड़ा सका था। वहाँ से निमन्त्रण पाने पर उन्होंने कहा था, 'कौन जाए ज़ौक़ अब दिल्ली की गलियाँ छोड़कर'। कभी-कभी मैं सोचता हूँ कि अगर मुझे दिल्ली में ही रहना है तो 13 नम्बर विलिंगडन क्रिसेंट को छोड़कर मुझे पुरानी दिल्ली के किसी कूचे, कटरे या दरीबे में रहना चाहिए, अगर मुझे अपने सर्जक को फिर से जीवंत बनाना है। पर वहाँ जाकर भी वह ग्रहणशीलता अब कहाँ पाऊँगा जिसे मैं अपने यौवन के साथ खो चुका हूँ। फिर भी मैं यह जानता हूं कि सृजन-प्रतिभा का कमल जब भी खिलेगा तब किसी गली-कूचे के कीचड़-काँदो से मुग़ल-गार्डन के

कृत्रिम स्वच्छ-निर्मल आबशारों से नहीं। कीचड़-कादो की कमी कहीं नहीं है, शर्त प्रतिभा है, जो उसमें अपना मूल डालकर वह संजो सके जो ऊपर उठकर रंग, रूप, रस, गन्ध में परिवर्तित होता है—पंकज बनता है।

मनुष्य ऊपर से कुछ ओढ़कर भीतर ही भीतर क्या छिपा रखता है, क्या दबा देता है, यह एक बड़ा रहस्य है। शालिग्राम मुझे घर पर रहने को तैयार न कर सके, मजबूर वे मुझे कर नहीं सकते थे, किन्तु चलते समय उन्होंने रहीम का एक दोहा पढ़ दिया जिससे उनकी कहीं दबी-छिपी भावुकता ही एक झलक मार गई, और उसने मेरे मर्म को छू दिया,

सर सूखे पंछी उड़ैं औरे सरन समाहिं,
दीन मीन बिन पच्छ के कहु रहीम कहं जाहिं।

जिन घरों से दुखद स्मृतियाँ जुड़ गई हैं उन्हें छोड़कर कितने लोग भाग सकते हैं। प्रायः मनुष्य अपने मन को ही बदलता है। जब वह अपने गत प्रिय जनों को याद कर कहता है, 'उन्होंने छोड़ा जो उद्यान हमारा वह आनन्द निवास' तब वह अपनी विवशता पर कितना दर्द-भरा व्यंग्य करता है।

मैं युनिवर्सिटी के निकट की नई बस्ती नए कटरे में नरेन्द्र शर्मा के साथ रहने को चला आया। नरेन्द्र से मेरा प्रथम परिचय 1933 में, महावीर प्रसाद द्विवेदी मेले के अवसर पर आयोजित कवि-दरबार के रिहर्सलों में हुआ था। नरेन्द्र ने उसमें सुमित्रानन्दन पंत की भूमिका अदा की थी। खुदा के फ़ज़ल से सुन्दर, गौर, सुकुमार थे ही, लड़कियों के बाल सिर पर लगा दिए गए तो पंत जी के लघु संस्करण लगने लगे। नरेन्द्र, पंतजी की कविता के प्रेमी थे और उनके स्वर, मुद्रा की हूबहू नकल कर सकते थे। मैं एक देहाती कवि की भूमिका में उतरा था। उसके लिए दो कवित्त और एक लोकगीत मैंने स्वयं रचे थे। कवित्तों की केवल अन्तिम पंक्तियाँ मुझे याद हैं। पहला कवित्त आत्म-परिचय का था। अन्तिम पंक्ति थी 'आजा, परपाजा, नरकाजा, नगड़दादा ते मोरे सात पीढ़ी कबिताई चलि आई है। दूसरा कवित्त आसन्न-वियोगा नायिका की उक्ति थी। अन्तिम पंक्ति थी, 'पिया मोर जइहैं परदेसवा सबेरे उठि रतिऐ से मोर जिया झट्ट-झट्ट करत है।' लोकगीत में एक आँधी का वर्णन था, टेक थी, 'फूस की मड़ैया मोर हालै-डोलै चर्रमर्र'। कविताएँ मेरी खूब जमी थीं और दरबार में सबसे अच्छे अभिनय का स्वर्णपदक दुलारेलाल भार्गव ने मुझे प्रदान किया था।

उस मेले के बाद समय-समय पर प्रयाग की गोष्ठियों, कवि-सम्मेलनों, साहित्य सभाओं में मिलते-जुलते, एक-दूसरे के यहाँ आते-जाते, एक-दूसरे की कविताएँ पढ़ते-सुनते और सबसे बढ़कर एक-दूसरे के जीवन-संघर्ष में—जो नरेन्द्र के सामने प्रायः वैसा ही था जैसा मेरे सामने—रुचि लेते और एक-दूसरे को प्रोत्साहन देते हमारा परिचय क्रमशः पारस्परिक सहानुभूति, लगाव, मैत्री और निकटता में बदल गया था। हमारे सम्बन्ध-शृंखला की एक महत्वपूर्ण कड़ी यह भी थी कि हम दोनों ही पंतजी के कवित्व और उससे बढ़कर उनके व्यक्तित्व के प्रेमी थे। नरेन्द्र मुझसे छह वर्ष छोटे थे, पर किसी को अपने से छोटा समझने की बात तब मेरे मन में उठती ही न थी, लगता था मैं ही सबसे छोटा हूँ—उम्र में भी। मैंने उनको अपना समवयस्क ही समझा। इसमें ज़्यादा

सहायता शायद नरेन्द्र ने ही दी। एक तो एम. ए. उन्होंने मुझसे दो बरस पहले कर लिया था; दूसरे, वे बात, और कभी-कभी कविता भी, ज़रा बुजुर्गी अन्दाज़ में कर जाते थे। क़द में वे नाटे न होते तो बहुत मुमकिन था कि मैं उनको अपने अंग्रेज का मान देता। उनके ब्राह्मण होने के नाते और अपने कायस्थ संस्कारों से विवश उनका चरण तो मैंने कई बार छुआ है।

नए कटरे के वे किराए के जिस नए मकान में रहते थे उसका नाम 'दिल-कुशा' था। दुमंज़िला था। निचली मंजिल में एक मद्रासी गायनाचार्या रंगम्मा जी रहती थीं, उपरली मंजिल पर नरेन्द्र। ऊपर दो कमरे छोटे थे, एक बड़ा था। छोटे कमरों में नरेन्द्र रहते थे, बड़ा बन्द रहता था, पंत जी के रहने के लिए, जब वे प्रयाग आएँ। नरेन्द्र के हिस्से में एक कमरा नीचे भी था, बाहर से स्वतन्त्र, ठीक ज़ीने से लगा। वह ख़ाली रहता था। नरेन्द्र अकेले ही रहते थे। एक पहाड़ी नौकर था उनके पास, जो खाना भी बनाता था और ऊपर का काम भी करता था। कुछ पढ़ा-लिखा भी था—हिसाब आदि लिखने योग्य। नाम उसका याद रह गया है, शायद एक विशेष प्रसंग के कारण। एक बार नरेन्द्र की कुछ छोटी-मोटी चीज़ें ग़ायब हो गईं। सन्देह डूँगर सिंह पर ही होना था। उसने साफ़ इन्कार कर दिया। नरेन्द्र उसे निकालने पर तुल गए। जाते वक़्त उन्होंने उसके बक्स की तलाशी ली। उनकी कुछ चीज़ों के साथ मिलीं उसमें 'मधुशाला', 'मधुबाला' और 'मधुकलश' की प्रतियाँ जो मैंने नरेन्द्र को भेंट की थीं। नरेन्द्र गुस्सा हुए। मुझे कहीं खुशी भी हुई। कोई कविता का प्रसिद्ध पारखी या समालोचक या युनिवर्सिटी का कोई प्रोफ़ेसर मुझसे माँगकर मेरी पुस्तकें पढ़ता तो मुझे उतनी खुशी न होती जितनी डूँगर सिंह के चुराकर पढ़ने पर। अपनी कविता के उस विवश और दयनीय प्रेमी का नाम मैं कैसे भूलता ! यदि नरेन्द्र चोरी के उस काम को प्रोत्साहन देना न समझते तो मैं उनसे कहता कि किताबें उसे ले जाने दें। ख़ैर।

नरेन्द्र उन दिनों अखिल भारतीय कांग्रेस कमेटी में काम करते थे जिसका दफ़्तर थोड़ी ही दूर पर पुराने 'आनन्द भवन' में था। फ़ुरसत का समय वे साहित्यानुशीलन या काव्य-सृजन में लगाते। खेल-कूद या किसी मनोरंजन में समय देते मैंने उन्हें न देखा था। और मेरा ऐसा अनुमान है कि एक प्रेम-प्रसंग की कटुता से उबरकर—जिसने उनसे 'प्रवासी के गीत' लिखाए थे—वे एक दूसरी प्रेमानुभूति की पीड़ा को भोग रहे थे। उन्हें अपना अंतर्दहन किसी से कहने की आदत न थी, पर मैं समझता हूँ, मेरा अनुमान ग़लत नहीं था; विद्यापति के शब्दों में 'कवि कहं कवि पहिचान'।

मैंने कुछ दिनों के लिए उनके पास आकर रहने का प्रस्ताव उनके सामने रखा तो उन्होंने उसका सहज सहानुभूति से स्वागत किया, केवल इसलिए नहीं कि मेरे लिए युनिवर्सिटी निकट पड़ेगी, या मैं दुखद स्मृतियाँ जगानेवाले अपने घर-परिवेश से दूर हो सकूँगा, बल्कि इसलिए कि मेरी आँखों में उन्होंने वही तलाश देख ली थी जो उनकी आँखों में थी, जैसे दो तृषार्त हिरन मृगतृष्णा की ओर भागते हुए साथ-साथ हो जाना चाहें। मेरे सामने तो अभी मृगतृष्णा पूरी तरह स्पष्ट भी न थी, पर क्या मेरे शब्दों में उन्होंने मेरी प्यास पढ़ ली थी। पढ़ ली हो तो कोई आश्चर्य नहीं—'समुझहि खग खग ही कै भाषा'। क्षमा करेंगे। प्रसंग से बाहर जाकर इस अर्धाली पर कुछ कहना

चाहता हूँ। इसका अर्थ प्रायः यह किया जाता है कि 'खग ही खग की भाषा समझता है'। पर अर्धाली का ठीक अर्थ तो यह होगा कि 'खग खग की ही भाषा समझता है'। दोनों अर्थों का अन्तर स्पष्ट है। यदि तुलसीदास पहला ही अर्थ व्यक्त करना चाहते तो अर्धाली को यों रखते, 'समुझहि खग ही खग कै भाषा'। मेरी कल्पना है, ग़लत भी हो सकती है, कि 'ही' यहां उसी अर्थ में नहीं जिस अर्थ में हम खड़ी बोली में उसका प्रयोग करते हैं। अवधी में 'ही' का अर्थ 'हृदय' भी होता है। सीधा-सा अर्थ यह निकाला जा सकता है कि 'खग खग के हृदय की भाषा समझता है'। ख़ैर, शब्द से तो मैं शायद अपनी प्यास-तलाश को छिपाना ही चाहता। पर यहाँ तो खग खग के हृदय की भाषा को भी समझता था। जब मैं नरेन्द्र के साथ रहने को आ गया, तब तो कितनी ही रातें, समानान्तर चारपाइयों पर चित लेटे वेदना-बोझिल अस्फुट शब्दों में हमने एक-दूसरे को अपनी-अपनी व्यथा-कथा, कल्पना-आकांक्षा, भय-भ्रान्ति, आशाएँ-आशंकाएँ सुनाईं। मुझ अनिकेतन को अपने घर में शरण देने, मुझ निःसंग को अपना संवेदनशील संग देने और मेरी एकाकी ध्वनि को अपनी प्रतिध्वनि से आश्वस्त करने के लिए मैं आज भी नरेन्द्र को कृतज्ञता-पूर्वक स्मरण करता हूँ।

नीचे के कमरे को मैंने अपना अध्ययन कक्ष बनाया। खाने की मेज़ ऊपर बरसाती में लगी थी; वहीं हम सोया भी करते थे।

अंग्रेज़ी विभाग में मेरे प्रवेश पर कोई विशेष प्रसन्नता व्यक्त की गई हो, इसकी मुझे स्मृति नहीं। रघुपति सहाय 'फ़िराक़; वहाँ कई वर्ष पहले पहुँच गए थे। किसी ने अर्ध असन्तोष, अर्ध व्यंग्य से कहा, चलो, अंग्रेज़ी विभाग में एक उर्दू के शायर थे, एक हिन्दी के कवि भी आ गए—जैसे दोनों यहाँ अपनी जगह पर न हों।

युनिवर्सिटी में पढ़ाने का काम अधिक न था, सिर्फ़ तीन पीरियड रोज़, एक लेक्चर का, दो सेमिनार के। शेष समय मैं पढ़ाने की तैयारी में लगाता। काम नया था, पर मैं समझता हूँ, मैं उसे सफलतापूर्वक कर सका। कम से कम उससे किसी ने असन्तोष व्यक्त नहीं किया। जिस लेक्चरर की जगह पर मैं काम करता था, जब वे वापस आ गए, मेरा काम समाप्त हो गया। फिर भी जब कोई लेक्चरर छुट्टी पर जाता उसकी जगह मुझको दे दी जाती। बीच-बीच में जब, मेरा मूड आता मैं 'एकान्त संगीत' शृंखला के गीत लिखता। नवम्बर तक 'एकान्त संगीत' के 100 गीत हो गए और उन्हें प्रकाशित करने के लिए भेज दिया गया। पिताजी और शालिग्राम 'सुषमा निकुंज' के कार्य को बड़े सुचारु ढंग से चला रहे थे। किसी भी पुस्तक की बिक्री से सबसे पहले रुपए उसके अगले संस्करण के लिए जमा करा दिए जाते। बाद को आवश्यकतानुसार घर के खर्च के लिए लिये जाते। मैं अपने खर्च के लिए युनिवर्सिटी के वेतन पर निर्भर न था। 'सुषमा निकुंज' मेरी सारी ज़रूरतों के लिए यथेष्ट राशि दे सकता था। नई पुस्तकों के प्रकाशन के लिए लाभ का कुछ प्रतिशत अलग जमा रहा। इस प्रकार साधारण रहन-सहन के जीवन के लिए मेरी पुस्तकों की बिक्री ने मुझे और मेरे परिवार को आर्थिक निश्चिंतता दे दी थी। मेरे ध्यान को बँटानेवाली जितनी भी चीज़ें थीं वे अब मेरे सामने से हट चुकी थीं। एम. ए. की पढ़ाई खत्म हो चुकी थी, बी. टी. की भी; स्थायी नौकरी किसी दिन युनिवर्सिटी में मिल ही जानी थी; न मिले तो भी उसके

कारण कोई आर्थिक चिन्ता नहीं खड़ी होनी थी। ऐसी परिस्थिति में अपने एकाकीपन, औदास्य, आन्तरिक शून्यता और मानसिक अन्धकार के प्रति अधिक सचेत और उनसे अधिक संग्रस्त हो जाना मेरे लिए स्वाभाविक था और इसके साक्षी 'एकान्त संगीत' के उत्तरार्द्ध के गीत हैं। साथ ही उसमें वे गीत भी हैं जिसमें मैंने वह विचारधारा—दर्शन तो मैं उसे न कहूँगा—विकसित की थी जिसके बल पर मैं अपनी जीवन नौका को उस अन्धकार में खे रहा था। उसके विस्तार में न जाना चाहूँगा। उसकी त्रुटियाँ दिखाना शायद मुश्किल न होगा। नामुमकिन होगा, मगर, यह दिखाना कि उसमें कहीं भी मानव गरिमा ने समझौता कर लिया है।

जब कोई अन्धकार इतना सघन हो जाता है कि उसपर बिजली की चमक, तारों की ज्योति, चन्द्रमा की ज्योत्स्ना, सूरज की प्रखर किरणों का भी कोई असर नहीं होता, तब उसे दूर करने को प्रकृति प्रेम का दीपक जलाती है। मेरे अन्तर में जो अकेलापन, सूनापन, उदासी, जीवन की निष्प्रयोजनता, व्यर्थता, आस्था-विश्वासहीनता, और जो अपने में ही खिंचकर संपुटित हो जाने, समाप्त हो जाने की आकुलता थी उसका सम्मिलित नाम मैंने अन्धकार रख दिया है। पर इस अन्धकार में और चाहे जो कुछ हो, जड़ता नहीं थी। कुछ इसके अन्दर डोलता था। कुछ उसी प्रकार का जिसको श्री अरविन्द ने अपने 'सावित्री' महाकाव्य में इन पंक्तियों में व्यक्त किया है,

> ...Something in the inscrutable darkness stirred
> A nameless movement, an unthought idea
> Insistent, dis-satisfied, without an aim
> Something that wished, but knew not how to be.
>
> **(कुछ डोलता था उस अगाध अन्धकार में,**
> **नामहीन गति-सा, विचारहत विचार-सा,**
> **लक्ष्यहीन कुछ, अतुष्ट, आग्रही,**
> **चाहता हुआ कि हो,**
> **किन्तु किस प्रकार हो, न जानता।)**

कुछ इस अन्धकार के अन्दर डोलता ही नहीं था, कुछ बोलता भी था। उसी ने इस अन्धकार को मथा था। वह डोलता-बोलता था, यही सबूत है कि उसने इस अन्धकार का अन्तिम सत्य नहीं मान लिया था; वह इस अन्धकार से असन्तुष्ट था; वह इस अन्धकार से निकलना चाहता था; निकलकर कहाँ जाना चाहता था यह उसको स्पष्ट न था; वह उस अन्धकार के अतिरिक्त कुछ होना चाहिए था। पर उसे नहीं मालूम था कि कैसे हुआ जाए; फिर भी इस विमूढ़ता में वह बैठ नहीं गया था, जड़ नहीं हुआ था, भले ही वह अन्धकार के आवर्त में फिर-फिर घूम रहा था—अन्धकार आवर्त है, प्रकाश किरण है, सीधी रेखा है।

इस अन्धकार से निकलने के प्रति मैं 'निशा निमन्त्रण' में भी सचेत था, कहीं-कहीं निशा के बाहर मैंने झाँका भी था। भले ही यह प्रश्न करेंगे कि तब क्यों मैं 'एकान्त संगीत' में फिर अन्धकार में धँस गया था, बार-बार धँसता था। जीवन की गति ज्यामिति की सीधी रेखा नहीं। अन्धकार से प्रकाश की ओर न तो अन्धकार

की क्रमागत क्षीणता है, न प्रकाश की क्रमोन्नत प्रखरता। ऐसा समझने वाले वही भोंडी ग़लती करेंगे जिसे इस किस्से से बताया जाता है। एक मोदर्रिस थे, गणित पढ़ाते थे, पर गणित के अतिरिक्त उन्होंने जीवन में और कुछ भी न जाना था। एक दिन नदी में स्नान करने गए। दस क़दम नदी में घुसे तो उन्हें घुटने-भर पानी मिला। उन्होंने तिर्रासिक से हिसाब लगाया। दस क़दम घुसने पर घुटने-भर पानी, तो बीस क़दम घुसने पर ? दो घुटने पानी। बड़े विश्वास के साथ आगे बढ़े पर बारहवें कदम पर ही हाथी-डुबाव पानी था; उसी में गुडुप से डूब गए। ऐसे एक-दिशा दिमाग़ आलोचकों से प्रायः लेखकों का पाला पड़ता है। मोदर्रिस राम तो अकेले डूबे थे, पर ऐसे आलोचक लेखक को भी साथ ले डूबते हैं, या ले डूबने का प्रयत्न करते हैं, गो लेखक प्राणवान हुआ तो कभी न कभी उपराता ही है। मैं बराबर इस अन्धकार से निकलने का प्रयत्न करता था और बार-बार उसी अन्धकार में डूब जाता था। तब प्रकृति ने वही किया जो वह ऐसी स्थिति में करती है। पर कभी-कभी दीपक जल जाने से अँधेरा अधिक घनीभूत भी हो जाता है।

'एकान्त संगीत' का एक गीत है 89वां। यह मेरे उस क्षण का साक्षी है जब अपने सूनेपन से सिर ऊपर उठाकर मैंने एक सपना देखा था, जो मुझे अपने सूनेपन से अधिक सुन्दर लगा था, जिसके सामने मेरा मन चंचल-दुर्बल हो उठा था, जिसके प्रति मेरे मन में ममता जगी थी—ममता, जिसे कुचलकर देवत्व के आसन पर पाँव धरने के बजाय उसे हृदय में स्थान दे अकिंचन मानव बनने, बने रहने में मैंने अधिक गौरव का अनुभव किया था। वह सपना, शायद अपनी प्रवृत्ति से,—जो लज्जालुता भी हो सकती थी और निष्ठुरता भी—शायद मेरे ही दृष्टि-दोष से, मेरे निकट साकार तो न हो सका था, पर उसने जो ममता जाग्रत की थी वह अपनी निराशा में इतनी करुण हो गई कि उसने एक दिन एक सुन्दर, स्वस्थ, संवेदनशील सत्य को ही अपनी ओर आकर्षित कर लिया। 'स्वप्न' और 'सत्य' को जो संदर्भ में पहले दे चुका हूँ, उसे फिर यहाँ दुहराने की ज़रूरत शायद ही हो। आप वह गीत सुनना चाहेंगे ?

मेरा ज़ोर नहीं चलता है !
स्वप्नों की देखी निष्ठुरता,
स्वप्नों की देखी भंगुरता,
फिर भी बार-बार आकर के स्वप्न मुझे निशिदिन छलता है !
सूनेपन के सुन्दरपन को
कैसे दृढ़ करवा दूँ मन को !
उतनी शक्ति नहीं है मुझमें जितनी मन में चंचलता है !
ममता यदि मन से मिट पाती
देवों की गद्दी हिल जाती !
प्यार, हाय, मानव जीवन की सबसे भारी दुर्बलता है !
मेरा ज़ोर नहीं चलता है !

मुझे जुलाई, 1939 की वह शाम याद है जब आदित्यप्रकाश जौहरी ने मुझे चाय पर बुलाया था। 1938-1939 के सत्र में उन्हें एम. ए. (प्रीवियस) की परीक्षा देनी थी,

पर किसी कारण वे 'ड्राप' कर गए थे और 1939-1940 के सत्र में उन्होंने फिर से नाम लिखाया था। वे भी नए कटरे में, नरेन्द्र के घर के ठीक पीछे एक प्राइवेट लॉज में एक कमरा लेकर रहते थे। जब मैं उनके यहाँ पहुँचा, मुझे देर हो गई थी, आदित्य के अलावा कमरे में दो लड़कियाँ और थीं जिनमें से एक को मैं पहले से जानता था। यह थी उमा खन्ना; ज्ञानप्रकाश जौहरी की पत्नी प्रेमा की छोटी बहन, जो उसी वर्ष लखनऊ युनिवर्सिटी से अंग्रेज़ी में एम. ए. करने के बाद 1939-1940 के सत्र में गवर्नमेंट ट्रेनिंग कालेज, इलाहाबाद, से एल. टी. करने के लिए आई थीं और सिविल लाइन्स के एक मिशनरी विमेन्स होस्टल, आल सेन्ट्स हाउस, में रहने लगी थीं।

उमा को सर्वप्रथम मैंने कहाँ देखा था, इसकी मुझे याद नहीं, शायद बरेली में; परिचय निश्चय आदित्य ने कराया था। उमा को देखने पर प्रेमा से उनकी तुलना करना स्वाभाविक था। आकर्षक दोनों को ही कहा जा सकता था; प्रेमा अपने सौन्दर्य को बढ़ाने में प्रसाधनों की पर्याप्त सहायता लेती थीं, उमा जैसी भी थीं अपने ही सहज रूप में—क़द में कुछ छोटी, शरीर से बहुत दुबली नहीं, चेहरा लम्बे से अधिक गोल, आँखें बड़ी, नाक अनुपाततः कुछ छोटी। स्वभाव में उमा भावों से स्थिर और गम्भीर लगती थीं, आत्मदान के लिए उन्मुख; प्रेमा अपनी बौद्धिक कुशाग्रता के प्रति सचेत और यथा अवसर यथा इच्छा भावों में डूबने और भावों के ऊपर उठने में सक्षम, दूसरे से प्राप्ति के लिए सकाम। प्रेमा गर्दन उठाकर चलती थीं, उमा झुकाकर। किसी अंश में उमा का साम्य प्रकाश से और प्रेमा का साम्य आदित्य से अधिक था। उमा आदित्य के प्रति आकर्पित थीं और आदित्य भी उमा से प्रेम करते थे। उनका नियमित पत्र-व्यवहार होता था और यह प्रायः निश्चिय था कि यथा समय आदित्य उमा से ब्याह कर लेंगे—बाद को हुआ भी। पर जौहरी-परिवार को जाननेवाले बहुत-से लोगों का यह कहना था कि प्रकाश का विवाह उमा से और प्रेमा का आदित्य से होना चाहिए था। उमा से मेरा मिलना-जुलना तो बहुत कम हुआ था, पर वे मेरी कविता की ओर आकर्षित थीं और आदित्य के नाते मुझे वही स्नेह, आत्मीयता और निकटता देती थीं जो मुझे आदित्य से मिली थी। उन्होंने मुझे अपना भाई मान लिया था और मैं अपने पत्रों में उन्हें उमा दीदी करके सम्बोधित करता था—अपने से छोटों को अपने से बड़ा मानने की अपनी प्रवृत्ति के अनुसार।

उमा ने अंग्रेज़ी ढग से दूसरी लड़की का परिचय दिया—'मेरे सहेली, आइरिस तालिबुद्दीन'। आइरिस ने भी उसी वर्ष लखनऊ युनिवर्सिटी से अंग्रेज़ी में एम. ए. किया था और वह भी एल. टी. करने के लिए इलाहाबाद आई थी और जिस होस्टल में उमा रहती थीं उसी में रहती थी। मुझे कमरे में प्रवेश करते ही लगा जैसे तीन अति परिचितों मे कोई बातचीत बहुत खुलकर हो रही थी और एक के लिए अजनबी के पहुँच जाने से सबमें कुछ खिंचाव आ गया, विशेषकर आइरिस में। मुझे क्यों यह भ्रम हुआ था कि उनकी बातचीत मुझी को लेकर चल रही थी। शायद इसीलिए कि मैं प्रत्याशित था और मेरी प्रतीक्षा हो रही थी।

आइरिस ने प्रथम दृष्टि में ही मुझे आकर्षित किया। वैसे तो मुझमें कुछ विशेप आकर्षक नहीं था, पर मेरे बालों ने उसे आकर्षित किया हो तो कोई आश्चर्य नहीं।

यदि पहले से मेरा परिचय उसे कवि के रूप में दे दिया गया होगा तो बालों के सम्बन्ध में मेरी रोमानी लापरवाही उसे अप्रत्याशित और अस्वाभाविक न लगी होगी। क़द से लम्बी, बदन से इकहरी, और रंग से विशेष गौर वर्ण की, उसमें कहीं ऐंग्लो-इंडियन रक्त का मिश्रण अवश्य था। गर्दन लम्बी, चेहरा आयताकार, आँखें नीली, गाल की हड्डियाँ उभरी, होठ भरे, बाल सुनहरे, कटे, फिर भी इतने बड़े कि दाएँ-बाएँ कन्धों पर और पीठ के ऊपरी भाग पर लहराते। शायद उसके शरीर में उसके बाल ही उसके मनोभावों के सबसे अधिक अभिव्यंजक थे। वह थोड़ी-थोड़ी देर पर उन्हें कभी दाहिने और कभी बाएँ झटकती और इससे उसके सौन्दर्य में एक गतिशीलता-सी आ जाती। जो मैंने बहुत बाद को 'आयरी अंगना' के विषय में कहा, वह मैं आइरिस के लिए भी कह सकता था, शायद उस कविता को लिखते समय कहीं आइरिस भी मेरे अवचेतन में मौजूद हो—कविता का शीर्षक देने में भी—शायद आपने ध्वनि-सम्य पकड़ा हो—काव्य-सृजन की प्रक्रिया बहुत ही गूढ़, जटिल और रहस्यपूर्ण है—

तुम्हारे नील झील से नैन,
नीर-निर्झर से लहरे केश।

कुल मिलाकर उसके चेहरे पर एक ताज़गी, एक प्रसन्नता, एक भोलापन, जो अपने प्रति सचेत हो सहज संकोची हो गया हो, पर जिसे भावना में वह जाने से रोकने के लिए उसके दूर-भेदी नेत्र सदा सतर्क हों—साँप के से, इतने अन्तर से, दूसरे पर आक्रमण करने के लिए उनकी दीठ बाँधने वाले नहीं, दूसरा आक्रमण करना चाहे तो उसका दृष्टि-बँध कर सकने वाले। उसने हरे ब्लाउज़ पर सफेद साड़ी पहन रखी थी।

उमा ने मुझसे कहा, 'मेरी सहेली को कोई अच्छा-सा हिन्दी नाम दो, मैं इसे गोपा कहती हूँ, वह इसे पसन्द नहीं।'

गुप्त जी की 'यशोधरा' की एक पंक्ति स्मृति में अनजाने कौंध गई, 'गोपी बिना गौतम भी ग्राह्य नहीं मुझको'। मैंने एक भरी नज़र से आइरिस को देखा और कहा 'कुमुद'।

आइरिस के होठों पर एक मुसकान आई, भौंहों पर शिकन पड़ी और उसने बालों को एक झटका दिया। मैं समझ गया उसको मेरा दिया नाम पसन्द नहीं आया। हिन्दी शब्द-संकेत-ध्वनियों से वह बिलकुल अपरिचित थी। मेरे ध्यान में 'ख़ैयाम की मधुशाला' की ये पंक्तियाँ थीं :

'छिटकती नित जो एक समान
कुमुद-जीवन की ज्योत्स्ने, प्राण !'

उमा ने भी शायद समझ लिया कि आइरिस को मेरा दिया हुआ नाम पसन्द नहीं आया और उन्होंने बात का विषय बदल दिया।

तालिबुद्दीन नाम मेरे लिए अपरिचित न था। जिन वर्षों में मैं गवर्नमेंट इण्टर कालेज, इलाहाबाद, में पढ़ता था उनमें कुछ महीनों के लिए मि. तालिबुद्दीन प्रिंसिपल रहे थे। वास्तव में उन दो वर्षों में कालेज में बदल-बदलकर तीन प्रिंसिपल आए : मिस्टर वाल, अंग्रेज़; मि. पाल, बंगाली; मि. तालिबुद्दीन, ईसाई—वे जे. डी. तालिबुद्दीन थे और

सहपाठियों से मैंने सुना था कि पहले वे जय दयाल नाम के हिन्दू थे, फिर तालिबुद्दीन नाम के मुसलमान बने और बाद को जे. डी. तालिबुद्दीन नाम के क्रिश्चियन। पता नहीं यह कहाँ तक ठीक था, पर हँसी-मज़ाक में हम सदी के प्रथम दशक में प्रसिद्ध 'लाल (लाला लाजपतराय), बाल (बाल गंगाधर तिलक), पाल (विपिन्न चन्द्र पाल)' के वज़न पर अपने कालेज के प्रिंसिपलों को 'बाल, पाल, ताल' कहते थे। यही जे. डी. तालिबुद्दीन आइरिस के पिता थे। आइरिस मेरे लिए सर्वथैव अपरिचित थी। बातचीत का 'कामन टापिक' मिला। तेरह वर्षों बाद भी जे. डी. तालिबुद्दीन की याद मुझे बनी थी। और मैंने उसके पिता की उस समय की जो बातें बताई उन्हें आइरिस ने विनोद से सुना। तालिबुद्दीन क़द्दावर, गंठे, साँवले व्यक्ति थे, ऊपर से नीचे तक ठोस, विद्यार्थियों के हितचिंतक, पर उन्हें अनुशासन में रखने वाले, उनसे सख्ती से काम लेने वाले। बाल और पाल ने तो हमें गणित पढ़ाया था, पर तालिबुद्दीन ने कोई विशेष विषय नहीं, उनका केवल निरीक्षण हमने जाना था। एक बात उनकी याद है। इण्टर में हमें चार विषय लेने होते थे और पाँच पीरियड पढ़ाना होता था, अंग्रेज़ी के दो पीरियड : एक टेक्स्ट का, दूसरा कम्पोज़ीशन का। इस तरह हमें एक पीरियड पहले छुट्टी हो जाती थी। तालिबुद्दीन साहब आए तो उन्हें हमारी छुट्टी अखरी। उन्होंने एक पीरियड 'साइलेण्ट रीडिंग' यानी मौन-पाठ का रख दिया। क्लास में बहुत से पुराने अंग्रेज़ी जरनल रखा देते कि लड़के अपनी पसन्द का उठाकर चुपचाप पढ़ें। कभी वे भी क्लास में बैठ जाते और पढ़ते। बीच-बीच में सिर ज़रा-सा उठा चश्मे के ऊपर से देख लेते कि सब आँखें नीची किए पढ़ तो रहे हैं। उन्हें चुस्त-चौकन्ने पाकर लगता कि बैठे तो वे यहाँ हैं पर देख जैसे सारे कालेज को रहे हैं।

आइरिस ने अपने पिता से कुछ प्रभाव ग्रहण किया था तो सिर्फ़ अपनी बाढ़ और अपनी आत्म-रक्षक अवरोधी दृष्टि में, शेष उसकी माता का होगा, जिन्हें मैंने नहीं देखा था। मेरा अनुमान है कि आइरिस की माँ बहुत कोमल होंगी। आइरिस भी मुझे कोमल ही लगी, पर ऐसी जिसकी शिक्षा-दीक्षा उसके पिता के कड़े अनुशासन में हुई हो—कोमलता कुछ दबी, आप चाहें तो उसे संयत भी कह सकते हैं। भावना रखकर भी वह भावुक नहीं हो सकती थी। भावातिशयता में कुछ कर गुज़रना उसके लिए असम्भव था। उससे किसी ऐसे प्रारम्भ की कल्पना नहीं की जा सकती थी जिसके परिणाम की व्यावहारिकता और उसके औचित्य को उसका समर्थन न प्राप्त हो चुका हो। वह मुझे एक हिन्दू कन्या की प्रतिरूप लगी जो अपने पिता से दूर रहकर भी उसके आतंक से मुक्त न हो सकी हो। फलस्वरूप जिसमें ऐसी भीरुता और लज्जालुता आ समाई हो जिससे कभी-कभी निष्ठुरता का भ्रम हो।

जहाँ दो प्रेमी युगल—आदित्य और उमा बैठे हों, एक-दूसरे को प्यासी आँखों से देख रहे हों, एक-दूसरे की बात में घुल-पुलकाकुल हो रहे हों, वहाँ प्रेम की एक लहर चलती है। पता नहीं आपको कभी ऐसा अनुभव हुआ है या नहीं। उसका एक धक्का मैंने अनुभव किया, शायद आईरिस ने भी किया हो। शायद आदित्य और उमा से यह बात छिपी भी न रह सकी कि मैंने उस लहर के स्पर्श का अनुभव किया। मेरे शरीर पर जो आर्द्रता थी वह केवल मौसम की न थी।

आइरिस से फिर मिलने की कामना स्वाभाविक थी। मन ने आश्वस्त किया, वह दस मास इलाहाबाद रहेगी, पर अभी तो मिलना आदित्य और उमा के द्वारा ही सम्भव है। उमा और आदित्य मेरे निकट थे, विशेषकर आदित्य, पर मेरी चेतना नहीं तो अवचेतना ने उन्हें अब आइरिस के और मेरे बीच की एक कड़ी के रूप में देखा होगा, शायद प्रेरित भी किया होगा, इस कड़ी के और निकट आना चाहिए, इसे और मज़बूती से पकड़ना चाहिए। यह मुझे आइरिस के निकट लाने में सहायक हो सकती है।

क्या मुख्यतः इसी से युनिवर्सिटी का काम मिलने पर मैं नरेन्द्र के पास आकर रहना चाहता था कि वहाँ से आदित्य का मकान गिनती के चार क़दम पर था ? क्या मृग की आँखों ने मृगतृष्णा देख ली थी ? क्या मृगतृष्णा ने मृग को मौन निमन्त्रण दे दिया था ? क्या मृग नहीं, तो मृग का मन उसकी ओर भागने लगा था ? और क्या भाग्य ने उस पर व्यंग्य से मुसकराना आरम्भ कर दिया था ?—जैसे वह इसके सह-धावी बंधु-मृग पर पहले से मुसकरा रहा था।

आदित्य सप्ताह में दो-तीन संध्याओं को उमा से मिलने जाते, एकाध बार मैं भी उनके साथ चला जाता; आदित्य उमा से बातें करते; मैं एकाध बातें आइरिस से कर लेता। आइरिस से मिलना मुझे अच्छा लगता, और अगली बार मिलने की आशा में छह-सात दिन बहुत लम्बे भी लगते और बहुत छोटे भी। इस विरोधाभासी स्थिति का अनुभव करने के लिए कभी प्रेम में पड़ना ज़रूरी है। कभी मैं न जाता और आदित्य लौटकर बताते कि आइरिस मुझे पूछ रही थी, या मेरी प्रत्याशा कर रही थी, तो मन में बड़ा अच्छा लगता। आदित्य मुझे बनाने या छेड़ने के लिए भी ऐसा कह सकते थे—ऐसी शरारत उनसे बईद न थी—पर मैं सहजता से उनका विश्वास कर अपने भीतर एक प्रकार की पुलक का अनुभव करता। आइरिस से हर बार मिलकर उसके प्रति मेरा आकर्षण अधिक हो जाता। अब मैं इसे प्यार की संज्ञा दे सकता था; पर आइरिस की ओर से कोई समान प्रतिक्रिया मैंने न देखी थी; सच कहूँ तो मैं इसकी प्रत्याशा भी नहीं करता था। आइरिस के निकट एक अनुभूति मुझे सदा होती थी, एक ताज़े खिले फूल के पास एक मुर्झाए फूल की। आइरिस ने उत्फुल्ल यौवन की ड्योढ़ी पर पाँव रखा था, और मैं भग्न-स्वप्न मुसाफिर-सा उसके खंडहरों से निकल रहा था। आज भी मेरे मन में स्पष्ट है कि आइरिस से कभी विवाह करने की बात उस समय तक मेरे मन में नहीं उठी थी, और यह इसी वजह से कि मैं आइरिस को बहुत प्यार करने लगा था। मुझे लगता था उसे कोई अपने-सा नव-प्रसन्न संगी मिलना चाहिए, मुझ-सा अतीत के कटु इतिहास से ग्रस्त व्यक्ति नहीं। बल्कि कभी-कभी आइरिस से मिलते मुझे यह भय भी होता था कि कहीं उसके मन में ऐसी भावना जाग न जाए। यह उसकी भूल ही होगी, शायद उसे निराश ही होना पड़ेगा, मैं उसकी प्रत्याशाएं शायद ही पूरी कर पाऊँगा। फिर भी उससे मिलना, उसके पास बैठना, उसके साथ घूमना या कभी-कभी उसके साथ सिनेमा देख लेना मुझे भाता था। मैं उससे अपने प्रति यत्किंचित् करुणा की प्रत्याशा ही करता था, पर आइरिस अपने नव-वय में प्यार तो सम्भवतः सहज रूप से दे सकती थी, करुणा नहीं। और जिस दिन मैंने इसकी संभावना

देखी, या इसकी कल्पना की थी उस दिन मेरा अन्तर इस विपर्यय के प्रति विद्रोह कर उठा था और उसने अपने प्रति क्वचित निर्मम होकर उसे जैसे सम्बोधित किया था,

मुझको प्यार न करो, डरो !
जो मैं था, अब रहा कहाँ हूँ,
प्रेत बना निज घूम रहा हूँ,
बाहर से ही देख न आँखों पर विश्वास करो !
मुर्दे साथ सो चुके मेरे,
देकर जड़ बाहों के फेरे,
अपने बाहु-पाश में मुझको सोच-विचार भरो !
जीवन के सुख सपने लेकर,
तुम आओगी मेरे पथ पर,
है मालूम कहूँगा क्या मैं? मेरे साथ मरो !

प्रसंगवश यह बता दूँ कि एक आयरी कहावत भी है, इट इज़ डेथ टु लव ए पोएट, इट इज़ डेथ टु बी द वाइफ़ आफ़ ए पोएट'—कवि को प्यार करना मरण है, उसकी पत्नी बनना भी।' इसके अर्थ व्यापक और गम्भीर हैं, पर यहाँ व्याख्या में नहीं जा सकता। यह 'एकान्त-संगीत' का 95वाँ गीत है। आइरिस को सम्बोधन से अधिक यह आत्मबोध है। इसके भाव से भी मैंने उसे कभी अवगत किया हो, याद नहीं पड़ता। वह मुझसे डरकर मुझसे दूर हो जाती तो शायद मैं उसे समझ सकता था। पर मेरे निकट आकर वह मुझे करुणा न दे सकी, इसे मैं नहीं समझ सका—दे भी नहीं सकती थी; प्यार अपरिपक्व मन भी दे सकता है, पर करुणा परिपक्व मन की ही अभिव्यक्ति है, लेकिन इसे तब मैंने नहीं जाना था—और उसकी इस असमर्थता को पहले मैं उसकी लज्जालुता और बाद को उसकी निष्ठुरता समझने लगा।

आइरिस जिस कठोर नियन्त्रण में पली थी, उसमें उसने वह स्वभाव ही न विकसित किया था जो अपने भावों की अभिव्यक्ति खुलेपन के साथ कर सके; अधिक सम्भव यही है कि उसने इससे पूर्व न किसी को प्यार किया था, न किसी ने उसको। उसके सुनहले बालों या नीलम से नेत्रों की तनिक भी प्रशंसा करने पर उसके चेहरे पर लालिमा दौड़ जाती थी। किसी दिन जब वह कहना चाहती थी, 'मेरी नींद टूट गई' तो उसके मुँह से निकल गया, 'मेरी नींद जाग गई।' और इस पर जब मैंने कहा कि यह उक्ति मुझे बहुत मौलिक और कवित्वपूर्ण लगी तो उसके कान लाल हो गए थे।

आइरिस के संकोची स्वभाव और संयत प्रकृति के अतिरिक्त उसके प्रशिक्षण का श्रम-क्रम भी ऐसा था जिसमें अपनी भावनाओं के प्रति सचेत होने या उन्हें अभिव्यक्त करने के लिए कोई अवसर या अवकाश न था। ट्रेनिंग कालेज का जीवन कितना शुष्क और शोषक हो सकता है इसको भुक्त भोगी ही समझ सकेंगे। किंग एडवर्ड होस्टल, बनारस, में मेरे एक साथी थे जो कहा करते थे कि अगर मजनूं का दाखि़ला किसी ट्रेनिंग कालेज में करा दिया जाए तो वह भी लैला से प्रेम करना भूल जाए। परीक्षाएँ समाप्त कर जब आइरिस इलाहाबाद से विदा हुई तब मुझे यही अनुभूति हुई है कि मैं तो आइरिस से बुरी तरह संग्रस्त हो गया हूँ पर आइरिस की न मेरे प्रति

करुणा है, न प्रेम है, सब कुछ ऐसा है जिसे औपचारिक शिष्टता कह सकते हैं। किन्तु उसके बल पर भी गर्मी की छुट्टियों भर हमारा पत्र-व्यवहार होता रहा। मुझे तो लगा कि जो मैं आइरिस के मुंह पर नहीं कह सकता था, वह मैंने अपने पत्रों में कह दिया था, पर आइरिस अपने पत्रों में भी वैसी ही संकोची और संयत रही। आइरिस के पत्र मैं पंक्ति-पंक्ति नहीं, उनके बीच-बीच भी पढ़ता था और उसकी लज्जालुता को उसकी-सी लड़की के लिए स्वाभाविक मानकर अपने प्रति उसकी सुकुमार भावना का भरम बनाए रहा।

प्रकाश के आग्रह पर 1940 की गर्मियाँ फिर हमने साथ ही अमृतसर में रघुवंश किशोर कपूर के घर पर बिताईं। प्रकाश की मनःस्थिति में कोई अन्तर न आया था; वंशो का अपनी शिष्या विमला के प्रति आकर्षण अब पारस्परिक प्रेम में बदल गया था। मैं आइरिस को अपना हृदय दे चुका था। इतना ही जानता था कि उसने उसको अस्वीकार नहीं किया था, पर हमारा सम्बन्ध भविष्य में क्या रूप लेगा इसकी कोई तस्वीर मेरे सामने न थी। ट्रेनिंग कालेज छोड़ने के पश्चात् बरेली होता हुआ जैसे मैं गत वर्ष अमृतसर पहुँच गया था, वैसे ही इस वर्ष भी मैं प्रायः उन्हीं रास्तों से वहाँ पहुँच गया। जब मनुष्य को आगे कुछ नहीं दिखाई देता तब वह पीछे देखता है। मैं अमृतसर जब पिछली बार गया था, तब से अब तक मैं कितनी लम्बी मानसिक यात्रा कर चुका हूँ, इस पर मैं अक्सर सोचता। एक तरह से यह अच्छा ही हुआ कि मैं अमृतसर आ गया। आइरिस की बात मैं प्रकाश और वंशो से गोपनीय न रख सका। पत्र तो उसके आते ही थे, और प्रकाश मेरे प्रति सहानुभूति और वंशो कौतूहलवश जानना चाहते कि उनमें क्या रहता है। उनसे बातें करके—और वंशो तो बातों के बैताल थे—उनके सामने अपना हृदय खोलकर आइरिस के सम्बन्ध में अपने दृष्टिकोण को स्पष्ट करने में, मैं मानूँगा, मुझे सहायता मिली। दोनों की राय थी कि आइरिस शीघ्र ही अर्जन-सक्षम हो स्वतन्त्रता से अपने भविष्य के विषय में निर्णय ले सकेगी, ऐसे समय में मैं उसे संकेत दे दूँ कि मेरा प्रेम उसे पत्नी रूप में पाने की भूमिका है--केवल प्रेम करते जाने की न मेरी उम्र है न आइरिस की।--फलस्वरूप यदि उसका भी आकर्षण मेरी ओर हो तो उसे जीवन-संगिनी के रूप में अपनाने का सपना मैं देखने लगा था। धार्मिक रूढ़ियों से मैं मुक्त हो चुका था और समझता था कि आइरिस के लिए भी वे बन्धन न होंगी।

नारी किशोरावस्था से ही मेरे जीवन की अंग, आवश्यकता, अनिवार्यता बन चुकी थी—चाहे मुझे दुख दे, चाहे सुख, चाहे मुझे विचलित करे, चाहे शान्ति दे, चाहे मेरे लिए समस्या बने, चाहे समाधान। अभी तक मैं उसे खोजने नहीं गया था; वह किसी संयोग, किसी घटना, किसी विधान से मेरे समीप आ गई थी। जब वह मेरे समीप रहती थी, मुझे तन-मन से 'आकूपाइड'—संलग्न—रखती थी। मैं कुछ भी करके, मुश्किल से मुश्किल, अपने को व्यस्त अनुभव न कर पाता था, जैसे मेरा नब्बे प्रतिशत उसी से उलझने, जूझने, निपटने के लिए आरक्षित हो—रिज़र्व्ड और अपनी बेकारी में बेचैन हो, घुमड़ रहा हो, घूम रहा हो, आकाश-पाताल नाप रहा हो, पर कहीं ठहरने का आधार न पा रहा हो—'जीवन खोजता आधार'—कहीं थाह न पा रहा हो,

शून्यता एकान्त मन की
शून्यता जैसे गगन की;
थाह पाती है न इसका मृत्तिका असहाय !
मिट्टी दीन कितनी, हाय !

इसी असंलग्नता, अव्यस्तता, ख़ाली-ख़ालीपन से, जिसे मैंने चाहा नहीं था, पर जो मेरे जीवन में आ गया था, मैं समझौता करना चाहता था, अपने को स्वीकार करा देना चाहता था, सुखमय मनवा देना चाहता था—'सुखमय न हुआ यदि सूनापन'—मुझे अपने इच्छाबल का बड़ा गर्व था, विश्वास था, पर यहाँ वह एक हारती लड़ाई लड़ रहा था, असफल, आहत हो रहा था। अपनी प्रकृति से भी लड़ा जा सकता है ? मेरी विजय कैसे होती ? मैं जिससे दूर हटना चाहता था उसी को मैं खोज रहा था—'कुछ खोजती हर साँस है'—'पग तेरे पास चले आए, जब वे तेरे भय से भागे'। और सच तो यह है कि कुछ हर साँस मुझे भी खोज रहा था, भले ही मेरी खोज के 'कुछ' और मुझे खोजने वाले 'कुछ' में बड़ा अन्तर हो।

मनोविज्ञान ने अब यह रहस्य खोलकर धर दिया है कि बहुत-सी सूक्ष्म सकारात्मकता नकारात्मकता का नक़ाब ओढ़कर आती है। नारी के अभाव में जिस दिन मैंने अपनी पीड़ा व्यक्त की थी उसी दिन मैंने नारी के लिए अपनी कामना भी व्यक्त कर दी थी। और नारी ने मेरी इस दुर्बलता को पहचान लिया था। बहुत विस्तार में नहीं जाना चाहता इसलिए प्रतीकात्मक अभिव्यक्ति के रूप में आप नारीत्व का एक वस्तुगत अस्तित्व मान लें। मैं अपनी बात आसानी से कह सकूँगा, आप समझने में ग़लती न करेंगे।

लायलपुर में श्याम गोपाल शिवली की पत्नी की चातुर्यपूर्ण बातों में उसी नारीत्व ने मुझे टटोला था।

इलाहाबाद में पिताजी के प्रस्तावों में उसी नारीत्व ने आकर मेरे बन्द कपाटों को खटखटाया था।

एम. ए. फाइलन की मेरी एक-दो सहपाठिनियों के अभिभावकों के चाय-निमन्त्रण में उसी नारीत्व ने मेरी ओर अपना हाथ बढ़ाया था।

किंग एडवर्ड होस्टल, बनारस, में हस्ताक्षर, चित्र, पुस्तक, उपहारों के आदान-प्रदान में उसी नारीत्व ने मुझे छेड़ा-गुदगुदाया था।

लाहौर में 'आशा-निकेतन' की छत पर उसी नारीत्व ने अपने मातृत्व के हाथ से मेरा सिर सहला दिया था—'कोई मेरा सिर गोदी में रख सहलाता, मैं सो जाता।'

उसी नारीत्व ने दिल्ली के जंतर मंतर की सबसे ऊँची जगह पर मेरी आँखों में आँखें डालकर देखा था कि क्या वहाँ पर उसका कोई रूप बिंबित है। और मेरी आँखों में अपने को न पाकर वह चुपचाप सीढ़ियों से उतर गई थी। 'भरी सराय देखि कै आपु पथिक फिरि जाए।'

नए कटरे के आदित्य के कमरे में उसी नारीत्व ने एक मृगतृष्णा से मेरा परिचय कराया था, शायद उसने भी उस मृगतृष्णा को जलधार समझकर।

और मेरी आँख में प्यास जगी देखकर उसी नारीत्व ने यके-बाद-दीगरे पाँच प्रमदाओं के रूप में मुझपर आक्रमण किया था—एक से तो मैं बंधुवर नरेन्द्र शर्मा की आगाही से बाल-बाल बच सका था। एक ने अपना मायावी घेराव आदित्यप्रकाश जौहरी की नाक के ठीक नीचे डाला था।

अन्त में उसी नारीत्व का एक अत्यन्त करुण रूप 'प्लेटोनिक लव' में साकार हो मुझसे दूर खड़ा था, क्योंकि, महादेवी के शब्दों में उसकी आन थी, 'छाया भी मैं छू नहीं सकूँ।' प्लेटोनिक लव' का अनुवाद 'अफ़लातूनी प्रेम' करना भोंडापन होगी। 'अफ़लातूनी' हिन्दी में अशरीरी का नहीं, दांभिकता का वाचक बन गया है। क्यों न इसे छायावादी प्रेम की संज्ञा दे दें, भले ही वह छाया से भी दूर रहना चाहे।

ऐसे अशरीरी, अछूते प्रेम को पूरी समझदारी और हार्दिक सहानुभूति देकर भी मैं उससे उसी प्रकार सन्तुष्ट नहीं हो सकता था जिस प्रकार प्रमदाओं की शरीर-सीमित वंध्या वासना से। सही नारी की अपनी खोज में अब भी मेरी आशा उसी मृगतृष्णा में अटकी थी जो मैं चाहता था अपनी करुणा में सजल होकर मेरे तन-मन-प्राणों को भिगा-जुड़ा सके।

और एक ऐसी अप्रत्याशित घटना घटी थी जिससे मेरा यह समझ लेना स्वाभाविक था कि नियति मेरे साथ है—'सूझ जुआरिहिं आपन दाऊँ'।

जुलाई, 1940 में युनिवर्सिटी के अंग्रेज़ी विभाग में मैं नहीं लिया जा सका, और झा साहब ने अपने वचन के अनुसार साल-भर के लिए मुझे शोध की छात्रवृत्ति दिला दी और मैंने उन्हीं के निरीक्षण में विलियम बटलर ईट्स पर काम शुरू कर दिया। नरेन्द्र का अपनी मृगतृष्णा से मोह-भंग हो चुका था पर तृषार्तता तो नहीं घटी थी, शायद और बढ़ गई थी, और वह पट्ठा दूसरी मृगतृष्णा का पीछा करता हुआ इलाहाबाद से बनारस पहुँच गया था—'व्यर्थ हमें दौड़ाती मरु में मृगजल बनकर मधुशाला'। मुझे हालैंड हाल के फाटक के बाईं और से दो कमरे मिल गए थे। आगे वाले को मैंने अध्ययन-कक्ष बनाया, पीछे वाले को सोने का कमरा, उसके साथ ही बाथ-रूम था। भोजन का प्रबन्ध मैंने मि. चाफ़िन के साथ कर लिया जो ऊपरी मंज़िल के दो कमरों में रहते थे। वे हालैंड हाल में रेज़ीडेंट ट्यूटर थे। इस प्रकार मैं होस्टल में रहते हुए भी होस्टल के अनुशासन से स्वतन्त्र था। शोध-छात्र की स्थिति बड़ी विचित्र होती है—न विद्यार्थियों में विद्यार्थी, न अध्यापकों में अध्यापक। अपनी भीतरी दुनिया में मैं जिस द्विविधा की स्थिति में था, उसी में मैं बाहरी दुनिया में भी था।

उमा ने कन्या महाविद्यालय, जलंधर, में काम करना शुरू कर दिया था, आदित्य एम. ए. फाइनल कर रहे थे, आइरिस को संयुक्त प्रान्त के किसी नगर में काम मिल गया था--शायद फतहगढ़ में। मैं उसे पत्र लिखता था और नियमित रूप से उसके उत्तर आते थे, पर भावना के क्षेत्र में हम एक चक्कर में घूम रहे थे, यानी किसी ओर को प्रगति न करते हुए।

शोध के लिए इलाहाबाद युनिवर्सिटी लाइब्रेरी में जो सामग्री थी, वह नगण्य थी। कुछ सामग्री मुझे पब्लिक लाइब्रेरी में मिली। दोनों से अधिक सामग्री झा साहब के व्यक्तिगत पुस्तकालय में थी। कुछ मैंने अपने पैसे से इंग्लैंड से मंगाई। शोध सम्बन्धी

पथ-प्रदर्शन कैसा होना चाहिए,—अब मैं कह सकता हूँ—कहते हुए कुछ खेद भी होता है—झा साहब को न मालूम था। उन्होंने स्वयं कभी नहीं किया था। उन्होंने अच्छी परम्परा न डाली थी। बड़े अध्यापक इसकी आवश्यकता न समझते थे। शोध करनेवाले को इलाहाबाद युनिवर्सिटी में कभी सम्मान की दृष्टि से नहीं देखा गया, विशेषकर अंग्रेज़ी विभाग में। शोध करनेवाले को हीन-भावना-ग्रस्त समझा जाता, यदि उसकी अवज्ञा भी न की जाती। अध्यापन-क्षमता ही अध्यापक की सबसे बड़ी योग्यता मानी जाती थी; परिणाम अकादमीवी दृष्टि से अच्छा न हुआ। ख़ैर। शोध के नाम से मैंने वर्ष भर ईट्स की या ईट्स पर प्राप्त कुछ पुस्तकों का पाठ किया। स्वाध्याय से भी जो कुछ पाया जा सकता था मैंने नहीं पाया। मुझे स्वीकार करना चाहिए कि किसी प्रकार खोज तो दूर, स्वाध्याय को भी मैं अपना पूरा ध्यान नहीं दे सका था।

सत्र के बीच की दो विशेष घटनाएँ थीं, निवास-स्थान पर परिवर्तन, नवंबर-दिसम्बर में, और लगभग उसी समय के किसी स्थानीय मिशन स्कूल में अस्थायी नियुक्ति पर आइरिस का इलाहाबाद आना। सत्रारम्भ के कुछ समय के बाद ही पंत जी नरेन्द्र को अपनी मृगतृष्णा से थोड़ा-बहुत मोह-मुक्त करा इलाहाबाद लाए थे। उन दोनों ने 8-ए, बेली रोड पर डा. रंजन का कॉटेज किराए पर लेकर साथ रहने, और जमकर कुछ साहित्यिक काम करने की योजना बनाई थी। पंत जी अब कालाकांकर छोड़कर स्थायी रूप से इलाहाबाद रहना चाहते थे। वहाँ के राज-भवन से असन्तोष अथवा प्रयाग के प्रति खिंचाव का कोई व्यक्तिगत कारण हो तो मैं नहीं जानता। लेकिन जब घर में आवश्यक फ़र्नीचर आदि लग गया, रहने-खाने-पीने की सारी व्यवस्था कर ली गई, नौकर रख लिया गया तो नरेन्द्र को फिर बनारस की खुर्क लगी। मृगतृष्णाएँ अपना मोह-जाल इतनी जल्दी नहीं तोड़ने देतीं। नरेन्द्र एक दिन अचानक बनारस के लिए रवाना हो गए और बिचारे पंत जी अकेले रह गए। दस बरस के राजभवन के सुविधा-सम्पन्न, चिंता-मुक्त, नौकर-चाकर-संवृत जीवन के अभ्यस्त पंत जी को नितांत एकाकी और आत्म-निर्भर होकर रहना पड़ा तो, स्वाभाविक ही, उनके हाथ के तोते उड़ गए। दिन तो वे किसी तरह काट लेते; रातों को बहुत डरा करते; घर चलाने की बला ऊपर सिर पड़ी। उन्होंने मुझे अपने साथ रहने को बुलाया, और मैंने उनके निमन्त्रण का स्वागत किया। उनकी कविता और उनके रूप के प्रति मेरा आकर्षण पुराना था। इतने बड़े कवि के साथ रहने का मौका दुनिया में कितनों को मिलता है। मैंने हालैंड हाल से अपना बोरिया-बिस्तर उठा बेली रोड के कॉटेज में लगा दिया।

घर चलाने का अनुभव पंत जी को बिल्कुल नहीं था, और वे इस बखेड़े में पड़ना भी नहीं चाहते थे, नतीजा यह हुआ कि वह सारा दायित्व मेरे ऊपर आ पड़ा जो घर-गिरिस्ती में गृहिणी का होता है। दिसम्बर में मैं उनके पास गया था, जनवरी में ही वे कालाकांकर चले गए; उस एक-डेढ़ महीने में भी प्रायः वे 6-बेली रोड पर चले जाते, वहीं खाना खाते, दिन-भर रहते, रात को सोने को आते, वहाँ उनके एक पहाड़ी सम्बन्धी कोई पांडे जी रहते थे; रिटायर्ड जज थे। बात यह थी कि, उन्हीं के शब्दों में, वे जैसे मुक्त वातावरण में रहने के अभ्यासी थे उसकी तुलना में जिस प्रकार के छोटे-से कारोबार के भीतर हम इलाहाबाद में रहते थे, उसमें वे बहुत बँधा-बँधा—पेंट

अप–फ़ील करते थे।

आइरिस के प्रयाग आने के समाचार से मेरे मन में गुदगुदी होनी स्वाभाविक थी। मैं यह भी सोच सकता था, गो यह मेरी सबसे बड़ी प्रगल्भता थी, कि आइरिस मेरे आकर्षण से इलाहाबाद आई है, और वह भी कि नियति ने एक बार फिर उसे मेरे निकट रख दिया है तो किसी ध्येय-विशेष से। पर वास्तविकता यह थी कि नरेन्द्र की मृगतृष्णा उनसे दूर चली गई थी, और मेरी मृगतृष्णा मेरे पास आ गई थी, पास रहकर भी दूर, शायद इसीलिए और बेचैन करनेवाली,

हाय नियति की विषम लेखनी
मस्तक पर यह खोद गई,
दूर रहेगी मधु का धारा,
पास रहेगी मधुशाला।

शीघ्र ही आइरिस के अन्य आकर्षणों से मैं अपरिचित न रह गया। आदित्य ने अपने और कई मित्रों से उसका परिचय गत वर्ष ही करा दिया था जो उससे यदा-कदा मिलते-जुलते रहते थे, एकाध ईसाई लड़के भी, उसके निकट या दूर के सम्बन्धी। 1940-'41 का सत्र समाप्त होने को था। आइरिस के इलाहाबाद से विदा होने का समय समीप आ रहा था। उसके प्रयाग-प्रवास काल में समय-समय पर उससे मिलने और पत्र-व्यवहार करने के बावजूद हम एक-दूसरे से उतने ही दूर थे जितने 1939-'40 के सत्र की समाप्ति पर। अन्तर इस प्रकार व्यक्त करना चाहूँगा। गत वर्ष हम एक टेबिल के आर-पार अपने-अपने पत्ते लेकर बैठे थे; इस वर्ष मैंने अपने सब पत्ते टेबिल पर खोल दिए थे; आइरिस ने फिर भी अपने पत्ते छिपा रखे थे। मेरे लिए इस परिणाम पर पहुँचना स्वाभाविक था कि आइरिस ने मेरे प्यार को सहज भाव से स्वीकार नहीं किया, कि उसने मेरे प्रेमी के पथ को संघर्षमय बना दिया है, कि वह मेरे लिए जल की धारा नहीं, केवल मृग-तृष्णा है, मृग-भ्रम है, कि मेरी किसी भी ध्वनि की प्रतिध्वनि उसके अन्तस्तल से नहीं उठती, कि वह मेरे लिए नहीं है, और उसके प्रति मेरी मनुहारी बेकार है,

और जब उनकी प्रतिध्वनि ही तुम्हारे
बोल से आती नहीं है,
तो मुझे यह जान लेना चाहिए था
हो रही ग़लती कहीं है;
घाटियाँ आवाज़ पर आवाज़ देतीं
और गलियाँ मौन रहतीं;
चल अभागे मन, कहीं अब और मैं तुझको रमाऊँ।

पंत जी जनवरी में गए तो मार्च के अन्त में लौटे और अप्रैल के प्रारम्भ में देहरादून और वहाँ से अल्मोड़ा चले गए। बीच में एक दिन मेरा हाथ देखकर उन्होंने बड़े विश्वास के साथ एक विचित्र भविष्यवाणी की, 'बच्चन, विवाह तो तुम्हारा अभी हुआ ही नहीं, वह अब होगा, और इसी वर्ष की समाप्ति तक' ! ऐसी बातें मैं इसी योग्य समझता था कि एक कान से सुनी जाएँ और दूसरे से निकाल दी जाएँ। वादा पंत जी का था

कि वे गर्मियों में इलाहाबाद रहेंगे; मुझे तो रहना ही था; मुझे सत्र-भर के अपने शोध के सम्बन्ध में 50 पृष्ठों का एक लेख तैयार कर झा साहब को देना था; उसी पर आगामी जुलाई में मेरी नियुक्ति बहुत कुछ निर्भर थी। पर वादा बड़ा कि गर्मी ? पंत जी ने गर्मी को ही बड़ा माना। जिसे अंग्रेज़ी में 'रफ़ इट' (किसी तरह झेल जाओ) कहते हैं उसके लिए मैं उन्हें तैयार न कर सका। उनके लड़कपन के आभिजात्य और यौवन के पलायनी संस्कारों ने उन्हें जो अस्वस्थ सुकुमारता दी थी उस पर मुझे अफ़सोस था। उससे ज़्यादा अफ़सोस इस पर था कि उसके कारण वे उनको अपनी हार्दिक संवेदना नहीं दे पाते थे जो संघर्षशील हैं, यथार्थ से टक्कर लेने वाले हैं और अपने अश्रु-स्वेद-रक्त से जीवन का पथ प्रशस्त करते हैं। और सबसे ज़्यादा अफ़सोस तो मुझे तब होता था जब वे ऐसों का मज़ाक उड़ाते थे, पर वस्तुतः ऐसा करके वे अपनी हीन भावना स्वयं विज्ञापित कर देते थे। ख़ैर, मैं जिस मानसिक स्थिति में था उसमें, साथ निभाने का वचन देकर मुझे एकाकी छोड़ पहाड़ चले जाने में उन्होंने मेरे प्रति जो निर्ममता दिखाई उससे मैं बड़ा मर्माहत हुआ। अधिकार उन पर क्या था मेरा, किसी पर भी क्या था। मैंने अकेले उस घर में रहने, मई-जून का श्रम-ताप सहने और आइरिस के व्यवहार से उत्पन्न कष्टकर स्थिति का सामना करने के लिए अपने को सन्नद्ध किया—'अकेला भी बहुत बड़ा है इन्सान'।

यदि नारी इन्द्र के प्यार की अवहेलना कर दे तो उसे अपने इन्द्रासन से नीची शायद ही कोई जगह दिखाई पड़े। दूसरों की नज़रों में गिरने पर इंसान आसानी से उठ सकता है, अपनी नज़रों में गिरने पर मुश्किल से। अपनी हीनता, अयोग्यता, नगण्यता, न-कुछपन का आभास इससे अधिक मुझे पहले कभी नहीं हुआ था। लगा जैसे मेरे शरीर का सारा स्वत्व-रस किसी ने खींच लिया है। मुझे याद नहीं कि कौन मुझे सिविल अस्पताल में डाल आया। शायद मैंने खुद नौकर से तांगा मंगाया और उसमें किसी तरह बैठकर अस्पताल पहुँचा। जब अस्पताल के डाक्टर ने मुझे डिसचार्ज दे दिया तब भी मुझे विश्वास नहीं हुआ कि मैं अच्छा हो गया हूँ। मैं दिल्ली गया। वहाँ मैंने अन्तरराष्ट्रीय ख्याति के डाक्टर नीलाम्बर दत्त जोशी से अपनी स्वास्थ्य परीक्षा कराई—'वैद बतावै वैदगी करक करेजे मांह'।

डा. की क़लम से जो नुस्खा निकला था उससे ज़्यादा मेरा उपचार वे कविताएँ कर रही थीं जो मेरी कलम से उतर रही थीं। 'एकान्त संगीत' 1939 के अन्त तक प्रकाशित हो गया था। 1940 से जो गीत मैंने लिखे थे वे बाद को 'आकुल अन्तर' के नाम से प्रकाशित हुए। आइरिस के प्रति मेरे आकर्षण ने मेरे अन्दर रागात्मकता का जो दीप जलाया था, उसकी लौ को भ्रम, भय, संशय, सन्देहों की आँधी के झकोरे बराबर कँपाते रहे थे। 'आकुल अन्तर' निश्चय अन्धकार से ऊपर उठने का संकेत देता है, पर प्रकाश के प्रति किसी ललक का नहीं, वस्तुतः उसके प्रति एक उदासीनता, एक निरपेक्षता का भाव है,

मैं पुलक उठता न सुख से,
दुःख से तो क्षुब्ध होता,
इस तरह निर्लिप्त होना

लक्ष्य तो मेरा नहीं था।
हाय, क्या जीवन यही था।

'आकुल अन्तर' का मूल स्वर शायद इसी उदासीनता, निरपेक्षता, निर्लिप्तता का है और उसके ऊपर उस धैर्य, साहस, शौर्य का कि अब जो कुछ आए सुख, दुख, हर्ष, विषाद उसे बिना किसी शिकवा-शिकायत के सहना है, सहना चाहिए। मैं समझता हूँ यहाँ मेरा कवि निर्बल, पर मेरा व्यक्ति सबल हो गया है। यदि ऐसा न होता तो आइरिस से जो निराशा मुझे मिली थी उससे एक बार फिर मैं 'निशा निमन्त्रण' के अन्धकार में डूब जाता। मेरा शारीरिक रूप से अस्वस्थ हो जाना शायद इसका संकेत है कि यह धक्का मेरे शरीर ने ही झेल लिया था। 'निशा निमन्त्रण', 'एकान्त संगीत' काल में आघात मेरे मन पर पड़ा था, मेरे तन को कुछ भी न हुआ था।

एक और बात हुई थी कि अपने अन्धकार से उबरने पर मैंने एक और अन्धकार देखा था जो संसार पर छा रहा था। एक हल्की-सी अनुभूति हुई थी, अपना अन्धकार कहीं विश्व के अन्धकार से सम्बद्ध है। अपना अन्धकार भी पूरी तरह तभी हटेगा जब विश्व पर छाया अन्धकार भी मिटे। इस प्रकार की अनुभूति से जो गीत लिखे जा रहे थे उनको मैंने 'विकल विश्व' सीरीज़ में रख दिया था। इसके लिए जिस पूर्णता और क्रान्तिकारिता की भावना से मुझे बाहर जाना था, उससे मैं न जा सका था। अब सोचता हूँ, शायद मैं समय के दबाव से उस ओर झुक गया था, वह मेरे वास्तविक कवि-प्रकृति की स्वाभाविक दिशा न थी। मेरी लेखनी-स्वयं झिझकी। 'विकल विश्व' कभी प्रकाशित नहीं हुआ। 1940 के अन्त में 'ख़ैयाम की मधुशाला' का दूसरा संस्करण छपा था। उसके साथ 'विकल विश्व' का विज्ञापन करा दिया गया था। उसी आधार पर आज तक की मेरी रचनाओं की सूची में कहीं-कहीं 'विकल विश्व' का नाम भी लोग दे देते हैं। हिन्दी में ऐसी लबड़-धों-धों खूब चलती है। बहुत बाद को ये कविताएँ 'धार के इधर-उधर' संग्रह में प्रकाशित हुईं। नाम ही स्पष्ट करता है कि मैंने उन्हें अपनी मूल धारा में न समझा था। जैसे जीवन में भूलों के लिए जगह है वैसी ही काव्य में भी। भूलों पर डंडे तो कोई अपढ़ पुलिसमैन भी बरसा सकता है, उनको समझाना मनोवैज्ञानिक का काम है। जब 1957 में 'धार के इधर-उधर' पहली बार प्रकाशित हुआ था तब उसकी 'प्रवेशिका' में जो मैंने कहा था उसका एक पैरा यहाँ भी उद्धृत करना चाहूँगा—'सच पूछा जाय तो जो धार के इधर-उधर है वह धार को बहुत अंशों तक प्रभावित करता है, धार से बहुत अंशों में प्रभावित भी होता है। कौन कह सकेगा, धार ने किनारों को कितना रूप दिया है, किनारों ने धार को कितनी दिशा दी है। मैं चाहता हूँ, मेरी अन्य रचनाओं के साथ मेरी यह कृति इसी संदर्भ में देखी जाए।' इन कविताओं को इसलिए भी मैंने विशेष रूप से स्मरण किया है कि इन्हें देखकर मेरे माता-पिता ने एक राहत की साँस ली थी। मैं अपने ही अन्दर घुटने की आदत छोड़कर कुछ बाहर भी देखने लगा था। इस बात का सम्बन्ध काव्य के मूल्यांकन से न होकर मेरी निजी भावना से है।

जून में आदित्य ने मेरे पास आकर रहने की इच्छा व्यक्त की। एम. ए. फाइनल का इम्तहान वे दे चुके थे। भविष्य का कोई कार्यक्रम उनके आगे स्पष्ट न था सिवा

इसके कि अगस्त के अन्त में जब उमा जलन्धर से गर्मी की छुट्टियों में आएँगी तो वे अपना विवाह रचाएंगे। उनके विवाह की सामान्य से कुछ अधिक उत्सुकता मुझे थी तो इस कारण कि उस अवसर पर आइरिस के आने की संभावना थी। आइरिस की ओर से निराश होकर भी मैं बिलकुल निराश नहीं था। कमल-नाल दो टूक टूट चुका था; पत्रों के मृणाल-तन्तु उन्हें जोड़े हुए थे।

गर्मियों भर मैं अपना शोध प्रबन्ध तैयार करने में लगा रहा। जुलाई आ गई। झा साहब मसूरी से लौटे। युनिवर्सिटी के वातावरण में नए सत्र की परिचित चहल-पहल शुरू हो गई। इस बार अंग्रेजी विभाग में दो जगहें थीं, मैंने प्रार्थना-पत्र के साथ अपना 50 पेजी शोध प्रबन्ध भी भेज दिया। अब प्रतीक्षा करनी थी। इस बीच एक दिन झा साहब से मिलने गया तो एक बड़ी चमत्कारी बात हो गई थी।

सुबह का वक़्त था। सुबह ही वे लोगों से मिलते थे। वे अपने रामकाशी पुस्तकालय में बड़ी-सी मेज़ के आगे ऊंची-सी कुर्सी पर बैठे थे। आज मेज़ के आगे एक और लम्बी-सी मेज़ लगी थी जिस पर बर्मन नाम के किसी जौहरी ने गत्ते के छोटे-बड़े डिब्बों में तरह-तरह के मोती, मूंगे, हीरे, जवाहर, पन्ने, नीलम, पुखराज आदि फैला रखे थे। मेज़ के दोनों तरफ़ कई लोग बैठे थे, सभी लोग अपने-अपने सामने रखे क़ीमती नगों को देख रहे थे। बैठे हुए लोगों में अब मुझे सिर्फ़ रमाशंकर शुक्ल 'रसाल' की याद है। 'रसाल' जी हिन्दी विभाग में लेक्चरर थे—घर की धुली-अधमैली धोती पर मैलछहूं कमीज़, उस पर खुले कालर का घड़े में से निकाल कर पहना कोट, सिर पर सस्ते क़िस्म की फ़ेल्ट कैप, यह थी 'रसाल' जी की धजा। रीतिकालीन कविता के प्रेमी थे, और ब्रजभाषा में कवित्त-सवैया की रचना करते थे। ख़ास दख़ल था उनका ज्योतिष में। झा साहब के परम भक्त थे और जब वे उनके यहां जाते तो बिल्ली की तरह झुककर उनकी मेज़ के नीचे उनके पांवों को हाथ लगाते।

बर्मन कभी कोई डिब्बा उठाकर झा साहब के सामने पेश करता, कभी कोई। मैं भी एक ओर बैठ गया और अपने सामने पड़े डिब्बे में रखे छोटे-बड़े नीलमों को उठा-उठाकर देखने लगा। इतने में झा साहब ने मेरी ओर देखकर कहा, 'तुमने भी कोई नीलम पसन्द किया ?'

मैंने कहा, 'मैं ग़रीब आदमी हूं। ख़रीदने की हैसियत नहीं। उंगली की खुजली मिटा रहा हूं।'

इस पर मेज़ के दूसरी ओर बैठे 'रसाल' जी ज़ोर से चिल्लाए, 'पकड़िए ज़ोर से जो नीलम आपके हाथ में है, बच्चन जी, देखिए छूटने न पाए।'

झा साहब के सामने इतने ज़ोर से बोलने की किसी की हिम्मत नहीं पड़ सकती थी।

मैंने सोचा क्या मुझसे ग़लती हो गई कि 'रसाल' जी मेरे ऊपर इतने ज़ोर से चिल्ला पड़े। नीलम तो जो हाथ में था उसे मैंने सँभालकर पकड़ रखा। अब रसाल जी की व्याख्या शुरू हुई।

'अरे, यही नीलम तो आपका 'लकी स्टोन' (सौभाग्य रत्न) है। अनुकूल पड़ने

पर नीलम ऐसा ही प्रभाव दिखाता है। आपके हाथ में यह अपना दाम खुद देकर आ रहा है !'

पत्थर-बत्थर किसी का भाग्य बना सकते हैं, इसमें मुझको विश्वास नहीं था, पर उस दिन तो नीलम का चमत्कार मुझे भी मानना पड़ा।

झा साहब से मेरे सम्बन्ध कभी इतने निकट के नहीं थे कि वे मुझे प्रेज़ेंट दें। वहाँ बैठा कोई आदमी इसकी कल्पना नहीं कर सकता था; मैं तो कभी भी नहीं। फिर क्या नीलम के प्रभाव ने उनसे ऐसा कहलाया ? नीलम लगभग नौ रत्ती का था; झा साहब ने सवा दो सौ का चेक काटकर बर्मन को दे दिया। झा साहब को मैंने धन्यवाद दिया। नीलम को सोने की अँगूठी में जड़ाकर मैंने अपने दाहिने हाथ में पहन लिया। उसके बाद मेरे जीवन में जो शुभ हुआ है, आप चाहें तो कह सकते हैं कि वह नीलम की बदौलत हुआ है। और जो नहीं हुआ वह अशुभ था जिससे नीलम ने मुझे बचा लिया। यदि आप ऐसा कहें तो मैं नहीं जानता, कैसे आपका विरोध करूँ। फिर भी पत्थर से सौभाग्य अथवा दुर्भाग्य के जुड़ने का तुक-तर्क आज भी मेरी बुद्धि से परे है। आप अपनी बात ऊपर रखने के लिए कह सकते हैं कि बुद्धि से ही सब कुछ नहीं जाना जाता। और मैं चुप हो जाऊँगा।

अगस्त में मुझे युनिवर्सिटी के अंग्रेज़ी विभाग में लेक्चरर की स्थायी जगह मिल गई। नीलम की बदौलत ? और मेरी पढ़ाई-लिखाई, योग्यता का कोई मूल्य नहीं ? आप कह सकते हैं, वह तो पहले भी थी, नौकरी तभी मिली जब नीलम हाथ में आया। क्या नीलम से और किसी चमत्कार की आशा मेरे मन में उकसी थी ?

अगस्त के अन्त में उमा इलाहाबाद आ गईं। चार सितम्बर आदित्य से उनके विवाह की तिथि निश्चित हुई। उन दोनों की ओर से निमन्त्रण आइरिस को गया। मैंने अपनी ओर से भी आग्रह किया। उमा की माताजी आईं, जिनको हम बीबी कहते थे, प्रकाश आए, प्रेमा आईं, जो इंग्लैण्ड से बी. एड. करके लौटी थीं; और आइरिस भी आई। सुबह मजिस्ट्रेट के बँगले पर सिविल मैरिज हुई थी; दिन को कुछ मित्रों को लंच दिया गया था; रात को फाफामऊ ब्रिज पर बियर पार्टी आयोजित की गई थी। याद है, लोगों ने बियर पी-पीकर बोतलें गुड़प-गुड़प नीचे पानी में गिराई थीं। आदित्य के नवयुवक मित्र बियर पर ही नशे में आ गए थे और बहुत हाहा-हूहू हुआ था। सुबह की गाड़ियों से सब लोग लौट गए थे। मेहमानों से भरे उस छोटे-से घर में आइरिस की और मेरी कोई अलग बात-चीत न हो सकी। उसकी नज़रों ने उसके और मेरे बीच उतनी ही निकटता या दूरी का आभास दिया, जितनी हममें पहले थी। उसमें कमी नहीं हुई थी, उसको भी मैंने शायद ग़नीमत माना।

प्रकाश मेरे विषय में चिंतित थे। आइरिस से भी उनका परिचय था। उन्होंने आइरिस के मन को पढ़ने का प्रयत्न किया, शायद मुझे लेकर आइरिस से कुछ बात भी की। जाते समय उन्होंने जो राय कायम की थी उसे मुझे अवगत करते गए, आइरिस उसी के प्रति अपना प्रेम प्रकट करेगी जिससे विवाह होने में वह कोई बखेड़ा या बाधा न देखेगी; तुम्हें वह पसन्द करती है, पर तुम्हारे साथ विवाह होने में जो झँझटें खड़ी हो सकती हैं उसके लिए वह तैयार नहीं है, उसके माता-पिता कट्टर ईसाई हैं और उसके

भाई-बहनों का एक सुसंगठित परिवार है। अगर तुम...। मुझे याद नहीं मैंने प्रकाश से क्या कहा, पर मैंने अपने मन में निर्णय ले लिया था कि अगर मेरा नान-क्रिश्चियन होना ही बाधा है तो वह आइरिस के और मेरे बीच न रहेगी।–'तू जिसे लेने चला था भूल कर अस्तित्व अपना, तू जिसे लेने चला था बेचकर अपनत्व अपना'–ये पंक्तियाँ मेरे उस निर्णय का साक्षी हैं। धर्म-परिवर्तन मेरे लिए अस्तित्व भूलने अथवा अपनत्व बेचने जैसा ही होता। धर्म की रूढ़ियों से मैं मुक्त हो चुका था, पर धर्म के संस्कारों से मुझे अलग नहीं किया जा सकता था, जैसे मांस से त्वचा या नाखून से साँस को। मैंने सोचा, इस विषय पर एक बार–शायद अन्तिम बार–अवसर आने पर आइरिस से सीधे बात कर लूँगा। मैं इससे भी बड़ा बलिदान करने को तैयार था, अपने कवि-व्यक्तित्व का, जो मेरे अस्तित्व और अपनत्व से एक तरह से एकात्म हो गया था। मैंने अपने से तर्क किया, क्या बड़ी चीज़ है, जीवन या कविता ? कविता तो मेरे विकृत मन की उपज है, आज तक मेरी बेचैनी, विकलता द्वन्द्व, दहन, जलन, प्यास, त्रास, पीड़ा संघर्ष ही तो मेरी कविता में व्यक्त होता रहा है। यदि जीवन से मेरा समन्वय हो जाए, मैं स्वस्थ, सन्तुलित हो जाऊँ तो कविता का मेरे लिए क्या मूल्य है, क्या उपयोग है। कविता तो इसलिए है कि एक दिन आदमी कविता से मुक्त हो जाए, जीवन से संपृक्त, स्वयं जीवन का काव्य। मेरे इन्हीं क्षणों की स्मृतियाँ इन पंक्तियों में बंधी हैं,

कवियों की सूची से अब से
मेरा नाम हटा दो,
मेरी कृतियों के पृष्ठों को
मरुथल में बिखरा दो,
मौन बिछी है पथ में मेरी
सत्ता, बस तुम आओ,
तुमको कवि के बलिदान निमन्त्रण देते;
तुमको मेरे प्रिय प्राण निमन्त्रण देते।

धर्म-परिवर्तन का निर्णय लेना मेरे लिए कोई आसान बात न थी। मैंने निर्ममता से सोचा, तथाकथित धर्म प्रेम की शर्त नहीं, पर प्रेम-परिणति में एक धर्म बाधा हो तो उसे छोड़ दूसरा अपनाने में कोई हर्ज नहीं। तथाकथित धर्मों को मैं क्या महत्व देता था, यह बहुत साफ़-साफ़ और बहुत बार मेरी पंक्तियों में व्यक्त हो चुका था–'धर्म-ग्रन्थ सब जला चुकी है जिसके अन्तर की ज्वाला' आदि। मेरा मानव-धर्म अग्नि-परीक्षा पर था। मैं एक धर्म के प्रति अपनापन और दूसरे के प्रति परायापन कैसे बरत सकता था। या तो मैं दोनों को समान महत्व देता या दोनों को समान नगण्य समझता। सच कहूँ तो अपने प्रेम-धर्म के समक्ष मैंने दोनों को महत्वहीन समझा। महत्वपूर्ण है कंधों पर सिर, न कि सिर पर पगड़ी या हैट। पगड़ी या हैट सिर को नहीं बदल सकते। धर्म हिन्दू, मुसलमान, ईसाई, यहूदी, या और कोई सबका उतना ही है जितना उसकी मानवता में समा गया है, शेष अ-धर्म है जो बाहरी दिखावा और बाहरी अन्तर है। वास्तव में मैं धर्म बदलने को नहीं, अ-धर्म बदलने को तैयार हुआ

था। आज मैं ऐसा समझता हूँ कि मनुष्य का धर्म एक ही है, एक ही हो सकता है। भेद, विविधता, वैपरीत्य, विरोध, अ-धर्म के लक्षण हैं, धर्म के लक्षण नहीं। एक दिन मनुष्य अ-धर्म को छोड़ेगा, पर समाज-विकास की जिस स्थिति में हम हैं उसमें शायद धर्म को अधर्म से किसी क़दर समझौता करके चलना होगा। इसी समझौते के लिए मैंने निर्णय लिया था। मेरे इस प्रकार सोचने में आइरिस के प्रति मेरी कमज़ोरी अथवा अंध-आसक्ति का कितना हाथ था, इसका विश्लेषण करना आज मेरे लिए सम्भव नहीं। पर उसका कुछ हाथ न रहा हो, यह असम्भव है।

मुझे अपने निर्णय से अपने पिताजी को अवगत करना था और अगर सम्भव हो तो उनकी स्वीकृति लेनी थी। माताजी से मुझे अपने किसी कार्य में विरोध की आशंका नहीं थी। भाई मुझसे छोटे थे, पर उनके सामने किसी प्रकार की सफ़ाई देना मैंने आवश्यक नहीं समझा। संयोग से उनका तबादला कलकत्ता हो गया था और घर में केवल पिताजी, माताजी और राम, मेरे भानजे, रह गए थे। मेरे निर्णय की प्रतिक्रिया पिताजी पर क्या होगी, इसे पहले से समझ लेना मुश्किल था। संस्कारों से वे निष्ठावान सनातनी थे; जिसके घर में रामायण की पोथी न होती उसके घर वे पानी भी नहीं पीते थे, गो-ब्राह्मण के भक्त थे; दर्शन वे गीता का मानते थे—अनासक्त योग का; और प्रशंसक थे वे वेदान्त के जिसका रस उन्होंने फ़ारस के सूफ़ी कवियों से लेकर स्वामी रामतीर्थ के व्याख्यानों तक से लिया था। एक रात उनसे अभय और क्षमा का वचन लेकर मैंने अपनी सारी समस्या उनके सामने रख दी। सुनकर उनकी दशा को ठीक समझने के लिए राजा दशरथ की कल्पना करनी होगी, उस रात को, जिसमें कैकेयी ने उनसे राम के चौदह वर्ष बनवास वर माँगा था।

गयउ सहमि नहिं कछु कहि आवा। जनु सचान बन झपटेउ लावा।।
बिबरन भयउ निपट नरपालू। दामिनि हनेउ मनहुं तरु तालू।।
माथे हाथ मूंदि दोउ लोचन। तनु धरि सोच लाग जनु सोचन।।

अपने कारण उनकी ऐसी देशा देख मैं अपने आँसुओं को न रोक सका। पिता जी की आँखों से बराबर आँसू बहे चले जा रहे थे। पिता-पुत्र कितनी देर तक अपने-अपने आँसुओं में डूबते-उतरते रहे, कुछ पता नहीं। शायद हम दोनों ही एक-दूसरे की असमर्थता को समझ रहे थे—'प्यार की असमर्थता कितनी करुण है'—पर न हम स्वयं अपनी असमर्थता से ऊपर उठ सकते थे और न उसके ऊपर उठने में एक-दूसरे की सहायता कर सकते थे। अन्त में कुछ बल और धैर्य संचित कर पिताजी ने ही कहा, 'बेटा, जीवन के अन्तिम क्षणों में मेरी एकमात्र कामना तुम्हें सुखी देखने की थी। जिसमें तुम सुख मानो उसमें मैं बाधा बन ही कैसे सकता हूँ। अपने को सुखी बनाने के लिए जो तुम ठीक समझो करो। पर मुझे लगता है, जब तुम्हारे सुख का क्षण आएगा मैं देखने के लिए जीता न रहूँगा।'

मेरे व्यक्तित्व के सामने अपने व्यक्तित्व को उन्होंने बहुत पहले नकार दिया था। उस रात तो मुझे ऐसा लगा, मेरे देखते-देखते उन्होंने अपने-आपको, क्षमा करेंगे, एक अंग्रेज़ी के शब्द का उपयोग करना चाहता हूँ, जैसे 'इफ़ेस' कर दिया। जैसे वे स्लेट पर बने कोई चित्र हों जिस पर उनके आँसू आ गिरे हों और उन्होंने एक हाथ से

स्लेट पकड़ दूसरे से उस चित्र को धीमे से रगड़कर मेट दिया हो।

सत्य किसी ऐसे अतल में है जहाँ मनुष्य तब पहुँचता है जब वह सर्वथा अहंविहीन हो जाता है। अपने विषय में उन्होंने जो भविष्यवाणी की थी वह कुछ ही दिनों के अन्दर सच हो जाएगी, इसकी कल्पना मैंने तब न की थी।

पाँच सितम्बर से, जिस दिन आइरिस आदित्य-उमा के विवाह से विदा होकर गई थी, पाँच अक्तूबर तक, मैंने उसे कई पत्र लिखे; शायद मेरे पत्रों का उत्तर भी आया। रामायण और गीता को मैंने इतने ध्यान से और इतनी बार न पढ़ा होगा जितना मैंने उन पत्रों को पढ़ा, पर हम एक-दूसरे से उतनी ही दूर थे जितना पहले थे,

शब्दमय तुम और मैं, जग शब्द से भरपूर
दूर तुम हो और मैं हूँ आज तुमसे दूर,
अब हमारे बीच में है शब्द की दीवार।
क्षीण कितना शब्द का आधार
कौन आया और किसके पास कितना,
मैं करूँ अब शब्द पर विश्वास कितना,
कर रहे थे जो हमारे बीच छल-व्यापार !
क्षीण कितना शब्द का आधार !

मैंने आइरिस के पत्रों को नष्ट कर दिया है। अगर वे मेरे पास होते तो आज उन्हें मैं फिर पढ़ना चाहता; सिर्फ़ यह देखने के लिए कि जिनमें वास्तविक दूरी की अभिव्यक्ति थी उनसे मैं निकटता का आभास कैसे पाता रहा। इसका रहस्य अंग्रेज़ी भाषा में तो नहीं छिपा है—हमारा पत्र-व्यवहार अंग्रेज़ी में ही होता था—जिससे, बिना इरादे के भी, किसी को धोखे में डाल देना या खुद धोखे में पड़ जाना बहुत आसान है। अंग्रेज़ी बिना लेश मात्र कृतज्ञता अनुभव किए 'थैंक यू' कह सकती है। जब यह 'सॉरी' कहती है तब अफ़सोस इसे शायद ही कहीं छूता हो। 'आई ऐम ऐफ़्रेड' से इसका तात्पर्य बिलकुल यह नहीं होता कि यह ज़रा भी डरी है; और इसकी उक्ति, 'एक्सक्यूज़ मी' (यानी मुझे क्षमा करें) आपके गालों पर थप्पड़ लगाने की भूमिका भी हो सकती है। मेरी 'मधुशाला' की अंग्रेज़ी अनुवादिका कुमारी मार्जरी बोल्टन की एक बात मुझे याद आ गई। जब मैं इंग्लैंड-प्रवास में एक छुट्टी में उनके घर गया तो एक शाम को वे अपने जीवन की दुखद अनुभूति मुझसे बताने लगीं। उनके एक प्रेमी ने कई वर्षों तक उनसे पत्र-व्यवहार किया। क्या भावना में भीगे पत्र थे वे ! और एक दिन सहसा उसने उन्हें भुला दिया ! मैं मार्जरी का वाक्य नहीं भूला—Since that day I have lost faith in English language (उस दिन से अंग्रेज़ी भाषा पर से मेरा विश्वास उठ गया।) अंग्रेज़ी औपचारिक शिष्टता, पटुता, प्रदर्शन और डिसेप्शन यानी धोखा-धड़ी की इतनी परिपूर्ण माध्यम हो गई है कि आज अभिव्यक्ति से अधिक यह गोपन और डिसटार्शन यानी विरूपन की भाषा है। क्या भाषाएँ विकसित और परिष्कृत होकर अपनी सूक्ष्म अभिव्यंजन शक्ति, सच्चाई, सिधाई, गहराई और ईमानदारी खो देती हैं ? भाषा-शास्त्र के इस महत्वपूर्ण प्रश्न पर बहुत कुछ कहा जा सकता है; पर अभी मैं कुछ और कहने की जल्दी में हूँ।

मैंने अपने अन्दर के जुआरी को अन्तिम पाँसा फेंकने के लिए तैयार किया। पिताजी ने 'लाइन क्लियर' या 'नो आब्जेक्शन' का प्रमाण-पत्र दे दिया था। वर्ष का अन्त आने में अब कितनी देर है। शायद पंत जी की भविष्यवाणी सत्य ही निकले। फिर मेरे हाथों में चमत्कारी नीलम है। अक्तूबर के प्रथम सप्ताह में मैं आइरिस से मिला—वह दिखी शुभ्र, सुन्दर, शीतल—फ्रिजिडेयर में से निकाली ! जो मैं आँखों से कह सकता था वह मैंने शब्दों से कहा—अफ़सोस अंग्रेज़ी शब्दों में—जो मैं आँखों से कह सकता था, आँखों से,—'तुम समझती हो नहीं भाषा हृदय की।' सारी स्थिति को स्पष्ट कर मैंने अपने जीवन के एक महत्वपूर्ण शेष प्रश्न का उत्तर उससे 'हाँ' या 'ना' में जानना चाहा। क़िस्सा कोता, उसने अपना उत्तर 'ना' में दे दिया। मुझे आइरिस के प्रति न्याय करने के लिए इतना जोड़ देना चाहिए कि उसने अपनी बात धर्म-निरपेक्षता के स्तर से ही की।

आइरिस के 'ना' कर देने के बाद हमारे बीच एक मौन उतर पड़ा जो मुझे लगा कि पल-पल फैल रहा है और हम दोनों को विपरीत दिशाओं में ठेलता हुआ एक को दूसरे से दूर कर रहा है। कुछ देर बाद, जैसे कुछ दूरी पर से आइरिस का स्वर सुनाई दिया...फिर भी मैं तुम्हारी कविताओं को समझना चाहूँगी...हिन्दी सीख रही हूँ। हम अच्छे मित्र बने रहेंगे...। सर्वनाशे समुत्पन्ने अर्द्ध को त्यागकर साधू को सन्तोष भले ही हो, प्रेमी को नहीं हो सकता।

यह मेरी और आइरिस की अन्तिम भेंट थी। शायद मैं ग़लत शब्द का इस्तेमाल करूँगा अगर मैं कहूँगा कि उसके उत्तर से मुझे 'दुख' हुआ। 'दुख' तो मेरे लिए अब संशयात्मक स्थितियों में था। निश्चित और जानी चीज़ें, कैसी भी हों, उनका सामना करने के लिए अब मैं अपने को दृढ़ बना चुका था।

आइरिस के पास से लौटकर सीधे मैं अपने पिताजी को देखने गया कि उन्हें सारी स्थिति से अवगत कर दूँ। वे तो ऐसे लगे जैसे छह महीने से बीमार हों। एक समय मैंने घर-परिवार से अलग रहने का निर्णय किया था, शायद इस कल्पना से कि जिस प्रकार का जीवन मैं आगे जिऊँगा—नया जीवन—जैसा उसमें मेरा रहन-सहन होगा, उसका साम्य पुराने से हरगिज़ न हो सकेगा। घर लौटना तो मेरे लिए असम्भव था। मैंने अपने बेली रोड के मकान के पास ही एक दूसरा मकान किराए पर लिया। पक्का, नया, बड़ा, खुला मकान था। मैंने पिताजी से प्रार्थना की कि वे उसमें चलें; निकट होने से मैं उनकी देख-रेख, दवा-दरमत ठीक से करा सकूँगा। वे एक भोले बच्चे की तरह मेरी बात मानकर नए मकान में आने को तैयार हो गए। नौ अक्तूबर थी। दिन-भर में, माँ और राम के साथ घर से सामान निकलवा, ठेलों पर लदवा, मैंने बेली रोड भेज दिया। शाम को एक मित्र की मोटर में बिठला मैं पिताजी को बड़े आराम से नए मकान में लाया। उनकी खाट एक कमरे में लगा दी गई। मैं उनके पास बैठा। माँ और राम घर का सामान अलग-अलग कमरों में लगवाने में व्यस्त हो गए। मैंने सोचा था कि जो समाचार मुझे उन्हें देना था उसे सुनकर वे प्रसन्न नहीं तो आश्वस्त होंगे, पर मेरे चेहरे की उदासी ही उनके चेहरे से भी प्रतिबिंबित हो उठी। शायद उन्होंने यह भी समझा कि मेरे प्रस्ताव से जो धक्का उन्हें लगा था उसे देखकर मैंने अपना

इरादा स्थगित कर दिया है। वे बोले कुछ नहीं। जब-जब उन्होंने आँखें खोलीं, मुझपर अपनी सहानुभूति, करुण, ममता बरसाते-से लगे। माँ ने नए घर में खाना बनाया तो उन्होंने ज़िद की कि मैं उन्हीं के सामने बैठकर खाऊँ। वे लेटे थे। उन्हें दूध देने के लिए बिठलाने को मैंने उनकी पीठ के नीचे हाथ लगाकर उठाना चाहा तो उन्होंने मना किया—जैसे कहा, अभी मैं इतना कमजोर नहीं। अपना लम्बा हाथ मेरी ओर बढ़ाया, और मैंने उसे पकड़ा तो उसी के सहारे खाट पर बैठ गए। रात ज़्यादा हो गई तो मैं अपने काटेज चला आया। सुबह ही डाक्टर को लिवा लाकर उन्हें दिखाना था।

मुँह अँधेरे ही राम ने काटेज आकर बताया, पिताजी की हालत अच्छी नहीं है, माँ ने फ़ौरन बुलाया है। पिताजी खाट पर चित लेटे थे, उनकी छाती में कफ़ चढ़ आया था। माँ ने बताया कि वे चार बजे उठे, शौचादि से निवृत्त हो माँ से उन्होंने कहा, मेरे कपड़े बदल दो, बिस्तर की चादरें, तकिए के ग़िलाफ़ आदि भी; और आकर चित लेट गए। उन्हें साँस लेने में कष्ट का अनुभव हो रहा था। दमे के मरीज़ थे; जब दमा उभरता था उन्हें आग में शोरा डालकर उसका धुआँ दिया जाता था। माँ ने जल्दी से शोरे की अँगीठी तैयार की। मैंने उनकी गर्दन के नीचे हाथ लगाकर उन्हें चारपाई के किनारे करवट करा देना चाहा कि धुआँ आसानी से ले सकें, और बस उनकी गर्दन मेरी कलाई पर लटक गई, वे जा चुके थे—मृत्यु में कितने स्वच्छ-शुभ्र। मैं स्तब्ध था—क्या मैं उन्हें मरने के लिए ही इस घर में लाया था। लाया क्या था, जिस धरती पर उनकी मौत बदी थी वहीं उन्हें वह खींच लाई थी। रोना-धोना बन्द हुआ तो मैंने माँ से पूछा, अब क्या करना है। और जैसे हर बात पर वे जीवन-भर कहती आई थीं, उनके मुँह से निकल पड़ा, 'उन्हीं से पूछो।' वे सदा के लिए मौन हो गए थे, माँ की दशा देखी नहीं जाती थी।

यों तो अब मैं भी समझने लगा हूँ कि 'हानि, लाभ, जीवन, मरन, जस, अपजस विधि हाथ', पर बहुत दिनों तक यह दुखद विचार मेरी छाती को सालता रहा कि अपने पिता की मृत्यु का कारण मैं ही था। अब भी इस ख़याल से मैं पूरी तरह मुक्त नहीं हूँ। मेरे धर्म-परिवर्तन की सम्भावना ने उनके धर्म-निष्ठ मन को कितना भारी धक्का दिया होगा। मेरे सुख के लिए उन्होंने क्या कुछ न सहने के लिए अपने को तैयार किया होगा ! और अन्त में यह अनुमान कर कि शायद उनके कारण ही मैं अपने लक्ष्य-सुख की ओर नहीं बढ़ पा रहा हूँ, क्या उन्होंने मेरे लिए अपने प्राणों का उत्सर्ग न कर दिया होगा। मौत किसी न किसी समय सबको आती है। वे 65 के आस-पास थे, फिर भी मैं यह बात नहीं भुला पाता कि अगर मैंने उपर्युक्त दुखद प्रसंग उनके सामने न उठाया होता तो वे ऐसे एकाएकी दुनिया से न उठ जाते। मैं याद करता हूँ कि मेरे लिए पुरोहितों ने कहा था कि मैं मूल नक्षत्र में जन्मा हूँ और मूल नक्षत्र में जन्मा पितृहंता होता है। क्या वास्तव में पुरोहितों की गणना ठीक थी ? क्या मूल नक्षत्र के प्रभाव में कुछ सत्य है ? क्या 34 वर्षों बाद मैं अपने पिता का हंता नहीं, तो उनकी मृत्यु का कारण नहीं सिद्ध हुआ ? मृत्यु का दायित्व—जो निश्चय ही कृतांत का है—अपने ऊपर लेना शायद मेरा दंभ हो, पर क्या मैंने एक घाव उनकी छाती में नहीं दिया होगा ? और इस अपराध को मैं आज भी याद किए हुए हूँ।

मेरे अध्ययन-कक्ष में तुलसीदास के चित्र के अतिरिक्त एक मात्र चित्र मेरे पिताश्री का है--शीशे-जड़ा, तुलसी के चित्र के साथ रखा। कोई मेरे अध्ययन-कक्ष में आ जाता है तो मैं दोनों चित्रों का परिचय इस प्रकार देता हूँ—ये मेरे पिता, ये मेरे मानस-पिता !

बरसों हो गए पिताजी का चित्र एक बार गिर गया था और उसका शीशा बीच से चटख़ गया। मैंने जानबूझकर वह शीशा नहीं बदलवाया। उस चटख़ को—क्रैक को—मैं उस घाव के प्रतीक रूप में देखता हूँ जो मैंने उनकी छाती पर दिया था। अपने अपराध को स्मरण करने से मनुष्य पवित्र होता है, ऐसा सही या ग़लत मैं कहीं समझे हुए हूँ। सत्येन्द्र शरत्, युनिवर्सिटी के नाते मेरे शिष्य, और सेवा-वात्सल्य के नाते मेरे धर्म-पुत्र, मेरे अध्ययन-कक्ष में आते हैं तो सब सिजिल चीज़ों के बीच में चटख़े शीशे के पीछे पिताजी के चित्र को देखकर किंचित् अनमने हो जाते हैं। वे कई बार मुझसे कह चुके हैं कि एक दिन वे यह चित्र ले जाएँगे और उस पर नया शीशा जड़ा लाएँगे, और उनकी बात पर मैं तो चुप रहता हूँ, या कोई और प्रसंग छेड़ देता हूँ। मेरे पिता ने जीवन-भर इस बात को याद रखा था कि उनके पिता ने उनके प्राणों के लिए अपने प्राणों की बलि दे दी थी। मैं भी जीवन-भर यह नहीं भूल सका कि मेरे कारण अथवा मेरे लिए मेरे पिता ने अपने प्राणों का उत्सर्ग कर दिया। इसका बदला तो इसी प्रकार चुकाया जा सकता है, यदि कभी मेरे पुत्रों को मेरे बलिदान की आवश्यकता हो तो मुझे प्राण-मोह न व्यापे। परम्पराएँ उदात्त डालनी चाहिए। उनका प्रभाव भावी जीवन के लिए मंगलमय होता है, इसमें मुझे सन्देह नहीं।

मरणोपरांत आत्मा की व्यक्तिगत सत्ता में मुझे सन्देह पहले भी था, विश्वास आज भी नहीं है--बूंद की सत्ता है भी तो सागर में मिलने पर बूंद की सत्ता कहाँ रह गई। पिताजी की मृत्यु के समय केवल मेरी बुद्धि ही काम करती तो मैं उनका दाह-संस्कार करने के अतिरिक्त और कुछ भी न करता। एक तो जिस प्रकार उनकी मृत्यु हुई थी उसका गहरा पश्चात्ताप मेरे मन पर था; दूसरे ठीक जिस समय मैं इस योग्य हुआ था कि उनके लिए कुछ कर सकूँ, उनको कुछ सुख दे सकूँ, वे चल बसे थे। यह भाव बार-बार उठकर मुझे विचलित करने लगा कि जिसके लिए जीवन में मैं कुछ न कर सका था, उसके लिए क्या मरण में भी मैं कुछ न करूँ ! आज भी सोचता हूँ कि उनके लिए तब भी कुछ न किया जा सकता था, पर अपने सन्तोष के लिए, और अपने से अधिक माताजी की भावनाओं का आदर करने के लिए मैंने यथाविधि पिताजी की अन्तिम क्रिया की। माताजी पिताजी पर ऐसे ही निर्भर थीं जैसे कोई लता किसी वृक्ष पर हो। वृक्ष के गिरते ही वे भू-लुंठित हो गईं। वह वेला उनसे तर्क करने की न थी। शालिग्राम सपत्नीक कलकत्ता से आए, छोटी बहन अनूपपुर से आईं। शोक में डूबे सब थे, सबों ने अपनी-अपनी तरह से उसे व्यक्त किया, शायद मैंने भी किसी अंश में, पर पछतावे का संताप तो मैं अकेला ही लगभग तीस वर्षों से भोगता रहा हूँ। और आज इन पंक्तियों के द्वारा उसे अपने पाठकों के सामने प्रकट कर कुछ हल्का हुआ हूँ। कुछ, क्योंकि जीवन की कुछ भूलें ऐसी होती हैं जिनका पूर्ण प्रतिकार कभी नहीं हो पाता। इन्हीं में घबराकर, फिर अवसर पाने की कामना से,

मनुष्य ने पुनर्जन्म की कल्पना की हो तो कोई आश्चर्य नहीं। कर्कल से लेकर पिताजी तक कितने ही लोग हैं जिनसे उऋण होने का, जिनके लिए कुछ करने का, जिन्हें कुछ स्पष्टीकरण देने का अवसर मैं पाना ही चाहूँगा। शायद कभी मिले भी। इतना मेरा तर्क भी मानता है कि कामना, आकांक्षा, इच्छा या चाह एक शक्ति (फ़ोर्स) को जन्म देती है जो बिना कुछ परिणाम दिखाए नष्ट नहीं हो सकती।

पिताजी के रहते मैंने गृहस्थी का भार अपने ऊपर न अनुभव किया था। सहसा यह दायित्व मेरे ऊपर आ पड़ा तो मुझे बड़ी घबराहट हुई। शालिग्राम एक सप्ताह की छुट्टी लेकर आए थे और जिस दिन तेरही हो गई, अपनी पत्नी को साथ लेकर कलकत्ता वापस चले गए। बहन को रोक लिया। माँ के साथ किसी के रहने की आवश्यकता थी। राम घर चलाने में मेरी कुछ मदद कर सकते थे, पर थे वे लड़के ही। जिस मकान में आते ही पिताजी को मौत उठा ले गई थी उसमें माताजी कैसे रह सकती थीं। माँ, बहन, राम के और मेरे लिए बेली रोड का काटेज पर्याप्त था, पर इसी समय डा. रंजन ने हमें घर खाली करने का नोटिस दे दिया। सब परेशानियाँ एक साथ आनी थीं। कंडू बाग़ में हमें एक मकान के किराए पर खाली होने का पता लगा। माँ को ले जाकर मैंने उसे दिखाया। निरीह भाव से उन्होंने देखकर कहा, पता नहीं वे होते तो पसन्द करते कि न करते। माताजी ने अपने जीवन-भर स्वतन्त्रता से कोई निर्णय लिया ही नहीं था। मैं बता नहीं सकता क्यों मकान मुझे आकर्षक लगा। जैसे मनुष्यों का, वैसे ही मकानों का भी अलग-अलग व्यक्तित्व होता है, अगर आप ग़ौर से देखें। मैं एक ही नमूने पर बने फ्लैटों की बात नहीं कह रहा हूँ। जब कोई अपनी पसन्द का मकान बनाता है तो शायद उसका व्यक्तित्व उस मकान पर आरोपित हो जाता है। कोई मकान विनम्र लगता है, कोई घमंडी, कोई प्रसन्न, कोई उदास, कोई मनहूस, कोई मुसकराता, कोई खुला, कोई भेद-भरा। मकान मुझे करुण-दृष्टि, दयावान-सा लगा—हम अपने घावों को लेकर आएंगे। तो यह उसे सहलाएगा, उसपर मरहम लगाएगा। मैं उसके सामने जाकर खड़ा हुआ तो जैसे उसने कहा, 'आओ, निश्चिंत रहो तुम यहाँ आकर खुश होगे।' बेली रोड के अपने दोनों मकानों से सामान उठा हम इसी मकान में आ गए।

मकान देसी घर और अंग्रेज़ी बंगले का मिश्रण था। दो कमरे बाहर की ओर थे, जिनमें से एक को मैंने ड्राइंग-रूम बनाया, एक को स्टडी—अध्ययन-कक्ष। भीतर के दो कमरों में से एक को मैंने सोने का कमरा बनाया, एक को माँ और बहन ने अपने सोने का। बीच में आँगन, और भीतर के दो कमरों के सामने बरामदा भी था। एक कमरा छत पर भी था। यह राम को दे दिया गया। रसोई, भंडारे आदि के लिए छोटे-छोटे कमरे अलग थे। मकान के सामने हरी घास का काफी बड़ा लान था जो तीन तरफ़ नीची मुँडेर से घिरा था। घर से युनिवर्सिटी तक चलकर जाने में मुश्किल से पाँच मिनट लगते होंगे।

सबसे बड़ी समस्या थी, 'सुषमा निकुंज' के कारोबार का क्या किया जाए। सात पुस्तकें हो गई थीं, अच्छी माँग रहती थी। राम से अकेले यह काम सध नहीं सकता था। वे पढ़ते भी थे। इलाहाबाद युनिवर्सिटी में असिस्टेंट रजिस्ट्रार के रूप में एक मि. दीक्षित काम करते थे। उनके भतीजों ने युनिवर्सिटी के निकट ही दीक्षित प्रेस नाम

से एक छापाख़ाना खोला था। प्रूफ़ आदि मंगाने-भेजने में सुविधा हो, इसलिए पिछले दो वर्षों से मैंने अपनी पुस्तकें दीक्षित प्रेस में छपानी शुरू कर दी थीं। एक दिन मैंने प्रेस के मैनेजर के सामने अपनी समस्या रखी। वे इस बात के लिए तैयार हो गए कि वे 'सुषमा निकुंज' का स्टाक अपने यहाँ रख लेंगे, जो आर्डर इत्यादि आएँगे, उनपर माल सप्लाई करेंगे और हिसाब मुझे दे दिया करेंगे। इसके लिए वे बिक्री पर दस प्रतिशत कमीशन लेंगे और यह चाहेंगे कि हमारी सब किताबें दीक्षित प्रेस से ही छपें। मुझे प्रकाशन-विक्रय का कुछ अनुभव नहीं था; सिर से झंझट टल रही थी; मैं राज़ी हो गया। 'सुषमा निकुंज' के जो आर्डर आते मैं उन्हें दीक्षित प्रेस पहुंचा देता; बाद को उनके पास सीधे आर्डर आने लगे। स्थायी आर्डर वे स्वयं लाते। व्यापारिक दृष्टि से यह मेरी बड़ी भारी भूल थी। निश्चिन्तता का महंगा मूल्य चुकाना पड़ता है। उन्होंने ज़्यादा किताबें छाप, कम का हिसाब दे, खूब लाभ कमाया। मेरी पुस्तकों की लोकप्रियता अनजानी नहीं थी। ज़्यादा किताबें वे पहले भी छापा करते थे, जिनकी खपत वे 'सुषमा निकुंज' की आधिकारिक पुस्तकों से पहले कर लेते थे। अब तो ऐसा करने का मैंने उन्हें खुलेआम लाइसेंस दे दिया था। उन्होंने मुझे ख़ूब बेवकूफ़ बनाया, और मैं उनके प्रति कृतज्ञ होता रहा कि संकटकाल में उन्होंने मेरी प्रकाशन संस्था को बन्द होने से बचा लिया। अनुमान लगाना कठिन है, उन्होंने मुझे कितने का नुकसान पहुँचाया। मैं बड़े-बड़े नुकसान उठा रहा था, कुछ चाँदी के ठीकरों का नुकसान उसके आगे था भी क्या ?

नवम्बर के पहले सप्ताह में मैं कुँडू बाग के मकान में आया—78, एलेनगंज में। अक्तूबर के पहले सप्ताह से घटनाओं का जो अविरत क्रम पूरे एक मास तक चला था उसने मुझे भीतर-बाहर जर्जर कर दिया था—पिताजी के साथ भावनाओं के संघर्ष की रात्रि, आशा और आकांक्षा हृदय में लिए हुए आइरिस के पास जाना, अपने सम्बन्ध में उसका अन्तिम निर्णय जानने के प्रयत्नों की शाम, मोहभंग के साथ सूना हृदय, ख़ाली हाथ लिए वापसी सफर, एकाएक पिताजी की दशा गम्भीर हो जाने से मन पर चोट, उन्हें अपने बेली रोड काटेज के समीप लाने के लिए मकान की खोज, कटघर के मकान से सारा घर-गिरिस्ती का सामान लदा-फंदाकर बेली रोड पहुँचाना, शाम को जिस नए मकान में पहुँचना उसी में बारह घंटे बाद पिताजी का अचानक देहावसान, शव-यात्रा से लेकर तेरहवीं तक के सौ तरह के कर्म-कांड, काम-धाम, इंतज़ाम, छोटे भाई का अपनी पत्नी के साथ और बहन-बहनोई का आगमन, फिर बहनोई की और भाई की सपत्नीक विदाई, मातमपुर्सी के लिए आए लोगों से मिलना और बारम्बार पिताजी के अकस्मात् मरण की घटना का वर्णन, इन सबसे छुट्टी पाकर फिर नए मकान की तलाश में मारे-मारे फिरना दो-दो मकानों से सामान बाँध-बूँधकर नए घर में ले जाना, 'सुषमा निकुंज' का सारा किताबों का स्टाक कटघर से दीक्षित प्रेस, बन्द रोड, पर पहुँचाना और नए घर में ढेरों में पड़ी चीज़ों को यथास्थान लगाना।

नए घर के सोने के कमरे में जब पहली रात को बिस्तर लगवाकर लेटा तब लगा कि जैसे महीने-भर की थकान अंग-अंग पर उतर आई है। मुझे काम के दरमियान थकान का अनुभव होता भी नहीं, मैं बीमार भी नहीं पड़ता, मैं अपने को शरीर से

खींचकर जो काम सामने होता है उसमें डाल देता हूँ। जब काम ख़त्म होता है तब मैं थकता भी हूँ, बीमार भी पड़ता हूँ। उस रात को मुझे ऐसा ही लगा कि अब मैं थक गया हूँ, बीमार भी हूँ, शायद बहुत दिनों से बीमार रहा हूँ—बन्द, अँधेरे, बुसे, सीलन-भरे कमरे में पड़ा—पर अब जैसे किसी साफ़-सुथरे बड़े, हवादार अस्पताल में आ गया हूँ। ऐसा ही कुछ सूक्ष्म प्रभाव पड़ा मुझपर उस मकान का।

युनिवर्सिटी में काम अधिक नहीं था—सप्ताह में बीस पीरियड पढ़ाने होते। मेरे पास बहुत-सा ख़ाली समय था। उन दिनों मैंने अपने पर बहुत सोचा, अपना बहुत विश्लेषण किया।

इसमें कोई सन्देह नहीं, और न इसके लिए मन में कोई पश्चात्ताप है, न मैं अपने को दोषी मानता हूँ, कि एक बार आर्थिक रूप से अपने को निश्चिंत पाकर, एक बार व्यवस्थित जीवन के लिए अपने को योग्य बनाकर, एक अनुकूल नारी को अपने निकट पाने के लिए मेरी प्यास जाग गई थी। 'वे गए तो सोचकर यह लौटनेवाले नहीं वे, खोज मन का मीत कोई लौ लगाना कब मना है'। इसे मैं स्वीकार करना चाहता हूँ, गो यह अस्पष्ट नहीं रह गया होगा, कि पिछले दो वर्षों से मेरा ध्यान सबसे अधिक आइरिस पर केन्द्रित था। यह भी सही है कि उसके प्रति प्रारम्भिक रूमानी आकर्षण के स्थिर होते ही मैं उसे स्थायी रूप से, यानी जीवन-सहचरी के रूप में पाने की कामना करने लगा था। मेरी कामना में अधूरापन नहीं था। मेरी कामना पूर्ण नहीं हुई। मुझे यह मानना पड़ा कि आइरिस मेरे लिए नहीं है। इससे एक वेदना होनी स्वाभाविक थी। मेरी इस पंक्ति में कि 'तुम नहीं हो, हाय, कोई दूसरा है', 'हाय' केवल मात्रापूर्ति के लिए नहीं है, इस 'हाय' में वह सारी वेदना सिमट गई है जो मुझे उसके इन्कार से हुई थी। किन्तु अपना, और किंचित् उसका भी विश्लेषण करने पर मुझे यह स्पष्ट हो गया कि वह मेरे लिए हो भी नहीं सकती थी। साथ ही मेरे सामने, भले ही उस समय न हो, पर आज बिलकुल साफ है, कि मेरे मन का उसपर दो बरस तक अविचल केन्द्रित रहना, न तो निरर्थक था, न हानिकर और न अनुपयोगी। मैं नकारात्मक पक्ष से ऊपर उठकर कहना चाहूँगा, कि वह मेरे लिए सार्थक था, लाभकर था, उपयोगी था।

मैं 'क्या भूलूँ क्या याद करूँ' में कहीं आधुनिक मनोविज्ञान के इस सिद्धान्त की ओर संकेत कर चुका हूँ कि मानसिक दृष्टि से प्रत्येक व्यक्ति नर-नारी का सम्मिश्रण होता है—किसी में नर अनुपाततः अधिक होता है, किसी में नारी। यौनाकर्षण में प्रायः अन्तर्निहित-नर या अन्तर्निहित-नारी का अनुपात ही निर्णयात्मक तत्व होता है। इसी सन्दर्भ में मैं यह भी लिख चुका हूँ कि मेरा ऐसा अनुमान है कि मुझमें अन्तर्निहित-नारी प्रमुख है और सम्भवतः मेरे अन्तर्निहित-पुरुष से अधिक सबल है। प्रकृति मुझसे बहुत बड़ों के प्रति यह खिलवाड़ कर चुकी है। नर में अन्तर्निहित यह नारी जहाँ बादलेग़ ऐसे कवि को, सार्त्र के शब्द साखी हैं, स्त्रैण चाल-ढाल, वेश-भूषा धारण करती है वहाँ रवीन्द्रनाथ ठाकुर के अन्तर में, उन्हीं के शब्दों में, विरहिणी बामा बनी बैठी अश्रु-धारा बहाती है। अन्तर्निहित नारी-प्रधान पुरुष जब अन्तर्निहित-नारी-प्रधान नारी को आकर्षित करना चाहता है तो प्रायः असफल होता है—'नारि न मोह नारि के रूपा'। रूप केवल बाह्य नहीं, आन्तरिक भी होता है। मेरी ऐसी धारणा है कि आइरिस

अन्तर्निहित-नारी-प्रधान नारी थी—विशुद्ध नारी—और नारी की सूक्ष्म दृष्टि से उसने मेरे अन्तर की नारी को पहचान लिया था और उससे अपनी पीठ—मन की पीठ—फेर ली थी। आइरिस में नारी की स्वभाव-जन्य व्यावहारिकता भी थी। इसी व्यावहारिकता से उसका भावना-जगत् प्रस्फुरित होता था। मेरे साथ परिणय की व्यावहारिक कठिनाइयों को आंककर उसने अपने भावना-स्रोत को संयत-नियन्त्रित कर लिया था—जिसे अंग्रेज़ी में कहेंगे—दस फ़ार ऐंड नो फ़र्दर—बस इतनी निकटता और उससे ज़्यादा नहीं—'फ़ार' का अर्थ 'दूर' होता है, यहाँ निकटता से तात्पर्य है—अंग्रेज़ी भाषा की माया ! और अन्त में, पंत के शब्दों में जिस 'माँ-सहचरि' की मुझे आवश्यकता थी, खोज थी, वह आइरिस में विकसित न हुई थी, और उसके प्रति मेरी सारी आसक्ति में उससे यह निराशा निश्चय मेरी आँखों में प्रतिबिंबित होती होगी और आइरिस की पैनी आँखों से निःसन्देह यह छिपी न रह सकी होगी। और यह तो स्पष्ट है ही कि आइरिस का नव-तारुण्य अपने सहचर से जिस हास-लासमय नवयुवकोचित प्रतिक्रिया की प्रत्याशा करता होगा उसे मेरा अंशतः भुक्त यौवन देने में समर्थ न होगा। जो हुआ ठीक ही हुआ। थोड़ी-सी भूल-चूक, किसी एक क्षण की दुर्बलता अथवा दैव दुर्विपाक से कुछ दूसरा हुआ होता तो निश्चय वह कुछ अधिक अप्रिय प्रसंग की भूमिका बना होता। मुझे मानना चाहिए कि मेरा भाग्य मेरे प्रतिकूल नहीं था, और आप चाहें तो कह सकते हैं कि चमत्कारी नीलम ने, जो अशुभ था उससे मुझे बचा लिया था।

पर दो वर्ष तक आइरिस के मृग-तृष्णा के समान मेरे नेत्रों के आगे झूलते रहने की भी मेरे लिए बड़ी उपयोगिता थी। उसने एक ओर तो मुझे उन आधे दर्जन चहबच्चों में गिरने से बचा लिया जो एक के बाद एक मेरे रास्ते में आते गए थे, और दूसरी ओर उन रहस्य-अस्पष्ट-आकाश-गंगा के सम्मोहन में भी न पड़ने दिया जो मुझ जैसे साधारण व्यक्ति को स्वस्थ चरणों में सामान्य धरती पर सुख-सन्तोष से चलने न देता। मरुस्थल में होकर गुज़रने वाले प्यासे मुसाफ़िर के लिए चहबच्चों में भी आकर्षण होता है, और गगन-गंगा की लहरें भी उसे निमंत्रित करती हैं। जिस मृग-तृष्णा ने मुझे दोनों अतियों से बचा लिया उसके प्रति मुझे कृतज्ञ होना ही चाहिए। चहबच्चों से मेरे बचे रहने पर शायद आप भी अपनी प्रसन्नता व्यक्त करें, पर आकाश-गंगा से मुँह मोड़ने पर आपके आदर्शवादी मन को निश्चय कहीं ग्लानि होती होगी। हम सब भारतवासी प्रवृत्ति से आदर्शवादी हैं; पर इसी कारण हमसे यथार्थ की धरती छूट गई है। आकाशी और वायवी होने की कल्पना करते ही मुझे लगता है कि अपनी माटी की काया के प्रति ईमानदार नहीं रह गया हूँ। स्वर्गदूत बनने की कामना से सपनों के डैने फैलाते ही मुझे आभास होता है कि मैं अपने माटी के चरणों का अपमान कर रहा हूँ। मैं उसी गंगा में नहाना चाहता हूँ जो धरती पर बहती रही है।

मृग-तृष्णा मेरी आँखों के सामने से ग़ायब हो गई। वह यही चाहती थी। उसकी इच्छा पूर्ण हुई। वह किसके सामने जल की धार बनकर प्रकट हुई, मैं नहीं जानता। वैसे कवि के जीवन और उसकी आँखों से कोई चीज़ ग़ायब नहीं होती। वह बहुत वर्षों तक मेरी कविता में रूप बदल-बदलकर प्रकट होती रही। अपने तत्कालीन जीवन के समानान्तर काव्य-जीवन की चर्चा करते हुए यथा प्रसंग आपको यत्र-तत्र पहचनवा

दूँगा कि वह कहाँ, किस रूप में मौजूद है। आपकी उसमें रुचि हो तो आप उसे और जगह भी ढूँढ़ सकेंगे। चहबच्चों को मुझसे क्या शिकायत हो सकती है ? वे शायद मुझे भूल भी गए हों। उनमें गिरने वालों की कमी नहीं। कुछ की खोज-ख़बर मुझे मिलती रही है। कई अब तक वैसे ही, या उससे भी अधिक दूषित चहबच्चे ही हैं। कइयों ने अपने को सुधारा है, उन्नति की है, अपने पूर्व इतिहास को भूले हैं, संयत, सुघर तालों-सरोवरों में बदले हैं, कमल खिलाए हैं। मैंने उन्हें नहीं भुलाया। अभी साल-भर पहले ही मैंने एक चहबच्चे को याद किया था—'कटती प्रतिमाओं की आवाज़' में,

इस गन्दे चहबच्चे के भीतर से
चाँद निकल आया है–
मानसरोवर का जैसे कोई कोना हो
इस बेला में–
स्वप्न सदा ऊपर से ही तो नहीं उतरते
औ' अक्सर वे–
सड़ती-गलती फाड़ गूदड़ी के यथार्थ को
बाहर आते
और उभरते।

'ग़लती' में ज़रा 'ग़लती' की ध्वनि भी सुनने का प्रयत्न करें। प्रायः चहबच्चे अपनी ग़लती से ऐसे बन जाते हैं। जीवन ग़लतियों को सुधारने के बड़े अवसर देता है। किस चहबच्चे के बच्चे को मैंने चाँद-सा देखा है, आप नाम-पता पूछना चाहेंगे तो मैं बताऊँगा। यह मेरा लोक-शील है जिसमें रहने का व्रत मैंने लिया है, इन संस्मरणों को लिखने में। हर चहबच्चे में सरोवर बनने की संभाव्य शक्ति सन्निहित देखना साहित्य की उदारता है। मैं किसी चहबच्चे से निराश नहीं।

शिकायत है, मुझसे तो आकाश-गंगा को। रोना तो यही है कि वह धरती ही की गंगा थी, जिसने समाज के किसी अत्याचार से, अपने किसी उग्र आदर्शवादी संस्कार से, यथार्थ के किसी पलायन से अथवा किसी अज्ञात मनोविकार से अपने को आकाश-गंगा समझ लिया था। वह मुझसे दूर-ही-दूर रही और इस कामना को भीतर-ही-भीतर सेती रही कि मैं उसे देख पाऊँ। उसने कभी अपने-आपको स्पष्टतः व्यक्त नहीं किया और अन्दर-ही-अन्दर चाहती रही कि मैं उसके अन्तर की मौन पुकार सुन सकूँ; उसने कभी मेरे निकट आने का संकेत नहीं किया और बराबर यह कामना करती रही कि मैं उसे बुलाऊँ—'इसीलिए खड़ी रही कि तुम मुझे पुकार लो'। और न मैंने उसकी ओर आँख उठाकर देखा, न मैंने उसे सुना, न मैंने उसे बुलाया। सच तो यह है कि मैंने निश्चित रूप से जाना भी नहीं कि वह इस तरह मेरी प्रतीक्षा में है—प्रतीक्षा में रहती आई है। पर जानना मनोविज्ञान साक्षी है, अनजाने भी होता है।

तीस वर्ष बीत गए—'चल चुका युग एक जीवन'।

पंत जी ज्ञानपीठ पुरस्कार लेने आए थे। मेरे ही साथ ठहरे थे। एक रात जब सब लोग सोने चले गए, उन्होंने मुझे अपने कमरे में बुलाया। बोले, बच्चन, तुम्हें अमुक—की याद है ?'

'धुँधली-सी', मैंने कहा।

'तुम्हें मालूम है कि उसका जीवन एक त्रासदी बनकर रह गया है,' पंत जी बोले।

'नहीं, पर आपको कैसे पता ?' मैंने घबराकर पूछा।

'बच्चन, एक दिन एक अधेड़ स्त्री मुझसे मिलने आई; पचास से कुछ ऊपर ही उसकी उम्र होगी, उसके बालों में सफेदी दौड़ गई थी; चश्मे के पीछे भीगी-भीगी-सी आँखें, अपने होठों को भीतर खींचे, जैसे कुछ कहना चाहती हो, पर अपने को बलपूर्वक रोक रही हो। उसने मुझसे कहा, 'मैं अ हूँ।' और इसके बाद उनके नेत्रों से अश्रु-धारा बह चली।'—पंतजी ने अपने दोनों हाथ अपने नेत्रों के पास ले जाकर नीचे गिराए, जैसे वे अ—की अश्रु-धारा को मेरे सामने मुद्रा-मूर्त कर रहे हों।

'फिर ?' मैंने गम्भीर होकर पूछा।

'फिर उसने रुककर कहना शुरू किया, मेरा जीवन एक ट्रेजडी है। वह तो मैं जी-भोग चुकी। वह कहाँ से शुरू हुई, इसे मैं जानती हूँ। मैंने सोचा था इसपर कभी मुँह नहीं खोलूँगी। पर अब मैंने इस ट्रेजडी का किसी रूप में निराकरण करने का निश्चय कर लिया है। फिर भी मैं चाहती थी, अपनी ट्रेजडी किसी से कहकर अपना दिल हल्का कर लूँ। बच्चन से मैं अब भी कुछ नहीं कहना चाहती। आप उनके मित्र हैं। इससे आपसे कह रही हूँ। मेरे जीवन को ट्रेजडी बना देने के लिए बच्चन उत्तरदायी हैं। मेरी आँखों में उनके प्रति जो प्यार था, उसे देखने के लिए उनकी आँखें अंधी थीं। मेरे दिल की आवाज़ सुनने के लिए उनके कान बहरे थे। दुनिया-भर को उन्होंने पुकार-पुकारकर कविता सुनाई, मुझे एक बार पुकारने के लिए उनकी जीभ गूँगी थी। उन्होंने जब एकाएक एक दूसरी जीवन-संगिनी चुन ली, तब मंच से अपने को हटा लेने के सिवा मेरे पास कोई चारा नहीं था। मैं उनके सुखी जीवन में किसी प्रकार का व्याघात नहीं बनना चाहती थी। पर मेरे अन्दर एक घुमड़न होती रही। यह अंधा, बहरा, गूँगा होना जीवन में कितना ख़तरनाक है। यह कितने दुख-दर्द का कारण बन सकता है। मैंने जीवन की ट्रेजडी के इस मूल को कहीं से कुछ काटने का निश्चय किया है। मैं अपने अन्तिम दिन अंधों, बहरों, गूँगों के एसाइलम (अनाथालय) में बिताना चाहती हूँ, उनकी सेवा में, उस आदमी के प्रायश्चित्त के लिए, जिसे मैंने प्यार किया था। उसे मैं नहीं पा सकी पर अंधे, बहरे, गूँगों में शायद उसकी कोई छाया मुझे मिल जाए...' पंत जी कहते गए।

और कब उन्होंने अपनी बात समाप्त कर दी मुझे पता नहीं।

मैं उनसे बिना कुछ कहे हुए कमरे से बाहर चला गया—अपने कमरे में। मुझे रात-भर नींद नहीं आई। मैं न जाने क्या-क्या सोचता रहा। सुबह पंत जी को प्रयाग वापस जाना था। मैंने उनसे कहा कि वे प्रयाग पहुँचकर अ—का पता लगाएँ। मैं एक बार उससे मिलकर केवल एक बात कहना चाहता हूँ। मुझे विश्वास है कि इससे उसका मन शान्त हो सकेगा। 'सुख की एक साँस पर होता है अमरत्व निछावर'। जीवन की बहुत-सी अनास्थाओं के बीच भी मुझे अभी उस एक बूँद में विश्वास है 'जो सुधामयी बन सकती है गिरकर अधरों से अधरों पर'। पंत जी ने मुझसे वादा किया कि वे प्रयाग

पहुँचते ही अ—का पता लगाएँगे और मुझे सूचित करेंगे। प्रतीक्षा में लगभग एक मास बीत गया। 15-1-70 को पंत जी का पत्र आया जिसमें लिखा था, मैं उद्धरण देना चाहूँगा,'

"तुमने जिसके बारे में पूछा था वह अब सीलोन—श्रीलंका में है। वहीं सेटिल डाउन हो गई है। गूँगे, बहरे, अंधे लोगों को शिक्षित करने के कार्य में संलग्न—क्योंकि तुम उनके लिए गूँगे, अंधे, बहरे रहे, इसलिए पहले उसने इन्हीं मानव कमियों की पूर्ति का भार स्वीकार कर लिया है। क्या किया जाए अपना-अपना भाग्य है। This is c/c correct information."

एक क्षण एक युग का परिष्कार कर सकता है।

पर वह क्षण कितना दुष्प्राप्य होता है।

वह काल की अत्यंत मूल्यवान निधि है और काल उसे बहुत संभालकर रखता है।

परिष्कार निर्दिष्ट होगा तभी काल की पकड़ से वह क्षण मुक्त होगा।

उस क्षण को फिर एक आँख से दूसरी आँख में गिरना होगा।

शब्द, सफ़ाइयाँ, क्षमायाचनाएँ, व्याख्याएँ यह काम नहीं कर सकतीं।

देखूँ, यह संयोग कब मिलता है।

नहीं भी मिल सकता।

'हो नियति इच्छा तुम्हारी पूर्ण', यही कह सकता हूँ।

अ—की वेदना का अन्त होना चाहिए।

मुझसे अधिक कौन इसकी आवश्यकता को समझता है।

किसी भी मूल्य पर।

और मैं इसी क्षण जो भी दे सकता हूँ, देने को तैयार हूँ।

पर सौदा कौन करेगा ?

आत्म-स्वीकृत वेदना ऐसी सस्ती चीज़ नहीं जिसका क्रय-विक्रय किया जा सके। वास्तव में वह दैवी वरदान है, दैवी विधान है, प्रयोजन है।

वह ख़रीदी नहीं जा सकती।

वह टाली नहीं जा सकती।

वह बेकार नहीं क़रार दी जा सकती।

शायद जब विश्व में जब चीज़ों की व्यर्थता सिद्ध हो जाएगी तब भी उसकी निरर्थकता को सिद्ध करना सरल न होगा। वह जहाँ भी है साभिप्राय है, स्वार्थरहित है, सर्वहिताय है,

वेदना से ज्वलित उडुगण,
गीतमय, गतिमय समीकरण,

उठ, बरस मिटते सजल घन,
वेदना होती न तो यह सृष्टि जाती ठहर,
नभ में वेदना की लहर।

और क्या मैं उस आकाश-गंगा को भूल गया था ? मेरा व्यक्ति भूल गया हो, मेरा कवि नहीं भूला था। मेरा चेतन भूल गया हो, मेरा अवचेतन नहीं भूला था। क्या 'एकान्त संगीत' की इस पंक्ति, 'नभ में वेदना की लहर' में मेरा अवचेतन उसी नभ-गंगा की वेदनामयी लहरों को नहीं स्मरण कर रहा था ? मेरी आँखें अंधी हों, पर क्या मेरे अवचेतन ने 'सतरंगिनी' में यह नहीं देख लिया था—'दो नयन मेरी प्रतीक्षा में खड़े हैं'—काव्य के बहुदिशा-संकेतों को एक दिशा सीमित मान लेना आलोचना की कितनी भयंकर भूल है। मैं बहरा-गूँगा होऊँ, पर क्या मेरे अवचेतन ने उस आकाश-गंगा के हृदय की धड़कनें नहीं सुनी थीं और क्या उसके भी गूँगेपन को वाणी नहीं दी थी, 'प्रणय पत्रिका' में, 'मधुर प्रतीक्षा ही जब इतनी, प्रिय, तुम आते तब क्या होता' ?—जो दस बरस से घर में बैठा हो उसे भी ऐसी पंक्तियाँ सम्बोधित की जाती हैं ?—इतना ही नहीं, क्या मेरे अवचेतन ने अंत न होने वाली प्रतीक्षा की उस कटुता को भी देख लिया था जिसका स्पष्ट संकेत पंत जी के पत्र के उद्धरण में है ! पंत जी से इस प्रसंग की भनक पाने के पूर्व प्रकाशित 'कटती प्रतिमाओं की आवाज़' की 'प्रतीक्षा के छोर पर' शीर्षक कविता से एक उद्धरण देना चाहूँगा,

ओह !
मेरी शिरा-शिरा ने यह अनुभव कर लिया है
कि प्रतीक्षा
कटु-तिक्त-विषमयी भी हो सकती है।
हाँ।...
'मधुर प्रतीक्षा ही जब इतनी,
प्रिय, तुम आते तब क्या होता।'
कि मासूम की यह पंक्ति,...इ है ?

अवचेतन में झाँकना—जिसके लिए कविताएँ एक झरोखा-सा प्रस्तुत करती हैं—कितना विस्मयकारी अनुभव हो सकता है ! इस प्रसंग पर और टिकना मेरे लिए कष्टकर है। आत्म-स्वीकृत वेदना परिहार नहीं हैं। वह न अपने को किसी को जताना चाहती है, न उसे किसी की संवेदना की आवश्यकता है। वह केवल रिटायरमेंट चाहती है, विदड्राअल—सबसे खिंचकर अज्ञात हो जाना। वह हो गई है। वह मुझसे कुछ नहीं सुनना चाहती, सुन भी नहीं सकती। पर उसके प्रति जिन लोगों की संवेदना जागी हो उनकी सान्त्वना के लिए यह कहना चाहूँगा कि यदि आज मैं उस मासूम को सम्बोधित कर सकता तो उसके समक्ष अपनी आज से लगभग तीस वर्ष पूर्व लिखित ये पंक्तियां रखता,

अमर वेदनाओं से अन्तर,
मथा गया तेरा निशि-वासर
(यह तुझपर अन्याय नहीं था)

क्योंकि यही था सबसे बढ़कर
तेरी छाती का सम्मान !

और उससे भी पूर्व की यह पंक्ति, 'बड़ा भाग्य होता है तब विष जीवन में आता है'। सहज-स्वीकृत विष ही यदि अमृत है तो इस संसार में मैं दूसरा अमृत नहीं जानता।

पंत जी ने इस प्रसंग पर जो अपनी प्रतिक्रिया व्यक्त की है, उसके आगे, कुछ करने-कहने को नहीं रह जाता—'क्या किया जाय। अपना-अपना भाग्य।' फिर भी, यदि अपनी प्रवृत्ति के प्रति मुझे ईमानदार और अपनी साधारणता के प्रति साभिमान सन्तुष्ट रहना है तो मैं स्वीकार करना चाहूँगा कि यदि मेरे सामने विकल्प आकाश-गंगा और धरती-गंगा में हो तो आज भी मैं धरती की गंगा की ओर ही अपने पाँव बढ़ाऊँगा।

युद्ध में पराजय और प्रेम में असफलता की कसक किसी भी स्पष्टीकरण अथवा व्याख्या से दूर नहीं होती। मैं अपने विश्लेषण से जिस परिणाम पर पहुँचा था, मैं समझता हूँ, वह ग़लत नहीं था,, पर मैं जिस मनःस्थिति में जा पड़ा था वह अत्यन्त दयनीय थी। आइरिश कवि डब्ल्यू. बी. ईट्स कई वर्षों तक माड गान की मनुहार करने के बाद भी जब उसका मन जीतने में सफल न हुए थे तो उन्होंने लिखा था, इससे तो अच्छा होता मैं किसी पत्थर की मूरत को प्यार करता। आइरिश के सम्बन्ध में शायद मैं भी यही कहना चाहता। लेकिन मुझसे जो भूल हुई थी उसका पश्चात्ताप मुझे अधिक समय तक न रहा। क्यों ? प्रेम की मेरी कहानी जिस प्रकार खत्म हुई थी और उसने जो मूल्य मुझसे उगाहा था, शायद, वही इसका उत्तर है। मैंने ग़लती की थी तो उसकी क़ीमत भी चुका दी थी। यह बड़ी क़ीमत न चुकाई होती तो मेरी ग़लती मुझे बहुत दिन सालती। अब पछताने को रह ही क्या गया था।

मधुता का जो स्वप्न आँखों के सामने नाचा था वह ग़ायब हो जाता तो मन शायद उसे फिर खोजता। पर आते-जाते वह एक कटुता की अनुभूति दे गया। मधु, कटु कटकर हो गए, जैसे धन, ऋण मिलकर।

इसी प्रकार एक समय जब मेरे जीवन में दुख आया था तो उसके साथ संघर्ष भी था, जिसने उस दुख को और पैना कर दिया था; आज मेरे जीवन में दुख आया था, पर संघर्ष समाप्त हो गया। इतना ही नहीं, आज मेरे जीवन में कुछ सुविधाएँ भी आ गई थीं, आप चाहें तो उन्हें सुख की संज्ञा भी दे सकते हैं। मैं जिस निम्न स्तर का दुख झेलते हुए ऊपर उठा था उसमें ये सुविधाएँ सहज ही सुख कही जा सकती थीं। मुझे ग़म था, पर एक बेहया आराम के साथ।

बरसों से मैं एक प्रकार के आवेग का जीवन जी रहा था जिसने केवल अतियाँ जानी थीं, गीत गुंजार या एकान्त उच्छ्वास, चमकती हुई सोने की मधुशाला या तम से घिरा-जीवन-तरुवर। अब थी एक सपाट संध्या में पास-पड़ोस की उदासीन गृह-चर्चा।

सुख या दुख, कटुता या मधुता, तम या प्रकाश, गायन अथवा रोदन मेरे लिए एक चुनौती बनकर आते थे। अब कोई चीज़ मुझे चुनौती देनेवाली, मुझे छेड़ने या उकसानेवाली नहीं रह गई थी। अब मैं सबकी संधि में था जहाँ एक-दूसरे को नकार रहा था और मैं एक वैकुअम—शून्यता—में डूब रहा था। संध्या कुछ लोगों को बहुत

पसन्द है। मुझे नहीं है, यह मुझे एक उजलत में डाल देती है, एक घबराहट में—शायद दोनों शब्द मुझे ठीक व्यक्त नहीं करते—कहना चाहूँगा एक ख़ालीपन में। यह मेरे लिए उस शून्यता का प्रतीक हो गई है जिसमें जीना मुझे न जीने जैसा लगता था। अब भी या तो मैं दिन को रात में खींच ले जाना चाहता हूँ या रात को दिन में। जिन दिनों मैं कुछ काम करता रहता हूँ संध्या और प्रभात की सत्ता को नहीं जानता। जब उन्हें जानना ही पड़ता है तब मैं उन्हें केवल पाँवों से कुचलना चाहता हूँ, यानी दूर तक टहलने के लिए निकल जाता हूँ। ख़ैर ! उन दिनों की वह संध्या वाली स्थिति मुझे अत्यन्त दयनीय लगती थी—न सह्य, न असह्य। शायद वह संध्या की-सी सपाटियत के साथ अभिव्यक्त भी हुई है। कला और कुछ हो सपाटियत नहीं है; पर जीवन सपाटियत से भी गुज़रता है। आप इन पंक्तियों को कविता न समझें, जीवन समझ लें तो भी मुझे कोई आपत्ति नहीं होगी,

अनासक्त था मैं सुख-दुख से
अधरों को कटु-मधु समान था,
नयनों को तम-ज्योति एक-सी,
कानों को सम रुदन-गान था;
सहसा एक सितारा बोला,
'यह न रहेगा बहुत दिनों तक।'

सितारे के बोलने में तो शायद कविता हो गई। सपाट जीवन को प्रायः कविता बचा लेती है। देव-ऋषि की भाखा एक बार झूठी पड़ जाए, कविता की वाणी कभी मृषा नहीं होती। आगे जो कुछ घटा, उसने सिद्ध कर दिया कि बहुत दिनों की सीमा दो महीनों से अधिक न थी—लगने को तो दो माह दो युग लगे।

इस दुखांत आइरिस-प्रसंग का पता राजनाथ, वंशो, उमा, आदित्य, प्रेमा, प्रकाश—सबको लग गया था, पर उससे जितने खिन्न, जितने दुखी प्रकाश थे उतना कोई नहीं। वे हृदय से मुझे व्यवस्थित और सुखेन परिणीत देखना चाहते थे। उन दिनों संवेदना तो मुझे सभी ने दी पर सहानुभूति (सह-अनुभूति) केवल प्रकाश ने। उन्होंने मुझे लिखा, दिसम्बर में बड़े दिन की छुट्टियाँ मैं उनके साथ बरेली में बिताऊँ, प्रेमा भी आएँगी जो उन दिनों फतेहचन्द गर्ल्स कालेज, लाहौर में प्रिंसिपल के पद पर काम कर रही थीं, उमा और आदित्य भी रहेंगे। प्रकाश भीतर से एकाकी होने के कारण बाहर से बहुत-से लोगों से घिरे रहने से एक प्रकार की सान्त्वना का अनुभव करते थे। वे जानते थे कि इस प्रकार मेरे एकाकी मन को भी सान्त्वना मिलेगी। उनका निमन्त्रण स्वीकार करने में मुझे कुछ दिक़्क़त थी।

बड़े दिन की छुट्टियों में अखिल भारतवर्षीय हिन्दी साहित्य सम्मेलन का वार्षिक अधिवेशन अबोहर में होने वाला था और पंडित अमरनाथ झा उसके सभापति मनोनीत हुए थे। 1935 के इंदौर अधिवेशन में महात्मा गांधी ने हिन्दी को वह भाषा परिभाषित करा दिया था जो देवनागरी और फ़ारसी दोनों लिपियों में लिखी जा सके। गांधी जी की इस नीति से सम्मेलन के कुछ प्रमुख अधिकारियों को भीतर-भीतर असन्तोष था, विशेषकर पुरुषोत्तम दास टंडन को। योजना यह थी कि अबोहर में गांधी जी वाली

नीति छोड़ दी जाए और हिन्दी वही मानी जाए जो केवल देवनागरी लिपि में लिखी जाए। गांधी जी को भनक मिल गई। उन्होंने झा साहब को मिलने के लिए बुलाया, पर उन्होंने जाने से इन्कार कर दिया। ऐसा मैंने उन्हीं से सुना था। गांधी जी की नीति के समर्थक भी सम्मेलन में थे और अधिवेशन के अवसर पर उग्र वाद-विवाद उठने की सम्भावना थी। झा साहब ने मुझे भी अबोहर चलने के लिए कहा था, और मैंने तदनुसार तैयारी कर ली थी। सम्मेलन की राजनीति में मेरी कोई रुचि न थी। जो भाषा मुझे हिन्दी कहकर सिखलाई गई थी, उसमें मैं लिखता, उसकी ध्वनि-धारा से मेल खाता हुआ जो भी शब्द-भाव-विचार लाया जा सके उसके लिए मुझे मनाही न की गई थी और हिन्दी के उसी उदार और जीवंत स्वरूप का मैं समर्थक था। समर्थन का मुझे ढोल नहीं पीटना था, उसे सृजन से सिद्ध और निरूपित करना था। पिछले जिन सम्मेलनों में मैं गया था—दिल्ली, इन्दौर, शिमला—उनमें मैंने केवल कवि-सम्मेलन में भाग लिया था जो उन दिनों अधिवेशन का एक प्रमुख अंग हुआ करता था। मैं जिस मनःस्थिति में था उसमें यदि झा साहब ने अबोहर चलने का आदेश न दिया होता तो मैं इलाहाबाद में ही ठहरता या बरेली चला जाता। मैंने प्रकाश को अपनी स्थिति से अवगत कर दिया। वे भी जानते थे कि झा साहब के संकेत की अवज्ञा करना मेरे लिए सम्भव न होगा। अधिवेशन तीस दिसम्बर को समाप्त होनेवाला था और मेरा कार्यक्रम सीधे अबोहर से झा साहब के साथ ही इलाहाबाद लौटने का था।

सम्मेलन के प्रस्तावों, कार्यवाहियों का ब्योरा मैं नहीं देने जा रहा हूँ। कुछ बातें जो मेरी स्मृति में उभर आई हैं, वे ये हैं। सभापति को स्टेशन से सरकिट हाउस तक, जहाँ उन्हें ठहराना था, खुली जीप में बिठलाकर जुलूस में ले जाया गया था। आगे-आगे एक देशी बैंड था जो कोई सिनेमाई धुन बजा रहा था, फिर कुछ सजे हुए ऊँटों का काफ़ला, फिर साहित्यकारों का दल, सबसे पीछे झा साहब की जीप जिसको घेरे अबोहर मंडी के बनिए-सेठ, रंग-बिरंगी पागों में।

प्रतिनिधियों और अतिथियों के ठहरने का प्रबन्ध किसी इमारत में किया गया था जो शायद किसी स्कूल की थी और नहर के किनारे थी। पहली रात को जहाँ मेरा बिस्तर लगा था उसके ठीक बग़ल में भदंत आनन्द कौसल्यायन का बिस्तर लगा था। रात की चर्चा में उन्होंने कहा था कि मैंने प्याले के परिचय—'मिट्टी का तन, मस्ती का मन' में बौद्ध दर्शन का प्रतिपादन किया है। मेरे हिसाब से उसमें कोई दर्शन था तो जीवन-दर्शन। दूसरी रात झा साहब के आदेश पर मैं सरकिट हाउस के एक कमरे में चला गया था।

निराला जी आए थे और कमरे-कमरे जाकर प्रतिनिधियों से अंग्रेज़ी बोलते फिरते थे—अपनी बैसवारी लहजे वाली अंग्रेज़ी। और लोग उनके ख़ब्त पर हँसते थे। पहुँचते ही उन्होंने ऐलान कर दिया था कि अगर उनको उसी स्थान पर न टिकाया गया जहाँ सम्मेलन के सभापति को, तो वे अधिवेशन का बाईकाट करेंगे। उनसे डरकर वैसा ही किया गया था। सरकिट हाउस में उन्होंने इतने मुर्ग़ खाए थे कि बिल देखकर स्वामी केशवानन्द, सम्मेलन के स्वागताध्यक्ष, अपना सिर पीटने लगे थे। निराला जी को अपनी उपस्थिति, अपनी असाधारणता, अपनी अद्वितीयता, व्यक्तियों के सम्पर्क में, गोष्ठियों

में, भरी सभाओं में, महसूस करा देने के बहुत-से गुर आते थे, जिनका अभ्यास उन्होंने इतना किया था कि वे उनके स्वभाव के सहज अंग हो गए थे। कवि-सम्मेलन में किसी बात पर, जो उन्हें पसन्द न थी, उन्होंने एक हँगामा खड़ा कर दिया था। और बात को बिगाड़कर चल दिए थे, और उखड़े हुए कवि-सम्मेलन को फिर से जमाने में इन पंक्तियों के लेखक को भी एक भूमिका अदा करनी पड़ी थी। उसी कवि-सम्मेलन में ज्योति प्रसाद मिश्र 'निर्मल' ने, जो सम्मेलन का संचालन कर रहे थे, मुझे याद है, मुझे हिन्दी का 'नर कवि' कहा था। काश, वे उस नारी को देख पाते जो मेरे अन्तर में पिटी-पराजित पड़ी थी। बहुत बाद को यह विशेषण मैंने एक कविता में भारतेन्दु जी पर चस्पा कर दिया—अधिकारी थे ही।

सम्मेलन के उस अधिवेशन में पंडित सीताराम चतुर्वेदी भी आए थे—प्रौढ़ा कुमारियों की एक पूरी प्लाटून के कमांडर बनकर। उनमें से एक, जो मेरी कविता से पूर्व परिचित थी, मेरी ओर विशेष आकर्षित हुई थी और सरकिट हाउस के मेरे कमरे में भी आई थी। यत्र-तत्र मेरे साथ देखी गई थी। और बाद को उसे लेकर एक कहानी भी यार लोगों ने गढ़ ली थी—'जहाँ कहीं मैं गया कहानी मेरे साथ गई, नहीं यह कोई बात नई'। इस कहानी की चर्चा करने का अवसर फिर आएगा।

कवि-सम्मेलन अधिवेशन का अन्तिम समारोह हुआ करता था। शायद 29 दिसम्बर की रात को हुआ था। तीस को सवेरे अबोहर से चलकर शाम को दिल्ली पहुँचने और शाम को वहाँ से चलकर 31 की सुबह को, वर्ष के अन्तिम दिन, प्रयाग पहुँचने का मेरा कार्यक्रम था। 29 की आधी रात को सरकिट हाउस लौटने पर मुझे प्रकाश का एक लम्बा अरजेंट तार मिला। तार की इबारत मुझे अब याद नहीं। तात्पर्य उसका था कि मैं अबोहर से जल्दी से जल्दी बरेली पहुंचूँ। तार के शब्द-शब्द में इतना आग्रह था कि वहाँ से सीधे बरेली जाने के अतिरिक्त और कुछ करने की बात मैं सोच ही नहीं सकता था। वास्तव में वह तार था ही नहीं—वह भाग्य की दुर्निवार पुकार थी—

प्रतिध्वनित करता रहा है
शून्य जो तूने कहा है,
इसलिए तुझको प्रणय की
एक दिन देगी सुनाई
दुर्निवार पुकार।

दिल्ली से रात को एक पैसेंजर चलती थी जो मुरादाबाद-बरेली होती हुई लखनऊ चली जाती थी। मैं तीस की सुबह अबोहर से चलकर शाम को दिल्ली पहुँचा और रात को दिल्ली से चलकर 31 को सबेरे बरेली पहुँच गया। प्रकाश एक नए बंगले में चले गए थे जो बिजलीघर के बग़ल में था। जब मैं ताँगे से बंगले पर पहुँचा उस समय छह-साढ़े छह बजे होंगे। जाड़ों में इस वक़्त काफ़ी अंधेरा रहता है प्रकाश अभी सो ही रहे थे। उनके नौकर ने मेरे आने की ख़बर दी तो उन्होंने मुझे अपने पलंग-कमरे में ही बुला लिया, 'ये कौन आज आया सवेरे-सवेरे' ! वे रज़ाई में ही पड़े थे, पलंग के बग़ल में नीले शेड का एक बेड-लैंप जल रहा था। मैं उनके सिरहाने बैठ गया। उन्होंने मेरा

दाहिना हाथ अपने बाएँ हाथ में फँसाकर रज़ाई के अन्दर खींच लिया और ऐसे दबाया जैसे कह रहे हों कि जो तुमने पिछले दो महीनों में सहा है, वह सब मैं जानता हूँ, 'ज्ञात मुझे है दुख जीवन में तुमने बहुत उठाए'; उसके साथ मेरी पूरी सहानुभूति है; तुम अपने को अकेला मत समझो; मैं तुम्हारे साथ हूँ; खुश होने का प्रयत्न करो, आशा रखो—यह वह कह रहा था, जो मैं जानता था, भीतर से खुश नहीं था, जिसने आशा छोड़ दी थी, जिसने अपनी बाहरी मुसकान में अपनी आंतरिक वेदना छिपा ली थी, और जो हर दुखी के प्रति उदार था, जो हर दुखी को सुखी देखना चाहता था—कम-से-कम मुझे, निश्चय।

कल मुर्झानेवाली कलियाँ
हँसकर कहती हैं मग्न रहो।

अपने मुर्झाने के प्रति उदासीन कलियाँ ही प्रफुल्लता का निःस्वार्थ और उन्मुक्त सन्देश दे सकती हैं।

मेरी आहट से थोड़ी देर में प्रेमा भी अपने बिस्तर में जाग गईं। आदित्य और उमा भी अपने कमरे से आकर उनके बिस्तर पर रज़ाई पाँवों पर लेकर बैठ गए। पिताजी की मृत्यु के बाद उन सब लोगों से वह मेरी पहली भेंट थी। बात स्वाभाविक ही मातमपुर्सी और संवेदना-प्रदर्शन से शुरू होनी थी।

मस्तिष्क भी बड़ी विचित्र मशीन है। कब, कौन चीज़ इसका कौन पुर्ज़ा घुमाकर इसे किस दिशा में, किसी गति से चालू कर देगी, कुछ पता नहीं। मेरी आँखों के सामने से गुज़र जाता है नए कटरे का आदित्य का कमरा, सिविल लाइन्स का आल सेन्ट्स हाउस, युनिवर्सिटी का विमेन्स होस्टल, बेली रोड का 'बसुधा' काटेज, (इसका नामकरण पंत जी ने किया था 'ब' से बच्चन, 'सु' से सुमित्रानन्दन, और 'धा' से धारण करनेवाली), फाफामऊ का ब्रिज, कटघर के मकान में पिताजी का कमरा, आइरिस के गर्ल्स स्कूल का लान; 'बसुधा' के निकट एक मकान के कमरे में पड़ा पिताजी का शव।—हाँ, उन्हीं की तो अकस्मात् बीमारी और अंत की चर्चा हो रही है। पर, सब जानते हैं कि मेरे यहां एक और मौत हो चुकी है, मगर उसकी चर्चा कोई नहीं उठाता। ऐसे सुकुमार विषय को न उठाना ही अच्छा; पर जो संवेदना मुझे दी जा रही है उसमें उस मौत से उठाए सदमे के प्रति भी संवेदना निहित है। जो उसके मन में है; मैं समझ रहा हूँ, और जो मैं समझ रहा हूँ, उनका मन जानता है। शब्द अभिव्यंजना के बड़े अनगढ़ (क्रूड) माध्यम हैं। जहाँ बातें गूढ़ होती हैं वहाँ आँखें बोलती हैं, शरीर की मुद्राएँ बोलती हैं, चेहरे की रेखाएँ बोलती हैं, त्वचा का रंग बोलता है। और इन सबसे जो मुझे कहा जा रहा है उससे वह सब मेरे दिमाग़ में फिर उभर आया है जिसे मैं समझता था, मैं अपने दिमाग़ से निकाल चुका हूँ। वास्तव में दिमाग़ से निकलता कुछ नहीं, वह सिर्फ़ दब जाता है, और जिसे निकालने के लिए इच्छाबल का प्रयोग करो वह तो और मज़बूती से अपनी जड़ें जमाता है। प्रायः किसी चीज़ को भुलाने का प्रयास उसे याद करने का अभ्यास हो जाता है। प्रकाश देखते हैं कि वातावरण में कुछ गंभीरता आ गई है, तो अपने नौकर को बुलाकर चाय लाने को कहते हैं। चाय आ जाती है तो वे प्रेमा से कहते हैं, तेजी को भी आवाज़ दे दो, जाग गई होंगी।

यह नाम प्रकाश के घर में पहली बार सुनता हूँ। मुझे बताया जाता है कि तेजी मिस तेजी सूरी हैं, फतेहचन्द कालेज, लाहौर में साइकोलोजी पढ़ाती हैं, जहाँ प्रेमा प्रिंसिपल होकर गई हैं, प्रेमा लाहौर में इन्हीं के साथ रहती थीं; बड़े दिन की छुट्टियों में प्रेमा बरेली आने लगीं तो तेजी को साथ लाईं। साथ के कमरे में ठहरी हैं।

इतने में दरवाज़े का एक पल्ला धीमे से खुलता है और मिस सूरी कमरे में प्रवेश करती हैं—मुसकराती—मझोले क़द की, इकहरे बदन की, गौर वर्ण की, चेहरा अंडाकार, आँखें बड़ी, नाक लम्बी, होठ न भरे न पतले, दाँत चमकीले, और ठुड्डी इतनी ही गोल कि बस नुकीली होने से बच गई हो—बिलकुल ग्रीक महिला का-सा मुख। उन्होंने अपने चेहरे के चारों तरफ एक स्याह, पतली चुन्नी लपेट रखी थी जिससे उनके चेहरे का गौर वर्ण और निखर उठा था—आँखों में नींद की नर्मी अभी अटकी-अटकी। उन्होंने फ़ालसई रंग की सलवार-कमीज़ पहन रखी थी और जल्दी में कोई ऊनी कोट कन्धों पर डाल लिया था। उनके कमरे में प्रवेश करते ही मैं उठकर खड़ा हो गया। प्रेमा ने उनका परिचय दिया, 'मेरी सहेली तेजी'। प्रकाश ने मेरा परिचय दिया, 'मेरे मित्र बच्चन'। उनका रूप प्रथम दृष्टि में किसी को भी अभिभूत करने को पर्याप्त था; और अगर उन्होंने ही अपनी करुण दृष्टि से—जो मेरी प्रकट उदासी के प्रति उनकी त्वरित प्रतिक्रिया थी—मुझे एकटक न देखा होता तो उन्हें देखते ही मेरी आँखें नीची हो जातीं। वे आकर प्रकाश की चारपाई पर बैठ गईं, बीच में प्रकाश अध-लेटे थे। दूसरी ओर मैं बैठा था। अभी कमरे में लैंप की ही रौशनी थी, उनके आ जाने से लगा कि एक और लैंप जल गया, या प्रभात की एक प्रसन्न किरण रौशनदान से अन्दर आ गई।

चाय पी गई। चाय पर ही प्रकाश ने अपनी कुछ प्रिय कविताएँ सुनने की इच्छा प्रकट की और मैंने पूरी की। मिस सूरी पर क्या प्रभाव हुआ, शायद ही मैंने जानना चाहा।

न जाने क्यों बीच-बीच में मुझे याद आता रहा, एक दिन उमा ने अपनी सहेली का परिचय मुझसे कराया था, आज प्रेमा ने अपनी सहेली का परिचय मुझसे कराया है, और बारह वर्ष पहले लिखी अपनी एक तुकबन्दी मेरे कानों में बार-बार गूँजती रही—

इसीलिए सौन्दर्य देखकर
शंका यह उठती तत्काल,
कहीं फँसाने को तो मेरे
नहीं बिछाया जाता जाल।

पर अदृश्य देख रहा था कि जाल बिछ चुका था और करुणा अवसाद के जाल में फँस चुकी थी या अवसाद ने करुणा को अपने पाश—अपने बाहुपाश—में बाँध लिया था ! यह तो मैं दूसरे दिन कह सकता था, लेकिन उस दिन मैं उस सौन्दर्य से असंपृक्त, उदासीन, दूर, डरा-डरा रहा—'भय बिनु होइ न प्रीति' का क्या कोई रहस्यपूर्ण अर्थ है ? मुझे अपने उस मित्र के जीवट से ईर्ष्या थी जो एक मृग-तृष्णा के लुप्त होने पर दूसरी, और दूसरी के दग़ा दे जाने पर तीसरी के पीछे बिना रुके, बिना थके, बेतहाशा भाग सकता था। मैं तो एक ही का पीछा करने में असफल हो लस्त, पस्त, ध्वस्त हो गया था। दिन की किसी विशेष घटना का मुझे स्मरण नहीं। चौबीस घंटे की रेल-यात्रा से

मैं थका था। खा-पीकर सो गया–सुहाती-सी धूप में। और जाड़े के छोटे-से दिन में बड़ी जल्दी संध्या की वह बेला आ गई जो मुझे अपने भीतर एक ख़ालीपन का अहसास कराती थी और जो किसी की आँखों में छिप नहीं सकता था, पर उस दिन मुझे लग रहा था जैसे कोई मेरे ख़ालीपन से विचलित है, मुझे ख़ाली नहीं रहने देना चाहता, मेरे ख़ालीपन को भरना चाहता है। मेरी भाव-प्रवणता भावना की ऐसी लहरों का दबाव पहचानती तो बहुत दिनों से थी, पर उससे अपने लिए दिशा-निर्देश लेना उसने न सीखा था। सीखा होता तो मैं जीवन की बहुत-सी भूलों से बच जाता। कभी ऐसे बचने पर शायद कुछ सन्तोष का अनुभव होता। आज भूलों से बचने का पछतावा नहीं है। आज जानता हूँ कि जीवन को जानने का कोई सीधा रास्ता नहीं है जीवन को जानना एक खोज है, उसे कुछ भूल-भटककर ही जाना जा सकता है। कभी पश्चात्ताप के स्वर में मैंने भी कहा था, 'जीवन भूल का इतिहास', लेकिन एक दिन मैंने अपने उस इतिहास को पलटा तो पाया, 'अपनी एक भूल से सीखा ज़्यादा औरों के सच सौ से'। इसे भी भाग्य का विधान ही कहना होगा कि उस संध्या को, जबकि मन की हवा का रुख़ बिलकुल प्रतिकूल था, मैंने भावना की लहर के साथ बहने का निश्चय किया। दोनों के संघर्ष से कुछ अवांछित भी हो सकता था, पर होता तो होता। जो आता वह ओड़ता।

शाम को प्रकाश ने फ़िटन में बैठकर घूमने का कार्यक्रम बनाया था। आमने-सामने की सीटों पर एक ओर प्रकाश, मिस सूरी और मैं, दूसरी ओर, उमा, आदित्य, प्रेमा–एक ओर दो पुरुषों के बीच में एक स्त्री, दूसरी ओर दो स्त्रियों के बीच में एक पुरुष। सीटें बहुत लम्बी नहीं थीं, बीच में बैठने वाले को तो अपने हाथ आगे से सिकोड़कर बैठना पड़ता। बीच में कहीं मिस सूरी ने अपना दाहिना हाथ पीछे ले जाकर मेरे बाएँ कंधे पर धर दिया था–लेने को तो उस हाथ को मेरा शारीरिक आश्रय था पर देने को उस हाथ के पास एक दुनिया थी–उसका स्वस्ति वाचन था, 'मा भैः'। नारी का परस कितना-कुछ अभिव्यक्त करता है !

फ़िटन में साईस की बैठकी बहुत ऊँची होती है। एक जगह मिस सूरी ने विनोद में कहा था कि मेरा जी चाहता है कि साईस की बग़लवाली सीट पर बैठूँ। मैंने कहा, तब तो मुझे साईस की जगह बैठना पड़ेगा। मैं उनका सान्निध्य चाहता हूँ–इसे व्यक्त करने के लिए शायद मैंने एकमात्र वाक्य कहा।

रात को खाने पर मैं उनके बग़ल में ही बैठा। जैसे अकस्मात्।

खाने के बाद प्रकाश के मित्र रामजी शरण सक्सेना ऐडवोकेट, के यहाँ संगीत का कार्यक्रम था; वहाँ भी मैं उनके साथ बैठा। किसी प्रयत्न से नहीं।

लौटकर परिवार के सब लोग प्रकाश के सोने के कमरे में आए। सबकी इच्छा थी, नया वर्ष मेरे काव्य-पाठ से आरम्भ हो। आधी रात बीत चुकी थी। मैंने केवल एक-दो कविताएँ सुनाने का वादा किया। सबने 'क्या करूँ संवेदना लेकर तुम्हारी' वाला गीत सुनना चाहा जिसे मैं सुबह सुना चुका था। यह कविता मैंने एक बड़े सिनिकल मूड में लिखी थी–'सिनिक' ही शायद हिन्दी में 'सनकी' हुआ, पर अर्थ 'सिनिक' से दूर चला गया। 'सिनिकल' को शायद 'व्यंग्यात्मक वक्रता' कहेंगे। कई महीनों से

'संवेदना'-'संवेदना' शब्द मेरे कानों में पड़ रहा था, पर इस संवेदना से मुझे कोई सान्त्वना न मिल रही थी। लगा, यह सब संवेदना-वंवेदना बकवास है, नक़ली है, झूठी है, किसी के दुख से कोई दुखी हो ही नहीं सकता, संसार जैसा है उसमें दूसरे के दुख से लोग केवल सुखी होते हैं, संवेदना केवल दुख से बचे रहने पर अपने सुख की अभिव्यक्ति का नाम है। कहीं पढ़ा था कि त्रासदी देखने से हमारा मनोरंजन क्यों होता है। इसलिए कि हमें यह सुखानुभूति होती है कि ख़ैरियत है कि हम इस त्रासदी के शिकार नहीं हुए। पर गीत शायद एक ऐसे पीड़ित की चीत्कार हो गया है जिसे संवेदना–मौखिक संवेदना–से कुछ अधिक की आवश्यकता है। यह गीत 'आकुल-अन्तर' में है। पूरा तो वहीं देखना होगा। मैंने सुनाना आरम्भ किया। आज भी कमरे का पूरा दृश्य मेरी आँखों के सामने है। एक पलंग पर प्रेमा, उमा, आदित्य बैठे थे। एक पलंग पर मैं बैठा था, मेरे सामने प्रकाश बैठें थे और मिस सूरी उनके पीछे खड़ी थीं कि गीत ख़त्म हो तो वे अपने कमरे में चली जाएँ। नीले शेड के लैम्प का नीला प्रकाश सबके ऊपर पड़ रहा था। गीत का पहला पद है,

क्या करूँ संवदेना लेकर तुम्हारी ?
क्या करूँ ?
मैं दुखी जब-जब हुआ
संवेदना तुमने दिखाई,
मैं कृतज्ञ हुआ हमेशा,
रीति दोनों ने निभाई,
किन्तु इस आभार का अब
हो उठा है बोझ भारी,
क्या करूँ संवेदना लेकर तुम्हारी ?
क्या करूँ ?

दूसरा पद भी पूरा दे दूँ, फिर आगे जो हुआ वह बताऊँ।

एक भी उच्छ्वास मेरा
हो सका किस दिन तुम्हारा ?
उस नयन में बह सकी कब
इस नयन की अश्रुधारा ?
सत्य को मूंदे रहेगी
शब्द की कब तक पिटारी ?
क्या करूँ संवेदना लेकर तुम्हारी ?
क्या करूँ !

न जाने मेरे स्वर में कहाँ की वेदना भर गई कि पहले पद पर ही सब लोग बहुत गम्भीर हो गए। जैसे ही मैंने यह पंक्ति पूरी की

...उस नयन में बह सकी कब
इस नयन की अश्रुधारा...

कि देखता हूँ कि मिस सूरी की आँखें डबडबाती हैं और टप-टप उनके आँसू की बूँदें

प्रकाश के कंधे पर गिर रही हैं..और यह देखकर मेरा कंठ भर आता है...मेरा गला रुंध जाता है...मेरे भी आँसू नहीं रुक रहे हैं।...और अब मिस सूरी की आँखों से गंगा-जमुना बह चली हैं...मेरी आँखों से जैसे सरस्वती...कुछ पता नहीं कब प्रकाश, प्रेमा, आदित्य और उमा कमरे से निकल गए हैं और हम दोनों एक-दूसरे से लिपटकर रो रहे हैं और आँसुओं के उस संगम से हमने एक-दूसरे से कितना कह डाला है, एक-दूसरे को कितना सुन लिया है, उन आँसुओं से कितने कूल-किनारे टूट-गिर गए हैं, कितने बांध ढह-बह गए हैं, हम दोनों के कितने शाप-ताप धुल गए हैं, कितना हम बरस-बरसकर हल्के हुए हैं, कितना भीग-भीगकर भारी—कोई प्रेमी ही इस विरोध को समझेगा—कितना हमने एक-दूसरे को पा लिया है, कितना हम एक-दूसरे में खो गए हैं। हम क्या थे और हम आँसुओं के जादुई चश्मों में नहाकर क्या हो गए हैं। हम पहले से बिल्कुल बदल गए हैं पर हम एक-दूसरे को पहले से कहीं ज़्यादा पहचान रहे हैं—क्योंकि एक-दूसरे के सामने हम अपने असली रूप में हैं। चौबीस घंटे पहले हमने इस कमरे में अजनबी की तरह प्रवेश किया था, और चौबीस घंटे बाद हम उसी कमरे से जीवन-साथी (पति-पत्नी नहीं) बनकर निकल रहे हैं—यह नए वर्ष का नव प्रभात है जिसका स्वागत करने को हम बाहर आए हैं। मुझे याद आता है पंत जी ने इस घड़ी की भविष्यवाणी कर दी थी।

वर्ष नव
हर्ष नव
जीवन उत्कर्ष नव
नव उमंग,
नव तरंग,
जीवन का नव प्रसंग !
नवल चाह,
नवल राह,
जीवन का नव प्रवाह !
गीत नवल,
प्रीति नवल,
जीवन की रीति नवल,
जीवन की नीति नवल,
जीवन की जीत नवल !

यह गीत तो बाद को लिखा गया पर उस मंगल प्रभात में यह गीत हमारे रोम-रोम में लिखा हुआ था। प्रकाश ने गुलाब के फूलों की दो मालाएँ बनवा रखी थीं। उन्होंने अपने पंचवर्षीय पुत्र पुष्कर से हमारे गले में मालाएँ डलवाकर हमारी सगाई की घोषणा की और बिना हमसे बताए यह समाचार-पत्रों में भी प्रकाशनार्थ भेज दिया। मेरे जीवन के इस चमत्कारी मोड़ पर सबसे अधिक प्रसन्नता प्रकाश को थी। उनके 'अधरों की मुसकान' और 'नयनों के आशीष' को मैंने बाद को उन पंक्तियों में संजोने का प्रयत्न किया जो अपना 'हलाहल' उन्हें समर्पित करते समय मैंने उनके लिए लिखीं।

मैंने अंग्रेज़ी के प्रसिद्ध निबन्धकार राबर्ट लुई स्टीवेन्शन के एक लेख में पढ़ा था,

Love should run out to meet love with open arms. Indeed, the ideal story is that of two people who go into love step for step with a fluttered consciousness, like a pair of children venturing together into a dark room. From the first moment when they see each other, with a pang of curiosity, through stage after stage of growing pleasure and embarrassment, they can read the expression of their own trouble in each other's eyes. There is here no declaration properly so called; the feeling is so plainly shared, that as soon as the man knows what is in his own heart, he is sure of what it is in the woman's.

(प्रेम को बाँहें फैलाकर प्रेम से मिलने के लिए आगे बढ़ना चाहिए। वास्तव में आदर्श कहानी उन दो व्यक्तियों की है जो चकित-चित, क़दम-ब-क़दम प्रेम-पथ पर अग्रसर होते हैं—जैसे बच्चों का कोई जोड़ा किसी अंधेरे कमरे में पैठने का साहस करे। एक-दूसरे को देखने के पहले क्षण से, कौतूहल की पीड़ा से आरम्भ करके, दर्जे-ब-दर्जे बढ़ते, सुख-संकोच को पार करते हुए, वे एक-दूसरे की आँखों में अपनी ही वेदना की अभिव्यंजना प्रतिबिंबित पाते हैं। यहाँ तथाकथित प्रेम घोषित करने की औपचारिकता नहीं निभाई जाती। प्रेम की भावना इतनी सहजता से दोनों में समान होती है कि जैसे ही पुरुष यह जान लेता है कि उसके अपने हृदय में क्या है उसे निश्चय हो जाता है कि स्त्री के हृदय में भी क्या है।)

मैंने कभी नहीं समझा था कि यह एक दिन अक्षरशः मेरे जीवन में उतरेगा। मैं हमेशा से यह मानता रहा हूँ कि साहित्य जीवन का अनुगामी होता है। पर ऐसे अनुभव से गुज़रने के बाद सोचना पड़ता है कि क्या आस्कर वाइल्ड के इस कथन में भी कुछ सत्य है कि जीवन साहित्य का अनुगमन करता है।

यह अचानक एक-दूसरे के प्रति आकर्षित, एक-दूसरे पर निछावर अथवा एक-दूसरे के प्रति समर्पित होना आज भी सम्यक् रूप से विश्लेषित नहीं हो सका है। तेजी के बारे में मेरा ज्ञान बिलकुल सतही था, उनके गुण-स्वभाव के बारे में, शून्यवत्; मेरा तो पूरा नाम भी तेजी नहीं जानती थीं, न जाति, न पांत, न वंश, न परिवार, न पूर्व इतिहास। और बाद को हमने एक-दूसरे को जो कुछ जाना उसे हमने एक-दूसरे के व्यक्तित्व के समक्ष कोई बड़ा महत्व नहीं दिया। जाति, धर्म, प्रांत, परिवेश, भाषा, शिक्षा-दीक्षा उनकी मेरी बिलकुल अलग थी फिर भी हमारे मन की गाँठें कहीं बंधी थीं और उन्होंने हमें तन की गाँठों में भी बाँध दिया। संस्कार, संयोग, भाग्य का कोई-न-कोई महत्व स्वीकार किए बिना उनका-मेरा सम्बन्ध आज भी पूरी तरह व्याख्यायित नहीं होता, विशेषकर जबकि वह आज अट्ठाईस से अधिक वर्षों से अक्षुण्ण बना हुआ है। जीवन को जैसा और जितना मैंने देखा है उसमें अपनी सतर्क और जागरूक बौद्धिकता के बावजूद चमत्कार को मैं अब असम्भव नहीं मानता। फिर भी जब-तब चमत्कार की दुहाई देकर बुद्धि को छुट्टी दे देने, अथवा उसे कुंठित कर देने

में भी मेरा विश्वास नहीं है। मैंने उनके-अपने सम्बन्ध पर सोचा भी है, और आज मैं इसे भी याद करता हूँ कि हमने उसे रूप देने के लिए क्या-क्या किया है। मानव सम्बन्ध बना-बनाया नहीं मिलता। जो मिलता है वह बीज रूप में। फिर उस सम्बन्ध को सींचना-सेना पड़ता है। पिता-माता-संतान अथवा भाई-बहन के सम्बन्ध भी अगर सींचे, सेए न जाएँ तो वे कमज़ोर अथवा विकार-ग्रस्त हो जाते हैं। उदाहरण प्रति दिन हमारे सामने आते हैं। पति-पत्नी अथवा मित्र-मित्र का सम्बन्ध बन भले ही किसी संयोग अथवा भाग्य-विधान से जाए, पर सुदृढ़ और स्थायी वह दोनों के बनाने से बनता है। तेजी का और मेरा जो सम्बन्ध आज है उसे निरूपित करने में उसका कम हाथ नहीं है, और यथासमय उसे मैं महत्व देना ही चाहूँगा।

तेजी सरदार खजानसिंह सूरी की चौथी और सबसे छोटी पुत्री थीं, एक पुत्री पहली पत्नी से थी, शेष तीन दूसरी से; पुत्र उनके न था। सूरी परिवार का पुश्तैनी निवास-स्थान कल्लर, रावलपिंडी में था। 'पिंड' पंजाबी में गाँव को कहते हैं। किसी राजा-रावल का 'पिंड'—गाँव—बढ़कर, बड़ा होकर, शहर बनकर 'पिंडी' बन गया था। आप उसके 'पिंडा' बनने की प्रत्याशा करते होंगे। पर जनरुचि ने शहर को गाँव से छोटा समझा। मेरा कहीं ग्रामीण अभ्यंतर इससे प्रसन्न होता है। हिन्दी के मुहावरे, 'पिंड नहीं छोड़ता', में शायद 'पिंड' का सम्बन्ध उस 'पिंड' से है जो 'यथा पिंडे तथा ब्रह्मांडे' में है। वही अर्थ संभवतः दूसरे मुहावरे 'पिंडा पारने' में चला गया है। शब्दों की अर्थ-यात्रा बड़ी मनोरंजक होती है। ख़ैर ! पंजाब में रावलपिंडी की ख्याति वह थी कि यहाँ की लड़कियाँ सबसे सुन्दर होती हैं। और इसे सुनकर एक बार मैंने कह दिया था कि जब मैं मरूँ तो मेरी राख रावलपिंडी की गलियों में बिखेर दी जाए। राख में अपनी अंतश्चेतना के तनिक भी अवशिष्ट रहने का विश्वास आज मुझे होता तो मैं अपनी पुरानी इच्छा दुहराने में संकोच न करता। बुंदेलखंड के ग्रामीण कवि ईसुरी ने इस विश्वास पर एक बहुत ही कवित्वपूर्ण फाग लिखी है। याद आ गई है। कभी किसी से सुनी थी,

यारो, इतनो जस कर लीजो,
चिता अंत न दीजो।
गंगा जू मरैं ईसुरी
दाग बगौरा दीजो,
रजऊ कबउं हुवन ते निकसैं
खेह छुएँ पग जी जौ,
चलतन चुवै पसीना तन कौ
भसम को अंतस् भीजौ।

मित्रो, इतना उपकार मेरे प्रति कर देना। जहाँ मैं बताऊँ वहीं मेरी चिता जलाना, अन्यत्र नहीं। लोग तो यह कामना करते हैं कि वे कहीं मरें, उनकी चिता गंगा तट पर बने। ईसुरी चाहते हैं कि यदि वे गंगा तट पर भी मरें तो उनकी चिता बगौरा में लगे—जहाँ उनकी रजऊ नाम की प्रेयसी रहती थीं। उन्हें विश्वास है कि जब रजऊ वहाँ से निकलेंगी तो उनके चरणों को छूकर ईसुरी की राख जी उठेगी और अगर कहीं रजऊ

के शरीर से एक बूँद प्रसीना चू पड़ा तो भसम का अंतस् भीग जाएगा। ईसुरी कितने जले हुए होंगे भीतर से !) मुझे अपनी दो पंक्तियाँ याद हो आई हैं, 'जो असम्भव है उसी पर आँख मेरी, चाहती होना अमर मृत राख मेरी'—शायद पीछे ईसुरी की भावना की ही स्मृति हो। मैंने अपनी कामना विनोद-विनोद में ही व्यस्त कर दी होगी। मुझे क्या मालूम था कि एक दिन रावलपिंडी की सजीव माटी मुझे छूकर मेरी मृतवत् माटी को अमर नहीं तो सप्राण तो कर ही देगी—'तुम छू दो मेरा प्राण अमर हो जाए।'

सरदार खजानसिंह ने इंग्लैंड जाकर बैरिस्टरी पढ़ी थी और लौटकर बहुत दिनों तक लायलपुर में प्रैक्टिस की थी। तेजी का जन्म लायलपुर में ही हुआ था। बाद को वे पटियाला रियासत में कई वर्षों तक रेवेन्यू मिनिस्टर रहे थे और वहाँ से अवकाश प्राप्त कर लाहौर में व्यवस्थित हुए थे। जब तेजी अपनी शिक्षा समाप्त कर फतेहचन्द कालेज में पढ़ाने लगी थीं तब वे मीरपुर-खास (सिंध) में जा बसे थे, जहाँ से निकट ही डिग्री में उनकी सबसे बड़ी कन्या रहती थी और कराची में उससे छोटी कन्या; तीसरी कन्या लायलपुर में ही ब्याही थी। मैंने सरदार साहब को देखा था, मेरे विवाह के चार वर्ष बाद उनका देहावसान हुआ—वृद्धावस्था में भी वे सीधे, लम्बे, तड़ंगे थे। जवानी में, तेजी बताती हैं, वे बहुत सुन्दर थे।

तेजी जब तीन महीने की थी तभी उनकी माता का देहावसान हो गया था, वे आनन्दपुर के सोडी परिवार की थीं (तेजी के मामा लोग गुरुद्वारा आनन्दपुर साहब की प्रबन्ध कमेटी के ख़ानदानी सदस्य हैं) सरदार जी ने शादी न की। अपनी कन्याओं की देख-रेख के लिए घर पर एक गवर्नेस रख दी। मैट्रिकुलेशन तक तेजी की शिक्षा सेक्रेडहार्ट कानवेन्ट, लाहौर में हुई। जब वे कानवेन्ट में गईं तो इतनी छोटी थीं कि सिस्टर्स उन्हें गोद में उठाकर चलती थीं। इंटर और बी. ए. उन्होंने लाहौर कालेज फ़ार विमेन से किया; ट्रेनिंग लेडी मैकलेगेन कालेज, लाहौर से। ट्रेनिंग करने के बाद कुछ मास उन्होंने गुजरात (सियालकोट के पास) में पढ़ाया था। जिस समय वे बरेली आई थीं, उस समय तक वे फतेहचन्द कालेज, लाहौर में सवा साल पढ़ा चुकी थीं। अपने विद्यार्थी जीवन में उन्होंने अभिनय में रुचि ली थी और कालेज के ड्रामों में कई बार रंगमंच पर उतरी थीं। हिन्दी उन्होंने सेकेंड फ़ार्म की तरह स्कूल में पढ़ी थी, उसके साहित्य से वे बिलकुल अपरिचित थीं, उन्होंने मेरी कोई रचना न पढ़ी थी, कवि-रूप में मेरा नाम भी न सुना था, गो 1939 से लाहौर के बुद्धिजीवियों के एक विशेष वर्ग में मैं अनजाना न था। मेरा नाम यदि कभी-कभार उन्होंने सुना था तो प्रेमा से, जो सितम्बर 1941 से उसी संस्था की प्रिंसिपल बनकर गई थीं जिसमें वे पढ़ाती थीं।

तेजी ने जिस अद्भुत हार्दिकता का व्यवहार मेरे प्रति किया उसे समझने के लिए उनका थोड़ा मनोविश्लेषण करना होगा। यह भी विधि का एक अच्छा-ख़ासा व्यंग्य है कि मनोविज्ञान विधिवत् उन्होंने पढ़ा-पढ़ाया और उनका मनोविश्लेषण मैं करने जा रहा हूँ। मेरा मनोविश्लेषण वे करतीं तो शायद अधिक ठीक और उपयुक्त होता। आशा है, मैं उनका मनोविश्लेषण करने में ग़लती नहीं करूँगा। मेरे पक्ष में यह है कि उस एक क्षण के व्यवहार को समझने के लिए मेरे पास पिछले अट्ठाईस बरसों का उन्हें बरतने का अनुभव है।

तेजी स्वयं मातृ-विहीन रही हैं। मातृ-विहीनता के दुखदायक अभाव तथा मातृ-ममता से वंचित होने की पीड़ा को उन्होंने अपनी नस-नाड़ी में भोगा-झेला है। इस अभाव और इसी पीड़ा में उन्होंने अपने अन्दर का एक बड़ा सुकुमार मातृ-हृदय विकसित किया है। मातृ-हृदय की परिभाषा ही शायद यह होगी जो किसी के भी दुख-कष्ट में सहज भाव से विगलित हो सके। प्रेम निश्चय प्रतिदान चाहता है। प्रतिदान नहीं पाता तो निराश, दुखी होता है। करुणा केवल देना चाहती है। वह किसी से कुछ प्रत्याशा करके द्रवीभूत नहीं होती। इस कारण मैं करुणा को प्रेम से भी बड़ा मानता हूँ। प्रेम में स्वार्थ की गंध है। करुणा इससे ऊपर उठी हुई है। प्रेम निःस्वार्थ हो सके तो मैं उसे करुणा का नाम देने में संकोच न करूँगा। प्रेम मन की सहज प्रवृत्ति हो सकती है। करुणा का जन्म तो किसी साधना, अनुशासन, किसी सही-झेली-भोगी, पचाई पीड़ा से ही सम्भव है। इसलिए प्रेमी से करुणाशील को मैं अधिक विकसित व्यक्ति मानता हूँ। मैं जिस मनःस्थिति में था उसमें मुझे प्रेम नहीं, करुणा की आवश्यकता थी। उनकी करुणा मेरी ओर मुझे परख-जाँच कर नहीं, मेरा विश्लेषण-अध्ययन कर नहीं, सहज, स्वतः प्रवाहित हुई थी। दूसरों की मानसिक आवश्यकता को अनकने का उनके पास एक बड़ा ही सूक्ष्म यन्त्र है। इसकी साक्षी मेरे अतिरिक्त भी लोगों ने भरी है।

साथ ही करुणा एक अभिजात्य गुण है। वह वही दे सकता है जो सामान्य से कुछ ऊपर उठा हुआ हो। यह ऊपर से नीचे गिरती है। जिसे निम्नस्तर पर ही संघर्ष करना पड़ा हो उसमें यह गुण मुश्किल से विकसित होता है। परिवार-परिवेश, शिक्षा-दीक्षा से जितने भी संस्कार तेजी को मिले थे वे आभिजात्य के थे। अपने अलग-अलग संस्कारों से अगर तेजी करुणा देने के लिए बनी थीं तो मैं करुणा की प्रत्याशा करने के लिए बना था।

मनोवैज्ञानिक दृष्टि से तेजी में अंतर्निहित-पुरुष-प्रधानता की ओर मैं पहले भी संकेत कर चुका हूँ। यह भी उनमें अकारण न होकर परिस्थितिवश थी। एक के बाद एक तीन पुत्रियों के बाद तेजी जब गर्भ में थीं तभी से माता-पिता ने अपनी तीव्र कामना का आरोप उन पर पुत्र होने के लिए किया था। जब वे पुत्री-रूप में आईं तब भी उन्हें परिवार में पुत्रवत् माना गया। अपनी बड़ी बहनों का विवाह हो जाने पर उन्होंने पुत्रवत् ही अपने वृद्ध पिता की देख-रेख के लिए अपने को तैयार किया। आज तो उनके पुरुषोचित दायित्व लेने के एक हज़ार सबूत मेरे पास हैं। दुनिया के बड़े-बड़े मनोवैज्ञानिक और द्रष्टा आज उसी नारी को पूर्ण अथवा आदर्श नारी मानते हैं जिसमें कुछ पुरुषत्व हो। पुरुष भी विशुद्ध पुरुष वांछनीय नहीं; उसमें कुछ नारीत्व होना उसे अधिक ग्राह्य, स्वीकार्य बनाता है। इस सम्बन्ध में इधर 'दिनकर' जी की एक कविता की कुछ पंक्तियों का स्मरण मुझे हो आया है, 'धर्मयुग' में प्रकाशित,

> **'मर्दाने मर्द और औरतानी औरतों ने**
> **सारा लेख ख़राब कर दिया,**
> **लाज़िम यह है कि हर औरत ज़रा मर्द**
> **और हर मर्द ज़रा नारी हो'**

क्या यह प्रयत्नपूर्वक सम्भव है, इसे तो मनोविज्ञानवेत्ता ही वताएँ। मनुष्य जिसे 'लाज़िम' समझता है, प्रकृति उसको कितना 'लाज़िम' ठहराती, इसे जानना भी सहज सम्भव नहीं, पर आकर्षण लोम, प्रतिलोम का ही होता है, यह अनुभव-सिद्ध है। जहाँ मिलने की स्वतन्त्रता है वहाँ किसी भूल से लोम, लोम के और प्रतिलोम, प्रतिलोम के सम्पर्क में आ गए तो परिणाम अप्रिय और असुखकर होते हैं। तेजी के और मेरे आकर्पक, मिलन, सम्बन्ध में ही निश्चय ही मेरे-उनके लोम-प्रतिलोम ने निर्णयात्मक भूमिका अदा की होगी।

पर तेजी की तत्कालीन मानसिक स्थिति के लिए एक और तथ्य की ओर संकेत करना चाहूँगा। चार वर्प पूर्व दार जी ने—तेजी अपने पिता को ऐसे ही पुकारती थीं—तेजी की सगाई अपने एक मित्र के लड़के से कर दी थी जो आक्सफ़र्ड से अपनी शिक्षा-दीक्षा समाप्त करके लौटा था। दोनों परिवार एक-दूसरे को बहुत पहले से जानते थे, आपस में आना-जाना, खाना-पीना था। लड़के के परिवार के लोग तेजी को बहुत पसन्द करते थे, लड़के से तेजी यदा-कदा मिलती थीं, उनमें अनेक उपहारों-पत्रों-चित्रों का आदान-प्रदान भी हो चुका था, पर कहीं कुछ था—मेरे अनुमान से लोम की अनुकूलता—जो उन्हें एक-दूसरे के निकट न आने देता था; कोई न कोई बात एक की दूसरे को पसन्द न आती थी, मिलन की बड़ी हौस लेकर वे एक-दूसरे के पास आते पर एक-दूसरे से असन्तुष्ट या रुष्ट होकर वे अलग होते! दोनों परिवारों के सदस्यों के सद्भावनापूर्ण प्रयास भी दोनों के विभेदों को दूर करने में सफल न हुए थे। स्थिति अपने तनाव के साथ वनी हुई थी, क्योंकि लड़के की दृष्टि में दूसरी लड़की न थी और लड़की की दृष्टि में दूसरा लड़का न था। दोनों के ही मन में कहीं यह आशा अटकी थी कालांतर में ये विभेद दूर हो जाएँगे और उनका सुखद परिणय सम्भव हो सकेगा। पर जैसे-जैसे समय बीतता गया, प्रेम ने संघर्ष का रूप ले लिया और पराजित होने को न एक तैयार था, न दूसरा। कुछ समय से दोनों को यह द्वंद्व निरर्थक लगने लगा था। उससे दोनों के मन में निराशा थी, अवसाद था। एक प्रकार का वैसा ही ख़ालीपन था जैसे आइरिस-प्रसंग के असफल होने पर मेरे मन में था। क्या हम दोनों किसी दैवी विधान से ऐसे समय में एक-दूसरे के निकट आ गए थे जब मेरे ख़ालीपन ने उन्हें और उनके ख़ालीपन ने मुझे अपनी ओर खींच लिया ? सम्भव है, यही हो। एक कथाकार ने ऐसा ही अनुमान किया था—चन्द्रगुप्त विद्यालंकार ने, अपनी कहानी 'तीस दिन' में। जब उन्होंने उसी नाम के संग्रह को तेजी को और मुझे समर्पित किया, तब क्या उनका संकेत इसी ओर था ? हमारे आकस्मिक मिलन, आकर्षण, सम्बन्ध की ख़बर उन्हें कहीं से लगी होगी। अब कहानी पढ़नेवाले उसके पात्रों के पीछे हमें पहचानने में शायद ही भूल करें।

जिस समय तेजी और उनके मंगेतर के बीच अनिश्चयात्मक स्थिति आ चुकी थी, उसी समय दार जी ने लाहौर में तेजी को स्वतन्त्र छोड़कर मीरपुर-खास में जाकर व्यवस्थित होने की योजना बनाई थी। दार जी की उपस्थिति में उपर्युक्त सम्बन्ध से बिलकुल इन्कार कर देने की तेजी की हिम्मत न पड़ सकती थी। एक बार वे चले गए और तेजी ने अपने को मुक्त अनुभव किया तो उन्होंने स्वेच्छया अपने सम्बन्ध

में निर्णय लेने का निश्चय किया। शायद तभी उन्होंने अपने मंगेतर से अपने को सब प्रकार से काट लिया। और जब वे बरेली आईं तब उनके मन में कोई सन्देह न रह गया था कि वे अब कोई नूतन निर्णय लेने के लिए पूर्णतया स्वतन्त्र हैं। जो होने को था जैसे उसी के लिए नियति सारी तैयारियाँ कर रही थी। नहीं तो उसी समय प्रेमा लाहौर क्यों गईं, गईं तो तेजी के पास ही क्यों ठहरीं, ठहरीं भी तो उनमें तीन ही महीने में ऐसी आत्मीयता क्यों हो गई कि तेजी बड़े दिन की छुट्टियाँ मनाने को उनके साथ बरेली पहुंचीं। क्या था बरेली में ऐसा ? लोग बड़े दिन की छुट्टियां मनाने कलकत्ता, बम्बई जाते हैं। और अकस्मात् मैं भी वहाँ पहुँच गया। नियति ने सारे मुहरे ठीक बिठा दिए थे, और समय का पाँसा पड़ना था कि दो गोटों का भाग्य एक हो जाना था।

मैं अब सोचता हूँ, मेरा बरेली पहुँचना इतना अकस्मात् नहीं था। प्रकाश बहुत दिन से मेरे विषय में चिंतित थे और चाहते थे मुझे कोई उपयुक्त जीवन-साथी मिले और मेरा जीवन सुखमय हो। जब उन्होंने तेजी को बरेली में देखा तो फ़ौरन उनका ध्यान मेरी ओर गया—तेजी शायद बच्चन के लिए उपयुक्त संगिनी सिद्ध हों। उन्होंने सोचा, किसी प्रकार दोनों को मिला दें, और आगे की बात उनकी पारस्परिक मनोप्रतिक्रिया पर छोड़ दें। इसी उद्देश्य से उन्होंने मुझे अबोहर से सीधे बरेली आने का तार दिया। उनका अनुमान ठीक निकला और जो कुछ हुआ, उसमें उनकी सद्भावना का प्रेरक हाथ था, इसमें कोई सन्देह नहीं।

हम लोग बरेली में चार तारीख तक रहे। इन तीन-चार दिनों में मुझे तेजी को अपने वंश, परिवार, घर, अपने पूर्व-इतिहास से अवगत कराना था। कहाँ उनका आभिजात्य का उच्चस्तरीय जीवन-क्रम, कहाँ मेरी निम्न मध्यवर्ग की दैन्य-दुख से संघर्ष की कहानी ! यदि मेरे प्रति वे कोई हेय भावना रखतीं तो मुझे कोई आश्चर्य न होता। अपनी बातें उनको बताते हुए मुझमें हीन-भावना जागी हो, पर अपनी बातें कहते अथवा मेरी बातें सुनते मैंने कभी उनमें उत्कर्ष-भाव की झलक न देखी। वे बार-बार मुझे विश्वास दिलातीं कि उन्होंने मुझे वरण किया था, मेरी परिस्थितियों, परिवेश के कारण नहीं, मेरे कारण। उनकी करुणा जागती थी तो केवल इस कारण कि मेरा पूर्व-इतिहास इतना दुख-दैन्यपूर्ण, इतना संघर्षमय रहा। वे मेरी जीवन-संगिनी बनने का निर्णय कर चुकी थीं, और पिता, बहनों, सम्बन्धियों, मित्रों की असहमति अथवा अन्य परिस्थितियाँ उन्हें उस निर्णय से नहीं डिगा सकती थीं। मैं उन्हें अयाचित, अप्रत्याशित वरदान के समान पा गया था और मैंने उन्हें विश्वास दिलाया कि अपने को अनधिकारी नहीं सिद्ध होने दूँगा। चार दिनों में ही हमने यह अनुभव कर लिया था कि हम एक-दूसरे से अलग नहीं रह सकेंगे ! हमने यह तै किया कि लाहौर आकर वे अपने पद से इस्तीफ़ा दे देंगी, मास के मध्य में मैं उन्हें लाहौर से प्रयाग ले आऊँगा और वहाँ हमारी सिविल मैरिज होगी—सामाजिक औपचारिकता निभाने के लिए—'रहा विवाह चाप आधीनाः टूटत ही धनु भयउ विवाहू'—प्रयाग में उनके अनुकूल कोई काम मिल गया तो करेंगी अन्यथा मेरे वेतन से जैसे गिरिस्ती चल सकेगी, चलेगी। हम एक-दूसरे के समीप रह सामान्य परिस्थितियों में भी अपने दिन काटकर सुखी होंगे। तेजी ने अपना भाग्य मेरे साथ जोड़ दिया था; वे अपने सम्बन्धियों, मित्रों को, अपना नगर, अपना प्रान्त, अब

तक के अपने परिचित परिवेश को त्यागकर अन्य प्रान्त, अन्य भाषा-भाषिओं के बीच, अपरिचितों-अजनवियों के मध्य आने को तैयार थीं, केवल इसलिए कि वहाँ एक अपना होगा जिसकी वे अपनी होंगी—एक दूसरे की आवश्यकता, एक-दूसरे की पूर्ति। नारी प्रेम निबाहने से लेकर प्रथा निबाहने तक के लिए कितना बड़ा बलिदान कर सकती है।

तेजी काफ़ी सामान लेकर लाहौर से बरेली आई थीं, जब यह सारा सामान 15 दिन बाद प्रयाग जाना ही था तो कुछ मेरे साथ ही क्यों न वहाँ भेज दिया जाए। इस विचार से वे चार तारीख की शाम को ज़रूरी-ज़रूरी सामान लेकर लाहौर के लिए रवाना हुईं। बाकी उन्होंने प्रयाग ले जाने को मेरे साथ छोड़ दिया। उन्हें प्रयाग आना है, इसके विषय में उनके मन में कोई सन्देह कहीं नहीं रह गया था। प्रेम के पथ की बाधाओं से मैं अपरिचित न था। तेजी को बरेली से लाहौर के लिए बिदा करते समय मैं इस सन्देह से मुक्त नहीं था कि वहाँ पहुँचकर कुछ ऐसा हो सकता है जो तेजी के प्रयाग में आने में बाधा बनकर खड़ा हो जाए। स्टेशन पर मुझे कुछ कातर देख उन्होंने ही मुझे आश्वस्त किया था कि अब केवल मृत्यु ही ऐसी है जो हम दोनों के मिलन में बाधा बन सकती है, और कोई दूसरी चीज़ नहीं। उनके इस वाक्य से बहुत बल संचित कर मैंने उन्हें बरेली से विदा किया।

तेजी के चले जाने के बाद जो पहली अनुभूति मुझे हुई, वह यह थी कि जैसे ये पाँच दिन किसी सपने में बीते हों, और अब मैं जाग गया होऊँ और सपना टूट गया हो। यह सपना नहीं, सच था, इसका सबूत केवल तेजी का सामान था जो मेरे पास था। मैंने उसी दिन ग्यारह बजे रात की गाड़ी—सहारनपुर पैसेंजर—से प्रयाग के लिए प्रस्थान किया।

प्रान्त, भाषा, धर्म, जाति को काटकर एक नारी मेरे जीवन में आई थी, इसका मुझे सन्तोष था। पर सबसे बड़ा सन्तोष इसका था कि वह मेरी कविता को भी काटकर आई थी। मेरा कवि अवांछित अथवा उपेक्षित न था, उसमें आकर्षण भी था। कविता से जो आकर्षित होकर मेरे पास आती थी उसे मैं कविता दे सकता था, पर उससे वह भार तो न उतरता जो मैं किसी हृदय में उतारने को आतुर था; कविता में मैंने हृदय का बहुत-सा भार उतारा है, फिर भी स्वल्पातिस्वल्प—साहित्य जीवन से होड़ नहीं ले सकता। मेरे प्रति तेजी के झुकाव ने मेरे कवि की आकर्षण शक्ति को पोषित नहीं किया, उसने पोषित किया मेरे व्यक्तित्व-पुरुषत्व को। उसने मेरे व्यक्तित्व, मेरे पुरुषत्व के प्रति मुझे आश्वस्त किया। उनके उपेक्षित अथवा तिरस्कृत होने की खिन्नता मेरे कवि को मान देकर लेश मात्र भी कम न की जा सकती थी। यदि एक का उपेक्षित होना ही दूसरे की मान्यता-प्राप्ति की शर्त होती तो मुझे यह निश्चय करने में क्षण भर भी न लगता कि मान्यता मैं अपने व्यक्तित्व और पुरुषत्व के लिए चाहता। कविता बहुत बड़ी चीज़ है; पर वह जीने और जीवन का स्थानापन्न है, यह ग़लतफ़हमी मुझे कभी नहीं हुई। कविता जीवन की प्रतिध्वनि है, जीवन कविता की प्रतिध्वनि नहीं। मैं प्रतिध्वनि सुन चुका, ध्वनि खोजता हूँ।' मैं कविता सुन चुका था; मैं जीवन की साँसें सुनना चाहता था। अगर कविता जीवन की क़ीमत हो तो जीवन प्राप्त करने

के लिए कविता की थैली ख़ाली करने को मैं पहले भी तैयार हो चुका था। कविता से कटा हुआ जीवन भी मूल्यवान है, जीवन से कटी हुई कविता निर्मूल आकाश-बेलि है। कुछ लोग फैलाते हैं। मैं कौन हूँ जो उन्हें रोकूँ। मैं नहीं फैला पाता। मुझे तो कविता में यत्किंचित् पनपने के लिए जीवन की, जीवनानुभूति की उर्वर भूमि चाहिए, जीवंत प्रेरणा का जल चाहिए।

तेजी जैसी नारी मेरे जीवन में किसी समय आती, वह मुझमें कुछ-न-कुछ परिवर्तन अवश्य लाती। वह जिस समय मेरे जीवन में आई, अपनी कुछ विफलताओं, कुछ निराशाओं, कुछ भूलों, कुछ शूलों के कारण, मैं एक अजीब-से 'सिनिकल मूड' में था। इसपर कुछ चर्चा पहले भी कर चुका हूँ। हिन्दी में इसका कोई ठीक पर्याय मैं नहीं दे सकता। आदि में, ईसा पूर्व यूनान में, दार्शनिकों का एक पंथ था जो अपने को सिनिक कहता था, वे सभ्यता के विकास को आशंका की दृष्टि से देखते थे। कालांतर में सिनिक उसे कहने लगे जो चिड़चिड़ा हो, (निर्बल क्रोध प्रायः चिड़चिड़ेपन का रूप लेता है), हृदयहीन हो, मनुष्य मात्र से घृणा करता हो और मानव-स्वभाव की सदाशयता में विश्वास न रखता हो। आइरिस की उपेक्षा, कुछ स्त्रियों के रवैये, कुछ मित्रों के व्यवहार, और कुछ अपनी ही बेवकूफियों ने मुझमें इस सिनिसिज़्म का बीज बो दिया था। अभी उसने विकसित होकर मेरी सहज-सरल प्रकृति पर छा जाने अथवा उसे घेर लेने को आक्रामक रूप तो न धारण किया था पर उसके कटु-खुरदुरे पल्लवों की छाया 'आकुल-अन्तर' के कई गीतों में देखी जा सकती है।—'क्या करूँ संवेदना लेकर तुम्हारी' वाला गीत भी इस छाया से मुक्त नहीं है।

उस नयन में बह सकी कब
इस नयन की अश्रु-धारा।

इन पंक्तियों में 'उस', 'इस' से मैं किसी नेत्र विशेष की ओर संकेत नहीं कर रहा हूँ। मैं कह रहा हूँ कि एक नेत्र की अश्रु-धारा दूसरे नेत्र में नहीं बह सकती, गद्य की सीधी भाषा में कि एक आदमी दूसरे आदमी के दुख से द्रवित हो ही नहीं सकता। यह मेरा मानव-स्वभाव पर ही तो अविश्वास था। और तेजी ने इस पर अपने आँसुओं की धारा बहाकर सिद्ध कर दिया कि मेरी धारणा में मानव के प्रति कहीं अनुदारता थी। तेजी ने वस्तुतः उस रात को मुझे अपने लिए अहितकर और घातक सिनिकल मूड से बचा लिया था। पर अपनी उस अनुदारता में मैंने बहुत सोचा-बिसूरा, कल्पित-जल्पित किया था। और अगले दो वर्षों में जब मैंने 'सतरंगिनी' के गीत लिखे, उन्हें अभिव्यक्ति देकर ही मैं उनका प्रभाव अपने मन पर से पूरी तरह छुड़ा सका। जीवन में जो चीज़ अनुचित, अवांछित होती, वह कविता-कला में परिवर्तित हो शायद सुन्दर हो गई हो। कला जीवन के प्रति इस प्रकार का उपकार भी करती है। जीवन के अशोभन को वह कला की शोभा में रूपांतरित कर देती है। ब्राउनिंग ने कहीं लिखा है कि संगीत के द्वारा आप कुछ अभद्र नहीं कह सकते।

तेजी का गुण-गान करते मुझे संकोच होता है, यद्यपि मुझसे अधिक उनका गुण-गान दूसरे लोग कर चुके हैं। अजित-ओंकार ने 'बच्चन : निकट से' की योजना बनाई तो मेरा स्पष्ट आदेश था कि उसे 'अभिनन्दन-ग्रंथ' का रूप न दिया जाए।

अधिक-से-अधिक वह 'परिचय-ग्रंथ' हो। जब मित्रों के लेख आए और पुस्तक छप गई तो ओंकार ने विनोद में मुझसे कहा था कि आपका तो यह परिचय-ग्रंथ ही है, पर तेजी जी का अभिनन्दन-ग्रंथ हो गया है फिर भी आज के मेरे संकोच को आज से अट्ठाईस बरस पहले की मेरी भावना के आगे खड़ा कर उसे छिपाने से, मैं समझता हूँ, समय के साथ न्याय न होगा।

नारी मेरी सत्रह वर्ष की अवस्था से ही मेरे जी में आने लगी थी, पर यह तो चौंतीस वर्ष की आयु में ही सम्भव हुआ कि जो नारी मेरे समक्ष प्रकट हुई उसे मैं एक साथ 'देवि ! माँ ! सहचरि ! प्राण' कह सका। (पंत जी की यह पंक्ति शायद शेली की 'एपीसाइकिडियन' की इस पंक्ति से प्रेरित है–Spouse ! Sister ! Angel ! Pilot of the fate !)। चंपा को मैंने देवी तो नहीं, पर परी अवश्य समझा था। उसे 'वृक्ष-परी' कह भी चुका हूँ। और माँ का उसका रूप मैंने उसके जीवन के अन्तिम दिन देखा था। साहचर्य मुझे उसका ऐसे आँसुओं की बाढ़ और उच्छ्वासों के बवंडर के बीच मिला था कि उनके आतंक से अपनी-अपनी रक्षा करने में निरत हम दोनों को एक-दूसरे के अंग-संग, आकर्ष-स्पर्श का एहसास शायद ही कभी हुआ हो। श्यामा में छिवी देवी को मैंने मृत्युशय्या पर ही पहचाना,

जब तुझे पहचान पाया,
देवता को जान पाया,
खींच तुझको ले गया तब काल का आह्वान !
यह तेरा करुण अवसान।

और उसके प्राणों से अपने प्राणों को मिलाने का पूर्ण अवसर शायद ही कभी आया,

प्राण प्राणों से सकें मिल
किस तरह दीवार है तन।

स्वस्थ तन प्राण-प्राणों के मिलन के समय दीवार नहीं द्वार बन जाता है। श्यामा तन से रुग्ण थी। शेष सहचरियों की श्रेणी (रेंज) बड़ी लम्बी है, मधुभार मधुबालाओं से लेकर कीच-भरे चहबच्चे तक–प्रसंगवश यह बता दूँ। कि चहबच्चों का यह प्रतीक मुझे ईट्स से मिला जिसे वे ditch कहते हैं; देखें उनकी कविता 'A Dialogue of Self and Soul'—

Or into that most fecund ditch of all.
The folly that man does
Or must suffer, it woos
A proud woman not kindred of his soul.

इन दोनों अतियों के बीच कहीं वह मृग-तृष्णा है जो दिखती तो है, पर पास कभी नहीं आती। और इस पूरी रेंज पर एक सिरे से दूसरे सिरे तक एक मृग की प्यास लिखी हुई है जो केवल निर्मल, शीतल जल से अपनी तृप्ति का अभिलाषी है। वहाँ प्रेम की मन्दिरा से लेकर वासना के कीचड़ तक सब कुछ है–एक है नहीं तो करुणा की वह धारा जो तन को भिगा-जुड़ा दे, मन को शान्त कर दे। पहली जनवरी

1942 की रात को याद करता हूँ तो पाता हूँ कि जब तेजी मेरे जीवन में आईं तब वह पहली नारी थीं जिनमें देवी की दिव्यता, माँ की ममता, सहचारी की सद्भावना, और प्राणाधार की प्राणदायिनी धारा का मैंने एक साथ अनुभव किया। और वे मुझे प्राप्त हुई थीं न मेरी खोज से, न मेरी साधना से, न मेरे अधिकारी होने से, बल्कि दैव के रहस्यपूर्ण विधान से,

कर परिश्रम कौन तुमको
आज तक अपना सका है,
खोजकर कोई तुम्हारा
कब पता भी पा सका है,
देवताओं का अनिश्चित
यदि नहीं वरदान तुम हो,
कौन तुम हो ?

शायद आपको यह जानने का कौतूहल हो कि तेजी ने मुझमें क्या पाया। अच्छा हो कि इसे तेजी ही बताएँ। आत्माभिव्यक्ति वे अधिकारपूर्वक कर सकती हैं—गो अंग्रेज़ी में। शायद कभी बताएँ। एक बार उन्होंने एक पुस्तक लिखने की योजना बनाई भी थी—Twenty Five Years with the Poet. पर लिखना बड़ा पित्तेमारी का काम है। वे इसे न उठा सकीं। घर का सारा प्रबन्ध—जिसे वे सुचारु रूप से चलाती हैं—और तीन मर्दों की देख-रेख जिनमें से एक अव्यावहारिक कवि है, दूसरा आदर्शोन्मुख कलाकार, तीसरा महत्त्वाकांक्षी स्वप्न-द्रष्टा—अकेले उनके सिर पर है। अट्ठाईस वर्ष पूर्व अपने प्रति उनकी भावना को मैं बताने लगूँ तो भय है कहीं मैं आत्मश्लाघा के क्षेत्र में पदक्षेप न कर जाऊँ। उन दिनों के उनके पत्र, जो मैंने जुगा रखे हैं, और उनके चित्र, बहुत कुछ कहते हैं, बहुत कुछ प्रतिबिंबित करते हैं; पर शायद मेरा इतना ही कहना पर्याप्त होगा कि अपने आक्सफ़र्ड शिक्षित-दीक्षित, उच्च पदस्थ, समृद्ध-कुल-सबद्ध मंगेतर को त्यागकर जब उन्होंने मुझे बरा तो निश्चय ही मुझमें एक ही दिन में कुछ ऐसा तो देखा-पाया होगा जो उसमें उन्होंने एक हज़ार चार सौ साठ दिनों में न देखा-पाया था। उसी 'कुछ' को तो एक दिन मैंने भी जानना चाहा था,

कर रहा था चन्द्र शीतल
रश्मियाँ तुमपर निछावर,
खोज करता था तुम्हारी
मत्त मलयानिल निरन्तर,
पाँव धोने को तुम्हारे
था तरसता सिंधु का कर,
क्या समझकर, किन्तु, वर ली
एक पागल ज्वाल तुमने;
डाल दी मेरे गले में
आँसुओं की माल तुमने।

क्या उनके अन्तर में कभी मेरी यह पंक्ति ध्वनित हुई थी—किसी अज्ञात सहज संवदेना

से—और उन्होंने अपने मंगेतर के सम्मुख उसे प्रतिध्वनित कर दिया था,

तुम में आग नहीं है तब क्या
संग तुम्हारे खेलूँ !
कैसे भेंट तुम्हारी ले लूँ !

तेजी के लाहौर पहुँचने के पूर्व ही मुझसे उनकी सगाई की खबर वहाँ पहुँच गई थी, और लोगों को आश्चर्य था कि यह पूर्व अश्रुत और अज्ञात व्यक्ति कौन था—अंग्रेज़ी मुहावरे में 'द डार्क हार्स'—जो सहसा तेजी के जीवन में आ गया था या वह बहुत दिनों से था और उन्होंने उसे गुप्त रखा था। मंगेतर ने उनसे मिलना चाहा, प्रेमा तक ने तेजी से अनुरोध किया कि वे उसे आखिरी मौक़ा दें, पर तेजी के लिए आखिरी मौक़ा निकल चुका था। मंगेतर को निराश लौटना पड़ा। बाद को एक सुयोग्य लड़की से उनकी शादी हुई। एक पुत्र, एक पुत्री के पिता हैं। मगर तेजी ने अगर उस दिन अपने निर्णय को बदला होता तो यह संस्मरण लिखनेवाला हाथ उसी दिन काठ हो गया होता।

इलाहाबाद में भी जब तेजी से मेरी मंगनी हो जाने की खबर पहुँची तो लोगों ने सोचना शुरू किया कि यह लड़की अचानक कैसे 'एकान्त संगीत' के गायक के पथ में आ टपकी। 'बिन बादर बिजली कहाँ चमकी'। हिन्दी साहित्य के जासूसों ने पता लगाया कि तेजी ही थीं जो अबोहर के सरकिट हाउस में मेरे कमरे में देखी गई थीं, यहाँ तक कि झा साहब के मन में भी यह सन्देह था। अबोहर में मैंने तेजी का नाम भी न सुना था। पर चूँकि हम प्रतिवाद न करना चाहते थे इस कारण यह निराधार अफ़वाह बहुत दिनों तक जहाँ-तहाँ सुनी-सुनाई जाती रही। हमें किसी इजलास में बयान देना नहीं था कि तेजी को मैं पहले-पहल कहाँ मिला था।

घर लौटकर बरेली में जो कुछ हुआ था वह मैंने माँ को सुना दिया। मेरा हृदय इतना भरा था कि मुझे किसी के समक्ष सब कुछ कहने की आतुरता थी। और...जो दृश्य बरेली में उपस्थित हुआ था, घर पर भी दुहराया गया। बातें कहते-कहते मैं अपने आँसू न रोक सका। और माँ के आँसू कहाँ रुकते थे। मातृत्व के आँसुओं में बड़ी समता है चाहे वे नवयौवना के नेत्रों से बहें, चाहे वृद्धा की आँखों से। रोकर हम दोनों के हृदय कुछ हल्के हुए तो मैंने माँ से उनकी प्रतिक्रिया जाननी चाही। और माँ ने एक ऐसी बात कह दी जिससे मेरी स्मृति का एक घाव फिर छू गया—'पता नहीं वे होते तो क्या कहते।' मैंने धीरज धरकर माँ को समझाया कि आज पिताजी होते तो मेरे सुख का क्षण आया देखकर खुश होते, पर उन्होंने भविष्यवाणी कर दी थी कि जब वह क्षण आएगा, वे देखने के लिए न रहेंगे। माँ ने जीवन भर मेरी किसी बात का विरोध न किया था। वे जानती थीं कि अगर कोई बात अनुचित हो तो उसको सुधारने का काम पिताजी का है, उनका काम समझने का था, समझदारी देने का; और मैंने अपने अनुभव से जाना था कि पिताजी के विरोध से चीज़ें इतनी नहीं सुधरी थीं, जितनी माताजी के समझदारी देने से। जो होता आया है उससे कुछ भी अलग करने की बात वे सोच ही नहीं सकती थीं। और मैंने न जाने कितनी बातें एक सिरे से नई की थीं। पर एक बात उनके मन में बैठ गई थी कि मैं कुछ करता नहीं। मेरी

अंतरात्मा में बैठा कोई कराता है और उसपर मेरा भी कोई वश नहीं है। उसके साथ ही, अपने गुरु के वचन में विश्वास रखने के कारण, यह भी उनके मन में दृढ़ था कि वह आत्मा उच्च कोटि की है, किसी यज्ञ-पुरुष की है और वह मुझे किसी अधोमार्ग की ओर न ले जाएगी। उन्होंने मुझे अपनी नियति को स्वीकार करने के लिए कहा। जिस तरह उन्होंने सारी स्थिति को समझा, उससे मुझे बड़ा संतोष हुआ। उन्होंने मेरी बहन और भयाहू को सारी बातें स्पष्ट कीं—शालिग्राम बड़े दिनों की छुट्टियों में घर आ अपनी पत्नी को यहीं छोड़ गए थे। मैंने अपने छोटे भाई को पत्र से सब कुछ सूचित किया। माँ तेजी के रूप-शील के विषय में जानने को उत्सुक थीं। घर में कुछ विनोद का वातावरण लाने के लिए मैंने माँ से एक मज़ाक किया।

मैंने उनसे कहा, लड़की तो बहुत ऊँचे खानदान की है, बहुत पढ़ी-लिखी है, गोरे रंग की है, देखने में बहुत सुन्दर, स्वभाव की मीठी, बोले तो रस की बूँद चुएं, पर एक नुक्स है उसमें।

'भगवान ने चाँद में भी कलंक दे रखा है,' माँ बोलीं, 'सुनूँ तो नुक्स ?'

'वह एक आँख की—कानी है।'

सुनकर माँ की सांस ऊपर की ऊपर नीचे की नीचे।

'पर उसके पिता ने काँच की आँख लगवा दी है दूर से देखने से कोई नहीं जान सकता।'

माँ की सहानुभूति अपनी भावी पुत्रवधू के प्रति उमड़ पड़ी। बोली, 'इसमें अपना क्या बस ? भगवान जिसको जैसा बना दे। किसी पर हँसना नहीं चाहिए, बेचारी।'

मैंने बताया, 'तीन महीने की थी, तब मां मर गई।'—मां की छाती भर आई जैसे वह आएगी तो उसके जीवन भर की मातृ-हीनता की पूर्ति वे अपने यहां कर देंगी।

कभी-कभी मैं माँ को हँसाने के लिए कहता, "माँ मेरे ऊपर तो वही कहावत बैठ गई—'कहेन कानी मेहर कहाँ पाएब ? कहेन, इनहूँ का तो बन-बन रोआ है, तब पावा है।"

माँ मुझे इस सम्बन्ध में मष्ट मारे रहने की सलाह देतीं। तेजी को जब मैं लिवा लाया तब माँ बड़े गौर से उनकी आँखों की ओर देखतीं कि कौन आँख शीशे की है। पर कुछ समझ न पातीं। एक दिन उन्होंने तेजी को बहुत विश्वास में लेकर उनसे पूछा, "अब तो तुम अपनी हो चुकी हो। भगवान ने तुमको जहाँ ऐसा रूप दिया, वहाँ तुम्हारे साथ एक बड़ा अन्याव भी कर दिया। अब हमसे क्या छिपाना। हम किसी से कहने थोड़ी जाएँगी। बहूरानी, तुम्हारी कौन आँख शीशे की है ?"

"कोई नहीं, माँ ! किसने कहा आपसे ऐसा ?" तेजी बोलीं।

"बच्चन ने हमसे बताय दिया है। माँ-बाप से क्या छिपाव ?" माँ ने बहुत प्यार-सहानुभूति दिखाते हुए कहा।

"नहीं माँ, मेरी दोनों आँखें ठीक हैं। इन्होंने आपसे मज़ाक किया है।" तेजी ने कुछ आहत होकर कहा।

मैं युनिवर्सिटी से लौटा तो सास-पतोहू की वार्ता पर खूब हँसा। मज़ाक की बात मैंने स्वीकार की। पर माँ का सन्देह बहुत दिनों तक न गया और घर में यह प्रसंग विनोद का विषय बना रहा। तेजी अब भी बात को अपनी नई सहेलियों से बतलाती हैं।

पर तेजी के इलाहाबाद आने की बात तो रह ही गई। बरेली से लौटते ही मैंने मजिस्ट्रेट की कचहरी में सिविल मैरिज के लिए प्रार्थना-पत्र दे दिया। उन दिनों ब्याह की प्रस्तावित तारीख से कम-से-कम पन्द्रह दिन पहले प्रार्थना-पत्र देने का क़ायदा था। साथ ही एक शर्त यह भी थी कि प्रार्थी और उसकी मंगतेर ब्याह की प्रस्तावित तारीख से कम-से-कम दस दिन पहले से एक ही नगर में रह रहे हों। मैंने शादी के लिए 24 जनवरी तै की—सुविधा की दृष्टि से, किसी पंडित से पूछकर नहीं। इस हिसाब से तेजी को 14 जनवरी को इलाहाबाद आ जाना था। विवाह से पूर्व उनके अलग रहने के लिए अपने मकान के पास ही मैंने एक और घर किराए पर ले लिया था। मैंने 9 को प्रयाग से चलकर 10 को लाहौर पहुंचने और 13 को वहां से चलकर 14 को प्रयाग लौटने का कार्यक्रम बनाया, और तेजी को सूचित कर दिया। उधर तेजी को लाहौर पहुँचते ही अपने पिता और बहनों को अपने प्रस्तावित विवाह के सम्बन्ध में सूचित करना था। उनकी स्वीकृति और शुभकामनाएँ मँगानी थीं, कालेज से एक सप्ताह की नोटिस पर त्याग-पत्र देना था और घर के सारे सामान को पैक कराना था। तेजी ने अपने निर्णय की दृढ़ता के सम्बन्ध में जिस प्रकार मुझे बरेली के स्टेशन पर आश्वस्त किया था उसमें उनकी ओर से किसी प्रकार के सन्देह-शंका की गुंजाइश न थी। पर मेरा मन पूरी तरह आशंका मुक्त नहीं था। सब कुछ आयोजनाबद्ध रीति से करते हुए भी मुझे निश्चिंतता नहीं थी, कभी-कभी तो भय भी होता था कि कोई चीज़ कहीं ग़लत न हो जाए और मेरे भविष्य का सारा सुख-स्वप्न ताश के पत्तों की तरह बिखर न जाए। दैव की प्रतिकूलता पर तो कोई कुछ नहीं कर सकता, पर समस्त मानवी संकट से लड़ने को पूरी तरह अपने को तैयार कर मैं लाहौर गया था। मेरे जीवन के बनने-सँवरने का अन्तिम अवसर था, और अपनी किसी प्रकार की कमजोरी से उसे खोना मैं गवारा नहीं कर सकता था। मैं जिस मूड में लाहौर गया था उसकी स्मृति बारह वर्ष बाद भी मेरे दिमाग़ में ज्यों की त्यों बनी थी; साक्षी 'प्रणय पत्रिका' की ये पंक्तियाँ हैं जो केम्ब्रिज में लिखी गई थीं,

सिंह की थी मांद जिसमें पैठ तुमको
संग लाने मैं गया था,
था नसों में खून दिल में जोश, आँखों
में भरा सपना नया था,
और मरने और जीने को इशारा
था तुम्हारा सिर्फ़ काफ़ी,
एक शोला बन खड़ा था गो कि केवल एक मुश्त गुबार था मैं।
धार थी तुममें कि उसको आँकते ही हो गया बलिहार था मैं।

'सिंह' का संकेत स्पष्ट करने की ज़रूरत नहीं। 'ज्वाल' और 'आग' के प्रतीक से जो

मैं पहले कह आया हूँ, 'शोला' से उसी की ओर इशारा कर रहा हूँ। 'धार' की दो-अर्थी ध्वनियाँ 'बलिहार' के 'बलि', 'हार' के साथ जो काव्यात्मक संगतियाँ बिठलाती हैं उसे देखने में पारखियों की आँखें शायद ही चूकें—आग तो पानी की धार से ही हारती है न ? पर अब मैं रुक जाऊ; अपनी कविता की सूक्ष्मताएँ समझाने को मैं यह संस्मरण नहीं लिए रहा हूँ।

दस जनवरी को पंजाब मेल से मैं लाहौर स्टेशन पर उतरा तो तेजी मेरा स्वागत करने को मौजूद थीं। उनकी मुख-मुद्रा को देखकर आश्वस्त हुआ कि सब कुछ ठीक है। मैं चार दिन लाहौर में रुका। तेजी का त्याग-पत्र स्वीकार हो गया था। प्रबन्ध-कमेटी, अध्यापिकाओं, विद्यार्थिनियों की ओर से जो विविध विदा-पार्टियाँ उन्हें दी गईं उनमें मैं भी सम्मिलित हुआ। वे अपने कालेज में बहुत ही लोकप्रिय थीं और उनके कालेज छोड़ने का सबको दिली अफ़सोस था। एक पार्टी में एक वक्ता ने तो मुझपर भी व्यंग्य किया—किसी दिन हमें पता लगाना पड़ेगा कि इस नवयुवक (मैं पैंतीस का था, दिखता पच्चीस का हूँगा), में क्या था जो मिस सूरी को पंजाब के किसी मुंडे में न मिला। 'मुंडा' पंजाबी में लड़के को कहते हैं। इसका उत्तर तो तेजी ही दे सकेंगी।

तेजी के बहन-बहनोइयों में से केवल बीच वाले मुझसे मिलने आए और उन्होंने मुझे सगुन भी दिया। बड़ी और छोटी बहन और उनके पतियों ने मौन रहकर इस सम्बन्ध के प्रति अपनी अस्वीकृति व्यक्त की। दार जी ने मीरपुर-खास से अपने नौकर सुदामा को भेजा, जो उनका पत्र तेजी के और मेरे नाम लाया। उन्होंने सम्बन्ध के प्रति अपनी स्वीकृति दी थी, बधाई भेजी थी। पर यह कामना व्यक्त की थी कि विवाह के लिए जल्दबाजी न की जाए, तेजी मीरपुर-खास आएँ, बाद को विवाह की तिथि निश्चित होने पर मैं बारात लेकर वहीं उनको ब्याहने जाऊँ। तेजी और मैंने सलाह की; उन्हें हमने बड़े आदर से पत्र लिखा; पुराने चाल के धूम-धाम वाले विवाह में हम दोनों का विश्वास नहीं; हमारी सिविल मैरिज का प्रबन्ध इलाहाबाद में हो चुका है; हमें खेद है, हम अपने कार्य-क्रम को बदल न सकेंगे; आप कोई कष्ट न उठाएँ; हमारे लिए इतना ही पर्याप्त है कि आपका आशीर्वाद हमारे साथ है, विवाह के बाद जैसे ही मौक़ा मिलेगा हम आपके दर्शनों के लिए आएँगे।

तेरह की शाम को हावड़ा मेल से चलकर हम चौदह की शाम को इलाहाबाद पहुँच गए। तेजी को मैंने एक नए वाले मकान में ठहराया। राम ने उसमें यथोचित फर्नीचर आदि लगवा दिया था। मेरे पास कुल जमा 400) थे, इतने ही तेजी के पास; और कुल इतने से ही विवाह सम्बन्धी सारा प्रबन्ध करने का हमने निर्णय किया। विवाह हमारा बहुत सादगी से होने को था, दस बजे मजिस्ट्रेट के यहाँ शादी की रजिस्ट्री, शाम को एक छोटा-सा 'गेट होम', राम को बाहर से आए मेहमानों के लिए खाना। बाहर से आने वालों में प्रकाश, प्रेमा, आदित्य थे, मेरे छोटे बहनोई, उनके बहन-बहनोई, शालिग्राम—मेरी बहन और भयाहू पहले से ही घर पर थीं। इतने के लिए भी बहुत दौड़-धूप करनी थी, इधर-उधर आना-जाना था। तांगे में बैठकर हम दोनों साथ-साथ जाते, प्रायः बारिश में; उस जनवरी में बड़ी बारिश हुई थी—'सखि अखिल प्रकृति की प्यास कि हम-तुम भीगें'—वह प्रयाग में कुम्भ का वर्ष था।

चौबीस जनवरी आ गई। वधू रूप में पहनने के कपड़े बग़ैरह तेजी लाहौर से खरीद-सिला लाई थीं। यहाँ आकर वर-रूप में पहनने के कपड़े—चूड़ीदार पाजामा, कुर्ता, शेरवानी—उन्होंने मेरे लिए सिलवा दी थी। इतना ही नहीं कि उन्होंने अपना दायित्व मेरे ऊपर न डाला था, मेरा दायित्व भी अपने ऊपर ले लिया था। पहले दिन से ही उन्होंने इस कवि-सहचर की असमर्थता, सीमा, अव्यावहारिकता, ग़ैर-दुनियादारी समझ ली थी, और यह जान लिया था, और इसके लिए अपने को तैयार कर लिया था कि इस कवि का साथ निभाने को उन्हें क्या-क्या करना पड़ेगा। मैंने भी पहले दिन से यह समझ लिया था कि तेजी हर स्थिति का सामना करने में समर्थ हैं, स्थिति का पूर्वाभास कर लेती हैं, और कुछ भी सामने आए, उन्हें बे-तैयार नहीं पा सकता। इसलिए जब कभी मैंने उन्हें हारा, लाचार या बेबस पाया है, मैं कातर हो उठा हूँ। और पहली बार उन्हें ऐसा मैंने चौबीस जनवरी को सबेरे पाया। माँ के घर से तैयार हो, उनके चरण छू जब मैं नए वाले घर में गया तो तेजी सिंगार-मेज़ के सामने बैठी रो रही थीं—आज उन्हें अपने घर, परिवार, पिता, बहनों की याद आनी ही थी; आज उन्हें अपनी सखी-सहेलियों का अभाव महसूस करना ही था; उन्हें याद आना ही था कि उनकी बहनों की शादियाँ किस धूम-धाम से, किन हर्षोल्लासों के बीच हुई थीं; उन्हें अनुभव होना ही था कि आज वे अपने परिचित, प्रिय परिवेश-वातावरण से दूर अकेली, अजनबियों के बीच हैं; पंजाब में कैसे नव-वधू की बहनें-भाभियाँ हँसी-ठिठोली के बीच उसका शृंगार करती हैं; कैसे उसके चारों ओर नृत्य-गान, रास-रंग की महफ़िल जमती है...और एक वे हैं कि आज अकेले, एकान्त में चुपचाप बैठे उन्हें अपना शृंगार अपने-आप करना पड़ रहा है। 'कर ले सिंगार चतुर अलबेली, साजन के घर जाना होगा'—मैं नहीं समझ सका कि कैसे, क्या करके उनके सामने इतना प्यार उंडेल दूँ कि वे अपने सारे अभावों को भूल जाएँ। मेरी कातरता उनके लिए अपने अभावों से अधिक असह्य हो उठी। वे अपने आँसुओं को पीकर मुसकराईं। माँ ने जो इने-गिने आभूषण भेज दिए थे उन्होंने खुशी से पहन लिए—उनके शरीर पर आभूषण खूब सजते हैं—पर्याप्त कभी नहीं दे सका—मैंने उनके लिए जो एक दो नगों की अँगूठी ली थी, उनकी उँगली में डाल दी। कहते हैं नव-वधुओं पर रूप चढ़ता है। रूप तेजी पर भी चढ़ा था, पर उनके मन की उदासी ने उसे संयत कर उन पर गांभीर्य की एक ऐसी आभा बिखेर दी थी जो केवल असली मोती पर पाई जाती है। सौन्दर्य का सर्वश्रेष्ठ प्रसाधन क्या औदास्य ही नहीं है ? मुझे शेली की पंक्ति याद हो आई है, Our sweetest songs are those that tell of saddest thought—कहीं मैंने इसको यह रूप दिया है—'जिन गीतों में शायर अपना ग़म रोते हैं, वे उनके सबसे मीठे नग़मे होते हैं।' वे उस दिन मुझे किसी शायर के मीठे नग़मे की तरह लगी थीं। बाद को एक बड़ी कवयित्री ने इसकी ताईद की।

हमारी सिविल मैरिज की रजिस्ट्री ज़िला मजिस्ट्रेट मिस्टर डिक्सन ने अपने बंगले पर की थी; मेरी ओर से हस्ताक्षर मेरे छोटे भाई ने किए थे, तेजी की ओर से प्रकाश ने। वे तेजी के धर्म के भाई बन गए थे।

जब सब कार्रवाइयाँ खत्म हो गईं तब डिक्सन साहब ने खड़े होकर पादरी की

मुद्रा में हाथ उठाकर कहा–I declare you to be man and wife–मैं घोषित करता हूँ कि अब से तुम पति-पत्नी हो–डिक्सन आइरिश थे, स्वयं अविवाहित, उनमें आइरिश लोगों को सेन्स आफ ह्यूमर था–विनोदी मन।

तेजी ने मेरी ओर देखा और एक शरारत भरी मुसकान दी और उसी भाव से मुसकराकर मैंने उत्तर दिया। जैसे हम दोनों ने एक-दूसरे से कहा कि हम पति-पत्नी से कुछ अधिक एक-दूसरे के लिए हो चुके हैं–काग़ज़ों पर हस्ताक्षर करके हमने समाजी फ़र्ज़-अदाई की है, काग़ज़ों पर हस्ताक्षर करके कोई सम्बन्ध नहीं बनते, हम एक-दूसरे के अन्तर में अपने हस्ताक्षर कर चुके हैं। तेजी के और अपने सम्बन्ध पर मुझे बहुत कुछ कहना है, आगे। मजिस्ट्रेट के यहाँ से लौटा तो घर पर माँ ने एक दूसरी रस्म का आयोजन कर रखा था। उन्होंने हमें एक आसन पर बिठलाकर–'बरु दुलहिनि बैठे एक आसन'–पिताजी की मानस की पोथी से राम-विवाह का प्रसंग पढ़कर सुनाया और जहाँ आया कि 'राम सीय सिर सेंदुर देहीं: सोभा कहि न जात विधि केहीं' वहाँ मुझे आदेश दिया कि मैं तेजी की माँग में सिन्दूर भर दूँ। मैंने उनकी आज्ञा का पालन किया और उन्होंने और मेरे-मामा-मामी जी ने हमें आशीष दिया। हमारे और किसी सम्बन्धी को बुलाया न गया था, बुलाया भी जाता तो वे न आते, हमें मालूम था।

तेजी के सिर पर सिन्दूर की रेख देखकर कविवर 'शंकर' का कवित्त मेरे दिमाग़ में गूँजने लगा,

कज्जल के कूट पर दीप शिखा सोती है कि
श्याम घन-मंडल में दामिनी की धारा है।
यामिनी के अंक में कलाधर की कोर है कि
राहु के कबन्ध पै कराल केतु तारा है।
'शंकर' कसौटी पर कंचन की लीक है कि
तेज ने तिमिर के हिए में तीर मारा है।
काली पाटियों के बीच मोहिनी की माँग है कि
ढाल पर खाँडा कामदेव का दुधारा है।

प्रसंगवश बता दूँ कि यह कवित्त मुझे बहुत पसन्द था, पर इसकी एक त्रुटि की ओर भी मेरा ध्यान बराबर जाता था। इसकी चौथी पंक्ति इसका कलंक है। शंकर ने ऐसे सुन्दर उपमा-रूपकों के बीच तीन-तीन कराल राक्षसों को लाकर क्यों बिठा दिया है–राहु, केतु, कबंध। मेरे लिए छठी पंक्ति की मार्मिकता की कल्पना आप स्वयं कर लेंगे–'तेज ने तिमिर के हिए में तीर मारा है'।

मुझे अपनी भी एक पंक्ति याद आई,

'है चिता की राख कर में माँगती सिंदूर दुनिया'

पर अब तो तेजी ने मेरे हाथ की राख को सिन्दूर कर दिया था। मैं बरसों से जिस अन्धकार से लड़ रहा था उसपर जैसे अंतिम और निर्णयात्मक प्रहार तेजी ने अपने 'तीर' अथवा 'दुधारे' से किया था–मैं इस 'दुधारे' में जायसी के हुरुआनी खड्ग में 'एक दिसि आग दुसर दिसि पानी' को भी याद करना चाहूँगा–और तमस् और मृत्यु

पर ज्योति और जीवन की विजय की घोषणा कर दी थी,

तुम किसी बुझती चिता का
जो लुकाठी खींच लाती
हो, उसी से ब्याह-मंडप,
के तले दीपक जलाती,
मृत्यु पर फिर-फिर विजय की
यदि नहीं दृढ़ आन तुम हो
कौन तुम हो ?

विवाह के समय नारी की माँग में सिन्दूर भरने की प्रथा कब से, क्यों, कैसे चली, शायद किसी को पता नहीं। रस्में धीरे-धीरे बदलती, परिष्कृत होती जो रूप ले लेती हैं उनसे उनके आदि-रूप की कल्पना करना बड़ा कठिन है। मैंने कहीं ऐसा पढ़ा है कि प्रथा का आदि रूप था नव-वधू की माँग में रक्त लगाना। यह प्रथा किसी ऐसे समाज में आरम्भ आई होगी जिसमें लड़कियां कम होंगी और लड़के ज़्यादा। लड़कियों को प्राप्त करने के लिए युद्ध होते होंगे। विजयी, पराजित और हत प्रतिद्वंद्वी के रक्त से नव-वधू का अभिषेक कर उसे वरता होगा। बारात का रूप कुछ-कुछ सेना की टुकड़ी का-सा अब भी लगता है। मैंने राजस्थान में एक बारात देखी थी जिसमें दूल्हे ने नव-वधू के घर आकर उसके द्वार से लटकते एक लड़की के ढाँचे को पहले अपनी तलवार से काटा, फिर द्वाराचार की रस्म हुई। गर्भाधान की ऋतु में अपने जोड़े प्राप्त करने के लिए कई पशु-पक्षी अपने प्रतिद्वंद्वियों से लड़ते हैं। मनुष्य भी पहले ऐसा ही करता हो तो कोई आश्चर्य नहीं। वधू के सामने अपना पौरुष सिद्ध करने की वर की उत्सुकता और आवश्यकता सहज ही समझी जा सकती है। मैंने किसी से सुना था कि नागाओं के किसी कबीले में नारी तब तक किसी नर को वरने को तैयार नहीं होती जब तक उसने अपने प्रतिद्वंद्वी का वध न कर दिया हो। जहाँ नरों की संख्या नारियों से दूनी हो वहाँ आधे को—तुलना में निर्बलों को—समाप्त करने का समाज ने यही निर्मम किन्तु कारगर तरीका निकाला होगा। ख़ैर। तेजी की माँग में लगाने के लिए सिन्दूर चुटकी में लेते हुए वह मुझे न जाने क्यों हिन्दी के रक्त का प्रतीक लगा—शायद उन आधी दर्जन प्रमदाओं का जो इस परिणीता से परास्त, आहत, मेरे जीवन से दूर चली गई थीं और अगर फिर कभी उभरने-वाली थीं तो मेरे अवचेतन में, एक बार मेरी कविता में प्रतिबिंबित हो मेरे अवचेतन से भी सदा के लिए तिरोहित होने को। त्रासदी की व्याख्या करते हुए ब्रैडले ने लिखा था कि त्रासदी इसीलिए सम्भव होती है कि दुनिया पूर्ण होने की प्रक्रिया में है। दुनिया में जो असद् है वह मिटता रहता है कि दुनिया की अपूर्णता, घटे, कम हो। पर दुनिया में सद् और असद् ऐसे मिले-जुले हैं कि असद् के साथ बहुत कुछ सद् का भी विनाश हो जाता है। अशुद्ध की मृत्यु के साथ बहुत कुछ शुद्ध को भी बलिदान होना पड़ता है। सद् और शुद्ध का मिटना ही त्रासदी की मार्मिकता है—आत्मा है। आज मुझे यह त्रासद ज्ञान हो चुका है कि मायावी प्रमदाओं के रक्त के साथ एक निरीह आदर्शवादिनी प्रणयिनी का रक्त भी मिला हुआ था। आप मेरा संकेत समझ गए होंगे। सुख को संयत और एक अर्थ में पूर्ण होने के लिए उसे कहीं

दुख भी होना चाहिए। तेजी के और मेरे जीवन के चटक-रंग चित्र को पूर्ण-संयत करने के लिए ही क्या नियति ने उसपर एक शान्त चेतस, आत्म-स्वीकृत वेदना की छाया भी डाल दी थी ?

माँ के आदेश पर मैंने राम-विवाह की कथा सुन ली थी, 'सीय' के सिर में 'सेंदुर' भी दे दिया था; पर मेरा 'सिनिकल मूड' अभी पूरी तरह न गया था; कुछ शायद उसी के प्रभाव में, कुछ माँ से विनोद करने के लिए मैंने कहा, माँ, आपने भी राम की विवाह-कथा आज क्यों सुनाई ! राम के साथ सीता ने क्या सुख पाया। ब्याहकर आई कि चौदह वर्ष वन-वन भटकती फिरीं। रावण की लंका में क्या-क्या कष्ट उन्होंने नहीं झेले। और जब वे आयोध्या लौटीं तो राम ने स्वयं उन्हें आजीवन वनवास दे दिया। अंत में जब उन्हें अपना अपमान असह्य हो उठा तो वे धरती में समा गई। माँ ने प्रत्याशित उत्तर दिया, आज वे होते तो तुमको ठीक जवाब देते; मैं तो इतना ही जानती हूँ कि राम से सीता कभी अलग नहीं हुईं; जो उन्होंने दिखाई वह लीला थी; फिर राम के साथ, राम के हाथ, उन्होंने कितना ही कष्ट क्यों न उठाया हो, वे राम को ही सुमिरती रहीं। पति कितना भी कष्ट देने वाला ही क्यों न हो, पत्नी को उसका अपमान नहीं करना चाहिए,

ऐसेहु पति का किए अपमाना।
नारी पाव जमपुर दुख नाना।।

और वे मध्ययुगीन नारी की स्वीकृत हीनावस्था के समर्थन में चौपाई पर चौपाई उद्धृत कर गईं,

कत विधि सृजीं नारि जग माहीं।
पराधीन सपनेहुं सुखु नाहीं।।

से लेकर

ढोल गँवार सूद्र पसु नारी।
सकल ताड़ना के अधिकारी।। तक।

और माँ के मानसिक ढाँचे को पूरी तरह समझते हुए भी मेरा मन नारी के प्रति ऐसी धारणा से विद्रोह करता रहा।

नई पीढ़ी के साथ पुरानी धारणा छूट रही थी, इसे मैंने दूर से देखा नहीं, निकट से अनुभव किया था। कर्कल ने चम्पा को पराधीन बनाकर नहीं रखा था; कहना चाहिए बहुत स्वतन्त्रता दे रखी थी और इससे नहीं डरे थे कि 'स्वतन्त्र होई बिगरहिं नारी।' श्यामा से मेरा सम्बन्ध खेल की सहेली के रूप में आरम्भ हुआ था और उसी का विकसित रूप सारे जीवन बना रहा—'मैं तुम्हें पत्नी समझ पाया कहाँ था, खेल की तुम थीं सहेली।' और श्यामा के मरे जीवन से विदा होने से लेकर तेजी के मेरे जीवन में आने तक नारि-पुरुष सम्बन्ध के प्रति मेरी धारणा बहुत बदल चुकी थी—कुछ साहित्य और मनोविज्ञान के—विशेषकर फ्रायड के अध्ययन से और कुछ नारियों के निकट सम्पर्क के अनुभव से, जो किसी अंश में श्यामा के जीवन-काल में ही आरम्भ हो गया था। नारि-मानस को दूर से देखकर नहीं, उसमें किसी अंश में पैठकर-डूबकर ही उसे

यत्किंचित् जाना जा सकता है।

फ्रायड को जितना गलत समझ गया है उतना शायद ही किसी दार्शनिक अथवा नबी को। गलत समझा जाना नबियों का परंपरागत दुर्भाग्य है, शायद कवियों का भी। फ्रायड आधुनिक संसार के नबियों में थे ही। उन्होंने मानव-मस्तिष्क की सूक्ष्मता, जटिलता और विचित्रता के प्रति हमें सचेत ही नहीं किया, उसे समझने की एक कुंजी भी दी। उसी कुंजी के सहारे मनुष्य के स्वप्नों से लेकर उसके सामाजिक विधानों, साहित्यिक उपलब्धियों, यहाँ तक कि धर्मों की भी जो व्याख्या उन्होंने दी है, उसे चुनौती देने वाला अभी तक तो पैदा नहीं हुआ। फ्रायड की एक सीमा भी है। उनके सहारे जीवन को समझा तो जा सकता है, उसे परिचालित नहीं किया जा सकता। इसी की एक कारोलेरी की ओर आज से दस वर्ष पूर्व पंत जी के 'कला और बूढ़ा चाँद' पर लिखते हुए मैंने संकेत किया था। मनोविश्लेषण काव्यालोचन में तो सहायक हो सकता है, काव्य-सृजन में नहीं। इस दृष्टि से फ्रायड का योगदान जितना नकारात्क है उतना सकारात्मक नहीं। पर उनका ऋण-पक्ष भी महत्वहीन नहीं है। यह ठीक है कि न तो उनके हाथों को अल्पना बनाने की कला आती है और न उसकी सामग्री उनके पास है, पर मानव-मस्तिष्क के आँगन में जो कूड़ा जमा है उसे साफ करने की झाड़ निश्चय उनके पास है। भविष्य का जब कोई नबी मानवता के अजिर को नव सज्जा देने चलेगा तो उसे पहले फ्रायड की बुहारी से उसको साफ करना पड़ेगा।

ज्ञान, अपूर्ण भी, चाहे वह अनुभव से प्राप्त हो चाहे अध्ययन से, मनुष्य को उदार बनाता है। कम से कम मनुष्य को भीतरी बंधनों से मुक्त करता है—अपने बंधनों से—शायद सबसे कठिन बंधन वे ही हैं। बाहर के बन्धन तो इतिहास की प्रक्रिया से कटेंगे, पर क्या व्यक्ति इतिहास की प्रतीक्षा करता बैठा रहेगा ? नहीं, वह अपने व्यक्तिगत प्रयोगों और अभ्यासों से किसी अंश में इतिहास की प्रक्रिया को अधिक सक्रिय कर सकता है।

यौनाकर्षण से लैंगिकाकर्षण—ध्यान देंगे कि दोनों में अन्तर है—लैंगिकाकर्षण से आत्म-संरक्षण, आत्म-संरक्षण से जाति-संरक्षण की यात्रा में ही मनुष्य ने विवाह की संस्था की नींव डाली होगी—इसी प्रकार मनुष्य व्यक्ति-जीवन की अरक्षा से सामूहिक जीवन की सुरक्षा की ओर गया होगा; और सामूहिक जीवन को व्यवस्थित करने की प्रक्रिया में परिवार की नींव पड़ गई होगी। मानव संस्थाओं को विकृत होते देर नहीं लगती। परिवार का व्यवस्थापक शीघ्र ही उसका रक्षक और स्वामी बन गया होगा। हमारे 'पति' शब्द का अर्थ 'स्वामी' सर्वविदित है—राष्ट्रपति, सेनापति, सभापति, कुलपति मुझे किसी संस्कृतज्ञ ने बताया था कि 'पति' शब्द जिस मूल धातु से बना है उसके अर्थ रक्षक होते हैं—'पा' से, जैसे 'पाहि माम्' में। परिवार के विकास-क्रम में नारी अपनी शारीरिक अल्प-बलता से,—अबला वह कहलाती ही है—अथवा सुरक्षा के कारण ही न्यूनबल हो—सुरक्षा से अधिक दुर्बल बनाने वाला कुछ भी नहीं—पुरुष के साथ अपना सम पद क्रमशः खोती हुई व्यक्ति से वस्तु हो गई होगी—देने-लेने की चीज़—'कन्या-दान' की प्रथा में क्या इसका स्पष्ट संकेत नहीं है ? क्या वह जुए के दाँव पर नहीं लगी ? क्या वह बेची-खरीदी नहीं गई ?

मध्यकालीन अंधकार से निकलकर सुधारवादी युग में संघर्ष करती हुई आधुनिक समय में नारी फिर पुरुष की समकक्षी बनकर उभरी है। मानसिक धरातल पर, मानवी होने के कारण, वह पुरुष से निम्न स्तर पर कभी नहीं रही। मस्तिष्क उसका उतना ही सूक्ष्म, जटिल, विचित्र है जितना पुरुष का। व्यक्तित्व में नारी-नारी इतनी ही अद्वितीय है जितना पुरुष-पुरुष। अब, विवाह यदि वह तन मात्र का नहीं है—हालाँकि तन के भी भेद और विशिष्टताएँ कम नहीं हैं—तो दो अद्वितीय मस्तिष्कों के मिलन, जोड़, गठबन्धन का अर्थ क्या है ? आज दुनिया के कई विचारकों ने विवाह की संस्था की सार्थकता पर प्रश्न-चिह्न लगा दिया है। यौनाकर्षण और लैंगिकाकर्षण के तथ्य को अस्वीकार न करते हुए भी आज दुनिया के बहुत से जोड़े विवाह को स्वीकार नहीं करते, क्योंकि अभी वह मध्ययुगीन अर्थों और अनुषंगों से अपने को मुक्त नहीं कर सका। सार्त्र और सीमोन दि बुआ का उदाहरण विख्यात हो गया है। पर सार्त्र और बुआ ने, और उनके जैसे बहुत से जोड़ों ने भी, जो समाधान निकाला है वह अपूर्ण है, अस्वाभाविक है, हानिकर है, क्योंकि वह मानव के सहज प्राकृतिक विकास का निरोधक है, जिसमें पुरुष के पिता और उसमें भी अधिक नारी के माता बनने की माँग है। इस संदर्भ में शायद यह बता देना अप्रासंगिक न होगा कि विवाह-बंधन को संदिग्ध दृष्टि से देखते हुए भी फ्रायड ने स्वयं विवाह ही नहीं किया था, आधे दर्जन बच्चे भी पैदा किए थे।

मैं अपने अतीत की ओर देखता हूँ तो मुझे लगता है कि नियति ने—क्योंकि इसमें व्यक्ति की पसन्द के लिए कोई स्थान नहीं है—मुझे ऐसी परिस्थिति, परिवेश, वातावरण में रख दिया था जो मेरे सामान्य मानसिक जीवन के लिए अनुकूल हो। मैं अपने लड़कपन को याद करता हूँ तो आन्तरिक अभावों अथवा बाह्य वर्जनाओं का संत्रास झेलने की स्मृति मुझमें नहीं जागती। दमन शायद मैंने एकमात्र खेलने की भावना का किया था—खुलकर न खेलने का परिणाम मैं आज भी भोग रहा हूँ—मैंने जीवन को बहुत गम्भीर बना लिया है, जो मैं समझता हूँ, अस्वस्थ है और जिसने मुझे बहुत थकाया है। बड़े होकर मैंने सोने की इच्छा का दमन किया। शारीरिक आवश्यकता सुलाती तो है पर सुख-सोने का अनुभव मैंने आज तक नहीं किया—'तुलसी सुख सोवै भरोसे राजा राम के।' सोना मुझे बेकार समय गंवाना लगता है। शरीर विवश ही न करता तो मरने से पहले मैं कभी बिस्तर पर न जाता। कोई बड़ी सुखद स्थिति तो यह नहीं।

कुँठाएँ सबसे अधिक दमित यौन-भावनाओं से जन्म लेती हैं। मुझे अपने यौवनारम्भ में जैसा संसर्ग मिल गया था उससे मुझे अपनी यौन-भावनाओं को दमित करने को बाध्य न होना पड़ा था। शायद इसी का बदला लेने को, या इसका परिष्कार करने को आत्म-संयम मेरे प्रथम परिणीत जीवन का आवश्यक अंग बना दिया गया। अब मैं ऐसा समझता हूँ कि यौनाकर्षण को अवरुद्ध न किया जाना चाहिए, पर लैंगिकाकर्षण को संयमित करना ज़रूरी है। फिर भी इन दोनों अस्वस्थाओं में मैंने अपने को सहज अथवा स्वाभाविक न पाया था—दीवार, बेड़ियों, प्रहरियों के बीच कौन सहज हो सकता है, क्षुधा को आहार बनाकर कौन स्वाभाविक ? इनके तनाव में यदि कविता

मेरी अभिव्यक्ति का माध्यम न बन जाती तो मैं निश्चय टूट जाता या भटक जाता। यौन और लैंगिक भावना की तृप्ति के लिए सहज-स्वाभाविक स्थिति की खोज में जो संघर्ष मुझे करना पड़ा उसमें इन दोनों का सबलिमेशन—उदात्तीकरण हो गया। मैं अब ऐसी धार से प्यास बुझाना चाहता था जिसका आदि स्रोत करुणा—मातृकरुणा—में हो। अदृश्य ने तेजी में मेरी वह कामना पूर्ण कर दी।

मुझे उनका संग तो चाहिए था, पर तथाकथित पत्नी की स्थिति में नहीं। उससे कहीं अधिक उच्च स्तर पर मैं उन्हें पर चुका था। यदि मुझे किसी वन में जाकर रहना होता तो विवाह की प्रथा निबाहने की मुझे कोई आवश्यकता न पड़ती। पर मुझे तो समाज में रहना था, और ज़ाहिरा तौर पर उसी रूप में जिसमें उसके अन्दर संयुक्त नर-नारी रहते हैं, यानी पति-पत्नी के रूप में। यदि हमारे सम्बन्ध तथाकथित पति-पत्नी के होते तो विवाह के पश्चात् हमें शायद ही उसकी व्याख्या की आवश्यकता होती। ये पंक्तियाँ इसी ध्येय से लिखी जा रही हैं कि हमने परस्पर एक आंतरिक सम्बन्ध भी बना अथवा समझ रखा है और हमें जानने के लिए उसे जानना ज़रूरी है। नर-नारी के विकास को पिता-माता में होने को ठीक मानकर हमें समाज में रहना ही था। समाज में अपने को अपवाद बनाकर रखना या तो अस्वाभाविकता है या प्रदर्शन प्रियता। मेरे ऐसे सामान्य-होकर-सन्तुष्ट व्यक्ति के लिए समाज से ऐसा सतही समझौता कर लेना ही रास आता है।

सिविल मैरिज की शर्तें क्या होती हैं—ये हमें पढ़कर सुनाई गई थीं। अब मुझे उनका एक शब्द भी याद नहीं। विवाह के बाद मैंने उन्हें कभी नहीं देखा। शर्तनामे का कागज कहाँ पड़ा है, इसकी भी फिक्र नहीं। शर्तनामे पर हस्ताक्षर ने हमारे पति-पत्नी रूप में रहने को मान्यता दे दी थी; उसका इतना ही उपयोग था, न कम, न ज़्यादा।

पति-पत्नी की समता शायद सिविल मैरिज में निहित है, जैसे कानून के समक्ष हर व्यक्ति की समता। पर केवल कानून समता की गारंटी नहीं हो सकता। सिविल मैरिज से आबद्ध दपतियों में कितने इस समता का अनुभव भी करते होंगे, अथवा व्यावहारिक जीवन में उसका प्रयोग, यह कहना कठिन है, शायद बहुत कम। इसमें सबसे बड़ी बाधा मानव की मूल प्रवृत्ति से खड़ी होती है। मिल्कियत की प्रवृत्ति—द इंस्टिंक्ट टु पज़ेज, यह पुरुष में उतनी ही प्रबल होती है, जितनी स्त्री में। बहुत-सी स्त्रियाँ अपने पति को मालिक कहती हैं, बहुत-से पति अपनी पत्नी को मालकिन। यह मलकाने की प्रवृत्ति ही पति-पत्नी के बीच वांछित समता की सबसे बड़ी शत्रु है। इससे उत्पन्न विकारों की श्रेणी (रेंज) बड़ी लम्बी होगी—एक-दूसरे को सन्देह की दृष्टि से देखने से लेकर एक-दूसरे की गति-विधि पर निगरानी रखने या उसे निर्देशित अथवा परिचालित करने तक। कभी-कभी तो इस प्रवृत्ति अथवा तज्जनित विकारों के पीछे एक-दूसरे के प्रति प्रेम की उत्कटता ही रहती है, गो मैं प्रेम की उत्कटता में उदारता को तो समझ सकता हूँ, संकीर्णता को नहीं। जहाँ तक मेरा सम्बन्ध है, मैंने तेजी को अपनी मिल्कियत नहीं समझा। मेरा ऐसा न समझना मेरी उदारता का उतना परिणाम नहीं जितना तेजी की अपनी विशिष्टता का। उन्हें कोई अपनी मिल्कियत नहीं बना

सकता, वे किसी की मिल्कियत बनने से इन्कार करती हैं, और निश्चय ही किसी को अपनी मिल्कियत बनाने से भी; उन्होंने मुझे अपनी मिल्कियत नहीं समझा। हो सकता है, उन्होंने कहीं मेरी भी विशिष्टता देखी अथवा अनुभव की हो, पर मैं कैसे कहूँ ? अपनी ओर से मैं यह श्रेय उनकी उदारता को देना चाहूँगा। मज़ाक-मज़ाक में मैं अक्सर उनसे कहता हूँ कि अगर तुम्हारी चलती तो तुम मेरी नाक छेदकर उसमें नकेल पहना देतीं। और वे विनोद के ही लहजे में उसका उत्तर देती हैं कि अगर तुम्हारी चलती तो तुम मेरे गले में रस्सी डालकर मुझे खूँटे से बाँध देते। विनोद में हमारा एक-दूसरे की शक्ति को नकारना शायद गम्भीरता से एक-दूसरे की उदारता को स्वीकारना है। उदारता प्रेम के पौधे के लिए जल है।

मनोवैज्ञानिक अद्वितीयता–जो प्रत्येक व्यक्ति का जन्मसिद्ध अधिकार है–हम दोनों को भी मिली है; और हम एक-दूसरे की मनोवैज्ञानिक अद्वितीयता के प्रति सचेत हैं, इसलिए एक के दूसरे में विलयन की असम्भावना, और एक के दूसरे से मिलन की सीमा भी जानते हैं। आकर्षण समता में नहीं असमता में होता है। दूसरे को अपने समान देखने की कामना अथवा बनाने का आग्रह वास्तव में प्रेम-जात है ही नहीं, वह मानव की एक दूसरी मूल प्रवृत्ति से आता है जिसे सेल्फ एसर्शन या आत्मस्थापन कहेंगे। एक चाहता है कि दूसरे पर हावी हो जाए। किसी भी पक्ष के दुर्बल होने से इस प्रवृत्ति को प्रोत्साहन मिलता है। नर-नारी एक-दूसरे के सम्पर्क में आने पर शायद अनजाने ही एक-दूसरे पर हावी होने अथवा छा जाने का समर आरम्भ कर देते हैं। कुछ नारियाँ अपनी उग्रता और प्रखरता को अपना हथियार बनाती हैं और कुछ, सुनकर आश्चर्य हो सकता है, अपनी विनम्रता और नमनीयता को। 'तू मार अमृत से सकती है।' अनजाने मुझमें और तेजी में यह युद्ध चला हो तो कोई आश्चर्य नहीं, पर कोई दूसरे पर छा नहीं सका तो किसी स्थिति पर एक-दूसरे की सत्ता की समझदारी और अघोषित संधि को स्वीकार करना होगा। कतिपय कारणों से–विशेषकर लेखक रूप में मेरे यशः प्राप्त होने के कारण यहाँ सम्भावना यही थी कि मैं उन पर छा जाता। मैं तेजी की सराहना करूँगा कि अपने किले के कोई ज़ाहिर मजबूत मोर्चे न होने पर भी उस पर उन्होंने अपना झंडा ऊँचा रखा है। मैं यह भी स्वीकार करना चाहूँगा कि उन्होंने मेरे गढ़ में मुझे अधिक सुस्थापित, सुस्थिर, सुदृढ़ रहने में भी सहयोग और सहायता दी है; वे अपने गढ़ में अपने को अडिग बनाए रहने में स्वयं समर्थ रही हैं और उन्होंने न कभी मेरी सहायता की आवश्यकता अनुभव की है, न प्रत्याशा की है और न ही पाने की अभी शिकायत की है। वे इतने से ही सन्तुष्ट रही हैं कि उन्होंने अपने क्षेत्र में जो कुछ करना चाहा, उसमें मैंने हस्तक्षेप नहीं किया।

अंत में उनके-मेरे सम्बन्ध की कुँजी उस करुणा में है, जो उनके व्यक्तित्व में, स्वभाव में, प्रवृत्ति में सर्वोपरि है। उनका प्रेम करुणाजन्य है। उसकी धारा जब प्रवाहित होती है तो वह उनके स्वाभिमान को भी बहा ले जाती है जो उनके आभिजात्य का बहुत प्रबल संस्कार है और जो उनकी मुश्किल घड़ियों में उनका सबसे सबल सहारा है। उसके प्रति मेरा हृदय कितना कृतार्थ है, इसे मैं शब्दों में नहीं व्यक्त कर सकता। मेरा उनके प्रति प्रेम कृतज्ञता-जन्य है। अपनी करुणा में उन्होंने मेरे लिए बहुत कुछ

बलिदान किया है। कुछ की ओर मैंने पहले संकेत किया है। शेष सहृदयों की कल्पना पर छोड़ता हूँ। एक शब्द में आप मेरी सबसे प्रबल प्रवृत्ति पूछना चाहें तो मैं बड़ी विनम्रता से कहूँगा—कृतज्ञता—एक बहुत व्यापक अर्थ में। उनके प्रति, अपनी कृतज्ञता ज्ञापित करने के लिए उन्हें सुखी-सन्तुष्ट करने के लिए, जो कुछ भी मैं कर सका हूँ, उससे मुझे सन्तोष नहीं है। वे बहुत की अधिकारी हैं, पर इसके प्रति सचेत मैंने शायद ही कभी उन्हें पाया हो। मेरे प्रति उनके एक क्षण की दुर्बलता ने उनके भाग्य को ही बदल दिया। पर उसे उन्होंने बे-झिझक स्वीकार किया—हर तरह की और बहुत बड़ी-बड़ी कीमतें देकर; और इसका मुझे दृढ़ विश्वास है कि जो कुछ उन्होंने किया, या जो उनसे हो गया, उसपर उन्होंने एक क्षण के लिए भी पश्चात्ताप व्यक्त नहीं किया—स्वप्न में भी नहीं।

वे जिस तरह अप्रत्याशित, अयाचित अनाहूत, अचानक मेरे जीवन में उतर पड़ी थीं उसमें मैं चकित, अभिभूत अथवा स्तब्ध था, इतना कहना भी नाकाफी होगा। उन्हें सामाजिक औपचारिकता से अपनी पत्नी की संज्ञा दे देने पर भी बरसों तक मेरा अंतर्मन इस बात का अविश्वासी था कि मैं उन्हें सचमुच पा गया हूँ, या मुझे ऐसा लगता कि उन्हें पाने के लिए जो मुझे राग-रसमय मनुहार करनी थी, वह नहीं की गई, वह जैसे उनका प्राप्तव्य हो। जैसे किसी चीज़ को लेने के लिए अग्रिम मूल्य चुकाना पड़ता है, वैसे ही कोई चीज़ मुझे उदारतावश दे दी गई हो, मुझपर यह विश्वास करके कि उसका मूल्य मैं बाद को चुका दूँगा। वह मूल्य मेरे ऊपर ऋण था। उसे न चुकाना अन्यास होता—अनुचित, अभद्र, अशोभन। मेरे अन्तर की यही स्तब्धता, उस पर यही माँग, उस पर यही भार, उस पर यही तनाव—हक अदा करने को, गो 'हक तो यह है कि हक अदा न हुआ'—मुझसे 'सतरंगिनी', 'मिलन यामिनी', 'प्रणय पत्रिका' के गीत रचाता रहा। जीवन अचानक घटनाओं को भी सह लेता है; कला की दुनिया नहीं सह पाती। अपने राग-संसार में सन्तुलन-सामंजस्य स्थापित करने में मुझे बारह वर्ष लग गए।

मेरे इन बारह वर्ष के गीतों में जहाँ कहीं वे हैं—बहुत जगह वे नहीं भी हैं—वे 'पत्नी' शब्द की सीमा में संकुचित, प्राप्त नारी के रूप में नहीं हैं, वे हैं अभिलषित नारी के रूप में—प्रेयसी के रूप में। मेरा कवि, मेरे व्यक्ति की ओर से तेजी के प्रति कृतज्ञता-ज्ञापन के लिए इससे अधिक सुकुमार कुसुमांजलि नहीं समर्पित कर सकता था।

जीवन के बहुत-से रहस्य जो गुरु-गम्भीर व्याख्या से नहीं खुलते, प्रायः विनोद-पूर्ण ढंग से स्पष्ट हो जाते हैं। समाज के ठेकेदारों ने किसी समय देखा होगा कि 'पत्नी' शब्द पति का उस पर पूर्ण एकाधिकार तो बताता है, पर पति ही यदि दुर्बल हुआ तो शायद 'पत्नी' उसके पंजे से निकल जाए। इसलिए उस पर दोहरी जकड़बन्दी लगाने को उसके आगे 'धर्म' को भी खड़ा कर दिया। 'पत्नी' 'पत्नी ही नहीं, वह 'धर्म-पत्नी' है। पति से कुछ स्वतन्त्रता भी ले, धर्म से कैसे स्वतन्त्रता लेगी। कोई भी बन्धन कसावट की अन्तिम अवस्था में खुलने या टूटने की स्थिति में पहुँच जाता है। पति से तो पत्नी छूट न सकती थी, पर धर्म के ताले के पड़ते ही ज़ैसे उसको पति से भी मुक्त होने की कुंजी मिल गई। आगरा के विनोदी कवि पं. हृषीकेश चतुर्वेदी

ने खेल-खेल में एक दिन पत्नी पर लगे इस धर्म के ताले को तोड़ दिया। कहने लगे, धर्म-पुत्र वह है जो तन-जात पुत्र न हो, पर उसे वात्सल्य के कारण पुत्र मान लिया गया हो। इसी प्रकार धर्म-बन्धु या धर्म-बहन उसे कहते हैं जो अपना असली भाई या बहन न हो, बल्कि जिसे स्नेह-सम्बन्ध से भाई या बहन मान लिया गया हो। इसी तरह धर्म-पत्नी वह है, जो अपनी पत्नी न हो, पर उसे किसी सम्बन्ध से पत्नी मान लिया गया हो। तेजी से अपना जो सम्बन्ध मैंने माना है, वह 'पत्नी' की सीमा में व्यक्त नहीं होता। हाँ, अगर चतुर्वेदी जी की व्याख्या के अनुसार 'धर्म-पत्नी' का अर्थ लिया जाए तो तेजी को अपनी 'धर्म-पत्नी' मानने में मुझे संकोच न होगा। तेजी मेरी 'धर्म-पत्नी' हैं—उससे कहीं अधिक व्यापक अर्थ में जिस ओर चतुर्वेदी जी का विनोदी संकेत था। अपनी दृष्टि में धर्म का संकेत पहले कर चुका हूं।

विवाह का दिन, जाड़ों का, पलक मारते ही बीत गया। शाम को 'ऐट होम' था। दोनों घरों में से किसी के सामने इतना बड़ा लान न था कि लगभग सौ मेहमान बैठकर चाय पी सकें। इसलिए 'ऐट होम' का प्रबन्ध सेनेट हाल के सामने युनिवर्सिटी लान पर किया गया था। मैंने अपने निकट सम्बन्धियों, मित्रों और अंग्रेज़ी विभाग और युनिवर्सिटी के परिचित सहयोगियों को आमंत्रित किया था। जैसा प्रत्याशित था और मेरे सम्बन्धियों ने 'ऐट होम' का बाईकाट किया था; कारण अज्ञात न था। जाति-बिरादरी के बाहर खाने-पीने पर ही उन्होंने मेरे विचार को बहिष्कृत कर दिया था; अब तो एक कदम आगे बढ़कर मैंने जाति-धर्म से बाहर की लड़की से शादी कर ली थी। इस पर उनके क्रोध का पारा तीव्रतम बिंदु पर पहुंच गया था, और मैंने यह पहले से जान लिया था कि अपने इस काम से मैं बिरादरी से पूरी तरह काट दिया जाऊंगा। ऐसे पिछड़-बुद्धि बिरादरी से मैं खुद कटना चाहता था। वह मेरे विकास में सहायक किसी तरह नहीं हो सकती थी; बाधा कदम-कदम पर खड़ी कर सकती थी। मेरी दृष्टि में बिरादरी की संस्था अपना जीवन जी चुकी थी। भविष्य में मनुष्य का सम्बन्ध घर-परिवार के सदस्यों और कुछ मित्रों तक सीमित रहने को था—इसे मैंने देख लिया था। मेरे मित्रों और सहयोगियों ने पधारकर और अपनी शुभकामनाएं देकर हमें कृतार्थ कर दिया।

रात्रि के भोज में केवल घर के लोग और घर पर ठहरे बाहर से आए मेहमान सम्मिलित होने को थे।

सुहागरात ? दुनिया की नज़रों में।

प्रेमियों की हर रात सुहागरात होती है। वह हो भी चुकी थी, होने को भी थी, और कभी नहीं होने को थी। कोई अपनी सुहागरात से संपूर्ण संतुष्ट जागा हो तो उसका नाम मैं जानना चाहूंगा।

असली सुहागरात तो पहली जनवरी उन्नीस सौ बयालीस को बरेली में हो गई थी मन के मिलन की।

दुनिया की नज़रों वाली सुहागरात का प्रात भी हो गया।

मातृ-मना मातृ-तना होकर जागी।

सुहागरात का वर्णन ? 'मिलन यामिनी' मैंने किसलिए लिखी है ? कविता जो काम कर चुकी है, गद्य जब उसे करना चाहता है तो उसके हाथ-पांव फूल जाते हैं। आप यहां यह पुस्तक बंद कर 'मिलन यामिनी' खोलकर बैठ जाएं।

दूसरे दिन सब मेहमान लोग विदा हो गए—रह गए माताजी और राम, तेजी और मैं। हमने दूसरा वाला मकान छोड़ दिया। तेजी लाहौर से अपने साथ जो सामान लाई थीं वह पहले वाले मकान में लाया गया। तेजी ने पुराने-नए सब सामान को कमरों में नई तरह से लगाया। वे सामान को कलापूर्ण ढंग से लगाने-सजाने में रुचि लेती हैं। यह मैं लाहौर में उनके कमरों को देखकर समझ गया था। समय-समय पर वे सामान का विन्यास बदलती भी रहती हैं जिससे पुराना कमरा भी नया लगता है। कमरों में फूलों के दस्ते सजाने का भी उन्हें शौक है। उनके आने के बाद हर कमरे की शक्ल बदल गई। चीज़ें प्रायः वही थीं; जैसे पहले जड़-मुर्दा थीं, अब जी उठीं—'जादू के हाथों से छूकर मैंने इनमें जीवन डाला'। गुलदानों में फूल-कलियाँ मुसकराने लगीं। कभी-कभी वे अगरबत्ती जला देतीं और सारा घर मनभावन सुगन्ध से भर उठता। विशेष उनके आने से हमारे घर में संगीत आया। वे अपने सामान में अपने पिता का एक बड़ा ग्रामोफोन लाई थीं—विक्टोरियन युग का, जो खड़े होकर बजाया जाता था। उनके पास प्रसिद्ध गायकों और वादकों के रेकार्ड का अच्छा संग्रह था। जब मैं युनिवर्सिटी से लौटता तो सड़क से ही मुझे संगीत का स्वर सुनाई देता और जैसे मुझे आश्वस्त करता कि घर में सब कुछ ठीक है। कुछ रेकार्ड उनके पास मानस की चौपाइयों और मीरा, सूर, कबीर के भजनों के भी थे—अच्छे उस्तादों के गाए—अभी सिनेमाई गानों के रेकार्डों से बाजार न पटा था। 'घूँघट के पट खोल रे तोहे पिया मिलेंगे', 'आज मेरे घर प्रीतम आए', 'तोरे अंग से अंग लगा के कन्हाई मैं भी हो गई काली' आदि गानों के—मेरा गीत, 'अंग से मेरे लगा तू अंग ऐसा आज तू ही बोल मेरे भी गले से' शायद उसी की प्रतिध्वनि हो। माता जी को इन भक्ति के गानों से बड़ी शान्ति मिलती। उन्हें सुना-सुनाकर तेजी ने उनका मन जीत लिया। वृद्ध, बच्चों और रोगियों के प्रति तेजी के मन में अपार ममता है। माताजी को भी बोलने-बतियाने को घर में कोई और न था—पास-पड़ोस में न किसी से परिचय न घनिष्ठता। मेरी अनुपस्थिति में वे तेजी को घर-परिवार का इतिहास बतातीं जो कि उन्होंने अपनी सास से सुन रखा था। मैं भी युनिवर्सिटी के बाद का सारा समय घर पर ही बिताता। मुझे उनसे कहने को कम न था, न उनको मुझसे। मित्र दूर-दूर थे, सहयोगियों में कम थे जो हमारे यहाँ आते थे या जिनके यहाँ हम जाते थे, हमारी दो की दुनिया में कोई व्याघात करनेवाला न था। जब हम बात करते-करते थक जाते तब हम एक-दूसरे को कोई कविता पढ़कर सुनाते या कोई नाटक पढ़ते—शेक्सपियर के नाटक तेजी को बहुत पसन्द थे, मुझे भी। उन दिनों का इलाहाबाद लाहौर की चहल-पहल की तुलना में बड़ा शान्त नगर था। कभी-कभी शामों को हम सिविल लाइन घूम आते—ताँगे से—या कोई सिनेमा देख लेते। दिन ऐसे बीतता जैसे कोई पत्ता पेड़ से टूटकर ज़मीन पर गिर जाए, रात ऐसे, जैसे किसी फूल की पंखुड़ियाँ झड़कर घास पर बिछ जाएँ। उन दिनों की याद करता हूँ तो अपनी ही पंक्तियाँ कानों में गूँजने लगती हैं,

दिन कटे ऐसे कि कोई
तार वीणा के मिलाकर,
एक मीठा और प्यारा
ज़िन्दगी का गीत गाए।

जब मैं 78, एलेनगंज वाले मकान के सामने पहले-पहल आकर खड़ा हुआ था, तभी उसने मुझसे गुह्य मौन की भाषा में कहा था, आओ, तुम मुझमें निवास कर सुखी होगे, प्रसन्न रहोगे। उसने मुझे जो आश्वासनपूर्ण वचन दिया था, उसे उसने पूरा किया।

जब किसी पौधे को अपनी ज़मीन, अपने वातावरण से हटाकर कहीं दूर ले जाया जाता है तो स्वाभाविक है कि वह कुछ मुर्झा जाता है। तेजी पंजाब की भूमि और लाहौर का परिवेश छोड़कर अवध की धरती और प्रयाग की जलवायु में आकर खड़ी थीं, पर वे मुर्झाने के स्थान पर ताज़ा हो रही थीं, सूखने के बजाय भर रही थीं। मुझे यह देखकर सन्तोष होता। विपरीत होने पर मैं कैसे अपने को अपराधी न समझता ?

जीवन का मणि-द्वीप देहरी-द्वार पर जगता है तो भीतर-बाहर दोनों ओर उजाला फैलाता है।

दूज का चांद पूर्णिमा बनने के क्रम में था—सोलह दिनों में नहीं, सोलह पक्षों में।

और जनवरी से फरवरी में ढलते हुए शिशिर बसन्त में परिवर्तित हो गया था, और मेरी पंक्तियाँ सार-संकेत-गर्भित हो गई थीं;

पीले पत्तों के नीचे अंकुर की लाली,
नतून जीवन का चिह्न लिए डाली-डाली,
तरुवर-तरुवर पर लक्षित यौवन का उभार,

और फरवरी के मार्च में उतरते-उतरते 'डालें फलाश की फूट पड़ी' थीं। मार्च के अप्रैल की गैल में पहुँचते-पहुंचते 'अनगिनत बसन्त फूलों के गुच्छों में गिनती के पत्तों का अमलतास' खिल उठा था। और अप्रैल के मई में कदम रखते-रखते 'मधुऋतु-मुकुलित गुलमुहर' से आकाश के कई कोने लाल हो गए थे। और धरती पर गर्मी का प्रातः कालीन पवन वेला से खेल करने लगा था। युनिवर्सिटी-क्षेत्र में हर मधुऋतु में पलाश, अमलतास, गुलमुहर, बेला फूलते, खिलते, दहकते, महकते होंगे, पर क्या हर मधुऋतु में कोई उदास, निराश अकस्मात् अपने जीवन में बसन्तोल्लास का अनुभव करता होगा ? करता हो तो क्या आश्चर्य ! हर उल्लास बकवास-छपास में परिवर्तित होकर ही तो नहीं रीतता। शायद जीवन को सम्पूर्णता से वे ही भोगते हैं जो उसे मौन भोगते हैं। कुछ उसे अपूर्णता में ही भोगने का अभिशाप लेकर आते हैं। शायद मैं ऐसों में ही था। दुख में भी गाता रहा, सुख में भी गाता रहा। गाता क्या रहा, कोई गवाता रहा, शायद मेरे हित में, क्योंकि अपने दुख-सुख के पूरे भार को लेकर चलने का सामर्थ्य मुझमें न था। वह मुझसे गवा-गवाकर मेरा भार हल्का कराता रहा। शायद इसी से इतनी लम्बी जीवन-यात्रा कट गई। इतने सुख-दुख से दबकर अधिक लोग नहीं उभरते। मैं भी कहाँ उभरा हूँ। उभरे हैं तो मेरे कुछ शब्द।

उसी बसन्त की स्मरणीय घटना थी भारत-कोकिला सरोजिनी नायडू से तेजी

का परिचय। सजोजिनी नायडू से मेरा परिचय आठ-नौ वर्ष पुराना था, जब मैं 'मधुशाला' लिख रहा था। प्रयाग में डा. राकुमार वर्मा ने एक सुकवि समाज की स्थापना की थी या वे उसके कर्ता-धर्ता थे और उसकी बैठकें उन्हीं के निवास-स्थान पर होती थीं। जिस बैठक में सम्मिलित होने की मुझे याद है उसमें सरोजिनी नायडू के साथ कृष्णकान्त मालवीय भी आए थे। निकट से सरोजिनी नायडू के साक्षात् दर्शनों का यह मेरा पहला ही अवसर था। उनकी तस्वीरें बहुत देखी थीं, राजनीतिक सभाओं में भी उन्हें देखा या सुना था, उनकी कविताओं को भी पढ़ चुका था। उनका कद नाटा, रंग साँवला, शरीर भरा, मुखड़ा चौकोर आँखें बड़ी-बड़ी थीं, वृद्धावस्था की ड्योढ़ी पर पहुँचने पर भी चटकदार किन्तु सुरुचिपूर्ण साड़ी-ब्लाउज और कामदार जूती में उनकी तस्वीर आज भी मेरी आँखों के सामने है। उनके व्यक्तित्व की सबसे बड़ी विशिष्टता थी हर क्षण उनकी सजग बुद्धि और हर समय चलनेवाली उनकी जीभ—स्मृतियाँ, सम्मतियाँ, आलोचनाएँ, तर्क, व्यंग्य, हास सब उनकी जिह्वा पर अजस्र निर्झर की तरह उतरते रहते थे। मुझे याद है, कमरे में प्रवेश करते ही उनका ध्यान मेरी ओर आकर्षित हुआ था—शायद मेरे घुँघराले, घोंसले जैसे बालों के कारण या मेरी खोई-खोई-सी आंखों के कारण। कुछ व्यंग्य, कुछ हास, कुछ आश्चर्य और कुछ प्रशंसा-मिश्रित स्वर में उन्होंने मेरे बारे में एक सार्वजनिक-सा प्रश्न पूछ दिया—Who is the poet ? सबका ईर्ष्या-पूर्ण ध्यान मेरी ओर जाना स्वाभाविक था। मेरे परिचय में उस समय इसके सिवा और क्या कहा जा सकता था कि कविता लिखता हूँ और मधुर स्वर से पढ़ता हूँ। पर उनके उस प्रश्न से एक भोला-सा गर्व मुझे हुआ था कि मैं कविता लिखता ही नहीं, मैं कवि दिखता भी हूँ। पंत जी उन दिनों हमारे लिए आदर्श कवि के प्रतीक थे—कवि को बताना न पड़े कि वह कवि है; उसे देखते ही लोग कह पड़े, यह कवि है ! जब मैंने कविता सुनाई तो कोई मुझ पर 'ऊँची दूकान और फीके पकवान' का आरोप शायद न लग सका होगा। मेरे नाच ने मेरी काछ को शर्मिन्दा न किया था। जैसे 'मधुशाला' थी, वैसा ही 'मधुशाला' के कवि का रूप था।

सिर पर बाल घने, घुँघराले, काले, कड़े, बड़े, बिखरे-से,
मस्ती, आज़ादी, बे-खबरी, बे-फिक्री के हैं सन्देसे,
माथा उठा हुआ ऊपर को, भौहों में कुछ टेढ़ापन है,
दुनिया को है एक चुनौती, कभी नहीं झुकने का प्रण है;
आँखों में छाया-प्रकाश की आँख-मिचौनी छिड़ी परस्पर,
बचैनी में, बेसबरी में लुके-छिपे हैं सपने सुन्दर।

उस फरवरी में सरोजिनी नायडू प्रयाग आई थीं; आनन्द-भवन में ठहरी थीं। झा साहब ने एक रात को उनके सम्मान में भोज दिया था और उसमें सम्मिलित होने को तेजी को और मुझे निमन्त्रित किया था। तेजी के सौन्दर्य, सुरुचिपूर्ण पहनाव, शिष्टतापूर्ण बौद्धिक वार्तालाप से मिसेज़ नायडू इतनी प्रभावित हुईं कि दूसरे दिन उन्होंने हमें आनन्द-भवन में चाय पर निमन्त्रित कर दिया। जब मैं तेजी के साथ वहाँ पहुँचा तो उन्होंने बड़े नाटकीय ढंग से हमारा परिचय नेहरू-परिवार से कराया। हमारी ओर हाथ करके बोलीं, 'The Poet and the poem'—'आप कवि, आप कविता'। इस परिचय

के फलस्वरूप तेजी सबसे अधिक निकट इंदिरा जी के आई—उस समय तक उनका विवाह नहीं हुआ था—और तव से आज तक उनकी मैत्री बनी हुई है। मिसेज़ नायडू ने जिस प्रकार तेजी का परिचय कराया था, वह इन्दिरा जी को आज तक याद है, और अब भी जब वे तेजी का परिचय किसी विदेशी महिला से कराना चाहती हैं, उसका संकेत करती हैं। पंडित नेहरू ने जो वाक्य मुझसे कहा था, वह भी याद है, 'अरे, तुम्हारे फैन (प्रशंसक) तो हमारे घर में भी हैं'। उस समय तक 'मधुशाला' उनकी भांजियों के हाथों पहुँच चुकी थी। मार्च में जब इंदिरा जी का विवाह हुआ तो हमें निमन्त्रित किया गया और उस अवसर पर मिसेज, नायडू के आग्रह पर देश के बड़े-बड़े नेता-मेहमानों के सामने हमने मिलकर 'वर्ष नव हर्ष नव' का गीत सुनाया था। हमारा यह 'डूएट' उन दिनों प्रयाग में प्रसिद्ध हो गया था। वही 'डूएट' हमने छब्बीस वर्ष बाद इंदिराजी के बड़े लड़के राजीव के विवाह पर सुनाया। पर हमारे कंठों में अब वह बात कहाँ ! समय का प्रभाव मानना ही पड़ता है। खैरियत है कि स्मृतियों पर अभी उसने हाथ साफ नहीं किया।

युनिवर्सिटी गर्मियों की छुट्टी के लिए बन्द होने को हुई तो झा साहब ने तेजी को और मुझे आमन्त्रित किया कि हम छुट्टियाँ उनके साथ मसूरी में बिताएँ। हमने उनका निमन्त्रण सधन्यवाद स्वीकार किया। विवाह के बाद लोग 'हनीमून' के लिए बाहर जाते हैं; हम तो न जा सके थे; हमने सोचा, चलो, यह हमारी गो कुछ विलम्ब से हनीमून होगी। तै हुआ 78, एलेनगंज का मकान छोड़ दिया जाए। सामान सब मुट्ठीगंज वाले मकान में रखवा दिया गया। मां और राम वहीं रहने को थे। तेजी ने घर का सामान लदवाया-फँदवाया, इलाहाबाद की मई की गर्मी में, एलनगंज से मुट्ठीगंज तक ठेलों के साथ पैदल चलकर गईं। बड़ी ताकत और धुन थी उनमें तब।

झा साहब हम लोगों के पहले ही मसूरी के अपने लिनवुड काटेज में पहुँच गए थे। कटेज में कई कमरे थे। बाहर के छोटे कमरे में कोई टंडन नाम का लड़का रहता था। बीच में दो कमरे थे, एक में झा साहब रहते थे; दूसरे में कुछ दिन उनके बहनोई आकर ठहरे थे; कुछ दिन उनके छोटे भाई आदित्यनाथ झा सपत्नीक; इसके बाद का कमरा मिला था।

झा साहब बहुत तड़के तैयार होकर अपने अध्ययन-कक्ष में पहुँच जाते, वहीं कॉफी पीते, और नाश्ते के समय तक अखबार वगैरह देखते। नाश्ते का समय निश्चित था। उसके बाद वे फिर अपने अध्ययन-कक्ष में बैठते-पढ़ते या चिट्ठियाँ लिखते। दिन के भोजन का भी समय निश्चित था। उसके बाद वे कुछ देर सोते। शाम के चाय ड्राइंग-रूम में पी जाती। उस समय दो-तीन मेहमान भी होते, कभी-कभी मुझे कविता सुनाने को भी कहा जाता। फिर वे अपने रिक्शे में बैठकर, जिसे वर्दीधारी रिक्शे वाले खींचते, हैवगैन के यहाँ तक जाते और किसी टेबिल पर बैठकर अकेले या अपनी पार्टी के साथ वहाँ का तमाशा देखते—कभी कैबरे, कभी डाँस; कभी आर्केस्ट्रा का वाद्य-संगीत सुनते। रात को लौटकर खाना खाते और दस बजे सोने चले जाते। झा साहब का घर नौकर चलाते थे। मेहमानों को उनकी तरफ़ से आज़ादी थी, पर नौकरों की सुविधा और उनकी असुविधा का ध्यान रखकर सब मेहमान प्रायः झा साहब की रूटीन अपनाए रहते।

एक बात काटेज में पैठते ही नोटिस की जा सकती थी—उसके ऊपर छाया झा साहब का दबंग व्यक्तित्व—नौकरों पर, मेहमानों पर, काटेज की सारी चीजों पर। न कोई ज़ोर से हँसता, न कोई ज़ोर से बोलता, न कोई ज़ोर से चलता। सब लोग चौबीसों घंटे यही ध्यान रखते कि जो कुछ भी किया-कहा जाए, झा साहब के अनुकूल हो, प्रतिकूल कुछ भी नहीं। कभी कुछ स्वतन्त्रता लेते थे तो उनके बहनोई जिन्हें वे, और सब लोग भाई साहब कहते थे—शुद्ध मैथिली ब्राह्मण थे, मैथिली में ही झा साहब से बात करते थे—हिन्दी और थोड़ी बहुत अंग्रेज़ी भी वे बोल लेते थे, पर मैथिली लहजे में। उनको देखकर मैं अक्सर सोचता कि अगर झा साहब अंग्रेज़ी न पढ़े होते तो उन्हीं के प्रतिरूप होते।

मसूरी में कोई विशेष प्राकृतिक सौन्दर्य न था। हम लोग वहाँ जल्दी ही ऊब गए। आए थे छुट्टी मनाने—अगर हनीमून नहीं—और मन पर तनाव का अनुभव करने लगे थे। झा साहब के साथ कोई कितने ही दिन रहे, उनसे निकटता का अनुभव नहीं कर सकता था। वे अपने भीतर कहीं बहुत एकाकी, स्वकेन्द्रित और स्वयं-पर्याप्त थे। वे यह तो चाहते थे कि उनके आस-पास लोग रहें पर अपने निकट वे किसी को न आने देते थे। झा साहब में बहुत गुण थे, पर वे अच्छे मेज़बान नहीं थे। धर्मशाला और घर रहने में कुछ अन्तर का अनुभव तो होना चाहिए। उनके घर में सब-कुछ ठंडा-ठंडा-सा था; हृदय की गर्माहट की प्रतीति कहीं नहीं होती थी।

कभी खुलकर बोलता था तो उनका एक रसोइया जो परताबगढ़ का था। उसकी एक बात मैं नहीं भूल सकता। लड़ाई तो उन दिनों चल ही रही थी, ब्लैक आउट के अभ्यास कभी-कभी मसूरी में भी होते थे। एक बार आर्डर हो गया, सब बल्बों पर काले शेड लगाए जाएँ। शाम को जब 'काले शेड लगाए जा रहे थे, वह बोल उठा, 'देखल्या, सरकार के मुहें पर कारिख लागति अहै।' किस तर्क से बिजली के लट्टू को सरकार का मुँह बना दिया, यह मैं नहीं समझ सका। पर उसकी सूझ मौलिक थी। अफ़सोस यही है कि झा साहब की गैर-हाज़िरी में ही वह अपनी सूझों की पिटार खोलता था।

युनिवर्सिटी खुलने को अभी तीन सप्ताह थे। पर लिनवुड काटेज की जड़ता अब हमारे लिए असह्य हो गई थी। हम दोनों ही वहाँ बहुत बन्द-बन्द, घुटे-घुटे महसूस करने लगे—कहीं जाना तो पूछकर जाना, लौटने का वक्त बता देना, जब तक बाहर रहना इसी ख्याल से दबे रहना कि फलाँ वक्त पर वापस पहुँच जाना है, दो-चार मिनट की भी देर हो तो अपराधी-सा अनुभव करना, व्याख्या देना, शर्मिंदा होना, विशेषकर अगर उससे मेजबान को कोई असुविधा हुई हो। मैं तो फिर भी कुछ दिन यह सब सह लेता, पर तेजी तैयार नहीं थीं। हमने एक दिन झा साहब से आज्ञा माँगी, कह दिया कि तेजी अपने मित्रों-सम्बन्धियों से मिलने को पंजाब जाना चाहती हैं जो लाहौर, अमृतसर, होशियारपुर, नाहन में हैं—थे भी वे वहां—और उनमें से कइयों का आग्रह भी था कि हम कुछ दिनों को उनके पास रहें। झा साहब ने सिर हिला दिया—मतलब था अगर जाना चाहते हो तो जा सकते हो। न हमारे आने की उन्होंने खुशी ज़ाहिर की, न हमारे जाने का दुख। कैसे अनासक्त भाव से रहता था वह शख्स ! सुबह से

शाम तक सारे काम बिना किसी घबराहट के, थकावट के, बिना किसी शिकवा-शिकायत के, कर्त्तव्य की गरिमा से करते जाना रोज़-ब-रोज़, माह-ब-माह, साल-ब-साल। इतना ज़ब्त करनेवाला, इतना अपने को ज़ाब्ते में रखनेवाला मैंने दूसरा आदमी नहीं जाना।

एक सुबह नाश्ते के बाद हमने अपना सामान कुलियों से बस-अड्डे पर भेज दिया। झा साहब को धन्यवाद दिया—आपने बड़ी कृपा की। हम लोगों को अपने साथ रहने को निमन्त्रित किया, हम यहाँ बहुत सुख-सुविधा से रहे—(सिर्फ़ आधा सच—सुविधा से तो रहे, सुख से नहीं)।

हमने रिक्शा मँगा लिया था। लिनवुड काटेज से ऊपर सड़क पर जाकर जब हम रिक्शे में बैठे तो पहला वाक्य जो तेजी ने कहा, वह था, Breathe free air, though hot—आज़ाद हवा में साँस लो, भले ही वह गर्म क्यों न हो। इतना कहकर उन्होंने दो-तीन लम्बी साँसें खींचीं, मैंने भी उनका साथ दिया और हम दोनों इतने जोरों से हँसे कि नीचे झा साहब ने निश्चय सुना होगा—डेढ़ महीने में पहली बार हमारा ऐसा मुक्त हास।

पन्द्रह दिन लाहौर, अमृतसर, नाहन में बिताकर जुलाई के प्रथम सप्ताह में हम लोग प्रयाग लौटे। युनिवर्सिटी के निकट 6-ए, बैंक रोड का बंगला हमें किराए पर मिल गया। तब मकान कितनी आसान से मिल जाते थे। मकान काफ़ी बड़ा था। सामने बरामदे के इधर-उधर दो छोटे कमरे। पीछे दो बड़े कमरे जिनमें से एक ड्राइंग रूम और दूसरा सोने का कमरा बनाया जा सकता था। पीछे की ओर फिर बरामदे के दोनों तरफ़ दो छोटे कमरे जिसमें से एक को खाने के कमरे की तरह और दूसरे को सामान आदि रखने के लिए इस्तेमाल किया जा सकता था। इनके पीछे पक्का आँगन था, जिसमें एक ओर को दो छोटे-छोटे कमरे—नौकरों के रहने के लिए—और रसोईघर, दूसरी ओर को गुसलखाने वगैरह। मकान के सामने झाड़ियों से घिरा लान था। बग़ल में भी बहुत लम्बी-चौड़ी खुली ज़मीन पड़ी थी जो इसी बंगले के हिस्से में समझी जाती थी। तेजी ने दार जी से आग्रह करके उनके ख़ास नौकर सुदामा को अपने पास बुला लिया था। सुदामा गढ़वाल का रहनेवाला था और लड़कपन से दार जी के पास काम करता था। बहुत मेहनती, बहुत ईमानदार और बहुत विश्वसनीय था। पंजाबी तो वह बिल्कुल पंजाबियों की तरह बोलता था। उसके आने से तेजी को घर के काम-काज से जो निश्चिंतता मिली सो तो मिली ही, उन्हें एक आदमी ऐसा मिला जिससे वे पंजाबी में बात कर सकें। वे इसके लिए तरसती थीं। उन्हें क्या पता था कि पाँच वर्ष बाद जब देश-विभाजन होगा तब न जाने कितने पंजाबी शरणार्थियों के रूप में आकर इलाहाबाद में बस जाएँगे। छोटा-मोटा शिविर तो हमारा घर ही हो जाएगा।

युनिवर्सिटी के खुलने पर वहाँ का कार्य यथापूर्ण चलने लगा। अभी मुझे बी. ए. प्रथम वर्ष को ही पढ़ाने का काम दिया जाता था। तैयारी में मुझे अधिक समय न देना पड़ता। युनिवर्सिटी मैं दस बजे जाता, सप्ताह में चार दिन साढ़े-बारह पर, और दो दिन एक बजकर बीस मिनट पर घर वापस आ जाता। फिर मेरा सारा समय तेजी के लिए होता।

छह महीने किसी स्त्री को समझने के लिए अपर्याप्त हैं। यों तो स्त्री को समझने

के लिए पूरा जीवन भी काफ़ी नहीं है। हमारे पूर्वजों ने तो उसके आगे बहुत पहले से हथियार डाल रखा है, '...नारी चरित्रं दैवो न जानाति कुतो मनुष्यः'। तुलसीदास जिस नारी के हाड़-मांस के शरीर पर मुग्ध थे, उसी ने अपने उपदेश से उन्हें राम-रस चखा दिया। उन्हें मानना ही था, 'नारि चरित जल-निधि अवगाहूँ'। फिर नारी जीवन में कई बार बदलती है। एकरूपता उसका गुण नहीं। पुरुष उसकी तुलना में कम बदलता है। उदाहरण के लिए पिता होने के पूर्व से पिता होने के बाद पुरुष जितना बदलता है उससे स्त्री सौ गुना माता होने के पूर्व माता होने के बाद बदल जाती है। सन्तान के बढ़ने पर, संख्या और अवस्था दोनों में, वह फिर बदलती है, विशेष कर अपने पति के प्रति उसके दृष्टिकोण में बड़ा अन्तर आता है। अगर पुरुष नारी के बदलते रूप को समझता न रहे और उसी के अनुसार अपने को बदलकर उसके साथ अपना जोड़ न बिठाता रहे तो दोनों का साथ चलना असम्भव हो जाता है; भले ही वे साथ दिखें। पुरुष नारी के लिए उतना बड़ा रहस्य नहीं। उसे समझने के लिए नारी के पास बड़ी सूक्ष्म बुद्धि होती है। प्रायः नारी उसे समझने में ग़लती भी नहीं करती। नारी से छिपने के प्रयत्न में पुरुष प्रायः असफल होता है। नारी शायद ही कभी होती हो। ब्रजमोहन गुप्त ने, वणिक-स्वभाव-सुलभ प्रतीक में, एक बार मुझसे कहा था कि स्त्री साढ़े पन्द्रह आने पुरुष से गुप्त रखे तो पुरुष को उसका पता नहीं चल सकता, पर पुरुष दो पैसा भी छिपाना चाहे तो स्त्री को उसका पता लग जाता है। फिर भी पुरुष नारी को जानना भी चाहता है—'किए थी चिन्तित औ' बेचैन मुझे भी कुछ दिन ऐसी चाह'—और उससे कुछ गुप्त भी रखना चाहता है। कुछ ऐसा अपने पास रखना जिसे कोई न जानता हो, मानव के मानसिक अस्तित्व की एक आवश्यकता है। बहुत कुछ उसके पास ऐसा होता है जिसे वह खुद भी नहीं जानता, दूसरों पर व्यक्त क्या करेगा। प्रेम की परिपूर्णता में भी इस दुराव-छिपाव की सम्भावना बनी रहने को मैं इस प्रकार व्यक्त करता हूँ कि कृष्ण भी राधा को पूरी तरह नहीं जान सके होंगे, न राधा ही पूरी तरह कृष्ण को। सारी सृष्टि ही पुरुष का प्रकृति के रहस्य को, प्रकृति का पुरुष के सत्य को जानने का अनवरत प्रयास है।

तेजी तो बड़ी तीव्र गति से बदल रही थीं। मैंने उन्हें प्रेयसी के रूप में जाना ही था कि वह पत्नी हो गईं, पत्नी होते उन्हें देर नहीं लगी कि उनमें मातृत्व का बीजारोपण हो गया। नारी बड़ी लचीली होती है, वह परिवर्तनों को बड़ी आसानी से झेल लेती है। पुरुष इतना नमनीय नहीं होता। प्रेमी से पति और पति से भविष्य-पिता इस परिवर्तन के प्रत्यक्ष होने पर भी मेरा मन अभी अपने प्रेमी रूप पर ही अटका था। विवाह के कई वर्षों बाद तक जो मैं प्रेम की कविताएँ लिखता रहा, शायद उसका एक रहस्य यहाँ है। फिर मैं कवि था—कलाकार था। मेरे भौतिक जीवन के विकास के साथ, समानान्तर मेरा एक वाङ्मय जीवन भी चल रहा था। जीवन सहसा घटित का अनभ्यस्त नहीं; कला की दुनिया उससे अपनी पटरी नही बिठा पाती। मेरे वाङ्मय जीवन को कला की सहज, स्वाभाविक, क्रमानुगत गति से ही बदलना था। इसकी ओर शायद मैं पहले भी संकेत कर चुका हूँ। मुझे समझने में थोड़ा मेरे कवि को भी समझना होगा।

परिणय से प्रेम के खतरे को अंग्रेज़ी रूमानी कवि शैली ने पहचाना था,

When the hearts have once mingled,
Love first leaves the well-built nest.

(जब हृदय से हृदय एक बार मिल जाता है, तब उस सुनिर्मित नीड़ से प्रेम सबसे पहले विदा हो जाता है।) शैली ने जीवन के एक नग्न सत्य को सामने रख दिया है। प्रेम के पश्चात् विवाह-बन्धन में बँधे अगणित प्रेमी इस सत्य की हामी भरेंगे। लेकिन मैं सामान्य से कुछ अलग का एक प्रयोग करना चाहता था, कुछ ऐसा उपलब्ध करना जो प्रायः असम्भव समझा जाता हो—'जो असम्भव है उसी पर आँख मेरी'। यानी, नीड़ सुनिर्मित हो जाए तो उससे प्रेम विदा न हो, बल्कि उसमें आकर बसे। प्रेम के बाद परिणय होता तो प्रेम को स्वाभाविक क्रम में दब जाना था। पर अदृश्य ने मेरे लिए क्रम उलट दिया था। परिणय के बाद प्रेम आया था, तब स्वाभाविक क्रम में परिणय को दबना था। तेजी को अपना समीकरण (ऐडजस्टमेंट) मेरे व्यक्ति से नहीं, मेरे कवि से भी करना था। यह उनके लिए कठिन भी हो सकता था और सुखद भी। अपने पत्नीत्व और मातृत्व के साथ उन्होंने प्रेयसीत्व भी कैसे निभाया, यह किसी समय उन्हीं के स्पष्ट करने की बात है। विवाह के बाद भी प्रेमी बने रहने के विपर्यय को मैंने कुछ स्पष्ट करने को प्रयत्न किया है। समझ सकें तो आप समझें कि मेरे कवि की माँग को मेरा व्यक्ति पूरा कर रहा था, मेरे व्यक्ति की माँग को मेरा कवि। जहाँ उनमें एक द्वंद्व था, वहीं उनमें एक सहयोग भी था। कठिनता और सुखानुभूति, दोनों ही, मेरे प्रेमी के लिए पतित्व और पितृत्व निभाने की निश्चय रही होंगी, पर वह विस्मृति के गर्भ में जा चुकी है। प्रेमी के रूप के साक्षी 'सत रंगिनी', 'मिलन यामिनी', 'प्रणय पत्रिका' के गीत हैं।

अपने प्रारम्भिक दाम्पत्य जीवन में समीकरण की एक और समस्या की ओर आपका ध्यान आकर्षित करना चाहूँगा। प्रेमी और प्रियतमा प्रायः एक-दूसरे के लिए पर्याप्त हो सकते हैं, पर पति-पत्नी नहीं। पति-पत्नी मिलकर भावना का एक देश (Space) घेरना चाहते हैं—गृहस्थी इसका स्थूल रूप है। अब, देश दो बिन्दुओं के बीच नहीं घिरता। उनके बीच ज्यामिति की एक रेखा ही खिंच सकती है। पति-पत्नी को अकेला छोड़ दिया जाए तो वे बड़ी जल्दी एक-दूसरे से ऊब जाएँगे। सम्मिलित परिवार में यह समस्या बड़ी आसानी से हल हो जाती थी। देश घेरने को एक तीसरा बिन्दु चाहिए। पत्नी को यह तीसरा बिन्दु देवर से मिलता था, पति को साली में—पंजाब में एक कहावत कही जाती है—'साली अध घरवाली'। इधर उत्तर प्रदेश में एक दूसरी कहावत प्रसिद्ध है—'आधी भाभी आधी जोय।' यानी देवर आधा पति होता है मनोवैज्ञानिक दृष्टि से कह सकते हैं कि पति को एक उप-पत्नी और पत्नी को एक उप-पति की आवश्यकता होती है। यह तीसरा बिन्दु साली-भाभी या देवर के रूप में न आया तो किसी सहेली या मित्र के रूप में आता है और सीमा में रहने पर पति-पत्नी के सम्बन्ध को सुखद और सामंजस्यपूर्ण बनाता है। सीमा का अतिक्रमण करने पर, या पारस्परिक मानसिक आवश्यकता की समझदारी न रहने पर, यह सन्देह और ईर्ष्या का कारण भी बन सकता है। सन्देह और ईर्ष्या भयंकर परिणामों पर पहुँचाते हैं। मैं स्वीकार करना चाहूँगा कि जब यह तीसरा बिन्दु प्रथम बार हमारे जीवन में प्रकट हुआ

तो उसने मुझे कम विचलित नहीं किया। तेजी को तो—गर्भावस्था की विशेष भावशील मानसिक स्थिति के कारण—उसने विह्वलता के चरम बिन्दु पर पहुँचा दिया। पर धीरे-धीरे हमने इस बिन्दु की आवश्यकता, अनिवार्यता, मंगलमयता समझी; वह आज तेजी के जीवन में, और मेरे जीवन में भी, अनेक रूपों में मौजूद है और उनके कारण जो सामंजस्य हमारे सम्बन्धों में है। उनके प्रति हम अचेत नहीं हैं। यदि मैं उपन्यासकार होता तो इस तीसरे बिन्दु पर एक पूरा उपन्यास ही लिखता। अपने जीवन में ही इस तीसरे बिन्दु के जो भेद मेरे सामने खुले हैं उन्हें लिखना चाहूँ तो इस आत्मचित्रण में मुझे एक स्वतन्त्र खंड इसी को देना पड़ेगा।

किसी भी देश की दशा के थर्मामीटर उसकी युनिवर्सिटियाँ हैं। युनिवर्सिटी से सम्बद्ध होने के कारण मुझे महीनों पहले उस थरथरी का आभास हो गया था जिसका विस्फोटक रूप 1942 की अगस्त क्रान्ति में प्रकट होने को था। सन् 1937 में देश के ग्यारह प्रांतों में से नौ में कांग्रेसी सरकारें बन गई थीं। 1939 में योरोप में द्वितीय महासमर छिड़ने पर जब वायसराय ने बिना कांग्रेसी सरकारों की अमुमति के देश को युद्ध में झोंक दिया तो कांग्रेसी सरकारों के लिए इसके सिवा कोई चारा न था कि वे त्यागपत्र दे दें। मैं राजनीतिक नहीं हूँ, पर मुझे अपनी राय व्यक्त कर देने का अधिकार है—भले ही वह ग़लत हो। मैं समझता हूँ कांग्रेस के गलत कदम यहीं से शुरू हुए थे। गांधी जी के दो आन्दोलन—असहयोग (1920 का) और सत्याग्रह (1930 का)—जन-आन्दोलन थे। सारे देश का आह्वान किया गया था कि वह उनमें भाग ले और देश ने ऐसा किया भी था। उत्साह, उल्लास, त्याग, बलिदान, साहस और कभी-कभी दुःसाहस की भी लहरें देश भर में उठी-गिरी थीं। 1940 के व्यक्तिगत सत्याग्रह ने देश को अछूता छोड़ दिया था। क्या इससे गांधी जी ने यह अनुभव नहीं कर लिया था, यह स्वीकार नहीं कर लिया था, कि जनता पर अब उनकी पकड़ छूट गई है ? इसका लाभ मुस्लिम लीग और ब्रिटिश गवर्नमेंट दोनों ने उठाया और कांग्रेस के विरुद्ध दोनों ने अपनी स्थितियाँ मज़बूत कीं। युद्ध भारत की सीमा पर पहुँच गया था। क्रिप्समिशन के प्रस्तावों को गांधी जी ने 'पोस्टडेटेड चेक' कहकर ठुकरा दिया था। परन्तु मिशन के असफल होने का अफ़सोस ब्रिटिश सरकार को शायद ही हुआ हो। भारत के एक वर्ग की आर्थिक विवशताएँ और दूसरे वर्ग की आर्थिक महत्त्वाकांक्षाएँ उसे युद्ध में भाग लेने को विवश कर ही रही थीं। ब्रिटिश सरकार जानती थी कि कांग्रेस के सहयोग देने पर भी युद्ध-प्रयत्नों में कोई विशेष वृद्धि न होने को थी। अगस्त 1942 का 'भारत छोड़ो' आन्दोलन किंकर्तव्यविमूढ़ता की स्थिति में छेड़ा गया था, और उनके पीछे यह गलत अनुमान हो तो कोई आश्चर्य नहीं कि निकट भविष्य में जापान भारत पर आक्रमण करेगा जिसमें हार भारत सरकार की, पर जीत भारतवासियों की होगी। मुसलमान आन्दोलन से तटस्थ रहे, साम्यवादी दल और विचारधारा के लोगों ने आन्दोलन की भर्त्सना की, और सामरिक तैयारियों से लैस ब्रिटिश सरकार ने आन्दोलन को एक सप्ताह के अन्दर कुचलकर धर दिया। 12 अगस्त को हमारी युनिवर्सिटी के विद्यार्थियों के जुलूस पर गोली चली, और युनिवर्सिटी दशहरे तक की छुट्टियों के लिए बन्द हो गई। गोली हमारे मकान से कुछ फर्लांग के फासले पर कटरा कचहरी के सामने चली थी। मैं उस समय युनिवर्सिटी में था, लौटा तो मालूम

हुआ कि तेजी गोली की आवाज सुनकर हताहतों की सहायता के लिए घर से कचहरी की ओर चल पड़ी हैं। मैं भागकर उन्हें वापस लाने गया। पुलिस वैन से कर्फ्यू की घोषणा हो रही थी, लोग दूकानें बंद कर रहे थे, सड़कें सूनी हो रही थीं, जुलूस तितर-बितर हो चुका था, गोली से मरे एक विद्यार्थी की लाश को लड़के यूनियन में ले आए थे। शहर घरों में बन्द कर दिया गया था। कई दिनों तक कर्फ्यू लगा रहा। फिर धीरे-धीरे कर्फ्यू के घंटे कम किए गए और नगर का सामान्य जीवन आरम्भ होने में दस-पन्द्रह दिन लग गए। खबरों पर ज़बर्दस्त सेंसर लगा था। अखबारों ने विरोध में सम्पादकीय लिखना बन्द कर दिया था। बहुत दिनों तक जनता को इसका पता भी नहीं चला कि गाँधी जी तथा अन्य नेता कहाँ, किस जेल में बन्द हैं। वे दिन हमारे कितने भय, भ्रम, सन्देहों में बीते, कितनी लाचारी में, कितनी बेकारी में।

देश की दीन, मलीन, गमगीन छाया घर पर भी पड़नी थी। देश को तो हम उससे नहीं बचा सकते थे, पर घर को बचाना था। क्योंकि यहाँ गर्भ की कोठरी में बैठा भविष्य के जीवन का एक नन्हा-सा रूप अपने संस्कार ग्रहण कर रहा था। मैंने किसी के सुझाने, सिखाने से नहीं, अपने अनुभव से जाना था कि जब सारी आस्थाएँ डिग जाएँ, सुख-सन्तोष के सारे साधन लुप्त हो जाएँ, मनोरंजन मन-बहलाव का एक भी उपकरण शेष न रह जाए तो कला की शरण में जाना चाहिए—'सर्व धर्मान् परित्यज्य मामेकं शरणं व्रज'—वह निराश नहीं करेगी, मैं तेजी को अपनी कविताएँ सुनाता, दूसरों की, हिन्दी की, उर्दू की, अंग्रेज़ी की, संस्कृत की भी जो मैंने स्वयं समझ रखी थीं। उनके अर्थ समझाता, उनका सौन्दर्य दिखाता। ग्रामोफोन घर में था ही। हमने बहुत-से नए रेकार्ड खरीदे। हम उन्हें बजाते-सुनते। हमने उन्हीं दिनों बहुत-से-नाटक-पाठ भी किए—तेजी किसी पात्र की ओर से बोलतीं, मैं किसी दूसरे की ओर से। और जब हम थक जाते तो मौन एक-दूसरे की ओर देखना भी सुखद होता। हम शायद एक-दूसरे को देखकर उसके स्वरूप की कल्पना करते जो आनेवाला था या आनेवाली थी। तेजी आनेवाले की कल्पना लड़की के रूप में करती, मैं लड़के के रूप में। अपनी बौद्धिक उदारता से मैंने लड़के-लड़की का अन्तर मन से निकाल दिया था, पर संस्कार भीतर से यही बोलते थे कि लड़का हो तो ज़्यादा खुशी हो। कभी-कभी मैं सोचता हूँ कि नव-दम्पती की पहली सन्तान लड़की हो तो ज़्यादा अच्छा। सन्तान नव-दम्पती को सामाजिक स्तर पर बाँधती है। एक को दूसरे से जोड़ती है, इसमें तो कोई सन्देह नहीं। मेरा ऐसा ध्यान है, लड़की उन्हें अधिक सुकुमार, कोमल तन्तुओं से बाँधती है। इन बातों में कोई नियम नहीं बनाया जा सकता। बहुत कुछ बंधनेवालों के गुण-स्वभाव पर निर्भर करेगा। नर-नारी सम्बन्ध बड़ा रहस्यमय है। कभी लौह-शृंखलाओं के बन्धन फूल मालाओं के-से लगते हैं, कभी फूल-मालाओं के बन्धन लौह-शृंखला के-से। कभी कमल-नाल तन्तु के बन्धन तोड़े नहीं टूटते और कभी मज़बूत जंजीरें हवा के हल्के झोंकों से खंड खंड हो जाती हैं।

उन्हीं दिनों हमने प्रसव, मातृत्व, बच्चे की देख-रेख पर बहुत-सा साहित्य भी खरीदा और पढ़ा। यह सब अंग्रेज़ी में था, हिन्दी में उन दिनों ऐसे विषयों पर शायद ही अच्छी या कैसी भी किताबें हों। किताबी ज्ञान अधूरा होता है, फिर भी हमने

बहुत-सी उपयोगी और लाभकारी बातें जानीं। एक उपहासास्पद बात का जिक्र बाद को करूँगा।

दस अक्टूबर आ गई। यह पिताजी के देहावसान की तारीख थी। तिथियों के हिसाब से उनकी वर्षी कुछ दिन पहले पड़ चुकी थी और मेरे छोटे भाई ने कलकत्ता से आकर उसको सविधि सम्पन्न करा दिया था। मेरे मन में पिताजी की मृत्यु और उससे सम्बद्ध परिस्थितियां दस अक्टूबर से ही जुड़ी थीं। स्वाभाविक था कि उस दिन रह-रह कर मुझे वर्ष भर पूर्व की घटनाएँ याद आतीं। इस वर्ष भर ने मुझे क्या-से-क्या कर दिया था। अब मेरा व्यवस्थित जीवन था, मैं एक स्वतन्त्र, स्वच्छ, सुरुचि-सज्जित घर में रहता था, घर में मेरी सुन्दर, स्नेहमयी, प्रसन्न-वन्दना संगिनी थी और सबके ऊपर बस आज-कल में नव-जीवन के नव-कल्लोल से यह घर गूँजनेवाला था। मुझे लगता मैं अपनी जीवन-सहचरी के साथ किसी सुदृढ़ चट्टान पर खड़ा हूँ और विषादमयी सुधियों की लहरें आ-आकर उससे टकरातीं और पछाड़ खाकर पीछे चली जाती हैं। यह मैं तब भी जानता था, अब भी जानता हूँ कि चट्टानें कितनी ही ठोस हों, लहरें कितनी ही फेनिल, कोमल, हल्की, वे उनपर अपना कोई-न-कोई चिह्न अंकित कर जाती हैं।

शाम को पन्त जी हमसे मिलने आए। वे एक सप्ताह पूर्व अल्मोड़ा से इलाहाबाद आ गए थे और बेली रोड पर अपने सम्बन्धी पांडे जी के साथ ठहरे थे। बैंक रोड और बेली रोड में ज़्यादा फासला न था, पंत जी दूसरे-तीसरे, शाम को तेजी और मुझसे मिलने आ जाते। पहली भेंट में ही पंत जी ने तेजी को और तेजी ने पंत जी को पसन्द किया था। उनकी कविताओं, और उनके अपने पूर्व सम्बन्ध से मैं उन्हें पहले ही परिचित करा चुका था। पंत जी का इरादा जाड़ों भर इलाहाबाद में रहने का था। तेजी ने पंत जी को आमन्त्रित किया कि वे हमारे साथ ही आकर रहें। पंत जी ने इसे सहर्ष स्वीकार कर लिया। वे दूसरे दिन अपने सामान के साथ मेरे यहाँ आनेवाले थे। हमने उनके लिए बाहरी बरामदे के एक ओर का छोटा कमरा ठीक करा दिया था। उसके ठीक दूसरी ओर मेरा अध्ययन-कक्ष था।

रात को मैंने एक विचित्र स्वप्न देखा। मैंने देखा कि जैसे चक पर वाला हमारा पुश्तैनी घर है। उसमें पूजा की कोठरी में बैठे मेरे पिताजी आँखों पर चश्मा लगाए सामने रेहल पर रामचरितमानस की पोथी खोले मास पारायण के पांचवें विश्राम का पाठ कर रहे हैं--इनमें वह प्रसंग है जिसमें अपनी अर्धांगिनी शतरूपा के साथ मनु तपस्या करते हैं, और जब उनकी तपस्या से सन्तुष्ट होकर भगवान विष्णु उनके सामने प्रकट होते हैं तब वे उनसे वरदान माँगते हैं, 'चाहउँ तुम्हहि समान सुत'—और मैं तेजी के साथ पूजा की कोठरी के समाने बैठा सुन रहा हूँ। पिताजी के मुख से एक-एक शब्द स्पष्ट मैंने सुना है,

आप सरिस खोजौं कहँ जाई।
नृप तब तनय होब मैं आई।।

कि तेजी ने मुझे जगाकर बताया कि उनके पेट में पीड़ा आरम्भ हो गई है। ब्राह्म मुहूर्त था। सपना इतना स्पष्ट था और मैं उससे इतना अभिभूत था कि मैं उसे बगैर तेजी

से बताए न रह सका। तर्क वाली व्याख्या तो सपने की मैंने बाद को की। पर उस अधजागे-अधसोए से में मेरे मुँह से निकल गया, तेजी तुम्हारे लड़का ही होगा और उसके रूप में मेरे पिताजी की आत्मा आ रही है। तेजी ने इस सपने को परा-प्रकृति का संकेत समझा, और आज भी उन्हें इसके विषय में सन्देह या अविश्वास नहीं है। मनोवैज्ञानिक समाधान शायद स्वप्न का यह है कि उस दिन मुझे पिताजी की बहुत याद आई थी, मानस-पाठ करते हुए उनका रूप बचपन से मेरे दिमाग़ में बैठा था, तेजी के प्रसविनी बनने का समय आ पहुँचा था और इस सम्बन्ध में कई तरह के प्रश्न मेरे मन में उठते थे। मेरे अवचेतन ने जैसे उस स्वप्न के रूप में उनका उत्तर दिया। पर इस उत्तर से न तो मैं पूरी तरह सन्तुष्ट हूँ और न रहस्य पर से पूरी तरह परदा ही हटा है। अपने पारिवारिक जीवन में मुझे कई बार इसका अनुभव हुआ है, जैसे मेरे पिताजी की आत्मा हमारे बीच सक्रिय है। इसे मैं तर्क से सिद्ध नहीं कर सकता। सब कुछ तर्क से सिद्ध किया भी नहीं जा सकता, और हैमलेट के शब्दों में कहना पड़ता है,

...ओ होरेशियो, सुनो हमारे
दर्शन की कल्पना जहाँ तक पहुँच सकी है,
धरा-गगन में उसके आगे बहुत पड़ा है।

एक बात को याद कर आज भी हँसी आती है कि यह जानने के लिए, कि यह दर्द प्रसव का है या अन्य किसी प्रकार का, हमने एक किताब खोली ! उसमें लिखा था कि प्रसव की पीड़ा लगातार न होकर रह-रहकर उठती है और यह दर्द पीठ की ओर से उठकर पेट की ओर चलता है। दर्द का लक्षण इससे मिलता-जुलता देखकर मैं लेडी डाक्टर बरार को बुला लाया और वे तेजी को अपनी मोटर में बिठाकर अपने नर्सिंग होम ले गईं।

नारी-जीवन के एक महत्वपूर्ण अवसर और संकटापन्न स्थिति में एक बार फिर वे सर्वथैव एकाकी थीं। पर उन्होंने अपने मन को छोटा नहीं किया था।

अपराह्न में दिन भर की कठिन प्रसव-पीर के पश्चात् तेजी ने पुत्र को जन्म दिया।

पंज जी, जैसा पूर्व निश्चित था, दिन को ही घर पर आ गए थे। शाम को वे प्रसूता और प्रसूत को देखने आए तो बच्चे को देखकर उन्होंने अमिताभ नाम दिया। पिता बनने की अनुभूति और उसके उल्लास को, विशेषकर जब उसका अवसर बिलंब से जीवन में आए, गद्य नहीं वहन कर सकता—'दसरथ पुत्र जन्म सुनि का नः मानहुँ ब्रह्मानन्द समाना'। इसलिए उस दिवस की स्मृति में लिखी कविता का आश्रय लेना चाहता हूँ :

फुल्ल कमल,
गोद नवल,
मोद नवल,
गेह में विनोद नवल।

बाल नवल,
लाल नवल,
दीपक में ज्वाल नवल।

(अपने लिए 'आग', 'ज्वाल', 'शोला' के प्रतीक से यह दीपक-लौ असम्बद्ध नहीं)

दूध नवल,
पूत नवल,
वंश से विभूति नवल।
नवल दृश्य,
नवल दृष्टि,
जीवन का नव भविष्य,
जीवन की नवल सृष्टि।

मुझे पता नहीं कि अन्य लोग साधारण परिस्थितियों में पिता बनने पर कैसा अनुभव करते है। पर मैं जिन विशेष परिस्थितियों से होकर गुज़रा था उनमें मूल अनुभूति मेरी यह थी कि जैसे अब तक मैं एकाकी था—विवाहित होने पर भी दो मिलकर एक ही—अब समाज से, समष्टि से, मानवता से सम्बद्ध हो गया। पहले मैं अतीतोन्मुखी था, अधिक से अधिक वर्तमानोन्मुखी, अब भविष्य से भी मेरी दृष्टि जुड़ गई। व्यष्टि-केन्द्रित, क्षण-सीमित अस्तित्ववाद के पैरोकारों में कितने कुँवारे हैं, कितने संतानहीन, कितने नपुंसक, इसकी खोज बड़ी रहस्योद्घाटक सिद्ध हो सकती है। मेरा ऐसा मानना है कि जीवन की जो थोड़ी-बहुत सही जानकारी की जा सकती है वह उसके साथ सहज स्वाभाविक रहकर ही सम्भव है। विकृत और विशिष्ट दोनों दृष्टियों से जीवन का सामान्य, साधारण स्वरूप अनदेखा ही रह जाता है। और हममें से अधिकांश के लिए उसके उसी पक्ष को देखना जानना, समझना कोई मतलब रखता है।

नारी माँ बनने ही सर्वप्राथमिकता, प्राथमिकता, अद्वितीयता—बिल्कुल उसके शाब्दिक अर्थों में—अपनी सन्तान को देती है। और तो और पति भी उसके लिए गौण हो जाता है। कई पशुओं में मादा के माता (शायद एक ही शब्द; ध्वनि भेद से दो अर्थ देते हैं) बनते ही उनके जोड़े टूट जाते हैं, कई आपस में लड़ते हैं। मनुष्यों में पति उपेक्षित होने की कटुता का अनुभव करता है, कुछ संयत, कुछ संस्कृत होने से कटुता न भी अनुभव करे पर उपेक्षित किसी अंश में होता ही है। तेजी के जीवन में अपने प्रथम स्थान खोने की मानसिक अनुभूति से मैं भी गुज़रा होऊँ तो कोई आश्चर्य नहीं। उनके एकान्त-साथ की तृष्णा समय-प्रवाह-क्रम में शान्त होने के बहुत पूर्व उसमें एक सुखद व्याघात के रूप में अमिताभ आ पहुँचा था—वैवाहिक जीवन में सन्तान जल्दी आने के कुछ लाभ हैं तो कुछ हानियाँ भी। मेरे लिए क्षति पूर्ति के लिए दो चीज़ें थीं—एक, पंत जी की संगति, दूसरी अपनी कविता।

अक्टूबर में पंत जी आए तो अपने साथ एक सपना भी लाए थे जिसे वे साकार करना चाहते थे। उनकी 'ज्योत्स्ना' मानव समाज के भविष्य की एक काल्पनिक

(फ़ैन्टेसी) थी। शायद उसी को व्यावहारिक रूप देने के लिए वे एक संस्था अथवा केन्द्र की स्थापना करना चाहते थे। ध्येय था धर्म, दर्शन, राजनीति से ऊपर उठ कर कला के द्वारा मानव स्वभाव का संस्कार करना। 'लोकायतन' की रूपरेखा उन्हीं दिनों बनी। कुछ पत्र छपे और जाने-माने लोगों को भेजे गए। केन्द्र के लिए गंगा पार झूँसी में कुछ ज़मीन प्राप्त करने का प्रयत्न किया गया। पंत जी का एक नाटक हमारे कम्पाउंड में ही खेलने की योजना बनी। इन सब कामों में जो सहयोग सम्भव था मैं पंत जी को देखता रहा। किसी ओर से प्रोत्साहन न मिलने और किसी विशिष्ट व्यक्ति के रुचि न लेने के कारण उनकी योजना महज़ काग़ज़ी बनकर रह गई। अगस्त 1942 के खूँख्वारी दमन की पृष्ठभूमि में न तो समय अनुकूल था, न पंत जी के पास ऐसे साधन थे कि अकेले ही कुछ कर दिखाएँ। अब मैं ऐसा सोचता हूँ कि कला का आन्दोलन चलाना ही ग़लती है। कला अपना काम अपने अविज्ञापित प्रभाव से निरन्तर करती रहती है। आन्दोलन बनाकर हम उसके प्रभाव को शायद ही बढ़ा पाएँ; हाँ, हम उसमें कठमुल्लापन तथा रूढ़ियाँ निश्चय जोड़ सकते हैं। कला का आत्मप्रेरित, आत्म-शासित गति से चलना ही उसे गरिमा देता है, उसके लिए शोभन है। उसकी नाक में नकेल डालकर खींचना अभद्रता भी है, अज्ञानता भी। जनवरी के अन्त में पंत जी उदय शंकर कल्चर सेंटर में काम करने के लिए अल्मोड़ा चले गए।

वर्ष-भर यदा-कदा ही मैंने कुछ लिखा था, पर इसके लिए मुझे लेशमात्र पश्चात्ताप न था। मैंने जीवन जिया था, क्या यह क़लम घिसने से अधिक महत्त्वपूर्ण न था। फिर लिखना हमेशा काग़ज़ पर ही नहीं होता। दिमाग़ जैसे बहुत कुछ लिख-लिखकर अपने अन्दर संजो रहा था, पर अब अवसर आ गया था कि उसे बाहर भी कर दिया जाए; जिए हुए को कला में जीकर उसे और सघनता दी जाए, और सार्थकता और जीवंतता। 'आकुल अन्तर' और 'विकल विश्व' की पांडुलिपियाँ कहीं पड़ी थीं। घर के अदल-बदल में वे इधर-उधर हो गई थीं और उनका पता लगाने की न मेरी मंशा हुई थी और न मुझे मौक़ा मिला था। 'सुषमा निकुंज' का काम भी लगभग साल भर से ठप्प था। काग़ज़ पर कंट्रोल लग गया था और अपना 'कोटा' लेने के लिए बड़ी दौड़-धूप करनी पड़ती थी। जीवन की दौड़-धूप से फ़ुर्सत मिले तब तो काग़ज़ के लिए दौड़-धूप की जाए। प्रकाशन के काम में मैंने कभी रुचि न ली थी। अब नए दायित्वों के साथ, फिर अधिक दर्दे सिर वाली परिस्थितियों में, उसे भी सम्भालना मेरे बूते के बाहर की बात थी, पंत जी की किताबें भारती भंडार, लीडर-प्रेस से प्रकाशित होती थीं, उन्होंने मुझे राय दी कि मैं अपनी पुस्तकें उसी प्रकाशन संस्था को बीस प्रतिशत रायल्टी पर दे दूँ, जो उन्हें भी मिलती थी। संस्था भी मेरी पुस्तकें प्रकाशित करने पर उत्सुक थी और एक दिन पंत जी की उपस्थिति में ही इक़रारनामे पर हस्ताक्षर हो गए।

जुलाई में ही पंत जी ने मुझे सलाह दी थी कि मैं 'आकुल अन्तर' और 'विकल विश्व' के गीत एक साथ, एक ही संग्रह में छपा दूँ। उस समय उन्हें साथ या अलग-अलग छपाने की बात तो दूर, उन्हें छपाने की भी बात मेरे मन में न उठी थी। इतना ही बहुत था कि सम्पादकों के आग्रह पर मैं यदा-कदा कोई गीत किसी पत्रिका

में प्रकाशनार्थ भेज दूँ। दोनों पांडुलिपियों को देखने पर मैंने यह निर्णय किया कि दोनों को साथ छपाना कला की दृष्टि से ठीक न होगा। मैंने 'आकुल अन्तर' की प्रेस कापी तैयार की। वह मेरी पहली नई किताब थी जो मैंने भारती भंडार को दी और वह जनवरी 1943 में प्रकाशित हुई। 'आकुल अन्तर' की मूल मनःस्थिति अंधकार से निकलकर जैसी भी परिस्थिति हो उसका सामना करने के लिए उद्यत होने की है। इस पर विस्तार से मैं उसके चौथे संस्करण की भूमिका में लिख चुका हूँ।

'आकुल अन्तर' और 'विकल विश्व' की पांडुलिपियों की खोज के सिलसिले में मुझे अपनी प्रारम्भिक रचनाओं की पांडुलिपियाँ मिल गईं। युनिवर्सिटी का सत्र समाप्त होने से पूर्व अप्रैल और मई में मैंने अपनी प्रारंभिक रचनाएँ (कविताएँ) दो भागों में प्रकाशित कराईं। तीसरे भाग में कहानियाँ होने को थीं, वह तीन वर्ष बाद छपा।

कला की दुनिया की समस्याएँ प्रायः वैसी ही होती हैं जैसी जीवन की; पर जीवन जैसे समाधान पा जाता है, कला की दुनिया प्रायः नहीं पाती। एक दैविक हस्तक्षेप ने मेरे जीवन की समस्या का समाधान दे दिया था, पर उससे मेरी कला की दुनिया के सामने एक समस्या खड़ी हो गई थी। आइरिस के प्रति आकर्षित होने के समय से मैंने अपनी रागात्मिकता प्रवृत्ति को अभिव्यक्ति देने के लिए, उतना प्रयत्नतः नहीं जितना सहज भाव से, जो काव्य के उपकरण संजोए थे वे मेरे चेतन-अचेतन में—कविता लिखने में ये दोनों सक्रिय होते हैं, यदि अति चेतन भी नहीं—बड़े सशक्त और जीवंत बीज बनकर पड़े थे। मेरे जीवन ने जिस तरह पलटा खाया था उस स्थिति में इन बीजों को चुन-चुनकर निकाल देना ही श्रेयस्कर था, पर मन में पड़े बीजों को निकाल देना उतना सरल नहीं जितना खेत में पड़े बीजों को, हालांकि मुश्किल वह काम भी है। पुरानी और नई रागात्मकता की परिणतियों के सामंजस्य से अभिनव कला को रूप देना अथवा अभिनव कला से दोनों प्रकार की परिणतियों में सामंजस्य स्थापित करना मेरे कलाकार की भावी समस्या थी। उसे सुलझाने में मुझे दो-ढाई वर्ष लगाने पड़े 'सतरंगिनी' उसी समस्या से जूझने के फलस्वरूप प्रकट हुई और 1945 के प्रारम्भ में प्रकाश में आई। उसके चौथे संस्करण में, जो जुलाई 1967 में प्रकाशित हुआ था, मैंने उसमें एक विस्तृत भूमिका जोड़ दी थी जिसके द्वारा मैंने उसके दो प्रतीकों पर कुछ प्रकाश डाला था—'नागिन' और 'मयूरी' पर। पता नहीं आपने उसे पढ़ा है या नहीं। संक्षेप में, वहाँ मैंने यह कहा था कि 'नागिन', प्रमदा और 'मयूरी' परिणीता का प्रतीक है। आदर्श नर-नारी सम्बन्ध के प्रतीक मयूर-मयूरी हैं; मयूर का संकेत 'इंद्रधनुष्य' से किया गया है, मयूरी का 'संतरंगिनी' से। ऐसा करना साधारण कल्पना-प्रवणता से भी सम्भव था। पर मैं आपसे बार-बार कहता आया हूँ, मेरी हर कल्पना का मूल किसी जिए-भोगे-झेले-सहे यथार्थ में है। कविता की चर्चा में उस यथार्थ को मैं गुप्त भी रख सकता था, पर जीवन की चर्चा में उस पर पर्दा डाले रखना आपसे बेईमानी करना होगा। मैं आपके लिए ऐसे झरोखे ही नहीं खोलना चाहता जिनसे आप मेरे घर में झाँक सकें, बल्कि ऐसे भी, जिनसे आप मेरे मस्तिष्क में भी झाँक सकें, जो किसी रूप में मेरी कविताओं में प्रस्तुत हैं। थोड़ा धैर्य आप रखें। मुझे अपने दिमाग़ में फैली-बिखरी चीजों को ज़रा क़रीने से लगा लेने दें।

...टरक...ठरक...टरक...
...लेफ्ट...राइट...लेफ्ट...
...टरक...ठरक...टरक...

मध्य मई की इलाहाबादी दोपहर। आसमान से आग बरस रही है। ज़मीन पर लू चल रही है—गर्दोगुबारी—आँच में चिन्गारी। पचास फ़ौजी सिपाहियों की एक प्लाटून म्योर कालेज के कम्पाउंड से निकलकर स्टेशन की ओर जा रही है। सिपाही भारी-मोटे-काले अम्युनिशन बूट पहने हैं--लोहे की नाल-ब्लैकी जड़े—एक-एक बूट वज़न में ढाई-ढाई सेर से क्या कम होगा। पाँवों में मोटे ऊनी मोज़ों पर ऊनी होज़ हैं, उन पर ऊनी पट्टियों की लपेट है। बदन पर ख़ाकी कमीज़ें और ख़ाकी शार्ट्स हैं—उसपर इक्विपमेंट, जिससे एक ओर बेयोनेट लटक रहा है, दूसरी ओर पानी की बोतल, पीठ पर उसी से एक सामान-भरा हैवर-सैक (थैला या बैग) अटका दिया गया है; सिर पर मोटा सोला हैट है—हैट लू में उड़ न जाए इसलिए उसका तसमा ठोडी पर कस लिया गया है। सिपाहियों के बाएँ हाथों में राइफ़लें हैं और दाहना हाथ सबका साथ आगे-पीछे हिल रहा है—जैसे वे क़दम-ब-क़दम आगे बढ़ रहे हैं, सिर उठाए, सीना ताने, सामने देखते हुए। बदन पर उनके पसीने के तराड़े चल रहे हैं, पर किसे परवाह है।

...टरक...ठरक...टरक...
...लेफ्ट...राइट...लेफ्ट...

क्या आप विश्वास करेंगे कि इन पचास फ़ौजी सिपाहियों में एक वह भी है जिसने कभी 'मधुशाला' का महल उठाया था, 'मधुबाला' को इशारों पर नचाया था, 'मधुकलश' में कविता की मदिरा भरी थी, 'निशा निमन्त्रण' में आँसू की बूँदें गिराई थीं, 'एकान्त संगीत' में मन का असवाद गाया था और 'आकुल अन्तर' में अन्तर की आकुलता ध्वनित-प्रतिध्वनित की थी ? उस सर्जक, नायक, गायक, शायर को 'पहचानोगे क्या ख़ाकी वर्दीवालों में ?'

ये पचास फौजी सिपाही युनिवर्सिटी ट्रेनिंग कोर के केडेट्स हैं--युनिवर्सिटी के विद्यार्थी--जो छह सप्ताह के फ़ौजी प्रशिक्षण के लिए आफ़िसर्स ट्रेनिंग स्कूल, महू, (सेन्ट्रेल इंडिया) जा रहे हैं।

युनिवर्सिटी के ट्रेनिंग कोर की संख्या बढ़ रही थी। उसको कमान करने के लिए तीन और अध्यापक-अफ़सरों की ज़रूरत थी। इसके लिए मि. दुबे, युनिवर्सिटी के फ़िजिकल इंस्ट्रक्टर; डॉ. खत्री, अंग्रेज़ी विभाग के मेरे सहयोगी; और मैंने अपने को प्रस्तुत किया। और हम तीनों की डाक्टरी-परीक्षा में पास होने पर अंडर-आफिसर के रूप में कोर में ले लिए गए और हमें भी प्राथमिक फ़ौजी प्रशिक्षण प्राप्त करने के लिए सामान्य केडेट्स के साथ महू जाने का आदेश हुआ।

मेरी शादी को अभी सोलह महीने भी पूरे नहीं हुए थे, मेरे सुविधापूर्ण घर में मेरी सुन्दर-स्नेहमयी पत्नी थी, मेरा बच्चा छह महीने का था, अपनी छत्तीस वर्ष की अवस्था में पहली बार मैंने व्यवस्थित वैवाहिक जीवन का सुख जाना था, उनकी देखरेख करने के लिए मेरे अतिरिक्त कोई और न था, फिर मेरे सिर पर क्या खब्त सवार हुआ कि मैंने फ़ौजी प्रशिक्षण की कठिनाई झेलने के लिए तैयारी की। अध्यापक-अफ़सरों

को कैम्प के दिनों में और गर्मी की छुट्टियों में फ़ौजी-यूनिटों के साथ सम्बद्ध होने पर अतिरिक्त वेतन मिलता था जो साल भर में करीब 1200 रु. के होता होगा—औसतन 100 रु. महीने। मुझे पैसों की भी ऐसी कोई ज़रूरत न थी। मेरी किताबों की वार्षिक आय इससे अधिक ही थी। विज्ञापन और बिक्री का ठीक प्रबन्ध होने से रायल्टी से भी इससे अधिक धन-राशि मुझे मिल सकती थी। पत्रिकाओं में प्रकाशित कविताओं और कवि-सम्मेलनों से—जो महीने में एकाध हो ही जाते थे—मिला पारिश्रमिक भी कम न होता था। फिर मैं क्यों फ़ौज में जाने को तुतुआया ? मुझे कुत्ते ने काटा था ? नहीं। मैं अपने स्वभाव से विवश था।

पिछले अट्ठारह वर्षों से मुश्किलों से निरन्तर लड़ते रहने की जिन्दगी ने मुझे आराम से समय बिताने के नाक़ाबिल कर दिया था। मुझे अपने चारों ओर की मुलायमियत जैसे रास नहीं आती थी। जी चाहता था, कुछ हो जिससे लड़ूँ-झगड़ूँ, जिससे चोट खाऊँ, जिसे चोट दूँ, जिसे ज़ेर करूँ, जिस पर विजय पाऊँ; हार-जीत न भी हो तो कुछ हो जिससे कशमकश रहे। जीवन का रस, साहित्य का आनन्द, सृजन का सुख भोगते हुए भी कठिनाइयों का आकर्षण मुझे कहीं कोंचा करता था। इस मनःस्थिति पर ईट्स ने एक बड़ी सुन्दर कविता लिखी है, पहले अंग्रेज़ी में सुनें; इसका अनुवाद भी कर चुका हूँ,

The fascination of what is difficult
Has dried the sap out of my veins, and rent
Spontaneous joy and natural content
Out of my heart. There's something ails our colt
That must, as if it had not holy blood,
Nor on Olympus leaped from cloud to cloud,
Shiver under the lash, strain, sweat and jolt
As though it dragged road-metal. My curse on plays
That have to be set up in fifty ways,
On day's war with every knave and dolt,
Theatre business, management of men.
I swear before the dawn comes round again
I'll find the stable and pull out the bolt.

(जो मुश्किल है उसके आकर्षण ने मेरी
नस-नाड़ी के सारे रस को सोख लिया है,
और हृदय का स्वाभाविक सन्तोष,
सहज आनन्द निकाल कहीं फेंका है।
कुछ कुरेदता है मेरे कल्पना-अश्व[1] को—
जैसे उसके तन में पावन रक्त नहीं है,

---

1. युनानी दंतकथा के अनुसार कला की देवियों का परदार घोड़ा पेगेसस।

औ' न कभी कूदा करता था ओलिम्पस[1] पर
बादल से बादल के ऊपर—जिससे वह चाहता
कि कोड़े खाकर काँपे, ज़ोर लगाए,
स्वेद बहाए, हचका देकर कूड़े-बोझी
गाड़ी खींचें।
जायँ जहन्नुम में वे नाटक
जिनको सत्तर तरह खड़ा करना पड़ता है,
कूढ़-मूढ़ जो दिन-भर सिर खाते रहते हैं,
अभिनय-अभिनेता सम्बन्धी धन्धे-पचड़े।
मैं खाता हूँ कसम, सवेरा तो होने दो
देखें रखता कौन तबेले में घोड़े को।)

रूमानी गीतों के गायक ईट्स मुश्किल के आकर्षण में नाट्य-घर खोल बैठे थे और मैं फ़ौजियों के कैम्प में पहुँच गया था। मुश्किलों का यह आकर्षण ईट्स के लिए मृत्यु-पर्यन्त बना रहा। बहुत बार सबेरे आए, बहुत बार उनकी क़समें टूटीं, पर घोड़ा बराबर तबेले में बँधा रहा—कोड़े खाने, ज़ोर लगाने, स्वेद बहाने, बोझा-लादी गाड़ी खींचने को। मैं भी इस आकर्षण से अब तक मुक्त नहीं हो सका हूँ—यही मुझे केम्ब्रिज ले गया 'ईट्स और तन्त्रवाद' पर शोध कराने को, यही मुझे दिल्ली लाया दस बरस तक राजनयिक शब्दावली बनाने को, राजनयिक दस्तावेज़ों के हिन्दी रूपान्तर तैयार कराने को, शेक्सपियर और गीता के अनुवादों में सिर खपाने को, और अब यह आत्म-कथा लिखने में खटने को—दुनिया में आत्मकथा लिखने से भी मुश्किल कोई काम है ? मैं गीतों का गायक होकर क्या बुरा था ! अब राष्ट्रपति ने मुझे राज्य सभा का सदस्य मनोनीत कर दिया है। सात कम सत्तर होने को हूँ। पाँवों में 'स्पर' है, पेट में 'अल्सर', छाती में 'प्यूरिसी', सिर में 'वरटिगो'। अगर मैं संसद् के वातानुकूलित सदन की गद्दीदार कुर्सी पर बैठकर ऊँघता—जैसे बारह-बारह बरस ऊँघकर मेरे कई अग्रज चले गए, तो मुझे कौन रोक सकता था ? लेकिन 'देअर इज़ समथिंग दैट एल्स आयर कोल्ट'—'कुछ है जो अपने बरधे को अरइल देता।'

शायद मेरा फ़ौज में दाखिल होना अपनी भावातिशयता, भावुकता, अपने कवि को दबाने को मेरा एक और प्रयास था। मैं कवि नहीं बनना चाहता था। कवि तो इसलिए बन गया था कि मुझे स्वस्थ जीवन नहीं मिला था। अब मुझे स्वस्थ-व्यवस्थित जीवन मिल गया है तो मैं विचित्र केश-विन्यास, अद्भुत-लिवास खब्तुलहवास कवि के बजाय एक सामान्य-संजीदा नागरिक बनूँ। (अफ़सोस कि फ़ौजी परेडों की रगड़ भी जो शिरसि कवित्व निवेदन लिखा था उसे मिटाने में समर्थ न हो सकी।)

अपने परबाबा से पाए संस्कारों की चर्चा मैं पहले कर चुका हूँ। परिवार की सात पुश्तों में सिपहगिरी का पेशा केवल उन्होंने अपनाया था। और अन्त में शायद मैं अपने स्वभाव में निहित अन्तर्नारी को दूर हटाना चाहता था जिसे मैंने अब तक

1. यूनानी देवताओं का निवास स्थान।

पहचान लिया था। तेजी के स्वभाव में निहित अन्तर्पुरुष की तुलना में अपने अन्तर्नारी के प्रति मेरा अधिक सचेत होना, और उसके प्रभाव का निराकरण करने के लिए सजग और सयत्न होना मनोवैज्ञानिक दृष्टि से मेरी प्रवृत्ति के अनुकूल ही होगा। सम्बद्ध होकर नर-नारी एक-दूसरे को दबाना न चाहें तो भी एक-दूसरे से दबना नहीं चाहते। 'आकुल अन्तर' में ही मैं अपना उद्‌बोधन इस प्रकार कर चुका था,

ओ नवचेतन !
तू अपने मन की नारी को,
अस्वाभाविक बीमारी को,
उठ दूर हटा,
तू अपने मन का पुरुष जगा,...

हो सकता है मेरे अवचेतन ने मेरे मन के पुरुष को जगाने के लिए ही मुझे फ़ौजी वाना पहना दिया हो।

हमने तै किया कि अब मैं महू जाऊँ तब तेजी अमित को लेकर मीरपुर-खास जाएँ जहाँ उनके पिताजी रहते थे। जब मैं महू का कोर्स खत्म कर लूँ तो मैं भी मीरपुर-खास पहुँचूँ और वहाँ से उनको लेकर इलाहाबाद लौटूँ।

अपने विवाह के सम्बन्ध में हमने तेजी के पिता की सलाह न मानी थी। जल्दबाज़ी हमने इतनी की थी कि वे हमें रोकने की स्थिति में भी न थे। इसका उन्होंने बुरा माना हो तो कोई आश्चर्य नहीं। विवाह पर उन्होंने औपचारिक शुभकामनाएँ भेजने के अतिरिक्त और कुछ न किया था। विवाह को सोलह महीने हो गए थे और हम उनका आशीर्वाद लेने के लिए भी न गए थे। यदा-कदा हमारा समाचार लेने के लिए वे पत्र भेजते थे, पर कई महीनों से उन्होंने चुप्पी साध रखी थी। इसमें हमें उनकी नाराज़गी का सन्देह था। हमारा सन्देह ग़लत नहीं था; और उनकी नाराज़गी अकारण नहीं थी, पर कारणों के पीछे एक पूरा षड्यन्त्र था।

तेजी की सौतेली सबसे बड़ी बहन मीरपुर-खास के निकट डिग्री गाँव में रहती थीं जहाँ उनके पति के फ़ार्म थे। दार जी के प्रथम और ज्येष्ठ जामाता थे और अपुत्र होने के कारण दार जी उन्हें पुत्रवत् मानते थे। उन्होंने अपनी सबसे बड़ी बेटी की शादी में जो शानदार दहेज दिया सो तो दिया ही था, चार बरस अपने बेटी-दामाद के इंग्लैंड में रहने का खर्च भी उठाया था। तेजी बताती हैं कि उनकी डोली पर जब दार जी ने हज़ार-हज़ार रुपयों की तीन थैलियाँ लुटा दीं तो उनके किसी मित्र ने उनका हाथ पकड़ लिया, बोला, सूरी साहब, अभी तीन लड़कियाँ और ब्याहने को हैं। जमाई साहब गए थे बैरिस्ट्री पढ़ने पर लौटे फ़ार्मिंग सीखकर। वे निहायत चालाक, दुनियादार, व्यवहार-कुशल और स्वार्थी व्यक्ति थे।

तेजी लड़कियों में सबसे छोटी होने के कारण दार जी को सबसे प्रिय थीं। वे ही एकमात्र अविवाहित रह गई थीं और दार जी पर वृद्धावस्था दिन पर दिन हावी होती जा रही थी। तेजी के विवाह की तैयारी में उन्होंने कपड़े और बर्तन खरीद बड़े-बड़े सन्दूकों में भरा लाहौर के अपने एक निकट सम्बन्धी के यहाँ रखा दिए थे, जेबरादि सेफ डिपाजिट में किसी बैंक में। कल्लर की अपनी ज़मीन और नक़दी के सम्बन्ध में

उन्होंने एक विल तेजी के पक्ष में लिखकर उसकी रजिस्ट्री करा दी थी। जमाई साहब को इस सबका पता था; उनसे छिपाने की कोई बात ही न थी। इतनी सम्पत्ति तेजी को मिलेगी !–यह उनके गले न उत्तर सकी।

पहली चाल उनकी थी, दार जी को लाहौर से हटाकर–यानी तेजी से अलग करके–मीरपुर-खास लाना और उन्हें अपनी जेब में खाना। लाहौर के कालेज में पढ़ाकर तेजी मीरपुर के किसी स्कूल में काम करने को न आ सकती थीं। उसके बाद तेजी से भाग्य ने अमस्तात् ऐसे क़दम उठवा दिए जिनका पूरा लाभ जमाई साहब उठा सकते थे और उठाया भी। उन्होंने दार जी के कान भरने शुरू किए कि तेजी की यह हिम्मत कि उसने आपसे बिना पूछे अपने विवाह का निर्णय ले लिया ! वर के घर खुद जाकर शादी करने में उसने रावलपिंडी के रईस, पटियाला के भूतपूर्व रेवेन्यू मिनिस्टर, लाहौर के मशहूर व मारूफ़ बार-ऐटला सरदार खजानसिंह सूरी की कितनी बेइज़्ज़ती कराई, फिर शादी किससे की ? न अपने धर्म के, न अपनी जाति के (प्रान्त और भाषा के अलगाव के विष ने अभी जन्म नहीं लिया था; वह आज़ाद हिन्दुस्तान की देन है।) एक मुंडे से जो शराबी-कबाबी है–अपने लिए यह विशेषण मुझे 'मधुशाला' के लेखक के नाते मिली ख्याति के घिलवे में प्राप्त हुआ था।–उसने तेजी को इसीलिए फँसाया कि वह अपने साथ अपार धन लाएगी जिसे वह शराब में मौज से उड़ा सकेगा। उस पर शादी की है सिविल मैरिज, जिसमें किसी वक्त तलाक़ हो सकता है। क्या ताज्जुब तेजी की सारी दौलत खा-उड़ाकर वह उसको तलाक़ दे दे। क्या नाक रह जाएगी तब कल्लर के सरताज सरदारों की ! क्या यह लड़की इसीलिए जन्मी थी कि खानदान की सारी आन-बान-शान मिट्टी में मिला दे। लियर का क्रोध कारडीलिया पर इसीलिए सबसे अधिक भड़का था, क्योंकि वह उसे सबसे अधिक प्यार करता था। जमाई साहब दार जी के सहज ग्रहणशील और विश्वासी वृद्ध कानों में ये बातें सोलह महीने तक भरते रहे। उन्होंने अपने को बातों तक ही सीमित न रखा, वे कुछ कार्रवाई भी करते रहे, दार जी से कराते रहे कि अगर उनकी आँखें मुँद जाएँ तो तेजी उनकी एक पाई की हक़दार न रहें। गेरे सुनने में गहाँ तक आया था कि जमाई साहब ने अपने पुत्र को दार जी के दत्तक बनवाने की सारी कानूनी औपचारिकताएँ पूरी करा दी थीं।

तेजी अगित को लेकर मीरपुर-खास पहुँचीं तो उन्होंने दार जी को खिंचा-खिंचा पाया। पर बेटी बेटी ही होती है। किसी दिन दार जी की करुणा उमड़ी तो उन्होंने तेजी से पूछा, 'गुड्डी, सुना तू बहुत दुखी है; तेरा घरवाला दिन-रात शराब में ग़र्क रहता है; तेरे साथ दुर्व्यवहार करता है; तू जो ग़लती कर बैठी उस पर तुझको बड़ा पछतावा है। तेजी ने जो उत्तर दिया उसपर उनको पूरा विश्वास न हो सका। वे समझे, तेजी उनसे अपने कष्ट छिपाती है। उसने खुद अपने पाँवों में कुल्हाड़ी मारी थी, अब किसे दोष दे ! तेजी कुछ दिन दार जी के पास अकेले रह पातीं तो जमाई साहब का भंडा फूट जाता, पर उसने इसके लिए अवसर ही न दिया। पहले तो उसने अपनी पत्नी को दार जी के पास भेज दिया; वह गानेरिल और रीगन की सम्मिलित इकाई थी। वह पिता-पुत्री को कभी अकेले बात करने का मौक़ा न देती। फिर वह तेजी को अपने साथ डिग्री ले गई कि दार जी के पास किसी स्त्री के न होने से तेजी और अमित की देख-रेख न हो सकेगी। इस दिखावटी प्रेम के पीछे चाल रही थी कि तेजी दार

जी से दूर रहें।

महू का कैंप ख़त्म होने पर इन्दौर, चित्तौड़गढ़, मावली, मारवाड़ जंकशन होता हुआ जून के अन्त में मैं मीरपुर-खास पहुँचा मेरी जैसी तस्वीर दार जी के सामने खींची गई थी वैसा मैं बिल्कुल न था। अपनी पत्नी, अपने बच्चे से मिलकर खुश था। तेजी मुझे देखकर खुश थीं और यह खुशी थी कि छिपाए न छिपती थी। दार जी को सन्देह हो चला था कि उनके साथ शायद धोखा किया गया, पर यह सन्देह पक्का हो इसके पूर्व ही जमाई साहब आए और मुझे डिग्री से गए। दार जी शनिवार-इतवार के लिए डिग्री आए। वहाँ भी कभी बेटी, कभी दामाद छाया की तरह दार जी के साथ रहे कि वे मुझसे या तेजी से अकेले कोई बात न कर सकें। दार जी अनुभवी आदमी थे, वे समझ तो गए कि उनके द्वारा तेजी के प्रति अन्याय कराया गया पर उनका निराकरण करने के लिए उनके हाथ कट चुके थे।

हम दार जी से कुछ पाने की मंशा से उनके पास न गए थे। वे कुछ देने के लिए स्वतन्त्र भी न थे। तेजी को अपने पिता की परवशता बहुत कष्टकर प्रतीत हुई, पर वे उनकी कुछ सहायता न कर सकती थीं। हम दार जी को अपने साथ इलाहाबाद लाना चाहते थे, पर जमाई साहब ने उन्हें आने न दिया। उन्हें भय था, दार जी इलाहाबाद जाकर न जाने क्या कर दें, जिससे उनके किए-कराए पर पानी फिर जाए। जिस दिन हम मीरपुर-खास से विदा हुए, दार जी के चेहरे पर एक विचित्र वेदना थी—वह केवल बेटी से वियोग की वेदना न थी, उसमें अपराध, पश्चात्ताप और असमर्थता की पीड़ा मिली हुई थी।

तेजी की सौतली बहन और बहनोई ने उनके साथ जो छल किया था, वह उनको स्पष्ट हो गया। उन्होंने तेजी को उसके हक से ही वंचित न किया था, उसके पिता की नज़रों में उसे गिराने में भी कुछ न उठा रखा था। तेजी को अपना हक खोने की चिन्ता न थी। चिन्ता उन्हें थी अपने पिता की, जिनको अपने अन्तिम दिन ऐसे बेटी-दामाद की शरण में बिताने थे।

दार जी ने इतना किया था कि अपने लाहौर के सम्बन्धी को लिख दिया था कि कपड़ों और बर्तनों के सन्दूक तेजी के लिए भेज दें। जब वे सन्दूक इलाहाबाद पहुँचे प्रायः ख़ाली थे—किसी ने कभी ताला खोलकर अन्दर से सब कुछ निकलवा लिया था। तेजी को अपने मायके से सब कुछ अंगड़-खंगड़ पाना बदा था। उन्होंने अपने प्यार का बड़ा महंगा मूल्य चुकाया था।'

और मैं जिस चीज़ से तेजी की यत्किंचित् क्षतिपूर्ति कर सकता था वे थे शब्द-शब्द-शब्द ! केवल शब्द, पर मेरे भावों की—मानव भावनाओं की—यत्किंचित् निधि छिपाए ! क्या मैं समझूँ कि मेरे शब्दों से उन्हें कुछ सन्तोष हुआ होगा ? 'हाय, मेरी विपुल निधि का गीत बस प्रतिकार'—यह तो मैंने किसी दिन अपने लिए कहा था। अगर तेजी ने किसी दिन यह अपने लिए कह दिया होता तो उसी क्षण मेरा कवि सदा के लिए मौन हो जाता।

वे मेरे गीतों से आश्वस्त होती रहीं कि जो उन्होंने खोया है उससे बहुत बड़ी चीज़ उन्होंने पा ली है।

शायद मैं ग़लत कह रहा हूँ। जिस चीज़ से वे आश्वस्त होती रहीं, वह था मेरा प्यार और अमित का हास। मेरे गीत तो उस बारात के बाजे भर थे, जिसके दूल्हा और शाहबाला कोई और थे।

किसी अज्ञात देश में किसी अज्ञात नारी ने अपने जीवन की सार्थकता, परिपूर्णता, अपने जीवन के सुख-सन्तोष, हर्ष-उल्लास को कुछ पंक्तियों में बाँधा था। जीवन का हर्ष-उल्लास तो क्षणस्थायी होता है, पर कला में अभिव्यक्त होकर वह अमर हो जाता है। उत्तर प्रदेश के नगर-गाँवों में, सावन-भादों की झड़ी के बीच, आम-पीतल की भीगी डालों में पड़े झूलों से हर साल वे पंक्तियाँ ध्वनि-प्रति-ध्वनित होती हैं।

जब हम जुलाई के मध्य में अपने छोटे-से परिवार को लेकर इलाहाबाद स्टेशन पर उतरे तो बरसात हो रही थी और ये पंक्तियाँ किसी झूले से उठकर हवा में लहरा रही थीं,

जलवा में चमकै जल की मछरिया,
रन चमकै तरवार हो...!
देसवा में चमकै सइयाँ का सुजसवा,
अँगना होरिलवा हमार हो...!

मैं मान नहीं सकता कि इस गीत की प्रतिध्वनि तेजी के हृदय से न हुई होगी। और अगर हुई होगी तो देसवा में सइयाँ के सुजसवा चमकने की बात मैं कैसे कहूँ, पर अपने आँगन में अपने होरिलवा (होरिल अवधी में शिशु को कहते हैं) को चमकते-चहकते देखकर उन्हें निश्चय ही सारी दुनिया की दौलत काँच-कंकर से भी तुच्छ लगी होगी।

और अब तो उनका होरिलवा देसवा में भी चमक रहा है। अभिताभ फिल्म अभिनेता हो गए हैं। ख्वाजा अहमद अब्बास के 'सात हिन्दुस्तानी' और सुनील दत्त के 'रेशमा और शेरा' में महत्त्वपूर्ण भूमिका अदा कर चुके हैं। पिछले 'धर्म-युग' में मेरी एक कविता और उनके अभिनय की प्रशंसा साथ-साथ छपी थी। तेजी के लिए मेरा सुजसवा अब रोज़मर्रा की चीज़ हो गया है—अति परिचय से अवज्ञा-योग्य—पर अमिताभ के नए-नए चमकने पर उनकी खुशी का अन्दाजा नहीं लगाया जा सकता।

1943-'44 के सत्र में भी हम लोग 7-ए बैंक रोड पर रहे। दिन में युनिवर्सिटी में पढ़ाने के अतिरिक्त शामों को अब मुझे यू. टी. सी. की परेडों पर भी जाना होता। समय मिलने पर यदा-कदा मैं 'सतरंगिनी' के गीत लिखता। अमित बढ़ रहा था।

अंग्रेज़ी में एम. ए. करने के विचार से तेजी ने युनिवर्सिटी में नाम लिखा लिया था। विवाह के पूर्व वे कालेज में पढ़ाती थीं। काम करने की इच्छा उनमें मौजूद थी। मैं चाहता था, उन्हें युनिवर्सिटी में काम मिल जाए। यह बिना एम. ए. किए सम्भव न था। परन्तु कुछ ही महीनों में तेजी ने अनुभव किया कि उनकी पढ़ाई की वजह से अमित की उपेक्षा हो रही है; उसका स्वास्थ्य भी गिरने लगा था। तेजी ने अमित के स्वास्थ्य को अपनी पढ़ाई पर तरजीह दी। एम. ए. करने का इरादा उन्होंने छोड़ दिया। अपने जीवन में सदा उन्होंने अपने बच्चों को प्राथमिकता दी है और इसे मेरा

भी सहर्ष अनुमोदन मिला है।

इस सत्र की शायद सबसे महत्वपूर्ण घटना थी—मेरे कवि जीवन की—'बंगाल का काल' की रचना। अकाल के समाचारों-चित्रों ने मुझे इतना विचलित कर दिया कि छत्तीस घंटे अनवरत काम करके मैंने उस रचना को पूर्ण किया। जब कवि के सिर पर मूड सवार होता है, तब वह कैसे भूत की तरह काम में जुट जाता है, इसे देखने का अवसर तेजी को पहली बार मिला था। सुबह से आधी रात तक कुर्सी पर बैठे-बैठे जब मेरा सिर चक्कर खाने लगा और मेरी आँखों के सामने अंधेरा छा गया तो उन्होंने मेरे सिर में तेल लगाया और आग्रह किया कि मैं थोड़ी देर को लेट जाऊँ। मैं लेटा, पर सो न सका, मेरे दिमाग़ में विचार चल रहे थे। जब मैंने देखा कि वे सो गई हैं तो फिर मैं बिस्तर से उठकर दबे पाँव अपने अध्ययन-कक्ष में पहुँच गया और दूसरे दिन अपराह्न में कविता पूर्ण करके उसके नीचे मैंने अपने हस्ताक्षर कर दिए। इस कविता के विषय में सविस्तार मैं 'बंगाल का काल' की भूमिका में लिख चुका हूँ।

गर्मियों की छुट्टी में महू में इस वर्ष भी युनिवर्सिटी आफ़िसर्स की ट्रेनिंग का आठ हफ्ते का एक कोर्स होने को था, और मुझे वहाँ जाना था। महू के पिछले साल के अनुभव से मैं यह जानता था कि वहाँ गर्मी ज़्यादा नहीं पड़ती, लू तो कभी नहीं चलती। मैंने सोचा था कि ट्रेनिंग स्कूल के पास ही हम कोई मकान किराए पर ले लेंगे और तेजी भी अमित के साथ महू में रहेंगी। रोज नहीं तो इतवार-इतवार में उनको मिल आया करूँगा। प्रयत्न करने पर भी मुझे कोई मकान न मिल सका और तेजी को विवश होकर इलाहाबाद में रहना पड़ा। अमित का स्वास्थ्य अच्छा नहीं था। गर्मियों में उसे मलेरिया के बुखार ने पकड़े लिया।

ट्रेनिंग का जीवन बड़ी मेहनत-मशक्कत माँगता था। उससे तो मैं न घबराता था; उसके लिए तैयार होकर आया था। पर अमित की बीमारी से मैं चिन्तित रहने लगा। तेजी के पत्र बराबर आते, जिनसे पता लगता कि उसकी बीमारी काबू में आने के बजाय बढ़ती जा रही है। तेजी के पत्र जिस तरह के आते थे, उनसे हर समय मन में खटका लगा रहता था कि न जाने किस समय किसी दुःसमाचार का तार आ जाए ! तेजी बड़ी बहादुर हैं। उन्होंने मुझे एक बार भी न लिखा कि मैं वापस चला आऊँ। शायद मैं आना भी चाहता तो मुझे आज्ञा न मिलती। युद्ध का समय था और फौजी स्कूलों में बड़ा कड़ा अनुशासन था। मेरी चिन्ता दिन-दिन बढ़ती जा रही थी। जब स्वचालित यन्त्रों के साथ काम करना हो तो आदमी को हर क़दम पर सजग-सतर्क रहने की आवश्यकता है मेरा मन तो इलाहाबाद में था, मेरा तन परेड ग्राउंड पर। एक दिन मैं भरी मशीनगन लेकर गिर पड़ा। खैरियत यह हुई कि वह चली नहीं और कोई दुर्घटना नहीं हुई। मुझे अपने मन को संयमित करने को कुछ करना था।

एक रात को ख्याल आया। बाबर को जब ऐसी परिस्थितियों से चुनौती मिलती थी जिनके सामने उसका कोई कर-बस न चलता था तब वह कोई त्याग-बलिदान करके अपने अन्दर शक्ति संचय करता था। पानीपत की लड़ाई में जब उसने देखा कि वह अपने शत्रु को पराजित नहीं कर सकता तो उसने प्रतिज्ञा की थी कि युद्ध में उसकी जीत हुई तो वह कभी शराब नहीं छुएगा। और वह विजयी हुआ। इसी प्रकार एक

बार जब उसका बेटा हुमायूँ इतना बीमार पड़ा कि उसके बचने की कोई आशा न रह गई तो उसने प्रतिज्ञा की कि यदि हुमायूँ अच्छा हो जाएगा तो वह अपने को मौत के हवाले कर देगा। हुमायूँ अच्छा हो गया और बाबर मर गया।

संस्कारों ने मुझे ऐसा बहुत कुछ मानने को विवश किया है जो तर्क की कसौटी पर खरा नहीं उतरता। संस्कारों के अनुसार विश्वासों-अन्धविश्वासों में रहते जाने को मेरा मन सहज स्वीकार नहीं करता। बहुत स्थानों पर मेरे तर्कों ने मेरे संस्कारों पर विजय पाई है, पर बहुत जगहों पर मैं अपने संस्कारों से पराभूत हो गया हूँ। मैं जानता था कि बाबर के शराब छोड़ने और उसके विजयी होने अथवा उसे अपने को मौत के हवाले करने और हुमायूँ के स्वस्थ होने में कोई भौतिक सम्बन्ध नहीं है। फिर भी अपनी कातर स्थिति में उसके उदाहरण से एक प्रयोग-सा करने को मैं प्रेरित हुआ।

शराब का पहला स्वाद मैंने प्रकाश के आग्रह पर जाना था। जब एक बार शुरुआत हो गई तो यदा-कदा मैं मित्रों के आग्रह पर एकाध पेग ले लेता था। फौजी कैम्पों के आफ़िसर्स मेस में खाने के पूर्व शराब नियमतः पी जाती थी। कोई बड़ा अफ़सर शराब पेश करे तो अस्वीकार करना अनुशासन-हीनता अथवा अशिष्टता समझी जाती थी। फिर तो चक्र आरम्भ हो जाता था। जिससे पियो, उसको पिलाओ। जिसको पिलाओ, उससे पियो। परेडों की थकान को भुलाने अथवा घटाने या दूर करने में भी शराब कुछ सहायक होती थी। इस प्रकार मेस में प्रायः प्रतिदिन थोड़ी-बहुत शराब पीने लगा था।

उस रात को मैंने प्रतिज्ञा की, अगर अमित अच्छा हो जाएगा तो मैं कभी शराब नहीं छुऊँगा।

इस प्रण से ही मेरा मन कुछ शान्त हो गया।

तेजी का जो दूसरा पत्र आया, उसमें लिखा था कि अमित की दशा में सुधार हो चला है।

मैं अपनी प्रतिज्ञा पर अडिग रहा, भले ही कोई अफ़सर या अफ़सर का चचा बुरा माने।

तेजी के तीसरे पत्र से अमित के और अच्छे होने की खबर आई।

और एक समाचार आया कि अतिम बिल्कुल अच्छा हो गया है।

पचीस वर्ष से ऊपर हो चुके हैं। तब से मैंने शराब छुई नहीं। अमित अब स्वस्थ, सुन्दर कद्दावर जवान है। मैं जानता हूँ कि अमित के स्वस्थ, सुन्दर, क़द्दावर होने और मेरे शराब न छूने में कोई सम्बन्ध नहीं है, पर आप मुझसे अपनी प्रतिज्ञा तोड़ने को मत कहें।

ऐसे त्याग का चमत्कार मैंने अपने जीवन में एक बार फिर देखा; उसकी चर्चा आगे। पर त्याग से चमत्कार होता ही है, ऐसा कहने में मैं सौ बार झिझकूँगा और किसी को ऐसे त्याग की सलाह देने में दो सौ बार। अपने लिए शायद कोई संकटापन्न स्थिति आने पर मैं फिर ऐसे त्याग की शरण लूँ—परिणाम के प्रति पूर्णतया संदिग्ध

रहते हुए भी।

मैं महू से लौटूँ इसके पूर्व ही तेजी ने मकान बदल लिया था। 7 ए, बैंक रोड का किराया मकान मालिक ने 50 रु. से 70. रु. कर दिया था। तेजी को 6, स्ट्रेची रोड पर एक पुराना बंगला 35 रु. पर मिल गया। मकान बदलने में वे अकेले समर्थ हैं, यह तो मैं जानता था, पर किफ़ायत के खयाल से वे ऐसा करेंगी, इसकी कल्पना मैं नहीं कर सकता था। काश, उनकी यह किफ़ायतशारी आगे भी जारी रहती।

हम उस बंगले में जुलाई 1944 से जुलाई 1946 तक रहे। युनिवर्सिटी दूर हो गई, सिविल लाइन्स—तेजी की 'शापिंग' के लिए—और सिनेमा घर—उनके मनोरंजन के लिए—नज़दीक। युनिवर्सिटी अब मुझे दो बार जाना होता—एक बार दिन को पढ़ाने के लिए, दूसरी बार शाम को परेड के लिए, कभी-कभी युनिवर्सिटी या होस्टलों में कोई कार्यक्रम होता तो तीन बार। साइकिल बेचारी थकती होगी।

पढ़ाना और परेड लेना दोनों कविता के दुश्मन थे, पर कविताई मेरे जीवन की बेहयाई थी। मन की भूमि बड़ी विचित्र है। इसपर जान-अनजान में कब-क्या बोया कब-क्या बनकर उपजेगा, कोई नहीं बता सकता। मन के माली को इतना ही अधिकार है कि जो उग रहा है, उसे खाद-पानी देकर कुछ अधिक हरा-भरा, पुष्पित-पल्लवित कर दे या उसे थोड़ा-बहुत काट-छाँट कर कोई अच्छी शक्ल दे दे। मेरे मन में कुछ उग रहा था। जाहिर है, वह कभी बोया गया था। चाहता तो उसे जंगल की तरह बढ़ने-फैलने देता और समय क्रम से सूखने। यह मुझसे न किया गया।

'सतरंगिनी' की योजना बनी। सच कहूँ तो इसकी कल्पना मेरे मन में पाँच वर्ष पूर्व उठी थी, उतनी कल्पना नहीं जितनी यथार्थ की स्वाभाविक परिणति लगती-सी अँधेरा सब दिन छाया नहीं रह सकता। जो अन्धकार से लड़ता है वह एक दिन प्रकाश देखता है। प्रकाश को मैंने देख लिया था। जब प्रकाश बादलों के आँसुओं को पार करता है तो इन्द्रधनुष अनुरंजित होता है। अपनी अधूरी शिक्षा-दीक्षा पूरी करने के साथ ही ज्ञानप्रकाश और आदित्यप्रकाश मेरे जीवन में आ गए थे। अब तो मेरी आँख इन्द्रधनुष की प्रतीक्षा कर सकती थीं। और जब एक दिन आइरिस से मेरा परिचय हुआ तो मुझे लगा कि वह प्रत्याशित इन्द्रधनुष्य या 'इन्द्रधनुषी' (जैसा कि 'दिनकर' ने उसके लिए अपनी 'उर्वशी' में प्रयोग किया है।) मेरे जीवन में उदय हो गई है। क्या आप जानते हैं कि आइरिस (Iris) के अर्थ अंग्रेजी में इंद्रधनुषी (Rainbow) होते हैं ?—इन्द्रधनुष-सतरंगिनी, इन्द्रधनुषी सतरंगिनी। मुहावरा कल्पना की उड़ान का है। पर जीवन जो उड़ान लेता है उसे देखकर कल्पना अपने को पंगु समझती है। मैंने दो-ढाई वर्ष आइरिस को अपने जीवन में पाने की कल्पना की थी और जीवन ने तेजी को मेरी बांहों में डाल दिया था ! आइरिस मेरे जीवन में आ जाती तो 'संगिनी' का क्या रूप होता, कौन बताए। मेरी कविता जीवन की अनुगामिनी बनकर—जैसे उसे सदा करना ही चाहिए—'सतरंगिनी' को जो रूप दे सकी है, वह आप के सामने है। आइरिस के साथ जो आकर्ष-विकर्ष मेरे मन ने झेला, उससे प्राप्त उदासीनता—उदासी नहीं 'आकुल-अन्तर' वातावरण में छाई है, जिससे उभरता है मेरा निर्लिप्त अहम् जिसे उदासी नहीं दबा पाई थी उसे उदासीनता क्या दबा पाती। स्वाभाविक गति से यह

अहं कहाँ जाकर टकराता, कुछ नहीं कहा जा सकता। पर जीवन ने कुछ अस्वाभाविक करके मुझे जहाँ ला खड़ा किया था, वहाँ से मुझे अपनी पूरी भूमि से सम्बन्ध बनाना ही था। इसके बिना मुझे चैन नहीं मिल सकता था, मैं शान्त नहीं हो सकता था, अपने से अपना सामंजस्य नहीं बिठा सकता था। स्वस्थ अनुभव नहीं कर सकता था। मेरे मन में जो उग रहा था, उठ रहा था वह इन्हीं दो स्थितियों में कोई सम्बन्ध या सूत्र खोजने या बनाने को। 'सतरंगिनी' स्वर-शब्दों का वह सेतु है जो मैंने अपनी कल्पना और अपने जीवन के बीच में निर्मित किया है। इसका एक छोर मेरी कल्पित संगिनी (संग से) पर टिका है, दूसरा मेरी जीवन-सहचरी पर; मध्य भाग,—इतना तो आपको मालूम ही होगा कि कविता का मध्य ज्यामिति का मध्य नहीं होता—उन प्रमदाओं के स्तम्भ पर जो सम्बद्ध काल में मेरे जीवन में आती-जाती रहीं; और कोई भाग उस अदृश्या की छिगुनी पर भी—वैसी ही अदृश्य जैसी गंगा-जमुना के संगम पर सरस्वती हैं—जिसका संकेत पहले मैं 'अ—'से कर चुका हूँ।' एक बात के लिए आपको आगाह कर दूँ; भावनाओं का सेतु उतना सीधा, समतल, सिलसिलेवार नहीं होता जितना लोहा-लक्कड़-पत्थर से बना पुल; और खम्भे भी एक दूसरे से इतनी दूरी पर नहीं होते कि एक-दूसरे पर अपनी छाया न छोड़ सकें; कहीं-कहीं तो वे एक-दूसरे को छूते भी हैं, एक-दूसरे का आलिंगन भी करते हैं उलझे-पुलझे और गँठीले जीवन को—और जीवन सदा ही ऐसा होता है—सीधे-सादे शब्दों की डोरियों से बाँधने की मुसीबत को कवि ही जानते हैं। हाफ़िज़ का एक शेर है,

शबे तारीक ओ बीमे मौज और गिरदावे चुनी हायल
कुजा दानन्द हाले माँ सुबुकसाराने साहिल हा।

(रात का अँधेरा है, लहरें उठ रही हैं, भँवरें चक्कर में डाल रही हैं। जो किनारे पर आराम से खड़े हैं वे हमारा हाल क्या जानें।'

'सतरंगिनी' का पहला ही गीत है 'इन्द्रधनुष की छाया में'। कवि प्रेमी की उद्‌भावना से गीत आरम्भ करता है, पर चौथे पद पर उसमें परिणीत की उद्‌भावना भी सम्मिलित हो जाती है।

उदय शिखर से अरुण शिखा की
उठी जागरण की वाणी,
ऋतुपति के उपवन से कूकी
कुहु-कुहु कोयल मस्तानी,
कातर स्वर से बुलबुल बोली
अस्ताचल की घाटी में,
प्राण पपीहे का पागल स्वर
चीर चला पत्थर-पानी,
एक विहंगम भरे हृदय से
करता बैठा स्वर साधन
इन्द्रधुनष की छाया में।

यहाँ 'एक विहंगम'—साधारण गीत खग—प्रेमी का प्रतीक है; और अपनी ही

इन्द्रधनुषी-पिच्छ की छाया में बैठा मयूर, परिणीत का।

इसके बाद वाले गीत के पहले ही पद में स्पष्ट हो जाता है कि उस विहंग की एक विहंगिनी भी है,

काले घनों के बीच में,
काले क्षणों के बीच में,
उठने गगन में लो लगी
यह रंग-बिरंग विहंगिनी !
सतरंगिनी, सतरंगिनी;

यह और स्पष्ट होता है 'मयूरी' शीर्षक कविता से,

निछावर इन्द्रधनुष तुझपर,
निछावर, प्रकृति पुरुष तुझपर।

यानी मयूरी-सतरंगिनी-प्रकृति पर मयूर-इन्द्रधनुष-पुरुष निछावर है।

वैसे ही 'नागिन' को मैंने प्रमदा का प्रतीक माना है, पर वह अपने 'प्रतिकूल गुणों' से परिणीता की भी झलक देने में असमर्थ नहीं है। जीवन को ठीक समझने के लिए पहली आवश्यकता है कि उसकी आधारभूत काम्प्लेक्सिटी—उलझे-पुलझेपन—को समझ लिया जाए। नागिन अधिक प्रबल प्रमदा है अगर वह परिणीता का भी सफल अभिनय कर सके। मैं चाहूँगा कि अगर आप 'सतरंगिनी' के मूल प्रतीकों में रुचि रखते हों तो आप उसके चौथे संस्करण में दी गई मेरी विस्तृत भूमिका देखें।

मैंने आपसे कहा है कि 'सतरंगिनी' का सेतु स्वप्न और सत्य पर आधारित है और वह स्वप्न के अतिरिक्त स्वप्न के सूक्ष्म यानी आदर्श रूप को भी छूता है और सत्य के अतिरिक्त सत्य के स्थूल (क्रूड) यानी अभद्र रूप को भी। लेकिन तरजीह सदा सत्य को दी गई है, क्योंकि सत्य ही मुझे कल्पना से अधिक काल्पनिक होकर मिला है,

स्वप्न हृदय मथकर मिलते हैं,
मूल्य बड़ा उनका, तिसपर भी
एक सत्य के ऊपर होती
सौ-सौ सपनों की कुर्बानी;
सोच न कर सूखे नन्दन का
देता जा बगिया में पानी।

यहाँ एक बार फिर याद दिला देना चाहूँगा कि 'निशा निमन्त्रण' में भी 'स्वप्न' और 'सत्य' से क्या संकेतित है।

इसी 'स्वप्न' को पहले मैंने 'मृगतृष्णा' कहा है, और उसकी तुलना में तरजीह 'सत्य' यानी धरती की धारा को दी है। 'सतरंगिनी में 'मृगतृष्णा' शीर्षक से एक कविता ही है,

जानता मैं हूँ कि मृगभ्रम
तुम, नहीं हो धार जल की,

पर मुझे है लाज रखनी
आज अन्तर के अनल की।

और वह सत्य जो धरती की धारा बनता है उसे इस प्रकार याद किया गया है,

तीव्र जीवन की तृषा से
जब कि मेरा कंठ जलता,
तब अकारण ही पुलक मन-
प्राण ही जिसका पिघलता।

इस 'मृगतृष्णा' और 'धरती की धारा' को और-और रूपों में पहचानने का काम अब आपका है, अगर आपको इसमें रुचि हो। 'आकश गंगा' की पुनः चर्चा मैं न उठाना चाहूँगा। उसके विषय में जितना पहले कह चुका हूँ उतना ही पर्याप्त होना चाहिए। जो जीवन-भर मौन रही—हालाँकि अपनी मूकता उसने मुझ पर आरोपित कर दी—उसे उससे कुछ सन्तोष हो तो मुझे कोई आपत्ति नहीं—उसकी चर्चा में मेरा मुखर होना शोभन नहीं होगा।

'सतरंगिनी' जिस समय लिखी गई थी उस समय 'मृगतृष्णा' ने जो मेरी उपेक्षा की थी—'क्या सही अपनी उपेक्षा बन नहीं जाती जगत से'—'जो अपेक्षा, छल, घृणा में मग्न था नख से शिखा तक'—जो अपरिचित सब जगह अपमान, अवहेलना सहा जो'—उसे मैं भूल न सका था और मेरा कवि उसके प्रति उदार न हो सका था। शायद कहीं-कहीं उसके प्रति कठोर भी हो गया था—'वह मन की मूरत थी, उसमें प्राण कहाँ थे, ओ दीवाने' यानी उसे मैंने निष्प्राण-जड़ कहा था। आज मुझे इस पर खेद है। जीवन में किसी समय यह अनभूति होती है कि जो कुछ हुआ, अच्छे के लिए हुआ। मेरी उसी अनुभूति का समय आ गया है। 'मृगतृष्णा' ने जो किया उससे मेरा हित ही हुआ। उसके प्रति कृतज्ञता व्यक्त कर चुका हूँ। फिर भी करना चाहूँगा।

'सतरंगिनी' पूर्ण हुई तो उसे मैंने तेजी को समर्पित किया। उन्हें समर्पित होने वाली यह मेरी पहली कृति थी। 'सतरंगिनी' आपने पढ़ी होगी तो उस समर्पण पर भी आपकी दृष्टि गई होगी। शायद मेरे जीवन-प्रसंगों को जानने के बाद उन पंक्तियों में आप मुझे कुछ अधिक पा सकें, शायद मेरी भावनाओं को अधिक अच्छी तरह समझ सकें।

1944 समाप्त होने को था। 'सतरंगिनी' की प्रेस काफी को अन्तिम रूप दे ही रहा था कि मेरी माताजी बीमार हो गईं। कोई दवा उनको लग ही न रही थी। इससे उन्हें तो कोई घबराहट न थी, पर हमें थी। इधर जनवरी के पहले सप्ताह में दार जी की भीषण बीमारी का भी तार आया। उन पर फ़ालिज गिरा था। जब से हम मीरपुर-खास से लौटे थे, उनके पत्रों में उनकी तबीयत की गिरावट का स्वर तीव्र से तीव्रतर होता जाता था। आशंका में डूबे हुए हम लोग डिग्री पहुँचे। हमें लगा कि दार जी की बीमारी लम्बी चलेगी। शारीरिक कष्ट जो उन्हें था सो तो था ही, मानसिक कष्ट उनका अवर्णनीय था। बोल वे अधिक नहीं सकते थे। जब-तब वे लाल डोरे पड़ी

अपनी बड़ी-बड़ी आँखें खोलते और तेजी की और मेरी ओर देखते-देखते उनकी आँखें डबडबा उठतीं। कुछ अपने भाग्य, कुछ अपने भोले स्वभाव, कुछ अपनी भूलों से अपने जीवन के अन्तिम भाग में वे ऐसी जगह आकर आ पड़े थे जहाँ वे रहना नहीं चाहते थे, ऐसे लोगों के बीच, जिनसे उन्हें भीतर से घृणा हो गई थी, पर अब असमर्थता, लाचारी और बेबसी की वह स्थिति पहुँच गई थी कि न वे वहाँ से निकल सकते थे, न उन्हें निकाला जा सकता था। गाँव में इलाज भी क्या हो सकता था ! एक डाक्टर आठवें रोज मीरपुर-खास से आता था। उपचार की औपचारिकता निभाई जाती थी। तीमारदारी फ़र्ज-अदाई भर रह गई थी। बेटी और दामाद को रुचि दार जी के अच्छे होने में उतनी न थी, जितनी उनसे छुटकारा पाने में। मैं डिग्री में अधिक नहीं रुक सकता था। घर पर माँ रोग-शय्या पर पड़ी थीं, छुट्टी का भी सवाल था। मैं तेजी और अमित को दार जी के पास छोड़कर घर लौट आया। चलते समय जब दार जी के हाथों को मैंने अपने हाथ में लिया तब अपनी बेहद कमज़ोरी के बावजूद उन्होंने ज़ोर से उन्हें पकड़ने और दबाने की कोशिश की, आँखें खोलीं—कितनी करुणा, कातरता उनमें से झाँक रही थी—और चिरौरी के-से स्वर में बोले, 'मैंनू भी नाल लै चल !'—मैंने कहा, 'तेजी को छोड़ जा रहा हूँ।' सुनकर वे कुछ आश्वस्त हुए। उन्होंने अपनी पलकें गिरा लीं। यह मेरी-उनकी अन्तिम भेंट थी।

सिंध जाने-आने में मुझे एक सप्ताह से अधिक न लगा होगा पर इतने ही दिनों में माँ की हालत पहले से गिरी लगी। दवा किए जाने और यथा-शक्य उनकी सेवा-सुश्रूषा किए जाने के अतिरिक्त और किया भी क्या जा सकता था। मैंने अपनी खाट माँ के कमरे में लगवा दी। अब घर में हम दो ही व्यक्ति रह गए—दिनानुदिन क्षीण होती माँ और मैं।

तेजी और अमित के चले जाने से घर में एक अजीब सन्नाटा-सा छाया रहता। मेरा अधिक समय माँ की खाट के पास बीतता—कभी उसकी सेवा में और कभी उन्हें कोई धार्मिक ग्रन्थ सुनाने में। मृत्यु-शय्या पर दार जी भी थे; पर उनकी मानसिक अशान्ति की तुलना में, जिसके विद्रावक रूप को देखकर मैं हाल ही लौटा था, माँ के चेहरे की शान्ति अलौकिक लगी।

माँ की चारपाई के पास बैठे-बैठे मुझे सहसा अतीत की एक मृत्यु-शय्या का ध्यान आता जिसके समीप इसके नौ वर्ष पूर्व मैं बैठ चुका था। उस मृत्यु-शय्या के निकट कितनी बेचैनी थी, यौवन की कितनी अभिलाषाएँ उसके पायों और पाटियों पर अपना सिर धुन रही थीं; उस पर चमकती हुई दो आँखों में जीवन की कितनी प्यास थी, मौत के अनजाने और भेद-भरे देश में जाने से कितना भय था और अकिंचन मानव की असमर्थता और विवशता पर कितना विक्षोभ !

इसके विपरीत माँ की शय्या के निकट कितनी शान्ति थी ! जीवन की अभिलाषाएँ या तो पूरी हो चुकी थीं, या मिट चुकी थीं। आँखों में जीवन के प्रति उपेक्षा और उदासीनता का भाव था। उनका यह विश्वास कि आत्मा अमर है; संसार-शरीर और देह-गर्भ से निकलकर ही नया जीवन सम्भव है और ऐसे समय पीड़ा स्वाभाविक ही है, और जो कुछ हो रहा है वही ठीक और कल्याणकर है, उनके चेहरे

से टपका रहता। श्यामा की मृत्यु के पश्चात् मुझे ऐसा लगा था कि जैसे उसकी आत्मा उसके शव के चारों ओर चक्कर काट रही है और सतत प्रयत्नशील है कि वह उसके चोले में फिर से समा जाए। माँ की मृत्यु के कई दिन पूर्व से ही मुझे यह आभास हुआ था कि जैसे उनकी आत्मा शरीर छोड़कर अलग हो गई है और दूर बैठकर साँसों के साथ उसका खेल देख रही है कि—कब 'देह धरे का दंड' समाप्त हो और कब उसे मुक्ति मिले। माँ की मृत्यु मेरे लिए जीवन की एक नवीन व्याख्या थी। मेरी आँखों के सामने मृत्यु का एक नया अर्थ खुल रहा था और अक्सर मैं शैली की ये पंक्तियाँ दुहराया करता था—

Waking or asleep
Thou of death must deem
Things more true and deep
Than we mortals dream.

(सोते या जागते हम मर्त्यों की अपेक्षा तुझे मृत्यु के अधिक सच्चे और गम्भीर अर्थ का ज्ञान होगा।)

उस मनःस्थिति में अपनी एक अपूर्ण रचना 'हलाहल' की पंक्तियां किसी विस्मृति-प्रदेश की प्रतिध्वनियों के समान, वर्षों के अंधकार को चीरती हुई क्यों मेरे कानों में गूँजने लगीं, मैं स्वयं नहीं जानता। जैसे 'हाला' जीवन का, वैसे ही 'हलाहल' मरण का प्रतीक बनकर लगभग दस बरस पहले मेरे मन में उदय हुआ था। उसे लेकर क्या लिखा गया, कैसे वह नष्ट हुआ, कैसे बहुत दिनों तक विस्मृत रहा—यह सब मैं 'हलाहल' की भूमिका में बता चुका हूँ।

मर्त्य के समाने मृत्यु एक बड़ी अनबूझ पहेली रही थी। संसार का सम्भवतः आधा दर्शन, अध्यात्म, काव्य मृत्यु से ही सम्बद्ध है। मृत्यु बचपन से ही मेरी चिन्ता का विषय रही है। मृत्यु पूर्ण मरण अथवा अमरत्व की यात्रा की एक मंजिल—इसके बीच मनुष्य का सारा चिन्तन भटकता रहा है। मैं कौन हूँ कि ठीक राह देख सकूँ या दिखा सकूँ। अधिक-से-अधिक यही कह सकता हूँ कि मेरा 'हलाहल' भी उपर्युक्त दो छोरों के बीच एक टेढ़ा-मेढ़ा भटकाव है। कला का समाधान अधिक से अधिक रागात्मक समाधान होता है। वह परिधि को छूने तक ही सीमित रह सकता है; वह केन्द्र तक भी पैठ सकता है; वह बीच में भी कहीं अटक सकता है, पर हर जगह उसे शोभन और निश्चायक (कनविंसिंग) होना चाहिए। 'हलाहल' से अपना एक प्रिय पद उद्धृत करना चाहूँगा। कला से वांछित योग्यता की कसौटी पर वह कितना खरा उतरेगा, मैं कैसे कहूँ,

पहुँच तेरे अधरों के पास
हलाहल काँप रहा है, देख,
मृत्यु के मुख के ऊपर दौड़
गई है सहसा भय की रेख !

मरण था भय के अन्दर व्याप्त,
हुआ निर्भय तो विष निस्तत्व;
स्वयं हो जाने को है सिद्ध
हलाहल से तेरा अमरत्व।

अमरत्व तो तभी सिद्ध होगा जब मरण के पार भी जीवन हो। पर उसे कौन देखेगा ! इस पार अमरत्व का इतना ही सबूत है कि वह मरण को निर्भय स्वीकार करे; या ऐसे भी कह सकते हैं कि जो अमर होता है वही मरण से भयभीत नहीं होता। यानी, मैं कहना चाहता हूँ कि अमरत्व वस्तु-सत्य नहीं, व्यक्ति सत्य है; वह हमारा गुण नहीं, हमारी साधना, हमारी उपलब्धि है। इसी प्रकार 'हलाहल' के अनेक पदों में अपनी रागात्मकता के झरोखे से मैंने सृर्जन, सौन्दर्य, प्रेम, आनन्द, समर्पण आदि उदात्त मानवीय गुणों में अमरत्व की झाँकी पाई है। 'तमसो मा ज्योतिर्गमय' का जो संघर्ष मैंने अपने जीवन और काव्य में झेला था, उसी का एक दूसरा पहलू 'मृत्योर्मा अमृतं गमय' के संघर्ष का है। उस संघर्ष में मैं विजयी होकर निकला हूँ, ऐसा तो मैं आज भी नहीं कह सकता। पर मेरी सत्ता में निहित राग तत्व ने 'हलाहल' में निश्चय ही मृत्यु से वह संधि-समझौता कर लिया है जिसमें उसका गौरव और मान अक्षुण्ण रहा है—और मृत्यु भी अपने भाग से वंचित नहीं रखी गई—उस पर पूर्ण विजय प्राप्त करने का काम शायद योगियों का है, कवियों का नहीं—

हुआ करती जब कविता पूर्ण,
हुआ करता कवि का निर्माण;
अमर हो जाता कवि का कंठ
गूँजकर मिट जाता है गान !

('पूर्ण' से ताप्पर्य 'कंप्लीट' से नहीं 'परफ़ेक्ट' से है—पूरी होने से नहीं, पूर्णत्व प्राप्त करने से) 'निर्माण' लिखने में शायद भूल हो गई। अगर आज मैं यह पद लिखता तो 'निर्माण' की जगह 'निर्वाण' लिखता। 'कंठ' रागात्मक तत्व का प्रतीक है। 'गान' मृत्यु का भाग है। कवि का निर्वाण तभी सम्भव है जब उसकी कविता उसके लिए मर जाए, मिट जाए; जब वह कविता से मुक्त हो जाए। कभी ऐसा बोध हो सकेगा ? हो सकता था अगर कविता पूर्णतया प्राप्त कर लेती। अभी तो वह अधकचरी, अधूरी है। इसीलिए अभी कवि का निर्माण भी अूधरा है—निर्माण तो बहुत दूर है।

डिग्री से मिले तेजी के पत्रों से लगता था कि दार जी की हालत ज्यों की त्यों है, कुछ ऐसा भी आभास होता था कि उनके बहन-बहनोई भीतर से चाहते थे कि तेजी अब लौट जाएँ, दार जी के लिए जो किया जा सकता है उसके लिए वे और उनके परिवार के लोग पर्याप्त हैं; इधर माँ दिन-दिन क्षीण होती जाती थीं और मृत्यु के चरण प्रतिदिन उनके निकट से निकटतर होते जाते थे, गो इसकी ओर से वे स्वयं बेफ़िक्र थीं। जब दार जी को मेरी माँ की बीमारी का पता लगा तो उन्होंने एक दिन बड़ी लाचारी से कहा,—गुड्डी, इस समय तेरा अपनी सास के पास रहना ही ठीक है। जब तेजी की बड़ी बहन गोविन्द जी लायलपुर से आ गई तब तेजी अमित को लेकर इलाहाबाद चली आईं। यह दार जी से उनकी आखिरी भेंट थी।

माँ की उन्होंने बड़ी सेवा की। तब तो उनमें इतनी ताकत थी कि माँ को गोद में उठा लेती थीं। पर माँ में तो जीने की इच्छा उसी दिन समाप्त हो गई थी जिस दिन मेरे पिता का देहावसान हुआ था। रोग की हालत में जब दवा दे दी जाती तब वे दवा पी लेतीं, जब पानी या दूध दे दिया जाता तब पानी या दूध; और चुपचाप पड़ी रहतीं—न किसी तरह की माँग, न किसी प्रकार की इच्छा—अपने दूर स्थित छोटे बेटे और बेटी को भी देखने की नहीं—न किसी से कोई शिकायत। और एक रात वे सोईं तो सोते ही में उन्होंने अपना शरीर छोड़ दिया।

माँ की मृत्यु पर तेजी का एक विचित्र रूप मैंने देखा। वे हिन्दुओं के मृतक सम्बन्धी कर्म-कांड से बिलकुल अपरिचित थीं। मैं परिचित था पर मेरी आस्था उनमें न रह गई थी। तेजी न आग्रह किया कि माँ का क्रिया-कर्म सब विधिवत् हो। उन्होंने मेरी मामी और मामा जी से पूछ-पूछ कर तेरह दिन का सारा कर्मकांड यथा-विधान किया कराया—दस दिन तक घर में एक समय भोजन बना, गरुढ़-पुराण की कथा सुनाई गई, सब लोग जमीन पर सोए, दसवें दिन महा-ब्राह्मण ने शुद्धक सम्बन्धी क्रिया कराई, संध्या को ब्राह्मण-भोज हुआ। तेहरवें दिन कलश-गणेश की पूजा हुई और गरीबों को खाना खिलाया गया।

मृतक-सम्बन्धी कर्म-कांडों का प्रचलन शायद दुनिया के हर समाज में है। ये कर्म-कांड धार्मिक विश्वासों और सामाजिक स्थितियों से प्रभावित हैं। फुरसत वाले समाज में चालीस दिन तक मातम मनाने की प्रथा चलाई गई होगी। व्यस्त समाज में यह कैसे सम्भव होगा। हिन्दुओं के विश्वासों और विभिन्न सामाजिक स्तरों में जैसी विविधता है वैसी ही उनके कर्म-कांडों में। बहुत-से कर्म-कांड तर्कहीन अन्धविश्वास-आधारित, वर्ग-स्वार्थ-प्रेरित, अशोभन और भद्दे हैं। क्या अब समय नहीं आ गया है कि उनको छोड़ा या बदला जाए, उन्हें अधिक युग-अनुरूप बनाया जाए ? मेरी ऐसी धारणा है कि आज के वैज्ञानिक और अधिकाधिक व्यस्त होते हुए समाज के कर्म-कांडों को सादगी और स्वच्छता को दृष्टि में रखकर बदलना होगा शायद हम सुरुचि-सौंदर्य को भी कहीं स्थान दे सकेंगे। कुछ लोगों को साहस के साथ पुरानों को छोड़ नयों को अपमाना चाहिए।

मामाजी के जाने से घर पर किसी प्रकार के मातम या गम छाने की अनुभूति न मुझे हुई, न तेजी को। वे पूर्णायु भोगकर गई थीं और जैसे जब जाने लगीं, अपना सब कुछ साथ समेट ले गईं। उनके जाने के बाद घर में और बाहर भी कुछ खुले-खुलेपन का, कुछ प्रकाश के बढ़ जाने का-सा अनुभव हुआ—जैसे कुछ बन्द था, अब मुक्त हो गया। मेरे छोटे भाई ने कुछ सोचकर ही कहा था कि मेरे पिताजी को शायद मुक्ति न मिली हो, पर मेरी माताजी को निश्चय मिली होगी। वह भी कैसी मुक्ति कि उसका आभास निकट सम्बन्धियों को न हो। हम सबने माँ की मुक्ति का अनुभव किया था।

1944-'45 के सत्रांत पर यू. टी. सी. की ओर से मुझे स्माल आर्म्स स्कूल, सागर में आठ हफ्ते का एक कोर्स करने के लिए भेज दिया गया। युद्ध के समय सागर का यह स्कूल ब्रिटिश और हिन्दुस्तानी अफसरों को स्माल आर्म्स चलाने में प्रशिक्षित करने

के लिए खोला गया था। यह आठ सप्ताह मेरे जम की दाढ़ में बीते। सागर का प्रशिक्षण पेशेवर सिपाहियों के लिए था—बहुत कड़े अनुशासन में, बहुत मेहनत मशक़्क़त-तलब। पर अंत में जब परीक्षा हुई तो थियरी और प्रैक्टिस दोनों में मुझे अच्छे नम्बर मिले। महू की ट्रेनिंग में उत्तीर्ण होने पर मुझे सेकेंड लेफ़्टिनेंट की रैंक मिली थी, जिसके कन्धे पर एक सटार लगता था; सागर के प्रशिक्षण के बाद मुझे पूरे लेफ़्टिनेंट की रैंक दी गई जिसके कन्धे पर दो स्टार लगते थे। तेजी ने गर्मी के दो मास अमित और सुदामा को लेकर मसूरी में बिताए।

मैंने नीड़ का निर्माण तो कर लिया था पर हर नीड़ को किसी डाल, किसी पेड़ का आधार चाहिए। परिवार कितना ही संगठित सुखी, सम्पन्न क्यों न हो, उसे किसी समाज की आवश्यकता होती है। मैं अपने निकट सम्बन्धियों से बहुत पहले कट चुका था, जाति से बाहर विवाह करने पर मैं अपने दूर के सम्बन्धियों से भी कट गया, यानी जाति वालों ने पूरी तरह मेरा बहिष्कार कर दिया। हिन्दू समाज अपने यहाँ से निकालना ही जानता है, अपने में सम्मिलित कर लेना, मिला लेना, आत्मसात् कर लेना नहीं। किसी समय—जब हिन्दुत्व स्वस्थ था—उसमें दूसरों को जज़्ब कर लेने की बड़ी ज़बरदस्त ताक़त थी। अब जब हिन्दुत्व अस्वस्थ हो गया तो उसमें दूसरों को अपना लेने कीं शक्ति न रह गई; या यह भी कह सकते हैं कि जब से उसने दूसरों को अपनाना बन्द कर दिया तब से वह अस्वस्थ हो गया और कालान्तर में तो इतना कमज़ोर हो गया कि उसको केवल छूकर उसके अंगों को गिरा लेना मामूली बात हो गई। बैंक रोड पर फिर भी हम युनिवर्सिटी के अध्यापकों की बिरादरी में थे; सिविल लाइंस में आकर हम बिलकुल अकेले, एकाकी, अड़ोस-पड़ोस से अपरिचित हो गए। सिविल लाइंस से मेरा कोई सम्बन्ध न था; तेजी इलाहाबाद के लिए ही नई थीं।

इलाहाबाद बड़े विचित्र ढंग से बसा है, या बसा था। मैं आज से तीस बरस पहले के इलाहाबाद की बात कर रहा हूँ जिसे मैंने अपने लड़कपन से जाना था। मुख्य भाग था उसका दक्षिणी भाग—मुहल्लों, गली, कूचों का। उत्तर का भाग कटरा कहलाता था—दक्षिण से बिलकुल कटा, या जुड़ा तो लम्बे कम्पनी बाग़ से। इलाहाबाद के प्राचीन, मूल बाशिंदे इन्हीं दो भागों में बसे थे। कम्पनी बाग़ के पच्छिमं का भाग सिविल लाइंस कहलाता था, जिसमें प्रायः अंग्रेज, ऐंग्लो-इंडियंस पारसी और कश्मीरी रहते थे; पूर्व का भाग जार्ज टाउन, जिसमें प्रायः बाहर से आए सम्भ्रांत उत्तर भारतीय लोग थे। सिविल लाइंस और जार्ज टाउन दोनों में मकान बंगले-नुमा थे, तो जार्ज टाउन में सिविल लाइंस की बनिस्बत अंग्रेज़ी या योरोपीय वातावरण कम था। सिविल लाइंस का प्रतिनिधि आप सर तेज बहादुर सप्रू को कह सकते थे तो जार्ज टाउन का डॉ. गंगानाथ झा को। पंडित मदन मोहन मालवीय मुहल्लों, गली, कूचों वाले ठेठ इलाहाबाद के प्रतिनिधि माने जा सकते थे। इलाहाबाद वालों को अपने बाप-दादों की पुश्तैनी ज़मीन से बड़ा लगाव है। ऐसे परिवार उँगलियों पर गिने जा सकते हैं जो अपनी समृद्धि में अपने मुहल्लों की ज़मीन छोड़कर सिविल लाइंस या जार्ज टाउन में जा बसे हों। मेरा तीस बरस का जीवन मुहल्ले, गली, कूचों के इलाहाबाद में बीता था। कतिपय व्यक्तिगत मानसिक कारणों से मैं उससे दूर जाना चाहता था और क्रमशः उससे दूर होते-होते अब मैं सिविल लाइंस

में आ पड़ा था, जहाँ के लिए मैं एक नव-आरोपित पौधे की तरह था। सिविल लाइंस और मुहल्लों के रहन-सहन में कुछ मूलभूत अन्तर है। सिविल लाइंस में व्यक्तिगत स्वतन्त्रता, निजीपन, हस्तक्षेप-हीनता का उपयोग करने का अवसर अधिक है। इसकी कुछ कीमत भी अदा करनी पड़ती है, बिलकुल आत्म-निर्भर, आत्म-पर्याप्त और निःसंग होने की स्थिति को स्वीकार करके। रूढ़ि-मुक्त हो स्वाध्याय सृजन का जो जीवन मैंने अपनाया था उसके लिए सिविल लाइंस एक प्रकार से मेरे अनुकूल थी। शायद मैं एकाकी होता तो इसमें किसी प्रकार के परिवर्तन की बात न सोचता पर ऐसा जीवन कुछ दिनों के बाद न तो तेजी के लिए सुखकर होता और न अमित के लिए स्वस्थ। मनुष्य मूलतः सामाजिक प्राणी है। कह सकते हैं कि सिविल लाइंस में भी एक प्रकार की सामाजिकता विकसित हुई है जो व्यक्ति की पूर्ण स्वतन्त्रता स्वीकार करते हुए भी उसके दुख-सुख में औपचारिक अथवा शिष्ट भागीदार होने से पीछे नहीं हटती। इस प्रकार की सामाजिकता से आबद्ध होने में तेजी ने बड़ी महत्त्वपूर्ण भूमिका अदा की।

इलाहाबाद में आल इंडिया विमेन्स कांफ्रेंस की एक शाखा थी जिसकी सदस्यता मुख्यतः हाई कोर्ट और युनिवर्सिटी से सम्बद्ध बुद्धिजीवियों के घर की स्त्रियों तक सीमित थी। शायद किसी के आग्रह पर तेजी उसकी सदस्या हो गईं और थोड़े दिनों बाद वे उसकी सेक्रेटरी बन गईं। तेजी प्रायः उसकी बैठकों में जातीं। मज़ाक-मज़ाक में मैं उनसे कहता, स्त्रियाँ मिलती होंगी तो एक-दूसरी की साड़ी-गहनों की प्रशंसा करने के अतिरिक्त और क्या करती होंगी, या फिर मर्दों के खिलाफ प्रस्ताव पास करती होंगी। कांफ्रेंस का सामाजिक कार्य-क्रम क्या था—कुछ था ज़रूर और उस दिशा में कुछ काम भी होता था—इसमें मैंने विशेष रुचि न ली। इस इसके कारण सिविल लाइंस, युनिवर्सिटी क्षेत्र, जार्ज टाउन के बहुत-से सम्भ्रांत परिवारों से हमारा परिचय हो गया—मर्दों से मेरा परिचय बढ़ा—बच्चों से अमित को संग-साथ मिला। हम कह सकते हैं कि हमारे छोटे-से परिवार को एक समाज मिला—हमारे नशेमन को एक शाख,—पर जिससे हमारा सम्बन्ध केवल औपचारिक हो सकता था। किसी भी प्रकार के सम्बन्ध के अभाव में औपचारिक सम्बन्ध की भी कुछ महत्ता होती ही है।

जैसे-जैसे अमित बढ़ता गया और उन पर कम निर्भर, वैसे-वैसे तेजी का कार्य-क्षेत्र बढ़ता गया। कुछ समय तक उन्होंने जगत तारन गर्ल्स हाई-स्कूल में अध्यापिका का भी कार्य किया, पर स्कूल घर से बहुत दूर था, साइकिल से उन्हें जाना होता, स्कूल में 5-6 पीरियड प्रतिदिन पढ़ाना पड़ता। इतना श्रम उनसे अधिक दिन सध न सका। घर का सारा प्रबन्ध उनके ऊपर था ही क्योंकि गृहस्थी के उस पक्ष से मैं बिलकुल अनभिज्ञ था; और जितना तब था उतना ही आज भी हूँ। पिछले अट्ठाईस वर्षों से इस घर के लिए कोयला-सब्जी से लेकर रेडियो, फिजिडेयर, कार तक जो भी आया है, वह तेजी खरीदकर लाई हैं। कौन चीज, कहाँ, किस भाव मिलती है इसका पूरा पता उन्हें इलाहाबाद में भी था और पिछले पन्द्रह वर्षों से दिल्ली में भी है। उनको मैंने रिक्शे में बैठकर कोयले का बोरा लदवाकर लाते हुए भी देखा है, साइकिल के हैंडिल पर लगी टोकरी में साग सब्जी लाते हुए भी, और कार में बैठकर साड़ी-गहने लाते हुए भी। उन्होंने सारा दायित्व अपने ऊपर ले मुझे जिस तरह निश्चिंत किया है,

उसी से मेरा यत्किंचित् लिखना-पढ़ना सम्भव हो सका है। पर इसका परिणाम यह हुआ है कि मैं उन पर एकदम निर्भर हो गया हूँ और अगर किसी दिन उनके बग़ैर मुझे इस लेन-देन और खरीद-फ़रोख्त की दुनिया का सामना करना पड़ जाए तो मैं निहायत अनाड़ी साबित हूँगा और बुरी तरह ठगा जाऊँगा। एक दिन मज़ाक-मज़ाक में मैं उनसे कह रहा था कि अगर तुम किसी दिन मर जाओ तो मैं यह भी नहीं जानता कि कफ़न कहाँ मिलता है। उन्होंने हँसते-हँसते कहा, वह भी मैं खरीदकर धर जाऊँगी।

स्ट्रेची रोड पर रहते हुए उन्होंने किसी नाटक में भी भाग लिया था। अभिनय में उनको पहले से शौक़ था। शायद 'अनारकली' नाम था नाटक का। किसी संस्था की सहायता या किसी राहत के काम के लिए खेला गया था। तेजी के अभिनय की प्रशंसा हुई थी। तेजी 'बच्चन ' कवि की पत्नी होने के कारण नहीं, अपने गुणों, अपने कार्यों से समाज में नाम-स्थान बना रही थीं। मैं स्वयं चाहता था कि उनका व्यक्तित्व स्वतन्त्र रूप से विकसित हो। और मेरे चाहने से अधिक वे खुद अपनापन स्थापित करने के प्रति सतर्क थीं। मुझे एक नारी ऐसी मिली थी जिसने अपने व्यक्तित्व को मेरे व्यक्तित्व में विलीन कर दिया था। उसका अपना समय था; अपनी परिस्थितियाँ थीं; अपनी गरिमा थीं। जीवन का शायद ही कोई अनुभव दुहाराया जा सके। श्यामा ने अपने को मुझमें विसर्जित करके मुझ पर कितना भार भी डाल दिया था ! यह भार दूसरी बार शायद ही मुझसे उठता। मैंने उससे विपरीत अनुभव का स्वागत किया। उसकी भी अपनी मुद्रा है, अपना सौन्दर्य है; और उसकी भी अपनी आभा है।

युद्ध की समाप्ति के साथ नेता जी सुभाषचन्द्र बोस और आज़ाद हिन्द फ़ौज की खबरें देश में फैलने लगीं। जब हम भारत की सीमाओं में गुलाम थे उस समय भारत के बाहर आज़ाद हिन्द की एक हुकूमत बनी थी–यह समाचार कितना उल्लासपूर्ण और रोम-प्रहर्षक था ! उस समय नेताजी और आज़ाद हिन्द फौज से सम्बद्ध हर क़िस्से को कितनी उत्सुकता से सुना जाता था। खबर आई कि नेता जी ने स्त्रियों की भी एक ब्रिगेड खड़ी कर दी थी, जिसका नाम रानी आफ झाँसी ब्रिगेड था। शायद नेहरू जी ने अपने किसी भाषण में संकेत कर दिया कि ऐसी ब्रिगेड देश के हर नगर में बननी चाहिए। इलाहाबाद में भी स्त्रियों की एक़ रानी आफ़ झाँसी ब्रिगेड बनीं। तेजी उस ब्रिगेड में शामिल हो गईं और शीघ्र ही उसकी कप्तान बना दी गईं। इसमें लड़कियों को सफ़ेद खद्दर के चूड़ीदार पाजामे, कुर्ते पर नारंगी रंग की परतला-पेटी लगानी पड़ती थी, सिर पर तिरछी गांधी टोपी। तेजी गर्लगाइड रही थीं। फ़तेहचन्द कालेज में उन्होंने फ़िज़िकल इंस्ट्रक्शन के भी क्लास लिए थे, लड़कियों को ड्रिल कराई थी। वह सब अनुभव उनके बड़ा काम आया। आनन्द-भवन के लान में ब्रिगेड की परेड होती थी। मुझे याद है एक दिन ब्रिगेड ने पंडित नेहरू को औपचारिक सलामी दी थी और उनको अपना कमांडर-इन-चीफ़ बनाया था। उन दिनों की सभाओं में यह ब्रिगेड प्रबन्ध आदि करने में आगे-आगे दिखाई देती थी; बाद को इसने चुनाव के समय शहर और गाँवों में भी बड़ा काम किया।

मैं स्वीकार करना चाहूँगा कि नाटक और संगीत की ओर जो रुचि तेजी ने दिखाई थी–कुछ दिनों तक एक संगीतज्ञ ने नियमित रूप से घर पर आकर उन्हें संगीत

की शिक्षा दी थी—उसका तो मैंने स्वागत किया था; पर राजनीतिक हलचलों में उनके भाग लेने पर मैं प्रसन्न नहीं हुआ था। जब देश गुलाम था तब आज़ादी के संघर्ष में यथासामर्थ्य सहयोग देना और बात थी; पर यदि वे सक्रिय राजनीति में खिंच जातीं—जिसका कम ख़तरा नहीं था—तो मुझे अफ़सोस होता। हमारे सम्बन्ध के वह कितना अनुकूल होता, इसे कहना कठिन है, पर यदि वे राजनीति का क्षेत्र अपने लिए चुनतीं तो शायद ही मैं उनका विरोध करता। स्वतन्त्रता और समता किसी भी भावनात्मक सम्बन्ध की पहली शर्त है। हृदय से हृदय सम्बद्ध होना चाहे तो मोटे-मोटे रस्सों की ज़रूरत नहीं। कुछ कमलनालतन्तु भी पर्याप्त होते हैं। एक, दूसरे के लिए कुछ त्याग-बलिदान करना चाहे—कभी इसकी आवश्यकता हो सकती है—तो वह आत्म-प्रेरित होना चाहिए, किसी भी हालत में बल-प्रयोग अथवा अधिकार-प्रयोग द्वारा नहीं। स्वामी और सेवक के बीच में प्रेम की कल्पना मैं केवल भगवान-भक्त के स्तर पर कर सकता हूँ—पति-पत्नी के बीच नहीं, जब उनका सम्बन्ध इसी एक रूप में सीमित हो।

जो जीवन के साथ प्रयोग करता है उसे नई स्थितियों, नई समस्याओं का सामना करने को तैयार रहना चाहिए। तेजी को मैंने जो स्वतन्त्रता दी थी या उन्होंने जो अपने लिए ली थी, या उन्होंने मुझे जो स्वतन्त्रता दी थी या जो मैंने अपने लिए ली थी, और जिस समाज में हम नव-दीक्षित हुए थे उसके सदस्यों के प्रति जो शिष्ट, विश्वासपूर्ण, खुला व्यवहार हमने रखा था, उससे कुछ विकृत मस्तिष्कों ने कुछ अनुचित लाभ उठाने का प्रयत्न यदि किया तो हमें आश्चर्य नहीं हुआ। यदि हममें एक-दूसरे के प्रति पूर्ण विश्वास और समझदारी न होती तो उनके इन प्रयत्नों से हमारा सुखी नीड़ भग्न भी हो सकता था। पर हमने अपने बीच किसी तरह की ग़लतफ़हमी न उठने दी, जिसका परिणाम यह हुआ कि उनके प्रयत्न विफल हुए। बातें पुरानी हो चुकी हैं। प्रवाद और चर्चाएँ जो उस समय उठी थीं वे भी दो-चार कानों में ध्वनित-प्रतिध्वनित हो शान्त हो चुकी हैं। मनुष्य सदा विकारों का शिकार नहीं रहता। जिन विकृत मस्तिष्कों का हमें सामना करना पड़ा था उनमें से कुछ अब मौजूद नहीं हैं। जो हैं वे आज सामान्य की श्रेणी में हैं। समय हमारी बहुत-सी समस्याओं का सामधान होता है, इसे हम केवल अनुभव से जान पाते हैं।

मैंने पहले पति-पत्नी के दो बिन्दुओं के बीच एक तीसरे बिन्दु की आवश्यकता की बात कही है। प्रकृति में जो आवश्यक है वह आ के रहता है। यह तीसरा बिन्दु कभी तो सहयोगी के रूप में आता है और कभी आक्रामक या प्रतिद्वंद्वी के रूप में। सहयोगी के रूप में उसे समझना चाहिए; आक्रामक रूप में, उसे हटाने का नहीं, उसे परिवर्तित (कन्वर्ट) करने का प्रयत्न करना चाहिए। यह तीसरा बिन्दु दाम्पत्य-जीवन के विनोद का भी कारण बन सकता है, कलह का भी। दाम्पत्य जीवन की कला है, उसे उसका सन्तुलित स्थान देने में। जिन दिनों मैं इंग्लैंड में था एक तीसरे बिन्दु ने हमारे जीवन में आकर एक बहुत बड़ा व्याघात (डिस्टर्बेंस) उपस्थित कर दिया। पर इसकी चर्चा कभी आगे।

अमित ने चौथे वर्ष में प्रवेश किया तो उसकी शिक्षा की समस्या सामने आई।

हमने उसे सेंट मैरीज कान्वेण्ट में दाखिल कराया जो स्ट्रेची रोड के हमारे बंगले के बहुत निकट था। तेजी की अपनी शिक्षा बहुत छुटपन से कान्वेण्ट में हुई थी। स्वाभाविक था कि वे अपने बच्चे को कान्वेण्ट में भेजना चाहतीं। इसमें कोई सन्देह नहीं कि कान्वेण्ट स्कूल विशिष्ट वर्ग के स्कूल हैं। मैं विशिष्ट वर्गों के स्कूलों में बच्चों को भेजने के पक्ष में नहीं था। मेरी अपनी शिक्षा म्युनिसिपल स्कूलों में हुई थी, हालाँकि आज मैं फिर से शिक्षा प्रारम्भ करने की उमर का हो जाऊँ और म्युनिसिपल स्कूल वैसे ही हों जैसे वे पहले थे तो शायद ही मैं उनमें पढ़ना चाहूँ। उस समय देश गुलाम था और गुलामी की ढाल के पीछे हम अपनी बहुत-सी अकर्मण्यता को छिपा सकते थे। वास्तविकता यह है कि बच्चों को वैज्ञानिक रीति से शिक्षित करने की ओर हमारा ध्यान गया ही नहीं। आज़ादी के बाईस वर्षों में बच्चों की शिक्षा में निम्न स्तर पर शायद ही कोई परिवर्तन लाया गया है। यदि कान्वेण्ट की शिक्षा-पद्धति श्रेष्ठ और वैज्ञानिक है तो वह निम्न-से-निम्न स्तर के बच्चों को क्यों न सुलभ हो ? सरकार ने इस दिशा में कुछ नहीं किया तो पूछा जा सकता है, समाज ने क्या किया ? हमें जानना चाहिए कि कान्वेण्ट स्कूलों का प्रारम्भ गैर-सरकारी, ईसाई मिशनों के प्रयत्नों से हुआ। हमारी धार्मिक संस्थाओं, मठों, मन्दिरों, अखाड़ों, आश्रमों का कोई अन्त नहीं, और न उनके पास धन का ही अभाव है; पर उससे समाज का कोई हित किया जाए, समाज की कोई उपयोगी सेवा हो, इस दिशा में कभी हमने सोचा ही नहीं। किसी भी राष्ट्र, जाति, समाज के लिए बच्चों को अच्छी शिक्षा देने से अधिक महत्त्वपूर्ण कार्य की कल्पना मैं नहीं कर सकता। पर जो हम नहीं कर सके थे उसका रोना रोने को समय नहीं था। बच्चा बड़ा हो रहा था। स्वभाविक था कि हम उसको अच्छे-से-अच्छे स्कूल में डालना चाहते। और इसमें कोई सन्देह नहीं कि सात समुद्र पार से आकर मिशनरियों ने बच्चों के लिए जो स्कूल खोला था वह वैज्ञानिक था, आधुनकि था, स्वच्छ और खुला था और जो भी आर्थिक दृष्टि से समर्थ था वह अपने बच्चों को उसमें प्रवेश दिलाना चाहता था। मैंने एक पैसे महीने फ़ीस दी थी, अमित की फ़ीस मैं पन्द्रह रुपए महीने दे रहा था। अमित ने स्कूल से जो पाया-सीखा, उससे मुझे कभी यह कहना नहीं पड़ा कि उस पर व्यय किया गया पैसा निरर्थक गया। यह ठीक है कि ये स्कूल योरोपियन ढंग के हैं, उन्हें अपने देश की सभ्यता-संस्कृति के अनुरूप बनाने को, उन्हें देशीयता देने को, उन्हें कुछ परिवर्तित करना पड़ेगा पर उनकी आधुनिकता और वैज्ञानिकता से दूर जाना चाहेंगे तो हम अपनी ही हानि करेंगे।

अमित को स्कूल में प्रविष्ट कराते समय जो एक और निर्णय हमने लिया वह अधिक महत्वपूर्ण था; कम-से-कम हमने ऐसा समझा। हम जाति से बहिष्कृत थे। हमने सोचा, चलो हम एक नव-परिवार का प्रारम्भ करें। अभी तक जहाँ भी औपचारिक रीति से मेरा नाम लिखा जाता था, जैसे युनिवर्सिटी में या ट्रेनिंग कोर में, वहाँ केवल हरिवंश राय लिखा जाता था; मुझे मिस्टर राय कहकर सम्बोधित या संदर्भित किया जाता था। 'बच्चन' नाम सिर्फ़ मेरी पुस्तकों पर छपता था या पत्र-पत्रिकाओं में प्रकाशित मेरी रचनाओं के साथ। साहित्यिक लेखनों में भी इसी नाम से मेरी ओर संकेत किया जाता था। बहुत-से लोगों को इसका पता भी नहीं था कि हरिवंश राय और बच्चन एक ही व्यक्ति हैं। 'बच्चन' घर पर पुकारने का नाम था। वह उस अर्थ में उपनाम भी नहीं

था जिस अर्थ में मेरे समय में लोग अपना उपनाम रखते थे—'निराला', 'नवीन', 'उग्र', ऐसा। इस अर्थ में मुझे अपना उपनाम रखना होता तो मैं ऐसा घरेलू हल्का, चलता नाम न अपनाता। पर ऐसा नाम रख लेना मेरे लिए बुरा नहीं हुआ। मेरे नाम ने किसी प्रकार की विशिष्टता की प्रत्याशा नहीं उठाई। शायद इसी कारण वह सहज स्वीकृत हो गया।

जब तेजी से मेरा विवाह हुआ तो उनके मन में शायद यह प्रश्न उठा हो कि वे अपने लिए श्रीमती राय का नाम स्वीकार करें या श्रीमती बच्चन का। शायद उस सम्बन्ध में उन्होंने कोई निर्णय लिया भी नहीं। परिचित और मित्र लोग उन्हें श्रीमती बच्चन कहने लगे और यही नाम उन्होंने अपना मान लिया। अमित के स्कूल में दाखिले के समय हमने 'बच्चन' अपने परिवार के नाम के रूप में स्वीकार किया और उसका नाम 'अमिताभ बच्चन' करके लिखाया गया। अपने दूसरे पुत्र को हमने 'अजिताभ बच्चन' नाम दिया। मेरे नाम के साथ 'बच्चन' पहले-पहल केम्ब्रिज में जोड़ा गया। इस प्रकार एक बच्चन-परिवार का प्रादुर्भाव हुआ। प्राचीन काल में गोत्र भी शायद विशिष्ट व्यक्तियों के आधार पर आरम्भ होते थे। हमने तो किसी विशिष्टता के दम्भ में नहीं, किसी विवशता से अपना परिवार चलाया है। चलाया है तो मेरी एकमात्र कामना है कि इस परिवार के लोग हर पीढ़ी में पुरानी रूढ़ियों को तोड़कर आगे बढ़ने वाले हों, अकेलेपन का बल पहचानें और निर्भीकता से अपने को स्थापित और अभिव्यक्त करें। साथ ही वे उन गुणों का संवर्धन करें जो बच्चों के साथ सम्बद्ध किए जाते हैं—क्राइस्ट ने कहा था कि जब तक तुम बालक नहीं बन जाओगे स्वर्ग के राज्य में नहीं प्रवेश कर सकोगे।—'बंदौ बाल-रूप सोइ रामू : सब सिधि सुलभ जपत जिसु नामू।'

1946 की गर्मियों में मैंने अपने को एक ऐसी रेजीमेण्ट के साथ सम्बद्ध कराया जो इलाहाबाद में कैंट में थी। पाकिस्तान के लिए मुस्लिम लीग का आन्दोलन ज़ोर पकड़ता जाता था। शहर में आए दिन हिन्दू-मुस्लिम दंगे होते थे। अपने छोटे-से परिवार को छोड़कर कहीं दूर जाना मैंने ठीक न समझा। जुलाई में फिर युनिवर्सिटी के निकट आकर रहने का हमें सुयोग मिल गया।

तेजप्रताप सिंह ने एक दिन मेरे घर आकर मुझे सूचना दी कि वे 'एडेल्फ़ी' को विद्यार्थियों के एक होस्टल के रूप में चलाना चाहते हैं। उन्होंने मुझे आमन्त्रित किया कि मैं उसमें रेज़ीडेण्ट ट्यूटर के रूप में रहूँ। एहसान और पूछ-पूछ। मैं युनिवर्सिटी के निकट रहना ही चाहता था। फिर रहने का क्वार्टर मुझे मुफ्त मिलने को था। एवज़ में मुझे निवासी-विद्यार्थियों को अनुशासन में रखना, उनको स्वाध्याय सम्बन्धी सहायता देना और उनका सामान्य निरीक्षण करना था। मैं तैयार हो गया।

संयुक्त प्रान्त के दक्षिण बुंदेलखंड बघेलखंड में छोटी-बड़ी रियासतों का जो लम्बा इलाका था, उसे ब्रिटिश राज में सेण्ट्रल-इंडिया एजेन्सी कहा जाता था। रीवां इसकी सबसे बड़ी रियासत थी। रीवां के पास ही एक छोटी रियासत कोठी नाम की थी। तेजप्रताप सिंह कोठी के राजा के छोटे-भाई थे। राजा साहब की मृत्यु पर उनके बड़े लड़के को गद्दी मिली जो हीरामणि नाम से विख्यात थे; उनके दो और लड़के थे—जिन्होंने अपनी शिक्षा में युनिवर्सिटी की ड्योढ़ी छुई।

रियासत में तेजप्रताप सिंह का बड़ा मान था। वहाँ वे कक्का साहब कहे जाते और राजा साहब भी उन्हें 'अन्नदाता' कहकर सम्बोधित करते थे। अच्छा गुज़ारा भी उनको मिलता होगा। पर अंग्रेज़ी शिक्षा का असर उनपर यह हुआ कि उन्हें शहर की हवा लग गई।

1932 में 'पायनियर' को अवध के ताल्लुकेदारों ने ले लिया तो वे उसे लखनऊ ले गए। युनिवर्सिटी के निकट पायनियर की कई इमारतें, मय बड़े-बड़े लानों के ख़ाली पड़ी थीं। तेजप्रताप सिंह ने एक इमारत खरीद ली। उसमें उन्होंने 'एडेल्फ़ी' नाम का एक क्लब खोला—कई टेनिस कोर्ट, ब्रिज-रमी आदि खेलने के कमरे, बार, जिसमें शरबत से लेकर शराब तक उपलब्ध, कुछ रिहायशी कमरे, जिसमें राजपरिवार के सदस्य, ताल्लुकेदार, ज़मींदार, अथवा सम्भ्रांत आभिजात्य वर्ग के लोग ठहर सकें। एक जमाने में एडेल्फ़ी की बड़ी धूम थी—दस-बारह मोटरें इधर-उधर खड़ीं, फाटक पर बन्दूक-धारी दरबान, अन्दर लक़-दक़ बर्दी धारी बेयरे, हर तरफ़ बिजली की रोशनी, हँसी-ठट्ठे की ध्वनियाँ-प्रतिध्वनियाँ। एक बार एडेल्फ़ी क्लब में जाने की याद है; कक्का साहब ने गर्व से कहा था, 'बच्चन जी, देखिए मेरी मधुशाला !'

तेजप्रताप की मधुशाला उनको ले बैठी। जब उन्हें बनियई करनी थी तब वे ठकुरई करते रहे और मुलाहज़े-मुलाहज़े में उनके मित्रों-रिश्तेदारों ने उन्हें हज़ारों की चोट दी। लड़ाई का ज़माना था, तेजप्रताप ने क्लब बन्द करके एडेल्फ़ी में मोटर का कारखाना खोल दिया। वे पुरानी जीपें खरीदते और उनको ठीक-ठाक कराके बेचते। कारखाने ने क्लब के घाटे की कुछ पूर्ति की तो उन्होंने एडेल्फी को स्टूडेंट्स-लाज की शक्ल देनी चाही। विद्यार्थियों की संख्या बढ़ रही थी; होस्टलों में लड़कों को जगह मिलती नहीं थी; एडेल्फ़ी की ओर उनके आकर्षित होने की सम्भावना थी; सबसे बड़ी बात यह उसके पक्ष में थी कि वह युनिवर्सिटी के बहुत निकट था। फिर भी एडेल्फ़ी का खर्च केवल अमीर लड़के उठा सकते थे।

तेजप्रताप सिंह से मेरा परिचय गंगा प्रसाद पांडेय के द्वारा हुआ धा पांडेय जी कोठी के निवसी थे और राजकुमारों—मोतीमणि और पन्नामणि के साथ वे भी पढ़ने को प्रयाग आए थे। जिस वर्ष मैं एम. ए. फाइनल करने के लिए दुबारा युनिवर्सिटी में आया था, वे बी. ए. के द्वितीय वर्ष में थे—आदित्यप्रकाश जौहरी और ब्रजमोहन गुप्त के सहपाठी। साहित्यिक अभिरुचि होने के कारण वे मेरे सम्पर्क में आए और उन्होंने मेरा परिचय कोठी के राज-परिवार से कराया। उन्हीं के आग्रह पर एक बार मैं कोठी गया भी था। पांडेय जी मझोले क़द, गेहुएँ रंग और कसरती डील-डौल के व्यक्ति थे। उनका चौकोर चेहरा, नीचा माथा, फैला जबड़ा और उनके बड़े-बड़े दांत, बाल और कपड़ों से शहरी बनने के उनके सारे प्रयत्नों के बावजूद उन्हें ठेठ देहाती घोषित करते थे—और उनको देखकर, जैसे कि उन्हें कोठी में पुकारा जाता था उन्हें पांडेय नहीं 'पांडे' कहने को जी करता था। पांडेय जी सामंती वातावरण में जन्मे, पले, बड़े और भिने थे। उन्होंने हिन्दी में एम. ए. किया; विद्यार्थी जीवन में ही उनकी कविता का संग्रह निकला था; बाद को उन्होंने समालोचना को अपना विशेष क्षेत्र बनाया। निराला के व्यक्तित्व और कवित्व दोनों की ओर वे आकृष्ट हुए—'महाप्राण निराला'

नामक पुस्तक से लोग परिचित हैं, गो मैं यह कहना चाहूँगा कि उनका समालोचक दरबारी चाटुकार का साहित्यिक संस्करण है—चाटुकारिता भी ऐसी जो पैशुन्य पर आधारित हो। निराला को महाप्राण सिद्ध करने के लिए उन्होंने सारी दुनिया को अल्पप्राण बना दिया। महादेवी जी से वे और घनिष्ट हुए—उनके लिए पीर, ववर्ची, भिश्ती, ख़र—उनके समीक्षक, सहयोगी (प्रयाग महिला विद्यापीठ में अध्यापक होने के नाते), सहवासी (उनके साथ निवास करने के कारण); और उनके मोटर-चालक। सुना है महादेवी जी पर उनका कोई ग्रंथ प्रकाशित होने-वाला है। पंत जी को जैसे-जैसे उन्होंने मेरे निकट पाया, वैसे-वैसे वे मुझसे खिंचते गए। निराला के भक्त पंत के द्रोही क्यों हो जाते थे, इसे मैं आज तक नहीं समझ पाया।

एडेल्फ़ी में मैं जुलाई' 46 से जुलाई' 48 तक रहा। स्टूडेण्ट्स-लाज के रूप में एडेल्फ़ी न चल सकी। एक विद्यार्थी हमने अपने घर से दिया। माता जी के देहावसान के बाद से हमने अपने छोटे भाई के साले को अपने साथ रख लिया था, जो उन दिनों इलाहाबाद में इंटर में पढ़ते थे। जगदीश राजन उनका नाम था। रिश्ते से तो मैं उनका बहनोई लगता और तेजी उनकी बहन; पर उन्होंने मुझे अपना भाई मान लिया, जिससे तेजी को वे अपनी भाभी बना सकें। हमने इस सम्बन्ध का स्वागत किया; एक 'लहुरा देवर' तेजी की मानसिक आवश्यकता थी। सिनेमा, शापिंग और हर तरह की आउटिंग में राजन उनका साथ देते। मुझे न सिनेमा का शौक था, न शापिंग का धीरज, और न आउटिंग के लिए फ़ुरसत—दिन को युनिवर्सिटी, शाम को परेड, रात को स्वाध्याय-सृजन। राजन के अतिरिक्त बस दो-तीन विद्यार्थी और एडेल्फ़ी में आए। इस्टैब्लिशमेंट का खर्च पल्ले से देना पड़ता। रेज़ीडेंट ट्यूटर की आवश्यकता क्या रह गई। तेजप्रताप ने स्थिति मेरे सामने रखी। उनके निमन्त्रण की याद दिला मैं उन्हें संकोच में न डालना चाहता था। पिछला घर मैं छोड़ चुका था, रहना मैं चाहता था युनिवर्सिटी के निकट, एडेल्फ़ी की एक विंग मैंने पचहत्तर रुपए मासिक पर ले ली। इसमें छह छोटे-बड़े कमरे, तीन गुसलख़ाने, रसोई, भंडार घर के अतिरिक्त दो काफ़ी बड़े बरामदे थे, सामने लम्बा-चौड़ा लान। किसी अज्ञात दूरदर्शिता से ही हमने इतना बड़ा मकान अपने लिए ले लिया था।

उस वर्ष दशहरे की छुट्टियाँ हमने पूना में बिताईं। इसका संयोग इस प्रकार बना कि उन दिनों तेजी के धर्म-बन्धु रमेशचन्द्र पंडित की पोस्टिंग खड्गवासला मिलिट्री स्कूल में थी जो पूना से कुछ मील के फ़ासले पर था। पंडित-परिवार से तेजी का परिचय फतेहचन्द कालेज में हुआ था। तेजी वहाँ अध्यापिका थीं, सुमना पंडित वहाँ छात्रावास की निरीक्षिका—वे एक पुत्र और पांच कन्याओं की माता थीं। तेजी ने माँ और भाई का स्नेह कभी जाना ही नहीं था। सुमना पंडित ने अपनी सूक्ष्म दृष्टि और सहृदयता से उन्हें अपनी पहली बेटी का दर्जा दिया—वे अवस्था में सबसे बड़ी थीं—रमेशचन्द्र ने उन्हें अपनी धर्म की बहन माना और दीदी कहने लगे। मुझे यह लिखते हुए बड़ा हर्ष हो रहा है कि पंडित-परिवार से हमारा यह धर्म-सम्बन्ध सगे सम्बन्ध से कम नहीं सिद्ध हुआ। तेजी मायके के नाम से इसी पंडित-परिवार को जानती हैं। यही मेरी ससुराल और मेरे बच्चों की ननसाल है। सुमना पंडित के पति संतराम पंडित

होशियारपुर में ऐडवोकेट थे। कई बार होशियारपुर जाने की मुझे याद है। बाबू जी, हम उन्हें इसी नाम से सम्बोधित करते थे, बड़े विशाल-हृदय, मिलनसार और हँसमुख थ। मुझे बड़ा आदर देते थे। मेरी गम्भीरता उनके लिए एक समस्या थी। मेरी अनुपस्थिति में वे तेजी या अपनी बेटियों से पूछा करते थे, 'बच्चन जी कभी हँसते नहीं ?' स्वर्गवासी हो चुके हैं। सुमना जी, जिन्हें हम बीजी कहते हैं, अभी मौजूद हैं। मेरी दो सालियों—रक्षा और वर्षा—में लिखने की रुचि है—रक्षा हास्य-व्यंग्य और वर्षा बच्चों के लिए लिखती हैं। 'बच्चन : निकट से' में दोनों ने सरल, घरेलू शैली में मेरे सम्बन्ध में बड़े रोचक संस्मरण लिखे हैं। रमेश का विवाह 'अज्ञेय' जी की बहन से हुआ है। और कभी-कभी मैं मज़ाक में कहता हूँ कि 'अज्ञेय' मेरे साले के साले हैं—इसी कारण मेरे बहुत प्रिय। सारी खुदाई तो साले पर ही खत्म हो जाती है—सारी खुदाई एक तरफ़ जोरू का भाई एक तरफ़—फिर साले के साले का क्या कहना ! हमारे इलाहाबाद की तरफ़ कहा जाता है 'सारे के सारे लबेद्दू' यानी साले का साला 'लबेद्दू' होता है। मुझे खुद नहीं मालूम कि इस 'लबेद्दू' से क्या तात्पर्य है।

पूना-प्रवास में एक ऐसी परिस्थिति हमारे सामने आई कि यदि हमने आत्म-नियन्त्रण से काम न लिया होता तो आज हमारा जीवन कुछ और ही होता। तेजी में अभिनेत्री की प्रतिभा थी, और जब-जब उसे अवसर मिला था उसने अपने खरेपन का सबूत दिया था। चित्रपट पर अपने को देखने की सुगबुगाहट से उनके मन में गुदगुदी उठी हो तो कोई आश्चर्य नहीं; पर अपनी इस इच्छा को उन्होंने अपने पिता के कारण दबा रखा था। उन्होंने एक आत्म-संस्मरण में लिखा था कि दार जी उन्हें पर्दे के ऊपर देखने से पहले शायद उन्हें या अपने को कफ़न के नीचे देखना या पाना चाहते। पर अब तो दार जी नहीं रह गए थे। लोकप्रिय गीतकार के रूप में मेरी ख्याति साहित्य-संसार से छनकर सिनेमा-संसार तक पहुँच चुकी थी। एकाधिक बार मुझे सिनेमा के लिए गीत लिखने को भी कहा गया था; पर बिना आन्तरिक प्रेरणा के एक शब्द भी लिखने में मुझे संकोच होता था। साहित्यिक नैतिकता का तकाज़ा तो यही था कि बिना आन्तरिक प्रेरणा के मैं कुछ भी न लिखूँ। पर मैं उस पर कितना दृढ़ हूँ या रह सकता हूँ, इसे मैं स्वयं नहीं जानता था। सिनेमाई कोटि की कीर्ति मेरे लिए प्रलोभन सिद्ध न हो सकती थी। पर सिनेमाई धन मेरे लिए आकर्षण नहीं था, यह मैं कहूँगा तो वह झूठ होगा, क्योंकि अब धन की मुझे आवश्यकता थी, अपने लिए निश्चय नहीं, पर उनके लिए अवश्य, जो मेरे जीवन में आ गए थे और जिनके लिए मैं सब तरह की सुख-सुविधा संजोना चाहता था।

हमारे मित्रों में श्री भगवतीचरण वर्मा और नरेन्द्र शर्मा सिनेमा संसार में चले गए थे और उड़ती खबरें तो यही कहती थीं कि वहाँ वे हज़ारों काट रहे हैं।

एक दिन हम पति-पत्नी ने स्वप्न देखा—कैसा रहे यदि तेजी सिनेमा में अभिनेत्री बन सकें और मैं सिनेमा में गीतकार। जोश मलीहाबादी को शालीमार वाले, ऐसा सुना जाता था, 1000 रु. मासिक दे रहे हैं।

शालीमार स्टूडियो पूना में ही था। एक दिन हम लोग स्टूडियो देखने गए। जोश साहब से मिले। फ़िराक़ साहब के यहाँ उनसे मेरा परिचय हो चुका था। पी रहे थे;

खुश थे। उन्होंने ही बताया, स्टूडियो वाले एक हिन्दी गीतकार भी रखना चाहते हैं, आप आ जाइए, मैं आपके लिए अहमद साहब, प्रोपराइटर से बात करूँगा।

दो-तीन दिन बाद स्टूडियो में किसी तस्वीर का मुहूरत था। हमें अहमद साहब की ओर से निमन्त्रण आ गया। हम शमिल हुए; उस शाम को मेरा कविता-पाठ भी वहाँ हुआ; जोश साहब ने भी अपने कलाम सुनाए। अहमद साहब की नज़रों ने बार-बार तेजी को और मुझे नापा-तोला।

हफ़्ते भर बाद अहमद साहब ने हमें चाय पर बुलाया। उनकी नई पत्नी भी वहाँ मौजूद थीं—नीना—फ़िल्म ऐक्ट्रेस—गोरी, गुलाबी ग़रारे-कमीज-दुपट्टे में; उन्हें देखकर 'प्रसाद' की पंक्ति याद आ गई, 'कितनी कड़ी रूप की ज्वाला !'—नीना के रूप में सुकुमारता नहीं, कड़ापन था। मुझे याद है अहमद साहब ने चाय के बाद दो कांट्रैक्ट हमारे सामने रख दिए। हम स्तब्ध एक-दूसरे को देख ही रहे थे कि नीना ने आवाज़ दी, 'बिस्मिल्लाह कीजिए !' मेरे मुँह से अनायास निकला, 'हमें सोचने को थोड़ा वक्त दीजिए।'

बहुत-सी चीज़ें माँगने भर को अच्छी होती हैं। मिल जाएँ तो मन उनसे दूर भागना चाहता है। युनिवर्सिटी और स्टूडियो के कई चित्र बारी-बारी से मेरी आँखों के समाने से गुज़रे। मुझे निर्णय लेने में देरी न लगी, स्टूडियो में नहीं जाना है। तेजी को मनाने में कुछ समय लगा।

प्रकृति सहायक हुई।

अजित उनके पेट में आ गया।

बात साल भर को टल गई।

और साल के बाद तो दुनिया ही बदल गई।

मुझे इसका क्षोभ नहीं हुआ कि मैं सिनेमा की दुनिया में न जा सका; तेजी को शायद रहा। आज उनका बड़ा लड़का सिनेमा संसार में अपना स्थान बना रहा है। निश्चय ही इसमें उनके क्षोभ का कुछ निराकरण हुआ है और उनकी एक दमित इच्छा अमित के रूप में किसी अंश में पूर्ण हो रही है; और यह उनके कम सन्तोष का कारण नहीं है।

अजित का जन्म 18 मई, 1947 को हुआ। पूरा नाम अजिताभ, अमिताभ का भाई; यह नाम भी पंत जी ने दिया था। प्रसंगवश बता दूँ कि अमित-अजित को एक-एक नाम झा साहब ने भी दे रखा था। अमित अगस्त-क्रान्ति के तीन महीने बाद पैदा हुए थे; अजित स्वतन्त्रता-दिवस के तीन महीने पहले। मेरे नाम हरिवंश राय के जोड़ पर झा साहब अमित को इन्क्लाब राय और अजित को आज़ाद राय कहा करते थे। अजित को एक अतिरिक्त नाम उनकी लायलपुर वाली मौसी—गोविन्द जी—ने दिया था जो उनके जन्म-समय हमारे साथ रह रही थीं—बंटी।

जिन्ना ने धर्म के आधार पर राष्ट्रीयता के सिद्धान्त को आगे रखकर मुसलमानों के लिए पाकिस्तान की माँग की थी। हिन्दू और मुसलमान अलग-अलग राष्ट्रिक हैं; वे साथ नहीं रह सकते; उनको अलग-अलग देशों की आवश्यकता है—इसको

व्यावहारिक रूप से सिद्ध करने का इससे अच्छा और कारगर उपाय क्या हो सकता था कि नगर-नगर, गाँव-गाँव हिन्दू-मुस्लिम दंगे कराए जाएँ। यही मुस्लिम लीग देश-भर में करा भी रही थी, विशेषकर पंजाब और बंगाल में, जो प्रस्तावित पाकिस्तान में जानेवाले हिस्से थे।

देश के नेता अपने वक्तव्यों-कान्फ्रेंसों से देश का भाग्य-निर्णय कर रहे थे; जनता कर रही थी उनके संकेतों पर मर-कटकर, मार-काटकर।

लायलपुर में मुसलमानों के मिजाज से ग़ैर-मुस्लिमों के जान-माल के ख़तरे का आभास पाकर गोविन्द जी अपने पति सरदार बलवन्त सिंह और अपने दो लड़के और दो लड़कियों को लेकर हमारे यहाँ आ गई थीं। उधर होशियारपुर में हिन्दू-मुस्लिम दंगों ने भीषण रूप लिया तो बाबू जी और बीजी ने तो वहीं रहने का निश्चय किया पर अपनी पांचों लड़कियों को हमारे पास भेज दिया। हमारा घर अच्छा-ख़ासा शरणार्थी-शिविर बन गया; खैरियत यह थी कि इस समय मकान हमारे पास बड़ा था और किसी को विशेष कष्ट नहीं हुआ। तेजी ने अपने स्वभाव के अनुसार एक-एक का ध्यान रखा।

जुलाई के आरम्भ में पंत जी चार वर्ष अल्मोड़ा, दिल्ली, मद्रास, पांडिचेरी, बम्बई में बिताकर इलाहाबाद आए और हमारे ही साथ ठहरे। उन्हें हम घर का सबसे छोटा कमरा रहने को दे सके—पलंग बिछने के बाद उसमें सिर्फ एक आदमी के चलने-फिरने की जगह बच रहती थी। एक अलमारी उसमें थी; वह उनकी किताबों से अटाटूट भर गई। इस बार वे बहुत-सा अरविन्द साहित्य अपने साथ लेकर आए थे। छपाने को 'स्वर्ण-किरण' और 'स्वर्ण-धूलि' की पांडुलिपियाँ उनके पास थीं। उमर ख़ैयाम की रूबाइयों के अपने पुराने अनुवाद को भी संशोधित कर वे 'मधुज्वाल' के नाम से छपाना चाहते थे। उन्हें अपने पढ़ने-लिखने या प्रूफ देखने का काम पलंग पर बैठकर या लेटे-लेटे करना होता। पर इसमें वे किसी तरह की असुविधा का अनुभव न करते, वे इसके अभ्यस्त थे। मेज़ के सामने कुर्सी लगाकर बैठे बिना मुझसे तो एक चिट्ठी भी नहीं लिखी जाती। पंत जी के रहन-सहन-स्वभाव में कोई विशेष परिवर्तन न था—हाँ, 'मेडिटेशन' की एक नई अदा वे पांडिचेरी से सीख आए थे। नहाने-धोने के बाद वे दरवाजा बन्द करके अपने कमरे में बैठ जाते और घंटे-आध-घंटे बाद दरवाजा खोलकर बाहर निकल आते। तेजी कहतीं, पंत जी जब मेडिटेशन से बाहर आते हैं तब उनके चेहरे पर एक विशेष आभा रहती है। मुझे तो ऐसा कुछ न लगता। तेजी सहज विश्वासी हैं और अवस्था के साथ वे अधिक विश्वासी और अंधविश्वासी तक होती जा रही हैं। मेरा बुद्धि-चापल्य अभी तक शान्त नहीं हुआ। तब तो मैं पंत जी से कहता, आप आँख मूँदकर क्या देखते हैं ? मैं आँख मूँदता हूँ तो मुझे कभी-कभी कुछ लाल और कभी काला दिखाई देता है—बीच-बीच में कुछ उजले-उजले धब्बे, विचित्र गति से उसी लालिमा या कालिमा में तैरते, और मैं घबराकर आँख खोल देता हूँ। मैं तो इससे अच्छा समझता हूँ कि आँख खोलकर रूप-रंग की दुनिया देखी जाए। ध्यान तो सोते समय प्रकृति अपने-आप कराती है—तेजी मुझे पंत जी से ऐसे हल्के-फुल्के ढंग से बातें करते देखतीं तो मुझ पर अपनी आँखें तरेरतीं और पंत जी मुस्करा देते।

मुनष्य कितना विश्वासी है, कितना बौद्धिक, कितना भावुक, कितना तार्किक, इसे कहना बहुत कठिन है। इसका सम्बन्ध सचेतन मस्तिष्क से कहीं अधिक अवचेतन मस्तिष्क से है। मैंने अपना आत्म-विश्लेषण करने का प्रयत्न किया है पर शायद ही उसमें सफल हुआ हूँ। किस परिस्थिति में मैं किस प्रकार का व्यवहार करूँगा, मैं स्वयं नहीं जानता; पर वह मेरे परिपूर्ण व्यक्तित्व के अनुरूप होगा, यदि कोई मेरे परिपूर्ण व्यक्तित्व को जान सके। सतही, बाहरी अथवा आंशिक रूप में मुझे जानने वाले को मेरा व्यवहार विचित्र, विरोधाभासी, अप्रत्याशित, अव्याख्येय–कुछ भी लग सकता है। एक उदाहरण दूँगा, परिणाम आप कुछ भी निकालें। संकेत पहले भी कर चुका हूँ। अजित अभी दो-ढाई महीने का था कि उसके सारे बदन पर बड़े-बड़े लाल दाने निकल आए; ज़ोरों का बुखार चढ़ आया। डॉक्टर ने समझा, माता निकल आई है ! घर के सब लोग चिन्तित हो गए। तेजी की घबराहट बहुत बढ़ गई। तीसरी रात तो बड़े भय, आशंका, परेशानी की थी। कुछ समझ में नहीं आता था कि बच्चे को बचाने को क्या किया जाय। मैंने किसी तरह की प्रार्थना-विनती न की। एक पिछली बात याद आई। अमित के लिए मैंने सदा के लिए मदिरा छोड़ दी थी। मैंने अपने मन से कहा, यदि अजित बच जाएगा तो मैं कभी मांस नहीं खाऊँगा। रात का पिछला पहर था या सुबह का मुँह अँधेरा तेजी ने मुझे ज़ोर से आवाज़ दी ! मैंने समझा, कुछ अनिष्ट हो गया। पर वह तो तेजी के हर्ष-आश्चर्य का स्वर था। अजित के बदन से सारे दाने ग़ायब हो गए थे ! उसका बुखार उतर गया था और वह मुस्करा रहा था ! चमत्कार हो गया था, चमत्कार ! मैंने किसी अज्ञात को धन्यवाद दिया। अजित अब तेईस वर्ष के हैं–स्वस्थ-सुन्दर। अपनी निरामिषता और उनकी तन्दुरुस्ती में किसी प्रकार का सम्बन्ध न देखते हुए भी मैं अपने से ही अपनी प्रतिज्ञा निभाए जा रहा हूँ। शायद मेरे अवचेतन में कहीं कोई आस्था है–त्याग में, बलिदान में, प्रेम में, त्याग-बलिदान के प्रभाव में। ऐसी प्रतिज्ञाओं से एक इच्छा-बल तो निश्चय जगता है। क्या उस इच्छा-बल से मनोजगत् में कुछ इच्छित कार्य कराया जा सकता है ? या यह सब मेरी कल्पना है ? दो-दो बार जो अनुभूति मुझे हुई क्या वह केवल संयोग नहीं हो सकती ? पर संयोग भी हो तो मैं उनके प्रति अकृतज्ञ कैसे बनूँ ? किसी अदृश्य शक्ति में विश्वास न भी हो तो अपने से विश्वासघात कैसे करूँ ? अपने इच्छा-बल को जो चुनौती मैंने दी है और जिसे उसने स्वीकार कर लिया है उसके सामने से मैं कैसे हट जाऊँ या पीठ फेर लूँ ? अन्त में आस्तिकता शायद आत्मविश्वास है। गीता में श्रीकृष्ण ने अर्जुन से यह नहीं कहा, ईश्वर में विश्वास करो; कहा, अपने में विश्वास करो–'आत्मवान् भव'। शायद इतने ही अर्थ में मैं अपने को यत्किंचित् आस्थावान या आत्मवान कह सकता हूँ। अब मैं समझता हूँ कि दूसरों की आन्तरिक आवश्यकताओं, आस्थाओं, विश्वासों का उपहास या उनकी आलोचना करना ठीक नहीं। समझ सकें तो उन्हें समझना चाहिए और सहिष्णु तो उनके प्रति हर हालत में होना चाहिए।

समकालीन राजनैतिक रंग-मंच पर यह दिनानुदिन स्पष्ट होता जा रहा था कि पाकिस्तान तो अब बन के रहेगा। पंजाब से तेजी के सम्बन्धियों की हत्या, उनके गृह-दाह अथवा उनके पलायन और संकटों की खबरें आए तो दिन आया करती थीं। एक सरासर ग़लत आधार पर राष्ट्र का विभाजन होने जा रहा था। ब्रिटिश सरकार

की कूट नीति सफल हो रही थी, देश के नेता मुहरों की तरह हरकतें कर रहे थे और जनता असमर्थता से यह करुण और भयंकर त्रासदी देख रही थी। उन दिनों मुझे अपने फ़िलासफ़ी के प्रोफेसर मिस्टर एन. सी. मुकर्जी की 'एथिक्स' में 'ऑट' और 'इज़' की व्याख्या बहुत बार याद आई। नीति का सारा बल 'ऑट' से आता है–ऐसा होना चाहिए या ऐसा न होना चाहिए। पर 'इज़' भी कम शक्तिमय नहीं। 'ऑट' तो कल्पना की दुनिया की बात करता है, पर 'इज़' ठोस धरातल से बोलता है। ऐसा नहीं होना चाहिए, पर हो रहा है। हो रहा है तो उसका कोई अनिवार्य कारण, मज़बूत आधार होगा जिसे हटाया या डिगाया नहीं जा सकता। पाकिस्तान नहीं बनना चाहिए था, पर वह बन रहा था, बन गया है, तो यह मानना ही होगा कि उसका बनना ध्रुव था। पाकिस्तान की माँग, उसके समर्थन, उसकी स्वीकृति, उसके अस्तित्व के लिए इतिहास बहुत दिनों से तैयारियाँ कर रहा था। हमारे नेताओं ने शायद समझा कि उन्होंने पाकिस्तान स्वीकार करके हिन्दुस्तान की आज़ादी की कीमत चुकाई। पन्द्रह अगस्त का दिन आज़ादी की लड़ाई की पूरी विजय नहीं, आधी पराजय का दिन था। पर वह आज़ादी का दिन कहकर मनवा लिया गया तो जनता ने मना लिया। युनिवर्सिटी में, नगर में कई जगह, कई तरह के उत्सव हुए पर सब कुछ दवा-दवा-सा लगा। युनिवर्सिटी क्षेत्र में सबसे अधिक सजावट-रोशनी मुस्लिम होस्टल पर थी, शहर में मस्जिदों पर।

आज़ादी के पुरस्कार-स्वरूप अपने घर-बार से दूर फेंक दिए गए अपने मेहमानों के बीच हम उत्सव क्या मनाते। फिर भी हमने घर की छत पर लम्बा बाँस लगाया और तिरंगा झंडा फहराया। झंडा फहराने की रस्म हमने अपने जमादार से कराई। मुझे लगा कि लिबर्टी (आज़ादी) के साथ हमें पहली अनुभूति फैटर्निटी और इक्वैलिटी (बन्धुत्व और समत्व) की होनी चाहिए। आज़ादी के बाईस बरसों के बाद अपने चारों ओर देखता हूँ, कितना बन्धुत्व है, कितना समत्व है। और फिर मुझे 'ऑट' और 'इज़' का अन्तर कचोट जाता है।

उन दिनों की घटनाओं, वातावरण से प्रेरित मैंने कई कविताएँ भी लिखीं। वे 'धार के इधर-उधर' में संगृहीत कर दी गई हैं। ज़ाहिर है, ऐसी कविताओं का महत्व सम-सामयिक होता है। ऐसी कविताओं में एक प्रकार का सतहीपन होना अनिवार्य है। राजनीति, भले ही वह किसी देश की आज़ादी के समर-संघर्ष से क्यों न सम्बद्ध हो, जीवन के एक सीमित क्षेत्र को छूती है राजनीति जीवन की औषधि है : वह जीवन के लिए भोजन नहीं बन सकती। और कविता का घनिष्ठ सम्बन्ध उसी से है जो जीवन की ख़ुराक है, जिसपर जीवन पलता-पलुहाता है। पर कविता मध्ययुगीन हिन्दू पति की पत्नी नहीं जिसके लिए 'सपनेहु आन पुरुष जग नाहीं'। घनिष्ठता उसकी जीवन के मूलभूत भावों, अनुभावों से हो, पर उसका स्नेह-सम्बन्ध, मैत्री, परिचय औरों से भी हो सकता है। मैं जीवन को उसकी गहराइयों में ही जाँचने-परखने का प्रयत्न कर रहा था–'मिलन यामिनी' के गीतों में–पर मैं इतने गहरे न डूबा था–यह मेरी सीमा भी हो सकती है–कि उसकी ऊपरी हलचलों के प्रति बिलकुल निरपेक्ष रहूँ। गहरे से गहरे सरोवर भी कहीं उथले-छिछले होते हैं। सच तो यह है कि जो कहीं बहुत गहरे होते हैं वहीं कहीं उथले-छिछले होने से नहीं घबराते-डरते। सब जगह औसत गहराई बनाए रखने वाले प्रायः 'मिडिओकर' होते हैं। 'छुटभैये' के जोड़ पर मैं 'मिडिओकर'

को 'बिचभैये' कहना चाहूँगा।

पंत जी कई महीने 'स्वर्ण-किरण', 'स्वर्णधूलि', 'मधुज्वाल' के प्रूफ़ देखने में व्यस्त रहे। प्रथम दो रचनाएँ मैंने उनसे पाठ्य-पुस्तक के समान पढ़ीं। निश्चय ही इनके साथ पंत जी की कविता का नया दौर आरम्भ हुआ था। तभी मैंने बहुत से अरविन्द-साहित्य का भी अध्ययन किया। अरविन्द-दर्शन के परिचय से पंत जी की नई कविता समझने में आसानी हुई। मेरी कविता पर अरविन्द-दर्शन का शायद ही कोई प्रभाव पड़ा हो। मैंने अंग्रेज़ी में पढ़ी एक बात गाँठ बाँध ली थी—कवि को सब तरह फिलासफ़ी पढ़नी चाहिए, पर कविता लिखते समय भुला देना चाहिए। 'मधुज्वाल', जो 'रूबाइयत उमर ख़ैयाम' का 'गीतान्तर' था, पंत जी ने मुझे ही समर्पित किया; समर्पण में मुझपर एक कविता ही लिख दी। कविता मुझे अच्छी लगी, पर कविता अच्छी है, यह मैं कैसे कहूँ—'राम न सकहिं नाम गुन गाई।'

1942 में जब पंत जी मेरे पास आकर ठहरे थे तभी पहले-पहल उन्होंने 'लोकायतन' नाम की संस्कृति-पीठ की कल्पना की थी। 1947 में जब वे दुबारा मेरे पास आकर ठहरे तब फिर वह संस्था स्थापित करने की बात उनके मन में उठी। संयोग से ही ऐसा हुआ होगा; कोई कारण तो नहीं देखता। इस बार कुछ अधिक प्रगति हुई; आज़ादी मिल चुकी थी, देश का वातावरण अधिक अनुकूल था। पंडित अमरनाथ झा, डा. धीरेन्द्र बर्मा, डा. बाबूराम सक्सेना, श्री रामचन्द्र टंडन, श्री सच्चिदानन्द हीरानन्द वात्स्यायन (जो उन दिनों प्रयाग से 'प्रतीक' निकाल रहे थे), स्वयं पंत जी और इन पंक्तियों का लेखक—ये सात उसके संस्थापक सदस्य बने; 'लोकायन' नाम से संस्था की रजिस्ट्री कराई गई—'लोकायतन' से 'लोकायन' इसलिए कर दिया गया कि किसी ने बताया कि प्राचीन भारत में लोकायत नाम का नास्तिकों का एक सम्प्रदाय था। कई बैठकों में संस्था का विधान बना; पदाधिकारी चुने गए—पंत जी ने पीठ को तीन लोक से न्यारा रखने के लिए पदों को मौलिक नाम दिए। 'लोकपति' झा साहब को बनाया गया, शायद अध्यक्ष-स्थानी; 'लोकसखा' वे स्वयं बने, यानी उपाध्यक्ष; प्रचलित कोषाध्यक्ष को 'निधिपति' कहा गया—यह पद डॉ. बाबूराम सक्सेना को मिला। मुझे 'लोकसचिव' बनाया गया। सबसे पहले 'लोकायन' की मुख भारती के रूप में 'लोक चेतना' नाम की पत्रिका निकालने की योजना बनी। पंत जी संयुक्त प्रान्त की गोविन्दवल्लभ पंत सरकार से संस्था के लिए 10,000 रु. का अपुनरावर्तित (नान-रेकरिंग) अनुदान पाने में सफल हुए। पंत जी की वामन-डगी योजना के लिए इतना धन बहुत कम था। वे केन्द्र से और सहायता लेने को दिल्ली पहुँचे, 'नवीन' जी के साथ पंडित नेहरू से मिले। उन्होंने योजना के प्रति सहानुभूति दिखाई। पर, पंत जी ने मुझे बताया, एक छोटे से सन्देह से काम बिगड़ गया। 'नवीन' जी ने बातचीत के बीच कहीं पूछ दिया, इस संस्था का 'लोकमत' से तो कोई सम्बन्ध नहीं है? (कम्युनिस्ट पार्टी ऑफ इंडिया की ओर से इस नाम का एक पत्र निकलनेवाला था।) इतना सुनते ही नेहरू जी खिंच गए। केन्द्र से एक पाई की मदद न मिली। पर पंत-सरकार से जो 10,000 रु. मिले थे उन्हीं को खर्च करने की नौबत न आई। न कार्यालय के लिए मकान मिला, न पत्रिका का कोई अंक निकला और न हम सातों

के अतिरिक्त कोई आठवाँ सदस्य बना। दस हजार रुपए 'लोकायन' के 'निधिपति' डा. बाबूराम सक्सेना के नाम अब तक जमा हैं; पिछले तेईस वर्षों के सूद से अब ये बीस-पच्चीस हज़ार हो ही गए होंगे। नियमानुसार लोगों की सदस्यता समाप्त हो चुकी है। अब न कोई लोकपति है, न लोकसखा, न लोकसचिव और न निधिपति, पर रुपए मजबूरन डा. बाबूराम सक्सेना के कब्जे में हैं ![1] पंत जी ने पीठ-स्थापना करने की अपनी भड़ास 20,810 पंक्तियों का 'लोकायतन' नामक महाकाव्य लिखकर निकाल ली है।

× × ×

30 जनवरी, 1948 को महात्मा गाँधी की हत्या कर दी गई।

हमारे लिए, जिन्होंने गांधी का नाम अपने बचपन से मन्त्र की तरह जपा था, उनको देवता की तरह पूजा था, उनका चमत्कारी प्रभाव अपनी आँखों से देखा था, उनसे ज्ञात-अज्ञात न जाने कितनी प्रेरणाएँ ली थीं, यह कितना बड़ा आघात था, इसे आनेवाली पीढ़ियाँ शायद ही जान सकेंगी।

मुझे अच्छी तरह याद है, उस संध्या को एडेल्फी से चार कदम पर डॉ. धीरेन्द्र वर्मा के यहाँ लड़की की शादी थी। वहीं किसी ने आकर यह ख़बर दी थी; कुछ लोग ख़बर को अफवाह समझकर नज़दीक के रेडियो की ओर दौड़े, कई बड़े-बड़े लोग भी सुबक-सुबककर रोने लगे, कुछ स्तब्ध रह गए। समाचार की पुष्टि होते ही सजावट की रोशनियाँ बुझा दी गईं; शादी तो न टल सकती थी; बारात बगैर बाजे के आई; 'ऐट होम' का कार्यक्रम रद्द कर दिया गया। लोग अपने-अपने घर जाकर रेडियो से चिपके।

रेडियो सुनाता है यह कैसा समाचार,
खिंचते जाते मेरे अन्तर के तार-तार,
है स्तब्ध हो गया हृदय, सुन्न हो गई देह,
बैठा सुनता हूँ
विनत शीश
अवनत ग्रीव।

रात को ही 'भारत' के सम्पादक ने किसी को भेजकर गांधी जी के चित्र के नीचे देने को चार पंक्तियाँ मुझसे या पंत जी से चाहीं। मैं तो एक अक्षर लिखने की स्थिति में न था। माफी चाही। पंत जी ने अपने कमरे में बैठकर 14 पंक्तियों की एक कविता लिखी। मेरी वाणी सात दिन बाद फूटी। और अठारह मई अजिताभ की वर्षगाँठ

---

1. डा. बाबूराम सक्सेना ने मुझे सूचित किया है कि 'लोकायन' का रुपया स्टेट बैंक आफ इंडिया, इलाहाबाद में 'लोकायन' के नाम से करेंट एकाउंट में जमा था। आपरेटिंग निधिपति की हैसियत से उन्होंने फरवरी, 1953 में रजिस्टर आदि सारे कागज पं. सुमित्रानन्दन पंत के पास भेजकर अपने को उस संस्था से मुक्त कर लिया था—लेखक

तक—204 कविताएँ लिख कर शान्त हुई। पंत जी ने अधिक संयत रह गांधी जी के बलिदान पर केवल पन्द्रह गीत लिखे। बाद को पंत जी के पन्द्रह और मेरे तिरानवे, कुल मिलाकर 108 गीतों का संकलन 'खादी के फूल' के नाम से प्रकाशित हुआ। शेष 111 गीतों को मैंने 'सूत की माला' के नाम से प्रकाशित कराया। कविताएँ एक विवशता से लिखी गई थीं। लिखकर कम-से-कम मेरा दिल हल्का हुआ। इतना भी हो तो मैं ऐसे सृजन को व्यर्थ नहीं समझता। मैंने अपनी प्रतिभा को—यदि वह मुझमें है या जो कुछ मुझमें है—उसे चैनेलाइज़ करने—एक धार में बहाने—का प्रयत्न नहीं किया। वह स्वतः जिधर गई है मैंने उसे जाने दिया है।

मेरे ऐसे साधारण आदमी का बल स्वाभाविकता के अतिरिक्त और हो भी क्या सकता है। मेरी ऐसी धारणा है कि किसी भी कवि की समस्त रचनाओं पर सम्यक् दृष्टि रखे बिना उसकी एक भी रचना पूर्णतया नहीं समझी जा सकती। प्रत्येक रचना—रचना-क्रम में आगे-पीछे होने के बावजूद—शेष रचनाओं पर कुछ-न-कुछ प्रकाश डालती है, कुछ-न-कुछ उसे प्रभावित करती है—ऐसा समझना वैज्ञानिक दृष्टि होगी। साथ ही यह भी ध्यान में रखना होगा कि किस रचना से कैसी प्रत्याशा की जाए। कला, साहित्य, कविता के सौन्दर्य की बहुपक्षता के प्रति सचेत रहना परिपक्व मस्तिष्क की सबसे बड़ी देन है। एक जड़, रूढ़, सीमित मापदंड से कला के सौन्दर्य पर फ़ैसला देना उतना ही उपहासास्पद है जितना प्रकृति अथवा जीवन के सौन्दर्य पर।

1947-'48 के सत्र की समाप्ति से पूर्व एक और प्रसंग 'एडेल्फी' में उपस्थित हुआ जो पंत जी के मानसिक कष्ट का कारण बना।

पंत जी पांच बरस बाद इलाहाबाद लौटे थे, पर आते ही वे नगर में ससम्मान चर्चा के विषय हो गए थे। तीन नई बड़ी किताबें उनकी साज-सज्जा के साथ प्रकाशित हुई थीं। 'लोकायन' की स्थापना हो गई थी, पंत-सरकार से उन्हें अनुदान की अच्छी रकम मिल गई थी, इससे साहित्यकारों के एक वर्ग में पंत जी के प्रति ईर्ष्या जागी हो तो कोई आश्चर्य नहीं।

पंडित गंगा प्रसाद पांडेय ने 'निराला' जी को लाकर 'एडेल्फी' में टिका दिया—ठीक पंत जी के कमरे के सामने वाले कमरे में दूसरी विंग में—बीच में कुछ चौड़ा लान। पंत और निराला एक-दूसरे से जितने 'एलर्जिक' (एक-दूसरे के लिए कितने असह्य) थे, इसका अनुभव पहली बार मुझे हुआ। निराला जी उन दिनों पहलवानी मुद्रा में रहते थे, पांव में पंजाबी जूता, कमर में तहमद, बदन पर ढीला, लम्बा कुर्ता, सिर पर पतली साफ़ी। कहीं अखाड़ा लोटकर चेहरे और मुंडे सिर पर मिट्टी भी पोत आते थे। आमना-सामना दोनों का कभी हो ही जाता।

निराला जी पंत जी को देखते तो अवज्ञा से पीठ या मुँह फेर लेते। पंत जी निराला को देखते तो अपने कमरे में जा बैठते। एक दिन तो निराला जी मेरे ड्राइंग रूम में आ धमके और उन्होंने पंत जी को कुश्ती के लिए ललकारा। उसका वर्णन मैं 'नए पुराने झरोखे' के एक निबन्ध 'यह मतवाला-निराला' में कर चुका हूँ।[1] निराला

1. कृपया देखिए 'परिशिष्ट'—2

जी के देहावसान के बाद उनके बारे में अद्भुत-अद्भुत संस्मरण लोगों ने गढ़े। ख़ैरियत यह हुई कि उस दिन अमृतलाल नागर पंत जी के साथ बैठे हुए थे। और जो मैंने लिखा, उसके वे साक्षी हैं। यह मैंने संस्मरण में नहीं लिखा था—अमृतलाल ने बाद में कहा था कि अगर निराला पंत पर झपटते तो मैं उनसे पिल पड़ता। अपने मनोविकारों से ग्रस्त-विवश निराला मुझे इससे दयनीय कभी नहीं दिखे।

इस घटना से पंत जी इतने आतंकित हुए कि वे 'एडेल्फ़ी' छोड़कर 6, बेली रोड अपने पहाड़ी सम्बन्धी पांडे जी के यहाँ चले गए और वहाँ से गर्मियों के लिए अल्मोड़ा।

स्वतन्त्रता के बाद देश की हालत कुछ सुधरी तो मेरे मेहमान पंजाब चले गए—बलवंतसिंह फिर से कहीं व्यवस्थित होने की जुगत लगाने, पंडित-बहनें अपने घर होशियारपुर। इसी समय तेजप्रताप सिंह ने हमें 'एडेल्फ़ी' का मकान ख़ाली करने की नोटिस दे दी।

उस गर्मी में मई-जून और आधी जुलाई के महीने मेरे बड़ी मुसीबत में गुज़रे। हमें बड़ी खोज-बीन से पता लगा कि 17, क्लाइव रोड पर रहने वाले एक्साइज़ विभाग के किसी अफ़सर की बदली हो रही है। मकान मैंने जाकर देखा। मकान बहुत बड़ा, सुन्दर और खुला था। अफ़सर महोदय एक विंग में रहते थे। पर वह हमारे लिए पर्याप्त थी। पास-पड़ोस पूर्व परिचित था। हमारा पहले का स्ट्रेची रोड वाला बंगला ट्रैक्ट ऐंड बुक सोसायटी के पूरब था, यह उससे पच्छिम। मैंने जिला-मजिस्ट्रेट से मिलकर उपर्युक्त मकान का वह हिस्सा अपने लिए एलाट करा लिया। जिस शाम को अफ़सर महोदय को मकान छोड़ना था उसकी अगली सुबह को एलाटमेंट आर्डर हाथ में लिए मैं वहाँ पहुँचा तो क्या देखता हूँ कि मकान में एक पंजाबी बनिए का परिवार डटा है—सामने एक बड़ी-सी मोटर खड़ी है। बनिए का नाम, मुझे आज तक याद है, खुशीराम था। हुआ यह था कि खुशीराम ने अफ़सर महोदय को कुछ देकर उन्हें राज़ी कर लिया था कि जब वे जाने लगें, घर में उनको बिठला जाएँ। बनिया राम को किसी ने सुझा दिया था कि अधिकार आधी वैधता होती है। बाद को, उन्होंने सोचा था, हाउस कंट्रोलर को भी कुछ देकर अपने नाम एलाट करा लेंगे—आज़ाद हिन्दुस्तान में भ्रष्टाचार आरम्भ हो गया था। वास्तव में खुशीराम ने हाउस-कंट्रोलर को भी मिला लिया था। ज़िला मजिस्ट्रेट के कहने पर उसने मकान एलाट तो मेरे नाम कर दिया था पर खुशीराम को मौखिक अनुमति दे दी थी कि वह जाकर मकान में बैठ जाए, बाद को वह देख लेगा। खुशीराम जिस गर्रे-ढर्रे से मुझसे पेश आया, उससे मैं फ़ौरन समझ गया कि यह बछेड़ा किसी खूँटे के बल पर कूद रहा है। बड़ी देर तक मैंने उससे बहस की। बातचीत के दौरान उसने मुझे भी कुछ देने के प्रलोभन से लेकर बल प्रयोग करने की धमकी तक दिखाई। जब मैं किसी के सामने ने झुका तो उसने अपमान-भरे स्वर में कहा, अपनी मोटर की ओर देखकर, 'तू साइकिल पर पैडिल मारते फिरने वाला, तेरी यह हैसियत है कि तू इस बंगले में रहेगा।' ताव आने पर अपने पूर्वज-अंग्रेज़ों को जैसा कहते मैंने सुना था, उसी स्वर में मैं बोला, इसी को संस्कार कहते हैं, हालांकि जाति-परिवार का अभिमान सब मैं छोड़ चुका था, 'इसी साइकिल से एक दिन मैंने

अगर तेरी मोटर को यहाँ से न ठेल दिया तो मुझे कायस्थ का बच्चा न कहना !'

मियाँ की दौड़ मस्जिद तक। मैं हाउस कंट्रोलर और ज़िला मजिस्ट्रेट तक ही पहुँच सकता था। मुझे भी यह कटु अनुभूति हुई कि अधिकार आधी वैधता है। अधिकारी खुशीराम को ज़बर्दस्ती उस मकान से नहीं हटा सकते थे। उसपर, दीवानी में, घर पर अनधिकार कब्ज़ा करने के लिए मुकदमा चलाया जा सकता था, जो सम्भव था, बरसों खिंचे, और उसे बरसों खिंचवाने के सारे साधन खुशीराम के पास थे। सरकारी अधिकारी, कारकुन, पुलिस कर्मचारी कैसी-कैसी शरारतें कर सकते हैं, और सब वैधता की आड़ में—इसकी पूरी अनुभूति मुझे उन दो-ढाई महीनों में हो गई। जिला मजिस्ट्रेट तक ने मुझे सलाह दी कि अगर मैं जल्दी फ़ैसला चाहता हूँ तो ज़बरदस्ती उस मकान में घुसने की कोशिश करूँ, अच्छा है कुछ मार-पीट हो जाए; तब मामला फौजदारी का हो जाएगा और मकान को पुलिस के कब्जे में ले लिया जा सकेगा; और फिर जिसका कानूनन हक होगा, उसे दे दिया जाएगा। ताज्जुब हुआ, कानून सभ्य लोगों की नहीं, वहशी-गुंडों की मदद को आगे आता है। मैं न्याय चाहता था और जल्दी, और इसके लिए इलाहाबाद की मई-जून की गर्मियों में कचहरियों, थानों, सरकारी दफ्तरों के मैंने जितने चक्कर लगाए, वह मैं ही जानता हूँ। किस्सा कोताः मामला हाईकोर्ट तक पहुँचा और जस्टिस वांचू ने, जो बाद को सुप्रीस कोर्ट के चीफ़ जस्टिस हुए, फ़ैसला मेरे पक्ष में दिया। खुशीराम इजलास से भागा और इसके पूर्व कि मैं फ़ैसले की नकल लेकर घर आऊँ उसने 17, क्लाइव रोड से अपना एक-एक सामान हटा लिया था। अफ़सोस यही रहा कि मुझे अपनी साइकिल से उसकी मोटर ठेलने का मौका न मिला। पर मुझे अपनी कसम पूरी करनी थी। खुशीराम हिवेट रोड पर रहता था, सामने सड़क पर उसकी मोटर खड़ी रहती थी। मैं शाम को वहाँ पहुँचा। साइकिल के उतरा। साइकिल के अगले पहिए से उसकी मोटर के बंपर को एक टक्कर दी और चला आया। फिर भी कलक रह गई कि खुशीराम ने इसे नहीं देखा।

17, क्लाइव रोड का मकान बहुत ही भव्य था—सामने, अगल-बगल खुले-बड़े लान, ऊँची कुर्सी पर हिन्दुस्तानी घर और अंग्रेज़ी बंगले के मिले-जुले रूप की दुगंज़िली इमारत, आगे और दाएँ-बाएँ खुले-चौड़े बरामदे, नीचे का हिस्सा बीच की गैलरी से दो सम-भागों में विभाजित, सब जगह मोज़ेइक के फर्श, सामने की दीवार पर बाघ की गुफा के भित्ति-चित्रों की अनुकृति, पीछे दो मोटर गराज और नौकरों के रहने के लिए बीस पक्की कोठरियाँ। नीचे के बाईं ओर का भाग मेरे हिस्से में था। दूसरा भाग एक-दूसरे किराएदार के पास था। ऊपरी मंजिल में एक तीसरा किराएदार रहता था। यह मकान मुझे महिमावान, मुक्त, उदार, विशाल-हृदय, खुला, हवादार, सुरुचि-सम्पन्न, प्रसन्न-मुख लगा। जिस प्रकार के मकान में आदमी रहता है उससे उसका स्वभाव भी किसी अंश में प्रभावित होता है। साधु जब फूस की झोपड़ी में रहता है तब उसका स्वभाव और होता है और जब राजधानी के साधु समाज की आधुनिक-पुख़ता-दुमंज़िली इमारत में, तब और। आदमी भी शायद जिस मकान में रहता है उसको अपने स्वभाव से प्रभावित करता है।

हमारे हिस्से में पाँच बड़े कमरे थे जिनको हमने अध्ययन-कक्ष, ड्राइंग-रूम, सोने

का कमरा, बच्चों का कमरा, और भोजन-कक्ष बनाया। साथ एक लम्बा बरामदा था, उठने-बैठने के लिए—मैं तो जब खुले आसमान के नीचे न सो सकता, बरामदे में सोता, जाड़ों में भी; जहाँ से लेटे-लेटे खुला आसमान, चाँद-तारे न दिखाई दे सकें वहाँ सोना मेरे लिए बड़ा कठिन हो जाता है; सोना ही पड़े तो बड़ा घुटा-घुटा-सा अनुभव करता हूँ। न जाने क्यों ऐसी मेरी आदत पड़ी होगी।

'ललिताश्रम' को—जैसा कि इस मकान का नाम था—बनवाया था श्री ब्रजमोहन व्यास ने जो सिटी म्यूनिसिपल बोर्ड के ऐक्ज़ीक्यूटिव आफिसर थे, पर उन्हें बेच देना पड़ा था इसे दारागंज के महानिर्वाणी पंचायती अखाड़ा को। सुना था कि इसके बनवाने में व्यास जी पर कई हज़ार का कर्ज़ चढ़ गया था जिसे उतारने की कोई और सूरत न थी सिवा इसके कि मकान को बेच दिया जाए। मकान देखने से लगता था कि व्यास जी ने इसे बड़े शौक, बड़ी काल्पनिकता से बनवाया था। रुचि व्यास जी की परिष्कृत थी—इलाहाबाद संग्रहालय के वे जन्मदाता थे। कहाँ-कहाँ से, कैसे-कैसे सुन्दर और कलापूर्ण मूर्तियाँ वे उठा-चुरा कर लाए थे, इसका कच्चा-चिट्ठा उन्होंने 'सरस्वती' में एक बड़ी रोचक लेखमाला में खोला था। पं. बालकृष्ण भट्ट की एक जीवनी भी उन्होंने बड़ी सजीव भाषा में लिखी थी। हिन्दी की गरिमा और उर्दू की रवानी के लिए गंगा-जमुनी, घरेलू, सरल, इलाहाबादी गद्य शैली के वे उस्ताद थे। यह मकान उन्हें तो न सहा था, पर अखाड़े के महंत जी ने मुझे बताया था कि जो भी इसमें आकर रहा, उसका भला हुआ और जब यहाँ से गया तो किसी ऊँचे ही पद पर गया। मेरा-सहज-सन्देही मन उनकी बात पर मुस्कराया, पर लगभग सात वर्ष उसमें रहने के बाद मेरा भी यही अनुभव हुआ।

गंसी चाचा ने फूल-पौधों के प्रति इतना आतंक मेरे बाल मन में भर दिया था कि उनके प्रति सहज अनुराग कभी मुझमें जग ही न सका। विश्राम तिवारी केवल छपे पृष्ठों की खेती चरना सिखा गए। कुछ बड़ा हुआ तो बन्द कमरे में नारी के अंगों के आकर्षण ने मेरी आँखों को कीला। फिर पढ़ाई, कमाई-धमाई, बीमारी-तीमारी, डाक्टर-दवाई ने मेरी वह घिसाई-पिसाई की, कि फूल-पत्तियों की भी कोई दुनिया होती है, इस ओर मेरा ध्यान ही न गया। जिसके दिल का ही पौधा मुरझा गया हो वह केना-करोटन में पानी दे। बाग़बानी के लिए ललक ही सिर्फ काफी नहीं, जगह चाहिए, वक्त चाहिए, पैसा भी चाहिए। तेजी की आभिजात्य सांस्कृतिक रुचि में फूल-पौधे लगाने, उनके घर सजाने का विशेष स्थान है। बैंक रोड पर उन्होंने कुछ शुरुआत की थी, और कुछ सहयोग मैंने भी दिया था; जगह की कमी वहाँ नहीं थी, पर वक्त और पैसा फालतू हमारे पास नहीं था। स्ट्रेची रोड पर ज़मीन थी, पर उपयोगिता को सुन्दरता पर तरजीह देकर हमने फूलों की बजाय कुछ साग-सब्ज़ी लगा ली थी जिसे पास-पड़ोस की बकरियाँ, गाएँ, भैंसें चर जाती थीं।

बन्द रोड पर मकान-मकान भर हमारा था, बाहर की ज़मीन में बागबानी एडेल्फी की ओर से होती थी। हम क्लाइव रोड पर आए तो हमें अपने हिस्से के सामने लम्बी-चौड़ी खुली ज़मीन मिली। तेजी का शौक जागा। माली और बाग के दीगर सामानों पर खर्च करने को पैसा भी मेरे पास था। वक्त भी था; गांधी जी के

अस्थि-कलश को सलामी दे मैंने सदा के लिए फ़ौजी कपड़े उतार दिए थे—शामों को परेड पर अब ड्यूटी नहीं बजानी थी। माली तो रख ही लिया गया। मैं भी छुट्टियों के लिए अथवा शामों को यू. टी. सी. के बूट पहन, शार्ट चढ़ा, फावड़ा, खुरपी ले मैदान में डटा रहता।

ज़मीन को हमने तीन हिस्सों में बाँटा। सामने हमने हरी दूब का लान लगाया। लान के पार बीचों-बीच एक छोटा-सा गोल पक्का तालाब था। इसमें हमने नीले, सफेद, लाल कमल डाले—तीन गुणों के प्रतीक—बाद को केम्ब्रिज में एक कविता लिखी जिसमें शायद इन्हीं की स्मृति संजोई है :

कौन श्यामल, श्वेत औ' रतनार नीरज के
निकुंजों ने तुझे भरमा लिया है।

इसके पीछे तार-खम्भों पर झूलती रेलवे-क्रीपर थी—हरी दीवार-सी खिंची। लान के एक ओर का हिस्सा फूलों के लिए था। दूसरी ओर का रसोई के निकट घरेलू सब्ज़ियों के लिए। मौसमी फूलों के अतिरिक्त लगभग सौ पौधे बढ़िया किस्म के गुलाबों के थे। तेजी ने फूलों और गुलाबों में विशेष रुचि ली। गुलाबों की बाग़बानी पर उन्होंने कुछ साहित्य भी पढ़ा। इलाहाबाद में हर साल एक फ्लावर शो होता है। उसमें तेजी को फूलों को सजाने में मौलिकता के लिए कई इनाम मिलते। बाद को फूल सजाने पर एक बढ़िया पुस्तक मैंने उन्हें इंग्लैंड से भेजी थी। हर प्रभात को वे अपने हाथों से हर कमरे में गुलदस्ते सजाकर रखतीं।

फूल वाले हिस्से के पीछे पाँच-सात नीबू के पेड़ों की कतार थी। बसन्त में नीबुओं में फूल खिलते तो उनकी भीनी-भीनी सुगन्ध हवा के झोंकों के साथ घर भर में फैलती। मई में मेंहदी के फूलों की सुगन्ध आ मिलती जिनकी एक पूरी पंक्ति सब्ज़ीवाले हिस्से के सामने थी, बरसात में नीबू में फल लगते और जाड़ों तक पककर पीले होते। नीबू के फूलों की गंध बड़ी मादक होती है। जर्मन में नीबू को 'लिंडेन' कहते हैं। जर्मन भाषा में कई सुन्दर गीत 'लिंडेन' वृक्ष पर हैं। गहरी हरी घनी पत्तियों में पीले-पीले नीबुओं का दृश्य मेरे ध्यान में सबसे पहले आता है। जब मैं 17, क्लाइव रोड के बारे में कभी सोचता हूँ। नीबुओं की पंक्ति देखता तो गोपालसिंह नेपाली की एक बात याद आ जाती। उन्होंने अपने किसी काव्य-संग्रह की भूमिका में लिखा था कि अगर जानना चाहते हो कि कविता क्या है तो आँगन में एक नीबू का पेड़ लगा लो। बहुत दिनों बाद मैंने एक कविता लिखी थी 'स्वाध्याय कक्ष में बसन्त'; तब नीबुओं की गंध के साथ सहसा वे गौरैये के जोड़े याद आ गए थे जो उस ऋतु में घर के अन्दर विचित्र जगहों में घोंसले बनाते हैं—कभी किसी रोशनदान में, या तस्वीर के पीछे या पंखे के ऊपर लगे 'कप' तक में,

किन्तु इनके ही परों के साथ आई
फूल झरते नीबुओं की गंध को
कैसे उड़ा दूँ—
हाथ-कंगन, वक्ष, वेणी, सेज के
शत पुष्प कैसे नीबुओं में बस गए हैं।

क्योंकि नीबुओं की सुगन्ध अभी समाप्त नहीं होती थी कि उससे मिली-मिली बेला के फूलों की सुगन्ध आने लगती थी जिनकी एक पूरी पाँत लान के इस ओर लगी थी—बेला के फूलों से हाथ-कंगन बनता है—'ऐसी छोटी माल कि कंगन बाँधे दोनों हाथ में'—वक्ष-हार बनता है, वेणी-शृंगार बनता है।

गर्मी में प्रातःकाल पवन,
बेला से खेला करता जब
तब याद तुम्हारी आती है।

और पुष्प-गंधों की चर्चा आ गई है तो उस रजनी-गंधा को कैसे भूलूँ जिसकी सुगन्ध बरसात के बाद रातों में सारे घर में भर जाती थी। जिसकी एक पंक्ति मुंडेर के पास लगी थी, या उस हर-सिंगार को, जिसके दो पेड़ फाटक पर लगे थे। साल भर सुगन्धों का मेला इस क्रम में लगा रहता—पहले नीबू, फिर मेंहदी, फिर बेला, फिर रजनीगंधा, फिर हर-सिंगार, फिर गुलाब—पर गुलाब की गन्ध हवा में नहीं उड़ती वह तो शाही, सरापा-नाज़, सुकुमार अदा-अन्दाज़ का फूल है। उसे नाक और होंठों के पास ले जाओ तभी वह अपनी सुवास का रहस्य खोलता है।

फूल-विज्ञान में मेरी पैठ न हो सकी। अंग्रेज़ी फूलों के नाम मेरे दिमाग़ में न चढ़ सके। लड़कपन में तो मैंने गेंदा, गुलहज़ारा, गुड़हल, कनेर, बेला और चमेली के फूल भर जाने थे; बड़े पेड़ों के फूलों में हर-सिंगार और मौलसिरी के। मैंने सब्जी की बगिया में रुचि ली—सूखे झाड़ों पर लौकी-कुम्हड़े की बेलें चढ़ाईं, सेम की भी; बैंगन, भिंडी, टमाटर के पौधे लगाए—धनिया, मेथी, पुदीना की क्यारियाँ बनाईं। माली को एक दिन एक 'बिरहा' गाते सुना; हम पर सटीक बैठता था :

'रामजी की बगिया सीता की फुलवारी,
लछिमन देवरा करैं रखवारी,
टूटै नेबुआ फरै तरकारी,
ढोय-ढोय पठवैं अपनी ससुरारी'।

लगता है ग्रामीण पद्यकार ने तुलसी के 'ससुरारि पियारि भई जब ते' को व्यावहारिक रूप दे दिया था) सब्जी की खेती मेरी थी; फूलों की बगिया तेजी की; रखवारी करने वाले 'लछिमन देवरा' जगदीश राजन थे। पर ढो-ढोकर अपनी ससुराल कैसे भेजता ?—'है मेरी ससुराल पाकिस्तान में।'

घर के कमरे-कमरे को तेजी ने अलग-अलग व्यक्तित्व दिया, अलग-अलग तरह से संवारा। अध्ययन-कक्ष की दीवारें हरे रंग में रंगाई गईं, ड्राइंग रूम की बादामी, शयन-कक्ष की नीले, बच्चों की कमरे की गुलाबी रंग में; खाने के कमरे में सफ़ेदी रखी गई। हर कमरे के अनुरूप फर्नीचर-क़ालीन पर्दे लगाए गए। पहली बार लिखने-पढ़ने के लिए एक बड़ी मेज़ मेरे लिए बनवाई गई। कुर्सी मगर नहीं। तब मैं इतनी शानदार मेज के सामने स्टूल रखकर बैठता और काम करता था—न कुछ पीठ टेकने के लिए पीछे, न कुछ हाथों को टिकाने के लिए अगल-बगल, जिससे मेज़ पर बैठो तो चुस्त; आलस्य अथवा आरामतलबी का सब ख्याल छोड़कर। कहीं पढ़ा था, रवीन्द्रनाथ ठाकुर भी पीठ-हत्थे-हीन स्टूल पर बैठकर काम करते थे। प्रतिभा परिश्रम से ही निखरती है।

हर कमरे की हर चीज़ पर तेजी की सौंदर्याभिरुचि की छाप थी। मेरी बुद्धि इस दिशा में चलती ही नहीं थी। मेरा बचपन और मेरी प्रथम तरुणाई भी जिस ग़रीबी और जिन अभावों में बीती थी उसमें सौन्दर्याभिरुचि विकसित होने के कोई अवसर ही न थे। सौन्दर्याभिरुचि की सीमा थी सादगी-स्वच्छता। यही बहुत था, जो भी आस-पास हो, साफ-सुथरा हो। साज-सज्जा की बात मेरे घर में तेजी के साथ आई।

हाँ, एक बात मैंने की थी। घर का हर कमरा मुझे प्रकाशमान-हवादार लगा। मुझे इसे देखते देर न लगी कि हर कमरे में दरवाजे, खिड़कियों, रोशनदानों को लेकर दस दर रखे गए थे; मैंने इस घर का नाम 'दशद्वार' रख दिया। किसी समय ब्रजमोहन व्यास से बातचीत के बीच यह रहस्य खुला कि ऐसा जानबूझकर और सोद्देश्य रखा गया था। उन्होंने कबीर का दोहा सुनाया,

दस द्वारे का पींजरा तामें पंछी पौन
रहवे को आचरज है जाय तो अचरज कौन।

हर कमरे में रहते समय यह अनुभूति रहे। ऐसे तो दोहे में मृत्यु की सहज स्वीकृति और दसों इन्द्रियों से अतीत होने की जीव की क्षमता का संकेत है। पर मैंने दस द्वारों के पींजरों में रहने वाले 'पंछी पौर', में अपने गीत-खग—गीत कवि—को देखा।

घर में बहुत से लोग हों, चहल-पहल, शोर-गुल, बातचीत, हँसी-ठट्ठा, तो मुझे बुरा नहीं लगता। बचपन से तीन-चार परिवारों के साथ रहने का संस्कार मेरे ऊपर पड़ा है, पर अपने जीवन की बहुत सुकुमार और भावप्रवण अवस्था में अपनी मनःस्थितियों को अकेले झेलते-झेलते मेरा ऐसा स्वभाव बन गया है कि एक सीमा के बाद भीड़-भाड़ मुझे असह्य हो जाती है। मैं चाहता हूँ कि घर भर में चाहे शोर-गुल होता रहे, पर एक जगह ऐसी भी हो जहाँ मैं अकेले बैठ सकूँ—पढ़ूँ-लिखूँ, चाहे सोचूँ-विचारूँ। साथ ही मैं इतना अकेलापन भोग चुका हूँ कि घर में अपने सिवा किसी और के न रहने की कल्पना भी मुझे प्रियकर नहीं लगती।

'अतिथि देवो भव' के संस्कार शायद प्रत्येक भारतवासी में पाए जाते हैं। गाँवों में इसका सबूत आज भी मिल सकता है। मेरे लड़कपन में मेरे घर में प्रायः मेहगान आकर टिका करते थे। मेरे माता-पिता अपने सीमित साधनों में उनका जैसा भी स्वागत-सत्कार कर सकते थे, करते थे। ऐसा करके खुश भी होते थे। पर, शायद मेहमान-नवाज़ी की सबसे बड़ी खुशी होती है मेहमान को विदा करना। मेरा संकेत मेहमानदारी पर होने वाले खर्च की ओर ही नहीं है। हालाँकि ग़रीब आदमी के लिए अतिथि-सत्कार पर व्यय होने वाला धन कोई छोटी समस्या नहीं। मेहमान अधिक हों और अधिक समय तक ठहरें तो एक प्रकार के आर्थिक भार का अनुभव मेरी जैसी हैसियत के आदमी के लिए स्वाभाविक है। एडेल्फी में मेरे यहाँ जो मेहमान आकर ठहरे थे, एक तरह की मजबूरी में आए थे। जो स्नेह, सांत्वना, सुविधा उन्हें हम दे सकते थे, हमने दी; फिर भी उनके रहने से अपने बटुए और अपने दिमाग़ पर भी हमने एक प्रकार के तकान का अनुभव किया था। मेहमानों के सामने एक तरह की औपचारिकता बरतनी पड़ती थी, एक तरह का दिखावा करना पड़ता था; निजीपन और एकान्त दुर्लभ हो गए थे और मेरे जैसे आदमी के लिए इसकी बड़ी आवश्यकता होती

है। जब वे चले गए तो एक भार-सा उतरा, एक राहत-सी मिली। शायद मेहमानों के सम्बन्ध में ऐसा अनुभव सबको होता है, विशेषकर उन्हें जिनके पास आतिथ्य के साधन सीमित हों या जिनका अकेलापन उनके चिन्तन-मनन-सृजन की आवश्यकता हो।

'ललिताश्रम' में आकर अपने घर में केवल अपने परिवार को पाकर—जगदीश राजन ही केवल बाहर के थे, पर हमारे साथ कई वर्षों से रहते वे हमारे परिवार के अभिन्न अंग बन गए थे—हमने फिर उस एकान्त-शान्ति, निजीपन और घरेलूपन का सुखद अनुभव किया जिससे हम कुछ दिनों से वंचित हो गए थे।

तेजी को व्यस्त रखने के लिए उनके दो बच्चे पर्याप्त थे—अमित छठे वर्ष की ओर बढ़ता हुआ, अजित दूसरे वर्ष की ओर। उन्होंने अपनी सहायता के लिए एक आया ज़रूर रख ली थी, पर बच्चों के भोजन, वस्त्र, स्वास्थ्य, शिक्षण, खेल-कूद, मनोरंजन—सबकी ओर, सबसे पहले और सबसे अधिक ध्यान वे देती थीं। अमित के बाद हम घर में एक लड़की चाहते थे, पर आ गया लड़का। तेजी को निराशा हुई; बहुत दिनों तक उसके बाल लड़कियों की तरह बनाकर, लड़कियों के कपड़े उसे पहनाकर उन्होंने अपनी पराजित कामना को दुलराया, पर मेरे द्वारा इसके सम्भावित दुष्प्रभाव की चेतावनी देने पर उन्होंने सत्यनारायण से समझौता कर लिया। अपने लगभग छह-फुटे कद, कसरती चुस्त-सुते शरीर और उससे अधिक साहसी वृत्ति, विवेक-बुद्धि और निश्चय की दृढ़ता से तेईस वर्षीय अजित आज हमारे परिवार का सबसे सुस्पष्ट नर है। मैं समझता हूँ कि मेरे 'मन की नारी' मेरे बड़े लड़के को मिली है; तेजी के 'मन का पुरुष' मेरे छोटे लड़के को। अमित कद में अजित से लम्बा होकर भी आदर्शवादी, कलाकार-मन और सुकुमार-स्वभाव है। खैर, उस समय भी दूसरी सन्तान के रूप में, लड़का ही घर में आने पर मुझे खुशी हुई थी। कारण कई थे। कल्पना आप सहज ही कर लेंगे। एक विशेष कारण यह था कि तुलसीदास ने मानस में आदर्श परिवार की कल्पना करते समय केवल दो पुत्रों की सीमा बना दी थी—परिवार नियोजन के 'दो या तीन बच्चे बस' के नारे से चार सौ बरस पहले !—

दुई सुत सुन्दर सीतां जाए।

× × ×

दुइ दुइ सुत सब भ्रातन्ह केरे

मेरे छोटे भाई भी एक पुत्र के पिता बनकर स्वर्गवासी हुए। तेजी को यह शिकायत है कि इस मर्दों के परिवार में एकमात्र नारी वे हैं। राजन मेरे चरण-चिन्हों पर चले हैं। उनकी तीन सन्तानें हैं—तीनों पुत्र। हमारा परिवार कभी इकट्ठा होता है तो यह नर-बहुमत देखकर मुझे आन्तरिक प्रसन्नता होती है। जब हम क्लाइव रोड पर आए थे तब राजन बी. ए. प्रथम वर्ष के छात्र बनकर युनिवर्सिटी पहुँचे थे। दो वर्ष बाद जब मेरे छोटे भाई का असमय देहावसान हो गया तो राजन ने अपने स्नेह-समादर, निकटता-आत्मीयता से मेरी वह करुण रिक्तता पूरी तरह भर दी। मैंने भी उन्हें अपने छोटे भाई से कम नहीं समझा। तेजी उन्हें बहुत मानती हैं।

आल इंडिया विमेन्स कान्फ्रेंस के कार्य-कलाप में भाग लेते हुए तेजी ने आगे चलकर श्रीमती मुंशी द्वारा स्थापित फूड कौंसिल की इलाहाबाद शाखा का कार्य भी

अपने हाथों में लिया। इसी के तत्वावधान में सिविल लाइंस में एक कैफीटेरिया 'अन्नपूर्णा' नाम से खोली गई—शायद इसकी शाखाएँ भारत के सभी बड़े नगरों में खुली हैं—जहाँ बगैर अन्न से बने हुए व्यंजन सस्ते दामों पर बेचे जाते थे। तेजी का घर चलाने का अनुभव 'अन्नपूर्णा' चलाने के लिए बड़ा उपयोगी सिद्ध हुआ। गो घर वे घाटे पर चलाती थीं, कैफीटेरिया उन्होंने मुनाफे पर चलाई। कैफीटेरिया के अनुभव से घर में किफायतशारी के लिए शायद ही उन्होंने कभी कुछ सीखा। घर के ऊपर मेरी तनख्वाह से दूना खर्च होता। और यह रकम पत्र-पत्रिकाओं, रेडियो, कवि-सम्मेलनों के पारिश्रमिक और किताबों की रायल्टी से पूरी होती। बेतरह खुला हाथ उनकी सबसे बड़ी कमज़ोरी है—उनके अभिजात्य संस्कारों की देन—पर तब मैं उनकी कमज़ोरियाँ नहीं देखा करता था। उनकी शक्तियों के सबूत कहीं अधिक मेरी आँखों के आगे आते थे।

साल में तीन-चार बार इलाहाबाद कल्चर सेण्टर अथवा ड्रामा-क्लब की ओर से खेले गए नाटकों में भी वे किसी-न-किसी प्रमुख पात्री की भूमिका में उतरतीं—शायद तेजी और उनकी कुछ सहेलियों ने इलाहाबाद में पहले-पहल यह प्रथा चलाई कि स्त्री-पात्र की भूमिका स्त्रियाँ अदा करें।

मेरा कार्य युनिवर्सिटी में पढ़ाने और अपने अध्ययन-कक्ष में पढ़ने-लिखने तक सीमित हो गया। मैं कभी किसी क्लब वगैरह का सदस्य नहीं बना, किसी कला-साहित्य सस्था का भी नहीं। अलबत्ता अगर कोई मुझे निमन्त्रित करती तो मैं उसमें सहर्ष भाग लेता। संस्थाएँ किसी-न-किसी सिद्धान्त से बँधती हैं—मैं अपने को किसी सिद्धान्त से बाँधना नहीं चाहता था। मैं अब भी समझता हूँ कि मुक्त दृष्टि कलाकार की पहली आवश्यकता है। और यह भी कि बौद्धिक विकास और सृजन, समूह में नहीं, एकान्त में ही सम्भव हैं। संस्था अगर उसे कह सकें तो एक छोटी-सी मैंने अपने घर पर ही खाल दी थी। इसका नाम मैंने 'निशान्त' रख दिया था। इसके न कोई नियम थे, न सदस्यता की कोई फ़ीस थी। कुछ लोग जिनमें अधिकतर युनिवर्सिटी के नाते मेरे विद्यार्थी थे—महीने के अन्तिम शनिवार को 10 बजे रात से बैठते थे। और काव्य-पाठ, साहित्य-चर्चा में रात बिताते थे। एक या दो बजे रात को हमीं लोग मिल-मिलाकर कॉफी अथवा कोई ताज़ी-गरम खाने की चीज़ बनाते, खाते-पीते, और तारों की महफ़िल के उठने तक हम अपनी बैठक जमाए रहते। दूसरे दिन इतवार होता और लोग दिन को सोकर रात की नींद पूरी कर लेते। अजित शंकर चौधरी, ओंकारनाथ श्रीवास्तव, सत्येन्द्र शरत् (ये सब साहित्य-संसार में जाने-माने नाम हैं।) सुरत दास (अब आइ. ए.एस. में उच्च अधिकारी) और सतीशचन्द्र (अब आइ. पी. एस. में उच्च अधिकरी) एक समय 'निशान्त' के सदस्यों में थे। 1952 में जब मैं दो वर्ष के लिए इंग्लैंड चला गया तब भी तेजी 'निशान्त' की बैठक घर पर कराती रहीं। मेरी अनुपस्थिति में बैठकों का समय ऐसा रखा जाता कि जब मैं बी. बी. सी. से अपनी कविता सुनाता या कोई टॉक देता तो 'निशान्त' के सदस्य उसे मेरे ड्राइंग रूम में बैठकर रेडियो से सुनते।

'ललिताश्रम' में अपने निवास के दिनों की बात सोचता हूँ तो नहीं याद आता

कि गृह-सम्बन्धी कोई भी चिन्ता मुझे करनी पड़ती हो। पहले तो तेजी ही मुझे इन सबसे मुक्त रखती थीं, कुछ कमी थी तो वह राजन ने पूरी कर दी थी। घर-गृहस्थी के ऐसे बहुत-से काम होते हैं, जिनमें मर्द की आवश्यकता होती है। यह सब करने का दायित्व राजन ने अपने ऊपर ले लिया था। मुझे वे विनोद में 'हाई कमांड' कहते थे। जहाँ कोई ऐसी समस्या खड़ी हुई जिससे मेरे उद्विग्न होने की आशंका समझी गई, देवर भाभी यह तै कर लेते थे कि यह बात 'हाई कमांड' तक नहीं पहुँचनी चाहिए और उन्हीं के स्तर पर उससे टक्कर ले उसका समाधान कर दिया जाता था। गृह-सम्बन्धी दायित्व मेरा केवल आर्थिक था, पर युनिवर्सिटी-वेतन के अतिरिक्त पारिश्रमिक और रायल्टी से मेरी आय अब इतनी ज़्यादा थी कि अंधाधुंध खर्च होने पर भी आर्थिक चिन्ता की स्थिति कभी नहीं आती थी। विनोद और व्यावहारिक सुविधा के प्रायः सभी उपकरणों से घर को सम्पन्न कर 1951 में तेजी ने एक बेबी फोर्ड कार भी ख़रीद ली थी।

मेरी मानसिक शक्तियाँ सीमित हैं। अब तो शारीरिक भी। कुछ भी करने योग्य मैं तब नहीं कर पाता हूँ जब तक अपनी सब शक्तियों को मैं एक दिशा अथवा एक केन्द्र पर नियोजित न करूँ। इतना करना भी आसान नहीं है। शायद अपने प्रारम्भिक जीवन के अभ्यास से यह मेरे लिए सहज शक्य रहा है कि यदि मैं कुछ करना चाहूँ तो सब ओर से अपने को खींचकर उस पर लगा दूँ। यह स्वीकार करना पड़ेगा कि यह तभी सम्भव हो सकता है जब अपने निकटवर्ती भी सहयोग दें। इस दृष्टि से मैं अपने को सौभाग्यवान समझता हूँ कि मेरे माता-पिता, मेरे छोटे भाई, श्यामा और तेजी जिनका मेरे समय-शक्ति पर अधिकार था, जो मेरे सामने सौ तरह की माँगें रख सकते थे, वे मेरे प्रति सहिष्णु और उदार रहे हैं। मैं अपनी काम की धुन में उनके प्रति असहिष्णु और अनुदार भी हो सकता था; इस स्थिति से बचाया मुझको मेरी इस धारणा ने कि जीवन की छोटी-से-छोटी माँग बड़े-से-बड़े साहित्य-सृजन अथवा कला से ऊपर है; और मेरे निकटवर्तियों के इस सिद्धान्त ने कि मुझमें जिस प्रकार की भी प्रतिभा है उसके विकास में उन्हें किसी प्रकार की बाधा नहीं बनना चाहिए। अपनी यत्किंचित् कृतियों को देखकर मैं यह कह सकता हूँ, और इसका मुझे बड़ा सन्तोष है कि वे जीवन की उपेक्षा पर आधारित नहीं हैं, जीवन के आत्मत्याग पर भले ही हों। मैं नहीं जानता कि जो कुछ सृजन के रूप में मैं दे सका हूँ उसके लिए कोई कभी मेरे प्रति कृतज्ञ अनुभव करेगा या नहीं; यदि करे तो मैं चाहूँगा कि वह उनके प्रति भी कृतज्ञ हो जिन्होंने मेरे सृजन को सम्भव बनाने में अपने को किसी अर्थ में, किसी अंश में मिटाया है।

जिस प्रकार का आत्मचित्रण मैं कर रहा हूँ उसके लिए अपनी स्मृति का ही सहारा मैंने विशेष रूप से लिया है। घटनाएँ और परिस्थितियाँ आँखों के सामने मूर्तिमान हों तो मानसिक स्थिति भी उस समय की सहज ग्राह्य हो जाती है। मेरे लिए एक अतिरिक्त सहायता मेरी कविताओं में है—सबद्ध समय की प्रमुख मनःस्थिति (डामिनेंट मूड) मेरी उस काल में रची पंक्तियों में आबद्ध है।

'मिलन यामिनी' के गीत 1945 और 1949 के बीच लिखे गए थे—सौ

गीत;—जुलाई 1950 में वह प्रकाशित हुई थी। शायद मेरी और किसी रचना के समय इतना सृजनात्मक व्याघात नहीं उपस्थित हुआ जितना 'मिलन यामिनी' लिखते समय—'धार के इधर-उधर' की कुछ कविताएँ, 'हलाहल' के अधिकांश पद, पूरा 'खादी के फूल' और 'सूत की माला' इसी काल के अन्तर्गत रची गई थीं। उसके बाद मेरे मन में 'प्रणय पत्रिका' की योजना उठी। प्रेरणा तुलसी की 'विनय पत्रिका' थी। 'विनय पत्रिका' विराग आधारित थी तो 'प्रणय पत्रिका' रागाधारित होने को थी। इस राग को मैंने क्यों आधार मान लिया था, क्यों मैंने उसे पकड़ लिया था, क्यों उसे एक दर्शन-सा अपने लिए बनाना चाहता था, इसे बताने के लिए थोड़ा पीछे मुड़कर—अपने सृजन-संसार में, जहाँ मेरी चेतना-प्रकिया के पदचिह्न आज भी पड़े हैं—अपना एक संक्षिप्त मनोविश्लेषण करना चाहता हूँ। 'निशा निमन्त्रण', 'एकान्त संगीत', 'आकुल अन्तर' के रचना-काल में मेरे जीवन की परिस्थितियों से अब तक आप अपरिचित नहीं हैं। उनमें व्याप्त औदास्य और अन्धकार को पार करता हुआ मैं किसी तरह उनके बाहर निकल ही गया था। जिजीविषा जीवन का स्वाभाविक गुण है; उसके लिए अपने में किसी विशिष्टता का दावा करना भोंडापन होगा। पशु के स्तर पर पहुँच जाने पर जिजीविषा एकमात्र पथप्रदर्शिका रहे तो शायद ही किसी को आश्चर्य हो। पर विवेक के स्तर पर जब जीना बेमानी, बेमतलब, बेमज़ा हो जाए, तब भी जिए चले जानेवाले की हिम्मत की दाद देनी होगी या उसकी बेहयाई को समझना होगा।

जीवन की व्यर्थता के बोध पर केवल दो ही पद उद्धृत करना चाहूँगा, 'निशा निमन्त्रण' से,

स्वप्न भी छल, जागरण भी।
भूत केवल जल्पना है,
औ' भविष्यत कल्पना है,
वर्तमान लकीर भ्रम की ! और है चौथी शरण भी ?
जानता यह भी नहीं मन
कौन मेरी थाम गर्दन
है विवश करता कि कह दूँ, व्यर्थ जीवन भी, मरण भी।
स्वप्न भी छल जागरण भी।

और इस व्यर्थता के बीच किसी तरह लिए जाने नहीं, जीवन को निखारते जाने, परिष्कृत किए जाने का दुःसाहस करने पर भी 'एकान्त संगीत' और 'आकुल अन्तर' से एक-एक पद उद्धृत करना चाहूँगा।

कौन देवता ? नहीं जानता;
कुछ फल होगा, नहीं मानता;
बलि के योग्य बनूँ, इसकी मैं करता हूँ तैयारी !
सुनकर अचरज होगा भारी !

× × ×

पाना-वाना नहीं कभी है,
ज्ञात मुझे यह बात सभी है,
पर मुझको सन्तोष तभी है,
दे न सको तुम किन्तु बनूँ मैं पाने का अधिकारी।

जब मैंने अपनी यह मनःस्थिति बना ली थी या किन्हीं संस्कारों से बन गई थी तब जीवन की किसी अप्रिय से अप्रिय, क्रूर से क्रूर निरर्थक से निरर्थक स्थिति से पीठ फेर लेने की बात मेरे लिए शायद ही सोची जा सकती। मैं जीवन के पथ पर बढ़ता ही जाता—घायल, विथकित, दुखी, उदास, उदासीन। कोई और न कहता तो शायद मैं ही आत्मतोष के लिए कहता,

यह महान दृश्य है,
चल रहा मनुष्य है,
अश्रु, स्वेद, रक्त से लथपथ-लथपथ-लथपथ !
अग्नि पथ ! अग्नि पथ ! अग्नि पथ !

इस ज़िद, हठधर्मी या दृढ़ता से नैतिकता का एक पूरा सिस्टम अथवा तन्त्र उभरता है जिसके संकेत 'निशा निमन्त्रण', 'एकान्त संगीत' और 'आकुल अन्तर' में बराबर मिलेंगे। उसके ब्योरे में न जाना चाहूँगा। पर इतना ज़रूर कहना चाहूँगा कि उसमें बहुत कुछ है जिस पर गर्व किया जा सके और कुछ भी ऐसा नहीं है जिसके लिए लज्जित होना पड़े। जो आग झेल जाता है वह कहीं पर कुन्दन है और जो दग्ध कंठ से गाता है वह महज़ साँस लेता मिट्टी का पुतला नहीं है। और यह भी कहना चाहूँगा कि अगर एक दिन वह मरुस्थल-पथ मेरे आगे मधुवन-पथ में बदल गया तो मेरे किसी आग्रह, अध्यवसाय अथवा मेरी किसी हेय दुर्बलता से नहीं। जो जीवन को स्वीकार करेगा उसे जीवन के पूर्व-अज्ञात, अकस्मात् हस्तक्षेपों को भी समझना होगा। जिसे हमारे पूर्वज 'दैव' कहते थे उसे हम भाग्य, नियति, घटना, मौका (चांस) कुछ भी कहें उसकी सत्ता से इन्कार नहीं किया जा सकता। अब मैं ऐसा समझता हूँ, गो सिद्ध आज भी नहीं कर सकता, कि यह हस्तक्षेप इतना अतार्किक, अनियमित, स्वेच्छा-प्रेरित नहीं जितना हम अपनी अल्पज्ञता में समझते हैं। द्वन्द्वात्मक जीवन में सन्तुलन शायद उसके तर्क का मूल सिद्धान्त हो—धूप के बाद छाया, आग के बाद पानी, दुख के बाद सुख। अपवादों से अपरिचित नहीं; 'अग्निपथ' पर अग्नि-वर्षा भी होने लगती तो मानव की गरिमा से मुझे उसे समझना और झेलना था !

मधुवन-पथ ने मेरे आगे रूप, रस, गंध, रंग, लय, गति, सौन्दर्य, शृंगार, आकर्षण, अनुराग, प्रकाश, हास, उल्लास, जीवन, जागृति, प्राणवत्ता, प्रफुल्लता, मधुरता, मादकता, तन्मयता, आशा, आकांक्षा, विश्वास, आनन्द का एक रहस्यपूर्ण संसार ही बिछा दिया। मेरी नादानी की हद ही होती जो मैं यह न समझ लेता कि ये सबके सब अपने से विरोधी प्रच्छन्न आधार पर स्थिर होते हैं। फिर इनके प्रत्यक्ष रूप को भी मुझे स्वीकार करना, भोगना और समझना था। और इस संसार के भीतर भी मुझे एक नैतिक तन्त्र की स्थापना करनी थी। आग के संसार की नैतिकता निश्चय ही स्वयं-सिद्ध है। राग के संसार में नैतिकता को आरोपित किए बिना पग-पग पर

फिसलने, गिरने, विनष्ट होने का ख़तरा है। 'आरोपित' शायद ठीक शब्द नहीं। ध्वनि इससे यह आती है कि कोई चीज़ जो वहाँ नहीं है बाहर से लाई-लगाई जाती है। पर ऐसी बात है नहीं। राग-संसार के नैतिक सूत्र जितने ही दृढ़ हैं उतने ही सुकुमार, जितने उपयोगी हैं उतने ही सुन्दर। अधिकार वहाँ उदार है; बाध्यता वहाँ की स्वच्छन्दता। वास्तव में राग-संसार के इन सूत्रों का 'अनुसंधान' करना होता है। उन्हें दूर-दूर से सुलझाकर नहीं, उनसे उलझकर, उनसे बँधकर।

'सतरंगिनी' आग से राग के संसार में पदार्पण का बोध कराती है।
'मिलन यामिनी' राग के संसार को जीने-भोगने की अनुभूति है।

प्रस्तावित 'प्रणय पत्रिका' में मैं अनुभूतियों के आधार पर राग के संसार के नैतिक तन्तुओं को पकड़ना, समझना और उन्हें प्रस्थापित करना चाहता था। इसकी मेरे लिए बड़ी आवश्यकता थी, क्योंकि सब प्रकार की तथाकथित धर्मों के प्रति आस्था मेरे अन्दर मिट चुकी थी, किसी प्रकार के दार्शनिक सिद्धान्त को मेरा मन पूर्णतया स्वीकार नहीं करता था और प्रचलित रूढ़ नैतिकता से तो मुझे घृणा हो गई थी। मेरी कल्पना की 'प्रणय पत्रिका' पूरी नहीं हो सकी। कभी मुझे उसके अधूरी रह जाने का क्षोभ था। अब वह भी मिट चुका है। वास्तव में वह उस समय पूरी भी हो जाती तो भी अधूरी ही रहती। राग-संसार का तब मेरा ज्ञान अधूरा था। आज भी कैसे कहूँ कि वह पूरा है। उसका अंश-ज्ञान भी किसी अर्थ में मेरा दिशा-निर्देश करता रहा है। अपूर्ण, अपूर्ण के दिशा-निर्देश में अपूर्ण पर ही पहुँचेगा। मनुष्य की यह नियति मैंने स्वीकार कर ली है।

भोगे हुए को कला की सघनता अथवा उद्दामता (इंटेसिटी) में भोगने की तकान बड़ी होती है। मार्च 1949 में मुझे मन्द ज्वर रहने लगा। दो वर्षों से गर्मियों में भी मैं इलाहाबाद से बाहर न गया था—इस बीच कितनी ही बातें, घटनाएँ ऐसी हुई थीं जिनका ज़ोर-दबाव मेरे शरीर और मन पर भी पड़ा था। डाक्टर ने स्थान-परिवर्तन की सलाह दी। मैं युनिवर्सिटी से एक मास की छुट्टी लेकर धर्मशाला चला गया—पंजाब का हिल स्टेशन था। तेजी घर और बच्चों को संभालने में समम थीं। उनकी सहायता के लिए राजन थे ही।

धर्मशाला में मैं महाराज कृष्ण रसगोत्र के साथ 'माउंट प्लेजेंट' में ठहरा। उन से मेरा परिचय अमृतसर में हुआ था—वंशो के शिष्य थे। वे उन दिनों वहाँ गवर्नमेंट कालेज में अंग्रेज़ी के लेक्चरर थे (अब भारत विदेश सेवा में हैं)। कई बार मुझे धर्मशाला में कुछ समय बिताने का निमन्त्रण दे चुके थे। जा तो रहा था मैं वायु-परिवर्तन और पूर्ण विश्राम के लिए, पर अपने बक्स में 'मिलन यामिनी' की अपूर्ण पांडुलिपि भी डाल ले गया था—कभी सुविधा हो तो उलटने-पुलटने के लिए। 'माउंट प्लेजेंट' की स्थिति बड़ी मनोरम थी। उसके एक ओर हिम से ढकी धवलीधार पर्वतमाला थी; दूसरी ओर कांगड़ा की हरी-भरी घाटी, जिसकी दक्षिणी सीमा पर दिन साफ हो तो, व्यास नदी, दूर दूधिया रेखा के समान दिखाई देती थी। महाराज कृष्ण अपने दो सहयोगियों के साथ रहते थे—सब उस समय कुँआरे। दिन को तीनों कालेज चले जाते और कोठी में पूर्ण शान्ति रहती। वहीं मैंने 'मिलन यामिनी' पूर्ण की, गीतों के क्रम लगाए और उसकी प्रेस-कापी तैयार की। साल भर बाद वह भारतीय ज्ञानपीठ से प्रकाशित हुई।

कवर डिज़ाइनों के लिए मैंने धवलीधार पर्वतमाला का चित्र देने का सुझाव दिया जिस पर पड़ी बरफ लेटी हुई हिम-धवल नग्न बाला-सी लगती थी। इलाहाबाद लौटने के पूर्व मैंने एक सप्ताह कुल्लू और मनाली में भी बिताया।

दुर्भाग्यवश 'मिलन यामिनी' के प्रकाशन के साथ परिवार की एक दुखद घटना जुड़ गई। जिस मास में 'मिलन यामिनी' प्रकाशित हुई उसी मास में मेरे छोटे भाई शालिग्राम की मृत्यु हो गई। किसी अंश में मेरा कवि उनका भी ऋणी था। उनकी मृत्यु से अपने भाई-बहनों में मैं अकेला बच रहा—मेरी छोटी बहन शैलकुमारी की मृत्यु उस साल हुई थी जिस साल मैं अपनी मिलिट्री ट्रेनिंग के लिए सागर गया था। केम्ब्रिज में मैंने अपने भाई की स्मृति में एक कविता लिखी थी,

जब कि मैंने देश-दुनिया भूल कविता-
कामिनी का मर्ज़ पाला,
तब पसीने की कमाई से तुम्हीं ने
था समूचा घर सँभाला;
राग-रस पकते तभी हैं जब कि फ़ुरसत
से उन्हें कोई पकाए;
कर मुझे बेफ़िक्र तुमने ही सरल औ' साफ़ की थी राह मेरी।
चार बहनों-भाइयों के बीच केवल
एक मैं बाकी बचा हूँ,
काल का उद्देश्य कोई पूर्ण करने
को गया शायद रचा हूँ,
और क्या आता मुझे है, सिर्फ़ इसको
छोड़—तुक से तुक मिलाना;
है अभी मुखरित कहाँ हर एक सुख की साँस, दुख की आह मेरी।
हाय, शालिग्राम, तुम भाई न थे, तुम दाहिनी थे बांह मेरी।

दुख-सुख, शोक, चिन्ताएँ प्रत्येक मनुष्य के जीवन में आया करती हैं और वह उन्हें झेलता हुआ कुछ टूटता, कुछ बनता है। कलाकार इन्हीं में मानवता के दुख-सुख, शोक-चिन्ताओं को देख लेता है। उन्हें कला में बदल देता है। उन्हें झेलने-भोगने की वस्तु से आस्वादन का विषय बना देता है। शायद उसके लिए सबसे उबानेवाला, उद्विग्न करनेवाला समय वह होता है जब उसके सामने सृजन की कोई योजना नहीं रह जाती। मैं कलाकार के लिए सृजन से मुक्ति की कल्पना भी करता हूँ, पर उस अवस्था में उसकी साँस-साँस सृजन हो जाती है; तब वह अपने में कहीं ख़ालीपन का अनुभव नहीं करता; हर समय अपने को भरा, परिपूर्ण, परितुष्ट पाता है। यह मेरी उस अवस्था की कल्पना भर है। उसकी पूरी अनुभूति निश्चय ही उस तक पहुँचने पर सम्भव है। अपने को तो उससे अभी बहुत-बहोत दूर पाता हूँ। इतनी भी मेरे लिए कम सन्तोष की बात नहीं थी कि 'मिलन यामिनी' समाप्त हुई थी तो 'प्रणय पत्रिका' की योजना मेरे सामने थी और अध्यापन-अध्ययन तथा जीवन के अन्यान्य दिनानुदिन के कार्यों के बीच उसके लिए प्रेरक सृजन के क्षण मुझे सहज उपलब्ध थे।

पर यही सहजता, सुनकर बहुतों को आश्चर्य होगा, मेरे सर्जक के बहुत अनुकूल न थी। सृजन-लेखन की जिन सुविधाओं, उसके लिए उपयुक्त जिस वातावरण की कल्पना मैंने की थी, उसे संजोने के लिए जो श्रम-संघर्ष किया था, जब वे किसी अंश में उपलब्ध हो गए तो यह नैराश्यपूर्ण अनुभूति हुई कि उनमें वह चुनौती देने वाली प्रेरकता न थी जो उनके अभाव में मैंने क्षण-क्षण जानी थी। यदि मेरा सृजन वैचारिक अथवा मानसिक स्तर से होता जैसा उदाहरणार्थ मेरे कई अन्य समकालीनों का परवर्त्ती सृजन होता जा रहा है तो मैं अपनी अभिनव स्थिति में बड़े आराम से लिखता जा सकता था। पर मैं तो जैविक स्तर से, प्राणों के, मार्मिक अनुभूतियों के स्तर से लिखता आ रहा था और ऐसे ही लिखते जाना चाहता था—

मैं बोला जो मेरी नाड़ी
में डोला, जो रग में घूमा...

मैं वैचारिक और मानसिक सृजन के प्रति कोई अवज्ञा नहीं व्यक्त कर रहा हूँ। महज़ अपनी सीमा बताना चाहता हूँ। उस स्तर तक चढ़ने में या तो मैंने अपने को असमर्थ पाया अथवा उस तक उतरने में घबराया-डरा। और इससे बचने का कोई रास्ता निकालने की बात मैं सोचने लगा। मैंने केवल लिखाई कब की है ? मैंने लिखने के लिए कब लिखा है ? मैं तो हमेशा जीवन की कठिन या सरल किन्तु सर्वदा ठोस समस्याओं से जूझता हुआ लिखता रहा हूँ। सिर पर बोझ उठाए हुए गाता रहा हूँ—'भार सिर पर कण्ठ में स्वर'। मैं यह नहीं कहता कि बिना सिर पर भार लादे गाया ही नहीं जा सकता; पर दो दशकों के अनुभव और अभ्यास ने मेरी एक आदत, एक सीमा बना दी थी। लिखने की ऐयाशी मुझ से नहीं हो सकती थी। मेरा सिर चाहता था कि उस पर कोई भार आए; मेरे पुट्ठे चाहते थे कि उन पर कोई ज़ोर पड़े। उनके दाब में मेरा कंठ खुले तो खुले, नहीं, अच्छा है, बन्द रहे।

मानव-जीवन बड़ा विचित्र है। अभावों से असन्तोष तो समझा जा सकता है; पर जिन सपनों को साकार करने के लिए मनुष्य जीवन-भर मरता-खपता है, जब वे पूरे हो जाते हैं, तब भी वह उनसे सन्तुष्ट नहीं होता, अथवा उसका सन्तोष अल्पस्थायी होता है। मैंने अपने जीवन के चार दशक और चार वर्षों में अपनी योग्यता अथवा क्षमता का—मैं उसे अपनी यत्किंचित् भी प्रतिभा कैसे कहूँ—जो विकास किया था, अपने इमकान, और दैव के विधान से जो उपलब्धियाँ की थीं, और अपने सहज-स्वाभाविक सृजन से जो लोक-स्वीकृति, लोकप्रियता, किसी अर्थ में लोकमान्यता भी प्राप्त की थी, उससे मेरी प्रसन्नता धीरे-धीरे कम हो रही थी, उससे मेरी परितुष्टता घट रही थी; और यह तो मैं न कहूँगा कि उससे मुझे ऊब या अरुचि हो रही थी, पर उस सबसे एक प्रकार की एकरसता का अनुभव मैं निश्चय करने लगा था—एकरसता में रस का स्वाद लेते हुए भी।

जो कुछ मैं बन सका था अथवा जो मैंने पाया, किया था उसे मेरे पूर्वज-अग्रज देख सकते तो शायद प्रसन्न ही होते, उससे असन्तुष्ट तो निश्चय न होते—समकालीनों की—अवधि का इससे अधिक व्यंजक शब्द प्रयोग करूँ तो कहना चाहिए पट्टीदारों की—थोड़ी-बहुत ईर्ष्या समझी ही जा सकती थी; पर मैं इस पर एक हाथ से अपनी

पीठ थपथपाते हुए भी, दूसरे हाथ से अपना असन्तोष स्पष्ट शब्दों में अंकित कर सकता था। अपनी इस मनःस्थिति में मैं प्रायः ईट्स की ये पंक्तियाँ दुहराता, जिनकी कविताओं और जिनके उपलब्ध साहित्य के अध्ययन का मेरे पिछले दस वर्षों के स्वाध्याय में प्रमुख स्थान था,

I call on those that call me son,
Grandson, or great-grandson,
On uncles, aunts, great-uncles or great-aunts
To judge what I have done.
Have I that put it into words,
Spoilt what old loins have sent?
Eyes spiritualised by death can judge,
I cannot, but I am not content.

(मैं आमन्त्रित करता हूँ उनको जो मुझको बेटा कहते,
पोता या परपोता कहते,
चाचा और चाचियों को भी,
ताऊ और ताइयों को भी,
जो कुछ मैंने किया उसे वे जाँचे-परखें–
उसको मैंने शब्दों में रख दिया सामने–
क्या मैंने अपने बुज़ुर्गवारों के वारिस नुत्फे को
शर्मिंदा या बर्बाद किया है ?
जिन्हें मृत्यु ने दृष्टि पारदर्शी दे रखी
वे ही जाँच-परख कर सकते।
अधिकारी मैं नहीं
कि अपने पर निर्णय दूँ,
लेकिन मैं सन्तुष्ट नहीं हूँ।

और इसी असन्तोष से एक दिन एक राह निकल आई। राहें सदा असन्तोष से निकलती हैं। सन्तोष के गढ़ से कोई राह बाहर की ओर नहीं जाती। सन्तोष राहों को खोलता नहीं; राहों को बन्द करता है। शायद जीवन में एक समय आता है जब सब राहों को बन्द कर एक जगह स्थिर रहने की आवश्यकता होती है। मेरे लिए वह समय अभी नहीं आया था। इसलिए अपने जीवन की एकरसता से निकलने का जब मुझे एक रास्ता दिखाई पड़ा तो मुझे बड़ी राहत मिली।

दस वर्ष पूर्व विश्व-विश्रुत मरकत द्वीप के कवि विलियम बटलर ईट्स के स्वरों से आकर्षित होकर मैंने उन पर शोध-कार्य आरम्भ किया था। शोध, उनका विश्लेषण करने की दृष्टि से इतना नहीं, जितना उन्हें इस विश्लेषण के द्वारा अधिक गम्भीरता और मार्मिकता से समझने के लिए। ईट्स के काव्य के प्रारम्भिक अध्ययन से ही मुझे यह सुखद अनुभूति हो गई थी कि कहीं पर मेरा उनसे एक रहस्यपूर्ण आत्मैक्य है।

मुझे शुरू से ही लगता था
आकर्षक व्यक्तित्व तुम्हारा,
अलग सबों से प्रकट प्रवाही
थी तुमने अपनी ध्वनि-धारा,
मैं गाऊँ तो मेरा कंठ-
स्वर न दबे औरों के स्वर से,
जीऊँ तो मेरे जीवन की औरों से हो अलग कहानी।
मैं नतशीश तुम्हारे आगे, आयर के शायर अभिमानी।

सहसा एक दिन मेरे मन में आया कि मैं अपने अधूरे काम को पूरा क्यों न कर डालूँ। ब्राउनिंग और टेनिसन की इन पंक्तियों ने मन को बड़ा बल दिया।

I was ever a fighter, so—one fight more.
(योद्धा ही मैं सदा रहा, तो–एक लड़ाई और सही।)

× × ×

... and tho'
We are not now that strength which in old days
Moved earth and heaven;
Some work of noble note may yet be done.
(...और गोकि
अब हममें वह बल नहीं कि उससे किसी समय
हमने ज़मीन औ' आसमान को एक किया था,...
फिर भी कुछ ऐसा तो हम कर ही सकते हैं
जिसे नगण्य न समझा जाए।)

और मेरे इस निश्चय ने मुझे एक दिन दो वर्ष तीन महीने के लिए, अपने देश, घर-परिवार से दूर लेकर इंग्लैंड और आयरलैंड में बिठा दिया–'अपना नहीं ये शेवा कि आराम से बैठें।'

●●●

परिशिष्ट

परिशिष्ट-1

संस्मरण लिखते समय मुझे याद नहीं था कि श्यामा के देहावसान के दो-तीन दिन पहले बेनीपुरी प्रयाग आए थे, और उसे देखने को घर पर भी। इधर अपने कागद-पत्रों को उलटते-पलटते मुझे उनका एक पत्र मिल गया। प्रयाग से लौटकर उन्होंने मुझे पत्र लिखा था—'वस्तुतः यह पत्र पटना से उसी दिन लिखा गया था जिसकी मध्य रात्रि को श्यामा का देहावसान हुआ था। उस पत्र की प्रतिलिपि नीचे दे रहा हूँ।

पटना

17-11-36

प्रिय भाई,

क्या लिखूँ समझ में नहीं आता।

उस क्षण का पूरा दृश्य और उसके बीच की तुम्हारी वह मूर्ति—मानो पंचाग्नि के बीच कोई तपस्वी निर्विकार बैठा हो—क्या जल्द भूलने की चीज़ है !

कर्तव्य से बँधा था, दौड़ा चला आया ! एक बात और भी तो थी ही—

'मुझसे तो न देखी जाएगी
माली, पामाली फूलों की !

मेरे रोएँ-रोएँ यही कह रहे थे—उन्होंने बाध्य किया कि मैं चल दूँ।

हिम्मत नहीं होती, तो भी कहता हूँ, लौटती डाक से कुशल-वार्ता लिखो।

श्री रा. बेनीपुरी

परिशिष्ट-2

'आरती और अंगारे' की 37वीं कविता :

हूँ उनकी औलाद जिन्होंने जीवन में थी भीति न जानी।
घटना और परिस्थितियों से
दहका करके आग-अंगारा,

इम्तहान मेरा लेने को
जब-जब दुनिया ने ललकारा,
पूज्य पिता के फ़ौलादीपन
की तब मन को याद दिलाई–
हूँ उनकी औलाद जिन्होंने जीवन में थी भीति न जानी।
एक बार था मचा शहर में
हिन्दू-मुसलमान का दंगा,
हुआ हमारे घर के आगे
दो तुर्कों का बध बेढंगा;
चम्पत हुए मारनेवाले,
लेकिन गए पिता जी पकड़े
औ' दस-पाँच पड़ोसी–शंकर, सुद्धन, मंगल, भीख भवानी।
हूँ उनकी औलाद जिन्होंने जीवन में थी भीति न जानी।
हाहाकार मचाया सबने
हाय राम, क्या होने वाला,
किसको-किसको फाँसी होगी,
किसको-किसको पानी काला,
रोना-धोना ओ' चिल्लाना
काम यही था भर दिन सबका,
देख-देख कादरपन उनका हुई पिता जी को हैरानी।
हूँ उनकी औलाद जिन्होंने जीवन में थी भीति न जानी
बोले, मेरे लाल सयाने,
बुढ़िया मेरी हरि-विश्वासी,
मैं कह दूँगा तुर्क बधे हैं
मैंने, मुझको दे दो फाँसी,
नहीं किसी का घर उजड़ेगा,
एक मुझे है मरना-जीना;
जाकर पूछ किसी से लेना कटघर में मशहूर कहानी।
हूँ उनकी औलाद जिन्होंने जीवन में थी भीति न जानी।
अद्वितीय कितनी ही बातें
उनकी याद मुझे है आती,
कुछ मैंने खुद ही देखी थीं,
कुछ अम्मा जी थीं बतलाती,
सबमें हिम्मत और कड़कपन
या फिर दरिया दिली गजब की,
और लगूँगा कहने तो फिर होगा यह किस्सा तूलानी।
हूँ उनकी औलाद जिन्होंने जीवन में थी भीति न जानी।

परिशिष्ट-3

'आरती और अंगारे की 41वीं कविता :

राह कल्पना की तुमने ही सबसे पहले थी दिखलाई।
आठ बरस का था मैं, दिन थे
वर्षा के, थी रात अँधेरी
काले, फूले, फैले मेघों
ने थीं चार दिशाएँ घेरी,
रह-रह दामिनि दमक रही थी,
कड़क रही थी, याद मुझे है,
राह कल्पना की तब तुमने सबसे पहले थी दिखलाई।
'बोली दीदी, यह गड़-गड़ का
शोर कहाँ से नीचे आता ?'
'इन्द्र हुआ असवार-अश्व पर
बादल पर उसको दौड़ाता,
नालों से जो फूट कभी है
पड़ती चिन्गारी, वह बिजली,
गर्जन है, टापों के पड़ने से देते जो शब्द सुनाई।'
राह कल्पना की तुमने ही सबसे पहले थी दिखलाई।
विद्युत गति से चलनेवाला
होगा कैसा अद्‌भुत घोड़ा,
उस पर वश रख सकने वाला
होगा कैसा कर्कश कौड़ा !
हृदय-सिन्धु से मेरे उस दिन
उच्चैः श्रवा निकल भागा था;
तीन लोक, तीनों कालों में पैठ सहज थी उसने पाई।
राह कल्पना की तुमने ही सबसे पहले थी दिखाई।
निज इच्छा वह आता, मुझको
जहाँ चाहता, जब ले जाता,
उसकी गति-विधि, मति-मंशा का
पता नहीं मैं कुछ भी पाता,
कभी मुझे, धरती ही पर जो
चरते, उनसे ईर्ष्या होती,
और कभी वे बंदे मुझको देते हैं दयनीय दिखाई।
राह कल्पना की तुमने ही सबसे पहले थी दिखलाई।
स्वर्ग लोक से बोलो—कैसे
इस पर ज़ीन-लगाम चढ़ाऊँ,

इस मुंहज़ोर तुरग को कैसे
जाँघों में कस बस में लाऊँ,
कलाकार वह बड़ा, कला पर
अपनी, जो हावी होता है,
अब दुनिया कहती है अपनी चालों का मैं उत्तरदायी।
राह कल्पना की तुमने ही सबसे पहले थी दिखलाई।

परिशिष्ट-4

'आकुल अन्तर' का 51वां गीत :

क्या करूँ संवेदना लेकर तुम्हारी ?
क्या करूँ ?

मैं दुखी जब-जब हुआ
संवेदना तुमने दिखाई,
मैं कृतज्ञ हुआ हमेशा,
रीति दोनों ने निभाई,
किन्तु इस आभार का अब
हो उठा है बोझ भारी;
क्या करूँ संवेदना लेकर तुम्हारी ?
क्या करूँ ?

एक भी उच्छ्वास मेरा
हो सका किस दिन तुम्हारा ?
उस नयन से बह सकी कब
इस नयन की अश्रु-धारा ?
सत्य को मूंदे रहेगी
शब्द की कब तक पिटारी ?
क्या करूँ संवेदना लेकर तुम्हारी ?
क्या करूँ ?

कौन है जो दूसरे को
दुःख अपना दे सकेगा ?
कौन है जो दूसरे से
दुःख उसका ले सकेगा ?
क्यों हमारे बीच धोखे
का रहे व्यापार जारी ?
क्या करूँ संवेदना लेकर तुम्हारी ?
क्या करूँ ?

क्यों न हम लें मान, हम हैं
चल रहे ऐसी डगर पर,
हर पथिक जिसपर अकेला,
दुःख नहीं बंटते परस्पर,
दूसरों की वेदना में,
वेदना जो है दिखाता,
वेदना से मुक्ति का निज,
हर्ष केवल वह छिपाता;
तुम दुःखी हो तो दुःखी मैं
विश्व का अभिशाप भारी !
क्या करूँ संवेदना लेकर तुम्हारी ?
क्या करूँ ?

बच्चन की अन्य रचनाएँ

1. टूटी-छूटी कड़ियाँ (निबन्ध), 1973
2. जाल समेटा, 1973
3. प्रवास की डायरी, 1971
4. क्या भूलूँ क्या याद करूँ (आत्मकथा-1), 1969
5. नीड़ का निर्माण फिर (आत्मकथा-2), 1970
6. कटती प्रतिमाओं की आवाज़, 1968
7. उभरते प्रतिमानों के रूप, 1969
8. बहुत दिन बीते, 1967
9. दो चट्टानें, 1965
10. चार खेमे चौंसठ खूँटे, 1962
11. त्रिभंगिमा, 1961
12. बुद्ध और नाच घर, 1958
13. आरती और अंगारे, 1958
14. धार के इधर-उधर, 1957
15. प्रणय-पत्रिका, 1955
16. मिलन यामिनी, 1950
17. खादी के फूल, 1948
18. सूत की माला, 1948
19. बंगाल का काल, 1946
20. हलाहल, 1946
21. सतरंगिनी, 1945
22. आकुल अन्तर, 1943
23. एकान्त संगीत, 1939
24. निशा निमन्त्रण, 1938
25. मधुकलश, 1937
26. मधुबाला, 1936
27. मधुशाला, 1935
28. तेरा हार (प्रारम्भिक रचनाएं में सम्मिलित), 1932
29. प्रारम्भिक रचनाएँ–पहला भाग (कविताएँ), 1943
30. प्रारम्भिक रचनाएँ–दूसरा भाग (कविताएँ), 1943
31. प्रारम्भिक रचनाएँ–तीसरा भाग (कहानियाँ), 1946
32. नए-पुराने झरोखे (निबन्ध-संग्रह), 1962

33. कवियों में सौम्य संत (पंत काव्य समीक्षा), 1960
34. किंग लियर (अनुवाद), 1972
35. हैमलेट (अनुवाद), 1969
36. औथेलो, (अनुवाद), 1959
37. मैकबेथ (अनुवाद), 1957
38. मरकत द्वीप का स्वर (ईट्स की कविताओं का अनुवाद)
39. चौंसठ रूसी कविताएँ (अनुवाद), 1964
40. भाषा अपनी भाव पराए (अनूदित कविताएँ), 1970
41. जन गीता (अनुवाद), 1958
42. नागर गीता (अनुवाद), 1966
43. ख़ैयाम की मधुशाला (अनुवाद), 1935
**44. उमर ख़ैयाम की रूबाइयाँ (अनुवाद), 1959
45. नेहरू : राजनीतिक जीवन-चरित (अनुवाद), 1961
46. अभिनव सोपान (संकलन), 1964
47. सोपान (संकलन), 1953
48. आधुनिक कवि (7) : (संकलन), 1961
49. बच्चन के लोकप्रिय गीत (संकलन), 1967
50. आज के लोकप्रिय हिन्दी कवि : बच्चन (संकलन : चन्द्रगुप्त विद्यालंकार द्वारा सम्पादित), 1960
51. कवि श्री : बच्चन (संकलन : डॉ. दुर्गा प्रसाद झाला द्वारा सम्पादित), 1969
52. बच्चन जी के साथ क्षण भर (सं. चयन), 1934
53. बच्चन : पत्रों में (सम्पादक : डॉ. जीवनप्रकाश जोशी), 1970
54. बच्चन के पत्र (सम्पादक : निरंकारदेव सेवक), 1972
55. आज के लोकप्रिय हिन्दी कवि : सुमित्रानन्दन पंत (संकलन : बच्चन द्वारा सम्पादित), 1965
56. पंत के सौ पत्र (बच्चन-सम्पादित), 1970
57. पंत के दो सौ पत्र (बच्चन-सम्पादित), 1971
58. डब्ल्यू. बी. ईट्स ऐंड ओकल्टिज़्म (अंग्रेज़ी शोध-प्रबन्ध), 1965

बच्चन की रचनाओं के अनुवाद

1. 'कालेर कबले बाँगला' (भूपेन्द्रनाथ दास द्वारा 'बंगाल का काल' का बंगला अनुवाद), 1948
2. 'द हाउस आफ़ वाइन' (मार्जरी बोल्टन और रामस्वरूप व्यास द्वारा 'मधुशाला' का अंग्रेज़ी अनुवाद), 1950
3. लिरिका (आर. वरान्निकोवा द्वारा सम्पादित बच्चन की संकलित कविताओं का रूसी अनुवाद), 1965

4. बंगालचा काल (अविनाश जोशी द्वारा 'बंगाल का काल' का मराठी अनुवाद), 1973
5. कोलेस्नीत्सा सीन्त्सा (सूर्य का रथ—चुनी हुई परवर्ती कविताओं का रूसी अनुवाद) अनुवादक : एस. सेवेरत्सेव; भूमिका-लेखक : डा. चेलीशेव, 1973
6. मधुशाला (विनयकुमार चौकसे द्वारा 'मधुशाला' का मराठी अनुवाद), 1979
7. मधुशाला (तारा मवालकर द्वारा 'मधुशाला' का मराठी अनुवाद), 1979
8. मधुशाला (शं. पा. जोशी द्वारा 'मधुशाला' का मराठी अनुवाद), 1979
9. बंगालया युप्काल (शं. पां. जोशी द्वारा 'बंगाल का काल' का मराठी अनुवाद), 1979

बच्चन-रचित बाल-साहित्य

1. जन्म-दिन की भेंट (1978)
2. नीली चिड़िया (1978)
3. बन्दर बाँट (1980)

रचनाओं के साथ प्रथम प्रकाशन तिथि का संकेत है।

□□□